中国法制史考证续编

第九册

杨一凡　主编

金元法制丛考

曾代伟　著

社会科学文献出版社
SOCIAL SCIENCES ACADEMIC PRESS (CHINA)

图书在版编目（CIP）数据

金元法制丛考／曾代伟著. 一北京：社会科学文献出版
社，2009.8

（中国法制史考证续编；第九册）

ISBN 978-7-5097-0821-7

Ⅰ. 金… Ⅱ. 曾… Ⅲ. ①法制史-研究-中国-金代
②法制史-研究-中国-元代 Ⅳ. D929.4

中国版本图书馆 CIP 数据核字（2009）第 104930 号

民族法文化与中国传统法文化

——代前言

　　在中国这个多元一体的民族大家庭中，汉族作为多元一体格局中的一个凝聚核心，其前身华夏民族集团也经历了从多元形成一体的历史过程。早期的华夏部族，即传说中的黄帝部落和炎帝部落，通过战争和经济文化交往，与羌人、夷人、戎人、狄人、苗人、蛮人互相融合，奠定了后来华夏族的基础。中国几千年的历史是一部各民族互相交流和融合的历史。考古发现表明，自新石器时代就开始了中国各地区文化之间的交融与渗透。这种融汇迄今已超过5000年的历史，在文化方面形成了中华各族群之间各种外在的或潜在的共性，构成了"一体"格局深厚的文化基础。

　　法律文化是文化的重要组成部分。中国传统法律文化植根于具有发展原始农业的良好条件的黄河流域，在漫长的历史进程中形成了具有浓郁的农业文明色彩的法律文化机制。在绵延数千年的行程中，中国传统法律文化不断吸纳和融汇各民族法律文化的精华，形成了自身独特的法律品格，铸就了人类历史上法律文化之林独具风格的法律系统——"中华法系"。

中国少数民族法律文化作为中国传统法律文化的主要渊源和有机组成部分，是中国历史上各少数民族在长期的社会生活实践中累积而成的。由于生活环境、风俗习惯、文化发展、经济状况、历史传统的差异，形成了具有不同特色的法律文化。同时，由于地域文化和社会发展阶段的不同，少数民族法律文化和华夏族法律文化之间也呈现明显的差别。但随着民族之间的接触、交流与迁徙，各少数民族族群不断向华夏族输入新的血液，部分华夏族人口也融入了边疆各族群。各民族法律文化相互吸收，经过一定规模的融合，产生了少数民族法律文化的趋同特征，同时少数民族法律文化和中原华夏法律文化也产生了相互包容的密切关系。长期以来，大一统的中央王朝的主流法律文化与各少数民族地区法律文化长期并存。在中央王朝大一统的法制秩序中，少数民族习惯法在各局部地区发挥着各自的作用；中央王朝也根据统治的需要，通过各种形式的立法对少数民族地区重大法律关系进行调整，实施司法管辖。各少数民族法律文化受中原王朝法律的影响，在本民族、本地区社会生活实践的催化下，从中原主流法律文化中吸纳养分，使自身不断得到进化。随着各民族之间交往和融汇的频繁，各少数民族愈来愈广泛地融入国家政治、经济、法律、文化生活，少数民族法律文化因子也愈来愈深入地融入到中华传统法律文化之中。

而各民族法律文化融合的高潮，则往往发生在少数民族居于主导地位的政权强大而活跃的时期。在中国历史上，一些少数民族，尤其是以游牧为主要生活方式，素以勇猛、强悍著称的北方少数民族，曾经入主华夏建立统治全国的政权，或割据一方，与华夏政权长期并存。从西晋末年匈奴、鲜卑、羯、氐、羌等部族在中原建立十六国，到北魏（鲜卑拓跋部）统一中国北方；从辽（契丹）、金（女真）、西夏（党项）与两宋的长期并峙，到元朝（蒙古族）和清朝（满族）的"大一统"政权，历时近千年之久，几乎占了中国整个封建时代一半的时间。在入主中原之前，各少数民族已经历了漫长的发展历程，创立了富于特色的民族法律文化。他们大多有自己的语言、文字，有记录成文的习惯法规范或成文法典。诸如鲜卑拓跋部族的军令、以罚代刑的习惯法；[①] 契丹族在耶律阿保机为部落联盟首领时的"籍没之法"；[②] 党项羌初建西夏政权时设有"和断官"，"择气直舌辩者为之，听讼曲直，杀人者纳命价二十丁"；[③] 女真族在 11 世纪初石鲁联盟时代的"条教"；[④] 蒙古早期习惯法"约孙"，成吉思汗建立蒙古汗国时编纂的《大扎撒》等。随着朔方铁骑以强悍的武力频繁席卷中原，北方少数民族游牧文明，对中原农耕文明发动了规模日益巨大的撞击，激起了一波又一波的民族交流和融合的浪潮，给唐以来渐趋衰老的帝国文化不断输入进取的因子。中华文化也经受了剑与火的锻铸，展示出包容万千的生命活力。当游牧文明及其创造者置身于具有悠久历史的华夏文明的汪洋大海时，其自身遭受到异质文明的强烈熏染。基于稳固统治的现实目的，少数民族统治者不得不接受根深蒂固的华夏文化，在立法建制活动中仿行汉制，从而加速了各民族法律文化的交融。同时，少数民族传统法律文化虽然受到源远流长的华

---

① 《魏书》卷一一一《刑罚志》："穆帝时，刘聪、石勒倾复晋室。帝将平其乱，乃峻刑法，每以军令从事"；"昭成建国二年：当死者，听其家献金马以赎；犯大逆者，亲族男女无少长皆斩；男女不以礼交皆死；民相杀者，听与死家马牛四十九头，及送葬器物以平之；无系讯连逮之坐，盗官物，一备五，私则备十。法令明白，百姓晏然。"参见曾代伟《北魏律渊源辨》，刊于《中国法制史考证》甲编第三卷，中国社会科学出版社，2003。

② 《辽史》卷六一《刑法志上》，中华书局，1974，第936页（以下所引《辽史》同此版本）。

③ （宋）曾巩：《隆平集》。

④ 参见曾代伟《金律研究》，台湾五南图书出版公司，1995，第21页。

夏儒家法文化的融汇，但仍然顽强地固守自己的领地，凭借本民族在国家政权中占据统治地位的优势条件，对国家立法建制以至整个社会生活发挥影响，使这些政权的法制呈现出多元化的色彩。

正是这些富于多元化特色的法律文化的融入，为儒家思想束缚下步履蹒跚的中国传统法律文化不断注入鲜活的因素，才使中国古代立法建制创造出世人注目的辉煌；正是由于长期以来，包括汉族在内的各民族法律文化的相互学习、相互交流、相互融合、相互促进，才使中华法系具有如此巨大的魅力而跻身于世界著名法系之列。

由此可见，少数民族法律文化在中国传统法律文化的产生和发展过程中起着重要作用。中国传统法律文化是中华各民族共同创造的。中华法系就是以汉族为主体的各民族法律意识、法律原则和法律制度长期融合的产物。作为中国传统法律文化的典型代表，中华法系的形成经历了从分散的多元结合成一体的历史过程。在这个过程中有一个起聚合作用的核心——中原儒家法律文化。它既是多元基层中的一元，也是在多元一体的传统法律文化格局中产生的一个凝聚核心。它所发挥的聚合作用，把多元结合成一体。这"一体"不再是汉族法律文化而成了中华法系。

但长期以来，学术界只是津津乐道于华夏"正统"王朝创建法律文化的辉煌成就，而对各少数民族，尤其是入主中原的北方少数民族的法律文化，或漠然置之，或视其为华夏王朝传统法文化的附庸；除对北魏、元朝和清朝法律文化稍加关注外，五胡十六国、辽、金、西夏、蒙古汗国、后金等少数民族占据主导地位政权的法律文化，迄今备受冷落。在学术论著中，或只字未提，或一笔带过，或基于"华夏正统"的观念，只是对其中野蛮残酷的内容痛加挞伐，却置其建树和影响于不顾。从而使中国传统法律文化研究残缺不全，没有真正反映中国传统法律文化的本来面目。这种状况，显然与少数民族法律文化在中国传统法律文化形成和发展过程中的作用和地位极不相称。因此，全面深入地探讨我国历史上少数民族政权的立法建制活动及所创立的法律文化，及其对中国传统法律文化的重大贡献，无疑是理论法学和民族法学工作者的一项义不容辞的责任和义务。

有鉴于此，笔者选择其中在中国法制史上影响较大，学术研究比较薄弱，① 相互之间具有传承、亲缘关系的金代和蒙元法制的某些方面②作为考证对象，汇编成此书。

考证是对历史上的古籍文献、典章制度进行考核辨正的学术研究活动。考证的生命力及价值在于实事求是。这也是本书所背负的一项道义责任。因此，包括历代官修"正史"在内的前人的研究成果，在成为本书参考资料的同时，也可能是考辨的"靶子"；同样，笔者自己以前的相关成果，在成为撰写本书的基础时，也可能是修正的对象。当然，尽管笔者力求做到严谨，疏漏之处在所难免，尚祈读者教正。

----

① 例如，1998～2002 年中国法律史学会编《法律史论集》第 1、2、3、4 卷共发表论文 118 篇，其中金代无，元代 2 篇；第 4 卷所附《2000 年法律史论文索引》，收集论文题目约 560 篇。其中金代无，元代 3 篇；法律出版社出版的《中国法律期刊文献索引》（2001 年）收集法律史论文 167 篇。其中金、元均无；《中国法律期刊文献索引》（2002 年）收集法律史论文 838 篇。其中金代无，元代 9 篇。

② 例如，《中国法制史考证》（15 卷本，2003 年），关于金代法制，仅涉及立法概况和《泰和律》刑制；关于元代法制，已论及（1）大元通制、通制条格；（2）刑法体系；（3）民事法：借贷、不动产买卖、收嫂婚；（4）断事官、司法制度；（5）约会制度；（6）警迹制度等。本书选择的是金代和蒙元法制中学术界关注不够，争议颇多，研究成果较少的问题，尽量避免重复。

目　录

上编　金代法制考略

下编　蒙元法制考略

上　编

金代法制考略

一 金法文化与中华法系

中国自古以来就是一个以汉族为主的多元一体的民族大家庭。但在关于中华法系渊源的讨论中，人们却只是津津乐道于华夏"正统"王朝创建法律文化的辉煌成就，而对各少数民族法律文化，或漠然置之，或视其为华夏法律文化的附庸。这与少数民族法律文化在中国传统法律文化形成和发展过程中的重要作用和地位极不相称。本节试以 12 至 13 世纪中国北方游牧文明对中原农耕文明的又一波撞击中，女真习惯法文化与中原儒家法文化双向流动、融汇而成的多元一体的金法文化为例，从女真族传统法观念的异化，及其立法建制对儒家法文化的传承和改造等方面，对少数民族统治的多元一体政权所创立的法律文化与中华法系的关系进行探讨，期望对重新审视中华法系的渊源起到抛砖引玉的作用。

（一）金代法文化：中华传统法文化链中的重要一环

在中国古代各少数民族中，女真族尤以历史悠久著称。其先世可以追溯到西周初年受周王室册命的肃慎。后来，肃慎部族在汉魏晋时期被称为挹娄，北朝称之曰勿吉，隋唐称靺鞨，五代始将黑水靺鞨称为女真。到 11 世纪时，以靺鞨为主体，吸收不同祖源、语系的氏族部落形成的女真族，在"白山"（长白山脉）、"黑水"（黑龙江流域）间崛起。自公元 1115 年建立国家政权后，相继吞并了辽和北宋，在中国北部建立了长达 120 年较为稳固的统治。

1. 金文化的形成

在中国历史的长河中，凡活动于边鄙地区的少数民族入主中原，都会激起民族大融合的浪潮。尽管其间充满曲折和艰难，每一次民族大融合的结局，都是作为征服者的少数民族的传统文化，被中原根深蒂固的较为先进的华夏文明所融会和吸收。一个又一个原处于游离状态的少数民族，也被纳入中华民族大家庭成为水乳交融的成员。这再一次印证了马克思关于"野蛮的征服者总是被那些他们所征服的民族的较高文明所征服"的"永恒的历史规律"。[①] 在入主中原的过程中，女真族以开放的恣态，吸收和融合了汉族及其他各民族文明的精华，促进了本民族的飞跃发展。同时，对异族文化博采兼纳，又使女真文化获得了丰富的滋养，成为具有较高水平的多元文化。女真文化与中原文化双向渗透的结果，形成以儒家思想居主导地位的多元一体的金文化。可见金文化并非同时并存的宋文化的附属，而是中华传统文化的有机组成部分。在中华文化沿革史上，金文化应与宋文化并列于"正统"地位。

儒家思想在金代社会意识形态中主导地位的确立，经历了一个漫长的时期。金建国之初，女真"旧俗"尚支配一切，占据上风。到熙宗时，金朝在中原的统治基本稳定，统治者开始提倡

---

① 《马克思恩格斯全集》第 9 卷，人民出版社，1974，第 247 页。

尊孔崇儒。在世宗、章宗时期，儒家学说逐渐成为金统治的思想基础，并渗透到社会生活的各个方面。儒学的精神原则成为衡量是非的标准；儒家的忠孝观念被奉为调整君臣上下和家庭、宗族关系的准则。各少数民族在礼俗、丧葬、文体、游艺、岁时杂俗乃至心理素质等深层文化中，都不同程度地表现出"华夷同风"的文化积淀。

有金一代，中国古代的各种思想灿然皆备，百家争鸣，儒学、佛教、道教尤为盛行。儒家思想之所以独占鳌头，成为金代社会意识形态的主流，乃是由多种因素促成的。金代崇奉的儒家思想，已不同于先秦和汉代的儒学，而是继承北朝以来兴起的新儒学。这种新儒学不尚虚名，注重博实，敢于摒弃"贵华夏，贱夷狄"等陈腐观念，敢以北方王朝自重，以"正统"自居，[①]完全适合金王朝力图在当时国与国之间的关系中树立"正统"形象的需要，因而受到统治者的青睐。

金统治者带头尊孔崇儒，使女真人皆以学习华夏文化为荣，汇成一股学习华夏文化的热潮。以儒学为核心的汉文化逐渐为女真人普遍接受。儒家思想成为汉、女真等各族人民的共同思想，推动了金代政治、经济制度改革和文化的发展，加速了民族融合的进程。

2. 女真族传统法观念的异化

金代是我国历史上民族大融合的又一波高潮。各种类型的文化同时登上中国北部的历史舞台，演出了又一轮相互碰撞和融合的历史剧。思想文化的交汇反映在法制上，表现为女真族传统法观念与华夏正统法文化的冲突、交互渗透和融汇。

---

① 如魏晋以来，政治思想界认为西汉神学化、庸俗化的儒学迂腐荒诞，不周世用；傅玄提出务实求治的政治法律思想等。

早在女真族入主中原以前，由女真民族习惯演变而来的传统法观念就已形成。这些被称为"旧俗"、"旧风"的传统观念，对女真民族习惯法的产生和发展，乃至后来成文法的制定，都有着深刻的影响。

女真族进入中原后，虽然他们有着自己的民族政权，有着不同于汉族人民的社会地位，有着自己的民族观念、传统和生活习惯，但是，随着居住地区的改变和汉族人民先进的经济、文化的影响，在较为长期的民族相互往来中，他们自觉或不自觉地对自己的民族传统进行了改造，促进了民族的融合。这是历史发展所取得的积极成果，也是女真族人自己始料所不及之处。

太祖、太宗时期（1115～1134年），金王朝尚处于创业、奠基阶段。女真人在中原地区立足未稳，虽然宣布沿用当地原来通行的辽、宋制度，但立法建制仍主要受传统法观念的支配。太祖宣称："吾虽处大位，未易改旧俗也"；[①] 兴兵征伐，命皇弟（太宗）居守，诫之曰："凡军事违者，阅实其罪，从宜处之。其余事无大小，一依本朝旧制。"[②] 太宗虽"稍用辽宋法"，但基本上遵循太祖"无变旧风之训"。[③] 可见，此间女真传统法观念仍占上风。

自熙宗（1135～1149年在位）以降，身处中原文化的汪洋大海之中的历代守成皇帝，已无法抗拒华夏文明的诱惑，开始接受中原王朝奉行已久的正统法思想，即儒家法思想，并用以指导立法建制。女真传统法观念在儒家法思想的冲击下，逐步发生异化。

---

① 《金史》卷七〇《撒改传》，中华书局，1975，第1614页（以下所引《金史》同此版本）。
② 《金史》卷三《太宗本纪》，第47页。
③ 《金史》卷四五《刑志》，第1014页。

熙宗自幼师从韩昉等中原儒士，深受汉文化的影响，被世人评论为"宛然一汉家少年子"。他熟读儒家经典和唐宋律书，刻意仿效中原制度，厉行汉化改革，是学习儒家思想活动的提倡者。史称"是时，熙宗颇读《论语》、《尚书》、《春秋左氏传》及诸史、《通历》、《唐律》，乙夜乃罢。"① 他重申河南官民"所用刑法皆从律文"，进一步在中原推行宋法律制度；命诸臣制定新律，应"以本朝旧制，兼采隋、唐之制，参辽、宋之法，类以成书"；摒弃崇尚严酷的旧观念，下诏"罢狱卒酷毒刑具，以从宽恕"。② 尊孔是熙宗接受汉文化的突出表现。天眷三年（1140 年），"诏求孔子后，加璠承奉郎，袭封衍圣公，奉祀事。"③ 敕封孔子第 49 代孙孔璠为衍圣公；率先在首都上京会宁府建立孔子庙，并亲临孔庙祭祀，"北面再拜"，称"孔子虽无位，其道可尊，使万世景仰"；④ 又令各县建孔庙，将中原尊孔立庙之风普及到东北、西北地区。至此，包含华夏正统法思想的儒家思想，已经金统治者确认为其统治的思想基础。儒家法思想开始成为金立法建制的指导思想。当时，北方的一些女真贵族子弟纷纷学习汉学，拜一些汉族名士为先生。如出使羁留于金的宇文虚中，于《时习斋》一诗中写道："未厌平生习气浓，更将余事训儿童。鲁论二万三千字，悟入从初一句中。"⑤ 但另一方面，熙宗面对强大的习惯势力，还不能抛弃女真传统观念，只能采取渐变的方针。正如他在天眷二年（1139 年）《更定官制诏》中所说："维兹故土之风，颇尚先民之质，性成于习，遽易为难。

---

① 《金史》卷一〇五《孔璠传》，第 2311 页。
② 《金史》卷四五《刑志》，第 1015 页。
③ 《金史》卷一〇五《孔璠传》，第 2311 页。
④ 《金史》卷四《熙宗本纪》，第 77 页。
⑤ （元）元好问：《中州集》卷一，中华书局，标点本，1959。

政有所因，姑宜仍旧，渐祈胥效，翕致大同。"①

　　海陵王以政变上台，又因政变而未能善终；加之在位期间又采取了迁都燕京，连年南伐等"大动作"，劳民伤财，故其身后遭到诸多诋毁。但其在金朝历史上占有的重要地位却是无法抹煞的。刘祁对他就有恰当的评价："至海陵庶人，虽淫暴自强，然英锐有大志，定官制、律令皆可观，又擢用人才，将混一天下。功虽不成其强至矣。"② 海陵王也颇为重视和提倡儒家思想。他曾从张用直学习汉文化，即帝位后，对张用直说："朕虽不能博通经史，亦粗有所闻，皆卿平昔辅导之力。太子方就学，宜善导之。朕父子并受卿学，亦儒者之荣也。"③

　　世宗、章宗时期（1161～1208 年），金王朝的发展进入兴盛阶段。金末元初文人对此颇多溢美之词，称"大定之治近古所未有，纪纲法度备具周密"。④ 在此期间，中国北方各民族的融合，由风俗习惯、政治制度，向经济、文化等纵深方面发展。华夏正统法思想因统治者的大力提倡，进一步渗透到法制之中。

　　世宗生母李氏来自辽阳渤海望族，自幼受到儒家思想的熏陶，崇慕汉儒家思想。他即位后，鉴于女真统治集团内部不断发生争权夺利的血腥事件，权力倾轧愈演愈烈，以致熙宗、海陵王相继死于暴力政变者之手，严重动摇了王朝的权力中枢，遂热衷提倡和宣扬儒家忠孝观念，力主忠孝应成为调整君臣上下和宗族、家庭关系的准则；他特别强调忠君，把忠君思想作为调整君臣关系的法宝，告诫臣民"惟忠惟孝，匡救辅益，期致太平"，

---

① （清）张金吾编：《金文最》卷四。
② （元）刘祁：《归潜志》卷一二《辩亡》，中华书局，点校本，1983。
③ 《金史》卷一〇五《张用直传》，第 2314 页。
④ （元）元好问：《遗山先生文集》卷一六《平章政事寿国张文贞公神道碑》，四部丛刊本。

不要干有亏忠节，犯上作乱之事；大定八年（1168年）二月，"制子为改嫁母服丧三年。上谕左宣徽使敬嗣：'凡为人臣，上欲要君之恩，下欲干民之誉，必亏忠节，卿宜戒之！'"① 他教育皇太子和诸王："人之行，莫大于孝，孝悌无不蒙天日之佑。汝等宜尽孝于父母，友于兄弟"，② 不得有悖逆伦常的言行，并公开褒扬民间的孝子，③ 将儒学伦理道德与女真传统观念结合起来。可见，金统治者崇儒还缘于维护自己统治地位的现实目的。

世宗以汉族的儒家所推崇的尧、舜为自己的榜样，以臻于治。大定二年八月，上谓宰臣曰："百姓上书陈时政，其言犹有所补。卿等位居机要，略无献替，可乎？夫听断狱讼，簿书期会，何人不能？唐、虞之圣，犹务兼览博照，乃能成治。正隆专任独见，故取败亡。朕早夜孜孜，冀闻谠论，卿等宜体朕意。"④

大定二十一年三月，"诏兖州之曲阜修宣圣墓，赐其家子孙粟帛，仍给守视十人。金国之初，大军至曲阜，方发宣圣陵，粘罕闻之，问高庆裔曰：'孔子何人？'对曰：'古之大圣人。'曰：'大圣人墓岂可发邪？'皆杀之。故阙里得全。世宗时，南北无事之久，其崇文兴化宜矣。"⑤

为了在女真人中传播和普及儒家思想，世宗还敕令设立译经所，将汉文经史典籍译成女真文字。先后翻译印行的典籍有《尚书》、《易经》、《孝经》、《论语》、《孟子》、《贞观政要》、

---

① 《金史》卷六《世宗本纪上》，第141页。
② 《金史》卷八《世宗本纪下》，第203页。
③ 如《金史》卷七《世宗本纪中》：大定十三年四月"以有司言，特授洺州孝子刘政太子掌饮丞。"《金史·世宗本纪下》：大定二十一年正月"有移剌余里也者，契丹人也，隶虞王猛安，有一妻一妾。妻之子六，妾之子四。妻死，其六子庐墓下，更宿守之。妾之子皆曰：'是嫡母也，我辈独不当守坟墓乎？'于是，亦更宿焉，三岁如一。上因猎，过而闻之，赐钱五百贯，仍令县官积钱于市，以示县民，然后给之，以为孝子之劝。"
④ 《金史》卷六《世宗本纪上》，第128页。
⑤ （南宋）宇文懋昭：《大金国志》卷一八《世宗下》，中华书局，标点本，1986。

《史记》、《汉书》、《新唐书》等。世宗指出："朕所以令译五经者，正欲女真人知仁义道德所在耳"；① 女真人"稍通古今"，知书识礼，"则不肯为非"，可减少违法乱纪之事。大定二十六年（1186 年）三月，世宗发布制条："猛安谋克皆先读女真字经史然后承袭"，② 将具备一定的文化素养，作为继承猛安谋克之职的附加条件；设立女真策论进士科，以促使女真人学习儒家经典。同时，世宗为了培养女真后备人才，在京师设置女真国子学，在诸路设立女真府学，专门招收女真子弟入学，教授经史，为女真人学习华夏文化提供了便利条件，使儒学得以广为传播，并为女真人普遍接受。世宗曾谓宰臣曰："会宁乃国家兴王之地，自海陵迁都永安，女直人浸忘旧风。……今之燕饮音乐，皆习汉风，盖以备礼也。"③ 社会尊孔读经已经蔚然成风。其太子允恭，"专心学问，与诸儒臣讲议于承华殿，燕闲观书，乙夜忘倦，翼日辄以疑字付儒臣校证"。因此他反而对女真的文字不大熟悉。大定十年（1170）八月，"帝（允恭）在承华殿经筵，太子太保寿王爽启曰：'殿下颇未熟本朝语，何不屏去左右汉官，皆用女真人。'帝曰：'谕德、赞善及侍从官，曷敢辄去。'爽乃揖而退。帝曰：'宫官四员谓之谕德、赞善，义可见矣，而反欲去之，无学故也。'"④ 说明金统治者的儒学修养已经很高了。

世宗对儒学顶礼膜拜，也反映在他的法制思想上。首先，强调确立统一的法律尺度。世宗指出："法者，公天下持平之器"，要求对亲贵，特别是外戚享有的"八议"特权加以限制。"若亲

<hr />

① 《金史》卷五一《选举一》，第 1132 页。
② 《金史》卷八《世宗本纪下》，第 192 页。
③ 《金史》卷七《世宗本纪中》，第 159 页。
④ 《金史》卷一九《显宗本纪》，第 412 页。

者犯而从减，是使之恃此而横恣也"。① 若在自己确立的法律尺度面前徇私挠法，无异于自行毁法。他发布禁令："形势之家，亲识诉讼，请属道达，官吏往往屈法徇情，宜一切禁止。"② 并身体力行，对犯罪的亲贵及徇私枉法的官吏予以惩处。如大定初年，外戚高德温犯罪，"逮御史台狱"。御史大夫张汝霖提出轻重不同的两种处理意见，供皇帝裁决。世宗责之曰："德温有人在宫掖，故朕颇详其事。朕肯以宫掖之私挠法耶？不谓卿等顾徇如是。"③ 其次，崇尚中典治国，赏罚不滥。世宗经常指责前任海陵王"以苛刻为事"，法令"多任已意，伤于苛察"；并总结历史上帝王因"专务宽慈"，以致法纪废弛的教训，主张中典治国，提出"夫朝廷之政，太宽则人不知惧，太猛则小珉亦将不免于罪，惟当用中典耳"。④ 同时，"赏罚不滥即是宽政也"，⑤ 就不会重蹈宽猛失度，紊乱法制的覆辙。再次，要求法令宜通俗明白。世宗曾告诫执政大臣："制条以拘于旧律，间有难解之辞。夫法律历代损益而为之，彼智虑不及而有乖违本意者，若行删正，令从易晓，有何不可？宜修之，务令明白。"⑥

与此同时，世宗还提倡保持女真族的民族观念，发扬女真武勇精神，注意保留女真旧俗。

章宗亦"聪慧有父风，属文为学，崇尚儒雅，故一时名士辈出。大臣执政，多有文采，学问可取，能吏直臣皆得显用，政令修举，文治灿然，金朝之盛极矣"。⑦ 从明昌以至泰和年间，

---

① 《金史》卷四五《刑志》，第 1020 页。
② 《金史》卷七《世宗本纪中》，第 175 页。
③ 《金史》卷八三《张汝霖传》，第 1865 页。
④ 《金史》卷七《世宗本纪中》，第 158 页。
⑤ 《金史》卷七《世宗本纪中》，第 173 页。
⑥ 《金史》卷六《世宗本纪上》，第 129 页。
⑦ （元）刘祁：《归潜志》卷一二《辩亡》，中华书局，点校本，1983。

"承世宗治平日久，宇内小康，乃正礼乐，修刑法，定官制，典章文物粲然成一代治规。"①

要之，华夏正统法思想，经历数十年与女真传统法观念的交流和融会，到世宗、章宗之世，已经占据了社会主流意识形态的地位。

当然，女真民族某些与生俱来的传统观念，仍旧保留下来，深深地植根于女真人的心底。例如大定十三年（1173 年）四月乙亥，世宗"御睿思殿，命歌者歌女直词。顾谓皇太子及诸王曰：'朕思先朝所行之事，未尝暂忘，故时听此词，亦欲令汝辈知之。汝辈自幼惟习汉人风俗，不知女直纯实之风，至于文字语言，或不通晓，是忘本也。汝辈当体朕意，至于子孙，亦当遵朕教诫也。'"大定十六年正月，世宗在同诸亲王、宰执谈论古今兴废之事时，一方面赞颂"经籍之兴，其来久矣，垂教后世，无不尽善"。另一方面又对女真旧俗恋恋不舍："女真旧风最为纯直，虽不知书，然其祭天地，敬亲戚，尊耆老，接宾客，信朋友，礼意款曲，皆出自然，其善与古书所载无异。汝辈皆习学之，旧风不可忘也。"② 应当指出，世宗此番关于华夏文明与女真民族传统文化关系的高论，不无道理。正是这些富有生命力的民族传统法观念，与华夏正统法思想的有机结合，才共同铸就了金代法律文化颇为独特的多元特色。

①　《金史》卷一二《章宗本纪四》，第285页。
②　《金史》卷七《世宗本纪中》，第164页。

（二）金法制的演变：从女真习惯法到成文律典
对儒家法文化的传承与重铸

1. 女真民族习惯法的形成

与世界上许多古老的民族一样，女真族早在原始氏族部落时代，就出现了调整部落成员在生产和生活中的相互关系和处理部落之间纠纷的行为准则。《金史》卷一《世纪》载，传说时代的女真完颜部首领函普曾立约："凡有杀伤人者，征其家人口一、马十偶、牸牛十、黄金六两，与所杀伤之家，即两解，不得私斗。"这些积久而成的习惯对全体氏族成员具有普遍的约束力。

随着女真社会关系的演化，原始习惯逐渐成为以部落长为首的氏族贵族维护自己的特权地位、经济利益及统治秩序的工具。11 世纪初，完颜部落长石鲁以"生女直无书契，无约束，不可检制。欲稍立条教，诸父、部人皆不悦，欲坑杀之"，后经过一番斗争，才实现了"稍以条教为治，部落寝强"的目的。随后，石鲁又以"犹以旧俗，不肯用条教"[1] 为由，用武力征服了一些女真部落。这些被石鲁强制推行的"条教"，已经具备了习惯法的特征。不过，此时的习惯法还带有浓厚的神权法色彩，在司法中仍盛行原始的神明裁判。如史载昭祖（石鲁）时完颜部有如下"国俗"："有被杀者，必使巫觋以诅祝杀之者，乃系刃于杖端，与众至其家，歌而诅之曰：'取尔一角指天、一角指地之牛，无名之马，向之则华面，背之则白尾，横视之则有左右翼者。'其声哀切凄婉，若《蒿里》之音。既而以刃画地，劫取畜

---

① 《金史》卷一《世纪》，第21页。

产财物而还。其家一经诅祝，家道辄败。"石鲁还将此"国俗"
推行到完颜部以外的其他部落，且"大有所获"。①

到11世纪中叶，乌古乃联盟时期，辽朝授予"诸部长"乌
古乃以"生女真部族节度使"称号，承认他的部落联盟长地位。
史称"金自景祖（乌古乃）始大，诸部君臣之分始定"。② 乌古
乃任节度使后，名正言顺地设置了官属，而且"纪纲渐立矣"，
女真习惯法有了进一步发展。《金史·后妃传》载，乌古乃巡行
诸部时，其妻唐括氏（后追谥为昭肃皇后）"辄与偕行，政事、
狱讼皆与决焉"。11世纪末，完颜部统一了女真各部落，形成比
较巩固的部落联盟，建立起初具规模的国家政权，并"一切治
以本部法令"，③ 即以完颜部的法令作为部落联盟的统一法令，
从而为金朝的建立和成文法的制定奠定了基础。例如，此前诸部
各自刻制"信牌"，"交互驰驿，讯事扰人"。阿骨打向穆宗（盈
歌）建议，没有部落联盟长的命令，"擅置牌号者置于法，自是
号令乃一，民听不疑矣"。④

金朝建立初期，"法制未定，兵革未息"。⑤ 太祖阿骨打即位
时便宣称："吾虽处大位，未易改旧俗也"；并有"无变旧风之
训"。在法制上继续沿用旧有的习惯法和简易的司法习惯。

例如，此时的君臣之间的关系仍保留着部落时代平等、质朴
的习惯。《金史》卷三六《礼九》："国初即位仪：收国元年春正
月壬申朔，诸路官民耆老毕会，议创新仪，奉上即皇帝位。阿离
合懑、宗翰乃陈耕具九，祝以辟土养民之意。复以良马九队，队

①　《金史》卷六五《谢里忽传》，第1540页。
②　《金史》卷六八《列传第六》"赞曰"，第1600页。
③　《金史》卷一《世纪》，第15页。
④　《金史》卷一《世纪》，第15页。
⑤　《金史》卷四六《食货一》，第1032页。

九匹，别为色，并介胄弓矢矛剑奉上。国号大金，建元收国。"
反映了女真氏族社会的观念，即他们首领的使命是率领族人从事
农耕和征战。金初皇帝亦未将自己神化，如祝寿："古人上寿，
皆以千万岁寿而言，国初种人纯质，每举觞，唯祝百二十岁而
已。"① "凡臣下宴集，太祖尝赴之，主人拜，上亦答拜。天辅
后，始正君臣之礼焉。"② 《大金国志》卷一○《熙宗孝成皇帝
一》：太宗曾"浴于河，牧于野，屋舍车马衣服饮食之类，与其
下无异"；"君臣宴乐，携手握臂，咬颈扭耳"，以至于"同歌共
舞，无复尊卑"。

在刑事方面，"金初法制简易，无轻重贵贱之别，刑、赎并
行"；③ "金国之法极严，杀人剽窃者，掊其脑而致之死，籍其家
为奴婢，亲戚欲得者以牛马财物赎之。其赃以十分为率，六归
主，四没官。罪轻者决柳条，罪重者赎以物。贷命则割耳鼻以志
之。其狱掘地数丈，置囚于其中，罪无轻重悉笞背。州县官各许
专决。当其有国之初，刑法并依辽制。常刑之外又有一物曰沙
袋，以革为囊，实以沙石，系于杖头，人有罪者，持以决其背，
大率似脊杖之属，惟数多焉。至熙宗立，始加损益，首除沙袋
之制。"④

在民事方面，金初女真人的婚姻仍遵循传统的民族习俗。婚
姻缔结的程序和仪式，先是通过指腹为婚或女子自求婚的方式定
婚。史称："金人旧俗，多指腹为婚姻。既长，虽贵贱殊隔亦不
可渝。"婚嫁之日，男方"以马牛为币"，在亲属陪同下，携带

---

① （元）元好问：《续夷坚志》卷二《历年之谶》。
② 《金史》卷七○《撒改传》，第1615页。
③ 《金史》卷四五《刑志》，第1013页。
④ （明）李栻辑：《历代小史》卷六二《金志》，江苏广陵古籍书印社，影印本，1989，第
525页（以下所引《历代小史》同此版本）。

酒馔前往女家"拜门"，履行婚礼。举行酒宴后，"妇家无大小皆坐炕上，婿党罗拜其下，谓之'男下女'"。礼毕由岳丈点验男方送来的彩礼（马、牛等）。婚礼后，夫婿须留在女家执仆隶三年，才能携妻归家。这种婚姻具有明显的买卖婚姻性质。至于贫苦之家，则"以女年及笄行歌于途。其歌也，乃自叙家世、妇工、容色以伸求侣之意。听者有求娶欲纳之，即携而归，后复补其礼偕来女家以告父母"。①

　　同时，"收继婚"之俗长期流行。"收继婚"，又称"接续婚"。指男子死后，其妻妾可以嫁给他的兄、弟、子、侄、孙（须与其妻妾无血缘关系）中的任何人。收继婚曾盛行于春秋时期。《左传》将子收继庶母为妻称曰"烝"；侄娶伯、叔母为妻称曰"报"；庶孙娶嫡祖母为妻称曰"因"。至于兄死收嫂及弟亡纳弟媳为妻的情况，因其十分普遍，连专用名称也没有，后世习称为"叔接嫂"。收继婚显然是原始氏族时代群婚制的遗俗，当然也与先秦社会浓厚的宗法观念密切相关。儒家伦常思想在华夏社会占据主导地位后，收继婚逐渐受到礼教和法律的排斥。汉律将此行为列为乱人伦，逆天道"禽兽行"，处以极刑。此后，历代华夏王朝的律典均视收继婚为犯罪，而设立法条予以惩罚。然而，收继婚不仅在各少数民族，特别是在游牧民族中广泛通行，而且作为传统的婚姻习俗流传下来。女真族亦然，"父死则妻其母，兄死则妻其嫂，叔伯死则侄亦如之，无论贵贱，人有数妻。"② 宋人文惟简撰《虏廷事实》亦载："虏（金）人风俗，取妇于家，而其夫身死，不令妇归宗，则兄弟侄皆得以聘之。有

---

①　（明）李栻辑：《历代小史》卷六二《金志》。
②　（宋）徐梦莘：《三朝北盟会编》卷三，上海古籍出版社，影印本，1987。

妻其继母者，与犬豕无异。"① 这些淳朴的女真婚姻旧俗在金入主中原的过程中，受到大规模民族通婚的冲击而逐渐谈化。

此外，"誓约"也是女真传统习惯法的重要内容之一。例如，阿骨打于天庆四年（1114 年）九月起兵反辽时，与诸将传梃而誓："汝等同心尽力，有功者，奴婢部曲为良，庶人官之，先有官者叙进，轻重视功。苟违誓言，身死梃下，家属无赦。"② 太宗（完颜晟）时，"金国置库收积财货"，君臣"誓约惟发兵用之"，即只有战时才能动用此库藏之财物。但太宗却身自毁法，违背誓约，"私用过度"。谙版勃极烈完颜杲（太宗弟）告于粘罕（宗翰），"请国主违誓约之罪。于是，群臣扶（太宗）下殿，杖二十毕，群臣复扶上殿。谙版、粘罕以下谢罪。"③ 可见，金初凡违反习惯法者，甚至连皇帝也难以幸免于处罚。这一方面反映了中原华夏王朝皇帝至尊，凛然不可触犯的君主专制体制在当时尚未确立，金君臣之间的关系仍保持着部落时代淳朴、平等的遗风，同时也说明习惯法在金初的显赫地位和威力。

2. 成文法规的制订及其对华夏法文化的传承和重铸

金朝成文法是在攻灭辽宋，入主中原的过程中，逐步制定并完善的。太祖时，主要沿用女真习惯法："初定东京，即除去辽法，减省租税，用本国制度。"④

太宗在位期间，金朝先后灭亡辽宋，占有中原地区。鉴于女真习惯法已经不能适应在新占领地区建立有效统治的需要，太宗

---

① （明）陶宗仪纂：《说郛》卷八，（北京）中国书店，影印本，1986。
② 《金史》卷二《太祖本纪》，第 24 页。
③ （宋）徐梦莘：《三朝北盟会编》卷九八引赵子砥《燕云录》，上海古籍出版社，影印本，1987。
④ 《金史》卷二《太祖本纪》，第 42 页。

于承用旧俗的同时，"亦稍用辽、宋法"；① "朝廷议制度礼乐，往往因仍辽旧"，并用随时发布的敕条弥补旧有习惯法之未备。然而，尽管大臣建议"方今奄有辽宋，当远引前古，因时制宜，成一代之法"，② 但此间尚未编制成文法规。

（1）《皇统新制》。

金朝成文法的编制，始于熙宗时期。天眷三年（1140 年），熙宗"复取河南地，乃诏其民，约所用刑法皆从律文。罢狱卒酷毒刑具，以从宽恕"，③ 进一步在中原地区推行唐宋法律制度。至皇统三年（1145 年），又"诏诸臣，以本朝旧制，兼采隋唐之制，参辽、④ 宋之法，类以成书，名曰皇统制，颁行中外。"⑤ 这是金朝的第一部成文法，史称《皇统新制》，凡"千余条"。其内容："《新律》之行，大抵依仿大宋，其间亦有创立者，如殴妻致死，非用器刃者不加刑，它率类此。徒自一年至五年，杖自一百二十至二百，皆以荆决臀，仍拘役之，使之杂作。惟僧尼犯奸，及强盗不论得财不得财，并处死，与古制异矣，大概国法严酷。"⑥ 其中异于宋律而"创立者"，实际上可能是女真传统习

① 《金史》卷四五《刑志》，第 1014 页。
② 《金史》卷七〇《宗宪传》，第 1615 页。
③ 《金史》卷四五《刑志》，第 1015 页。
④ 辽法与唐律有直接的渊源关系。辽成文法典有二：一是重熙五年（1036 年）纂修太祖（耶律阿保机）以来法令，参合唐律及契丹古制编定的《重熙新定条制》；二是咸雍六年（1070 年）修订的《咸雍重修条制》。两部法典已佚，据《辽史》、《续文献通考》引录的法条，与唐律相比较，"辽律除参酌契丹部族习惯法和用刑残暴外，大体沿用唐律。"又日本学者泷川政次郎和岛田正郎合著的《辽律之研究》，对《重熙新定条制》进行复原，考定其中源自唐律者 88 条，认定唐律为辽律之"母法"。参见杨廷福《唐律初探》，天津人民出版社，1982，第 156～157 页。
⑤ 《金史》卷四五《刑志》，第 1015 页。
⑥ （南宋）宇文懋昭：《大金国志》卷一二，中华书局，标点本，1986。洪浩《松漠纪闻》卷上亦有相关记载："金国新制，大抵依仿中朝法律，至皇统三年，颁行其法，有创立者率皆自便，如殴妻致死，非用器刃者不加刑，以其侧室多，恐正室妒忌。汉儿妇莫不唾骂，以为古无此法，曾臧获（即奴隶）之不若也。"

俗的延续。

（2）《正隆续降制书》。

皇统九年（1149 年），海陵王完颜亮发动政变，夺取帝位，"又多变易旧制，至正隆间，著为续降制书，与皇统制并行焉。"① 由于这部《正隆续降制书》是"海陵虐法，率意更改"制定的，故其内容"伤于苛察"，"或同罪异罚，或轻重不伦，或共条重出，或虚文赘意"，与《皇统新制》并行，造成"是非淆乱"，"吏不知适从，夤缘舞法"② 的恶果。

（3）《大定重修制条》。

世宗大定年间（1161~1189 年），金朝统治趋于巩固。史称："世宗久典外郡，明祸乱之故，知吏治之得失。即位五载，而南北讲好，与民休息。于是躬节俭，崇孝弟，信赏罚，重农桑，慎守令之选，严廉察之责……孳孳为治，夜以继日，可谓得为君之道矣！当此之时，群臣守职，上下相安，家给人足，仓廪有余，刑部岁断死罪，或十七人，或二十人，号称'小尧舜'，此其效验也。"③ 他十分重视立法，曾亲自修改审定法律。大定九年（1169 年）三月，尚书省拟定《网捕走兽法》，其刑罚重者至徒刑。世宗审定此法时指出："以禽兽之故而抵民以徒，是重禽兽而轻民命也，岂朕意哉。自今有犯，可杖而释之。"④ 故世宗时期，立法建制颇多建树。世宗即位之初，就"以正隆之乱，盗贼公行，兵甲未息，一时制旨多从时宜"，遂下令将皇帝诏令汇编为《军前权宜条理》，作为临时法律；大定三年（1165

---

① 《金史》卷四五《刑志》，第 1015 页。
② 《金史》卷八九《移剌慥传》，第 1987 页。
③ 《金史》卷八《世宗本纪下》，第 204 页。
④ 《金史》卷六《世宗本纪上》，第 144 页。

年），又"命有司复加删定《条理》，与前《制书》兼用"。① 此
后，又陆续制定了一些单行条例，诸如大定八年（1168 年）
"制品官犯赌博法"；② 大定十年（1170 年）"制命妇犯奸，不用
夫荫以子封者，不拘此法"等。③ 在此基础上，世宗于大定十九
年六月，诏令设立专门机构，对皇统、正隆以来通行的法律进行
一次系统的修订："命大理卿移剌愊总中外明法者共校正。乃以
皇统、正隆之制及《大定军前权宜条理》、《后续行条理》，伦其
轻重，删繁正失。制有阙者以律文足之。制、律俱阙及疑而不能
决者，则取旨画定。《军前权宜条理》内有可以常行者亦为定
法，余未应者亦别为一部存之。参以近所定徒杖减半之法"，④
编制了《大定重修制条》，凡 12 卷 1190 条。

　　总的说来，金自熙宗以降，迄止世宗，尽管编制了一系列成
文法规，但尚未出现为后世所宗的一代成法。

　　（4）《泰和律令敕条格式》的颁行。

　　章宗时期，承平日久，宇内小康。女真族的封建化和民族融
合进一步发展，以儒学为核心的汉文化已经为女真人普遍接受，
成为金王朝统治的思想基础。这就为金朝立法更多地仿效唐宋法
律制度创造了条件。

　　章宗即位之初，鉴于当时"礼乐刑政因辽宋旧制，杂乱无
贯"，⑤ "制、律混淆"，遂于明昌元年（1190 年）下令设置详定
所审定律令。明昌三年（1194 年），详定所"用今制条，参酌
时宜，准律文修定，历采前代刑书宜于今者，以补遗阙，取

　　① 《金史》卷四五《刑志》，第 1015 页。
　　② 《金史》卷四五《刑志》，第 1016 页。
　　③ 《金史》卷六《世宗本纪上》，第 146 页。
　　④ 《金史》卷四五《刑志》，第 1018 页。
　　⑤ 《金史》卷七三《完颜守贞传》，第 1689 页。

（宋）《刑统》疏文以释之，著为常法，名曰《明昌律义》"①，另将榷货、边部、权宜等事集为《敕条》。《明昌律义》虽未颁行，但为泰和制律奠定了基础。

泰和二年（1202 年）五月，历经数年修订而成的《泰和律令敕条格式》颁布施行。这是金王朝最具代表性的法典。它由四部分组成：一是《泰和律义》。其内容基本上模仿《唐律疏议》，分为名例、卫禁、职制、户婚、厩库、擅兴、贼盗、斗讼、诈伪、杂律、捕亡、断狱十二篇三十卷，在律文后列有"附注以明其事，疏义以释其疑"。其变化仅在于："赎铜皆倍之，增徒至四年、五年为七；削不宜于时者四十七条，增时用之制百四十九条，因而略有所损益者二百八十有二条，余百二十六条皆从其旧，又加以分其一为二、分其一为四者六条，凡五百六十三条。"② 二是《律令》二十卷。"自官品令、职员令之下，曰祠令四十八条，户令六十六条，学令十一条，选举令八十三条，封爵令九条，封赠令十条，宫卫令十条，军防令二十五条，仪制令二十三条，衣服令十条，公式令五十八条，禄令十七条，赋役令二十三条，关市令十三条，捕亡令二十条，赏令二十五条，医疾令五条，狱官令百有六条，杂令四十九条，释道令十条，营缮令十三条，河防令十一条，服制令十一条，附以年月之制。"③ 三是《新定敕条》三卷，包括制敕九十五条，榷货八十五条，蕃部三十九条。四是《六部格式》三十卷，汇辑了吏、户、礼、兵、刑、工六部官署的办事规程。

《泰和律令敕条格式》产生于金代政治经济形势比较稳定，

---

①《金史》卷四五《刑志》，第 1022 页。
②《金史》卷四五《刑志》，第 1024 页。
③《金史》卷四五《刑志》，第 1024 页。

民族融合深入发展的章宗时期，又是以唐宋法典为蓝本，吸取金建国以来 80 多年立法建制经验的基础上制定的，因而成为有金一代最完备的法典。此后，金王朝日趋衰落，再也没有进行重大的立法活动。

金朝法制与唐宋律之渊源关系十分明晰。金朝第一部成文法规《皇统新制》，就是以本朝旧制为基础，兼采隋唐之制，参辽宋之法汇纂而成。此后，《正隆续降制书》、《军前权宜条理》、《大定重修制条》等法规，都是修订皇统以来历代法规基础上颁行的。集金代立法之大成的《泰和律令敕条格式》更是以唐律为楷模。按《金史·刑志》统计，《泰和律义》保留唐律条文 126 条，稍加损益而移植 282 条，析唐律 2 条为 6 条，共计 410 条，占《泰和律义》563 条的 72.8%。其篇目和大部分律条均沿袭《唐律疏义》。故元人评之为："实唐律也。"[①]

清《四库全书总目》卷八四《政书类存目二》，载有元代郑汝翼比较金律与唐律异同的《永徽法经》一书的评介。其中称："自明昌至泰和，以隋唐辽宋遗文参定篇目，卷帙全依唐制。其间度时增损者十有一二。"（按：如前述，《唐律疏义》未被金《泰和律义》承袭沿用的律条仅 90 条，占全律 500 条的 18%）此书"列唐律于前，而附金律于后，或有或无，或同或异，或增或减，俱详为之注，颇为精密"。其作者郑汝翼，金代律科出身，官刑部检法，入元后为大理寺丞，历任中央司法官员。该书作于"中统癸亥"，即忽必烈中统四年（1263 年），正值蒙古国沿用金泰和律之际，惜未见此书传世。

《泰和律令敕条格式》之全貌今虽不可详考，但其颁行标志

---

① 《金史》卷四五《刑志》，第 1024 页。

着金代法制的完备和正常法制秩序的建立，这是毫无疑义的。自此以后，"其有犯令，以律决之"。元好问《中州集》卷五《萧尚书贡小传》载："予修泰和律令，所上条画皆委曲当上心，兴陵嘉叹曰：'汉有萧相国，我有萧贡，刑狱吾不忧矣。'又奏死囚狱虽已具，仍责家人伏辩，以申冤抑。诏从之。迁刑部侍郎，入谢曰：'臣愿因是官广陛下好生之德。'上大悦。"

《泰和律义》不仅是金朝的一代成法定规，其效力还及于元初。"元兴，其初未有法守，百司断理狱讼，循用金律"；[1] 直到元世祖至元八年（1271 年）"始禁用金泰和律"。[2] 从蒙古汗国太宗六年（1234 年）灭金而沿用金律，至此已 37 年时间。而且，金律的效用并未因元世祖一纸禁令而中止。世祖下令禁用金律时，并未颁行一部足以代替《泰和律》的成规定制。以至此后 50 余年群臣屡有修律之议。如至元十六年（1279 年），御史中丞崔彧建言："宪曹无法可守，是以奸人无所顾忌，宜定律令以为一代之法。"[3] 至元年间官至提刑按察使的胡祗遹建言："泰和旧律不敢凭倚，蒙古祖宗家法汉人不能尽知，亦无颁降明文，未能遵依施行。去岁风闻省部取《泰和律》伺圣上燕闲拟定奏读，愚料圣人万几，岂能同书生、老儒缕缕听闻，若复泛而不切闻之必致倦怠。一与上意不合为臣子者不敢尘渎，不能早定。愚者不自揆，窃谓宜先选必不可废急切者一二百条，比附祖宗成法，情意似同者，注以蒙古字蒙古语，解释粗明，庶可进读，庶几时定。上有道揆，下有法守，则天下幸甚。"[4] 在至元二十八

---

① 《元史》卷一〇二《刑法一》，中华书局，1976，第 2603 页（以下所引《元史》同此版本）。

② 《元史》卷七《世祖本纪四》，第 138 页。

③ 《新元史》卷一〇二《刑法志》。

④ （元）胡祗遹：《紫山先生大全集》卷二二《杂著·论定法律》，三怡堂丛书本。

年（1291 年）颁布《至元新格》后，元成宗于元贞二年（1296年）以"律令，良法也，宜早定之"，① 命参知政事何荣祖等更定律令。但新律在武宗至大二年（1309 年）仍未颁行。时中书省臣上疏："律令者，治国之急务，当以时损益。世祖有旨，金泰和律勿用，令老臣通法律者参酌古今，从新定制，至今尚未行。臣等谓律令重布，未可轻议。请自世祖即位以来所行条格，校雠归一，遵而行之。"② 直到仁宗延祐三年（1316 年）五月，才拟定了《延祐律书草案》；又过了八年，至英宗至治三年（1323 年），《大元通制》告成，才最终取代了《泰和律》的地位。③ 可见，在中国法制史上，金律和两宋法律共同居于承前启后的重要地位，均为中华法系形成过程中的重要环节。

综合上述，在 12～13 世纪中国北方民族大融合的历史潮流中，金统治者上采唐辽宋之制，承袭中原儒家法文化，并对其进行改造和重铸；同时荟萃以女真族为主的北方各民族传统法文化之精华，兼收并蓄，广采博取，取精用宏，创建了具有多元一体色彩的金法律文化，在中国传统法律文化发展史上居于承上启下的正统地位。金法律文化是中华传统法律文化链中的重要一环，是中华法系的重要渊源。

---

① 《新元史》卷一〇二《刑法志》。
② 《新元史》卷一〇二《刑法志》。
③ 详见曾代伟《〈大元通制〉渊源考辨》，《现代法学》2003 年第 1 期。

二　金代职官法制考

　　金代职官法制，是北方游牧民族传统官制习惯法与中原王朝官制法相结合的产物。与同时代的辽、西夏相比较，由于金统治范围更加深入中原腹地，与华夏文化的接触面更大，受到的影响更深，民族融合的程度更高，其职官法制更多地吸收了唐、宋官制法，且不乏独特的创新，在中国古代官制法史上的地位较高。在职官立法上，仅《泰和律令敕条格式》中，就列有《官品令》、《职员令》、《选举令》、《封爵令》、《封赠令》、《六部格式》等法规。

（一）国家行政体制及其运行机制考

1. 中央行政体制及其运行机制考

（1）金初的勃极烈制。

　　公元1115年正月，女真部落联盟长完颜阿骨打称帝，建立"大金"国后，废除了原来的部落联盟长制度，确立了皇权统治，并对建国前部落联盟时代形成的勃极烈制加以调整，建立了为皇权服务的中央行政管理机构。

　　勃极烈制产生于11世纪中叶的乌古乃联盟时期，具有部落贵族议事制的性质:"金自景祖始建官属,统诸部以专征伐,岿然自为一国。其官长皆称曰勃极烈,故太祖以都勃极烈嗣位,太宗以谙班勃极烈居守。"①勃极烈意即"女真之尊官",皆由皇族担任。皇帝以下,谙班勃极烈的地位最高,在皇帝出征时,拥有"监国"之权,可以代替皇帝处理国家政务。金太祖死后,其弟谙班勃极烈吴乞买继皇帝位,是为金太宗。从此以后,谙班勃极烈就成为金朝皇帝的法定继承人。其次是国论忽鲁勃极烈。《金史》卷五五《百官一》谓:"国论言贵,忽鲁犹统帅也。"《金国语解》亦称:"胡鲁勃极烈,统帅官之称",即掌握军队的统帅。此外,还设有国论乙室勃极烈、忽鲁勃极烈、移赉勃极烈、阿买勃极烈、阿舍勃极烈、迭勃极烈等。他们出征即为独当一面的统军官,留京则协理朝政,参与决策。

勃极烈制源于女真部落首领民主议事的习惯。起初,各部首领皆有权参与国家大事的决策。《三朝北盟会编》载:"国有大事,适野环坐,划灰而议,自卑者始。议毕,即漫灭之,人不闻声,其密如此。将行军,大会而饮,使人献策,主帅听而择焉,其合者即为特将,任其事。师还,又大会,问有功高下,赏之以金帛若干,举以示众,或以为。薄复增之。"②

勃极烈制虽然在太宗时期有所变革,但诸勃极烈始终是金初太祖、太宗统治时期中央政权组织的核心,掌握着金朝中枢的政治、军事等大权。其议事情景仍保留部落贵族议事之遗风。有跟随宋徽宗、钦宗被俘至金上京的官员,对太宗执政时朝廷议事的情景作了如下记述:"吴乞买当金太祖朝尝使汴京,其貌绝类我

①《金史》卷五五《百官一》,第1215页。
②（宋）徐梦莘:《三朝北盟会编》卷三,政宣上帙三,上海古籍出版社,影印本,1987。

太祖皇帝塑像，众皆称异。嗣位后，车马服御与臣下无别。乾元殿①外四周栽柳，名曰'御寨'。有事集议，君臣杂坐，议毕同歌合舞，携手握臂，略无猜忌。"② 君臣的界限并不分明："盖女真初起，阿骨打之徒为君也，粘罕之徒为臣也，虽有君臣之称，而无君臣之别。乐则同享，财则共用，至于舍屋、车马、衣服、饮食之类，俱无异焉。"③ 这种"虽名为帝，而与其下元无尊卑之别"④ 的关系，也是原始氏族部落时代平等观念的反映。

　　同时，官民关系亦颇质朴，勃极烈与民众关系密切，甚至皇帝亦只比拟于守令而已，而非高据于百姓之上。《三朝北盟会编》称："（金）主之入朝也，威仪礼貌止肖乎守令，民有讼未决者，多拦路驾以诉之，其野如此。"⑤《大金国志》："居民住来，车马杂逮，自'前朝门'直抵'后朝门'，尽为往来出入之路，略无禁制，每孟春击土牛，父老士庶无长幼，皆聚观于殿侧。民有讼未决者，多邀驾以诉。至熙宗始有内庭之禁。"⑥ 宋人文惟简撰《虏廷事实》："女真风俗，初甚淳质，其祖宗者不知人主之为贵。邻人温酒欲熟，则烹鲜系肥而邀主于家，无贵贱老幼，团坐而饮，酒酣则宾主迭为歌舞以誇尚，今则稍知礼节，不复如此耳。"⑦ 说明君民之间尚未构筑隔绝的鸿沟。

　　（2）一国多制的形成。

　　随着金朝势力范围的扩展，金统治者又根据不同地区的具体

① 《金史》卷二四《地理上》：上京路"其宫室有乾元殿，天会三年建，天眷元年更名皇极殿。"
② 《靖康稗史》卷六《呻吟语》。
③ （宋）徐梦莘：《三朝北盟会编》卷一六六，炎兴下帙六六，上海古籍出版社，影印本，1987。
④ （宋）熊克：《中兴小纪》卷二三，福建出版社，点校本，1985。
⑤ （宋）徐梦莘：《三朝北盟会编》卷二四四，炎兴下帙一四四，上海古籍出版社，影印本，1987。
⑥ （南宋）宇文懋昭：《大金国志》卷三三《燕京制度》，中华书局，标点本，1986。
⑦ （明）陶宗仪纂：《说郛》卷八，（北京）中国书店，影印本，1986。

情况，采取了不同的行政管理体制。"太祖入燕，始用辽南、北面官僚制度"，① 在原辽属燕云地区实行南、北面官制度。南、北面官制是辽中央政权采用的双轨制的官僚制度。辽占领燕云十六州后，为适应国内不同的民族及其生产方式，建立了两套官僚系统。北面官一律由契丹人出任，机构比较简单，"以国制治契丹"，即沿用契丹旧制治理契丹人和其他少数民族。南面官参照唐官制设立，杂用汉人及各族官吏，"以汉制治汉人"，主要管理有关汉人的事务。太宗即位后，"斜也、宗干当国，劝太宗改女真旧制，用汉官制度"。② 天会四年（1126 年），太宗"始定官制，立尚书省以下诸司府寺"。③ 自此，金朝正式仿唐制建立了尚书、中书、门下三省制的中央政权体制。此后，金在原北宋所辖中原等地区设立齐国作为属邦，保留宋朝官制。从而形成了以女真官制为主，辽、宋官制并存的局面。

（3）职官制度的统一。

尚书省一省制的肇始。熙宗继位后，鉴于在不同地区实行不同的制度，有碍于金朝的统一和发展，遂从官制入手，对政治体制进行了重大改革：废除女真勃极烈制，参照辽宋官制，建立了全国统一的官僚体制。在中央，皇帝以下设太师、太傅、太保，合称"三师"。三师为天子师范，品位极高，虽无明确职司，但常领三省事，权位皆重。中央政务机关为尚书、中书、门下三省。其中，尚书省的地位和权力尤其突出。尚书省乃掌大政之府，号称"政府"，由尚书令"总领纪纲，仪刑端揆"。④ 因其职

---

① 《金史》卷七八《列传第十六》"赞曰"，第 1779 页。
② 《金史》卷七八《韩企先传》，第 1777 页。
③ 《金史》卷七八《韩企先传》，第 1777 页。
④ 《金史》卷五五《百官一》，第 1217 页。

高权重，故多以三师兼任。尚书令下设左、右丞相各一员、平章政事二员。"金制，尚书令、左右丞相、平章政事，是谓宰相。"① 其下设左、右丞各一员、参知政事二员，皆称执政官，"为宰相之贰，佐治省事"；再次为左司、右司及吏、户、礼、兵、刑、工六部等机构，分掌各个方面的政务。门下省侍中和中书令则分别由尚书省左、右丞相兼任，使门下、中书两省事务实际上操纵于尚书省之手，形同虚设。至海陵王正隆元年（1156年）改制，"罢中书门下省，止置尚书省。"② 正式确立了尚书省一省制的中央行政体制。这是中国古代中央政权结构改革的一项创举。

尚书省讨论政事的情景，从如下事例可见一斑：明昌四年（1193 年）正月，皇族宗室完颜襄"进拜司空，领左丞相如故。襄重厚寡言，务以镇静守法。每掾有所禀，必问曰：'诸相云何？'掾对某相如是，某相如是。襄曰：'从某议。'其事无有异者。识者谓襄诚得相体。"③ 金朝尚书令以下，宰执谋政者通常为八位。由于金代尚书令是一个职位品秩极高的荣誉职衔，故作为首席宰执大臣的左丞相就成为尚书省议政的实际主持人。他对各位宰执的意见进行选择后，奏呈皇帝裁定。

行台尚书省之创设。天会十五年（1137 年）十一月，熙宗下诏废除刘豫伪齐傀儡政权，在汴京创设"行台尚书省"，作为中央尚书省（称"中台"）的派出机构行使统治权，从而将原北宋所辖的中原等地区收归金中央直接管理。《金史》卷五五《百官一》载："行台之制。熙宗天会十五年，罢刘豫，置行台尚书

① 《金史》卷八九《列传第二十七》"赞曰"，第 1990 页。
② 《金史》卷五五《百官一》，第 1216 页。
③ 《金史》卷九四《内族襄传》，第 2091 页。

省于汴。天眷元年，以河南地与宋，遂改燕京枢密为行台尚书省。天眷三年，复移置于汴京。皇统二年，定行台官品皆下中台一等。"天眷年间行台尚书省的变迁，《金史》卷七七《宗弼传》有详细记录："天眷元年，挞懒、宗磐执议以河南之地割赐宋，诏遣张通古等奉使江南。明年，宋主遣端明殿学士韩肖胄奉表谢，遣王伦等乞归父丧及母韦氏兄弟。宗弼自军中入朝，进拜都元帅。宗弼察挞懒与宋人交通赂遗，遂以河南、陕西与宋，奏请诛挞懒，复旧疆。是时，宗磐已诛，挞懒在行台，复与鹘懒谋反。会置行台于燕京，诏宗弼为太保，领行台尚书省，都元帅如故，往燕京诛挞懒。挞懒自燕京南走，将亡入于宋，追至祁州，杀之。"此后，虽然海陵王曾于天德二年（1150 年）十二月下诏"罢行台尚书省"，① 但旋即又恢复设置。有金一代，先后在燕京（今北京市）、汴京（今河南开封市）、大名（今河北大名）、临潢府（今辽宁巴林左旗）、抚州（今内蒙古兴和县）、益都（今山东益都）、宣德（今河北宣化）、西京（今山西大同市）、上京（今黑龙江阿城县）、北京（今内蒙古宁城县）、东平（今山东东平）、卫州（今河南汲县）、平凉（今甘肃平凉）、徐州（今江苏省徐州市）、缙山（今北京市延庆县）、陕西等地设立行台尚书省。

如果说金行台尚书省之设，起初是为了加强中央对某些特殊地区控制的话，那么后来设立的行台尚书省则主要出于军事上的需要。这些行台尚书省大多设于军事重镇，以便协调军、政及各方面的关系，加强该地区一元化领导。出任"领行台尚书省事"之职者，多为独当一面的军事统帅。如都元帅宗弼（兀术）长

---

① 《金史》卷五《海陵本纪》，第 96 页。

期兼领汴京行台尚书省事；皇族宗敏"兼左副元帅，领行台尚书省事"①等。故虽有"诸州郡军旅之事，决于帅府。民讼钱谷，行台尚书省治之"②的诏令，领行台尚书省事者，都是集军政大权于一身的封疆大吏。

行台尚书省的组织，除不设行台尚书令外，其余左右丞相、平章、左右丞，甚至六部皆与中央尚书省相同。如海陵王时，皇族撒离喝曾任汴京"行台左丞相，兼左副元帅"，③时挞不野同在汴京任行台右丞相兼右副元帅。熙宗皇统二年（1142年），"定行台官品皆下中台一等"。④

行台尚书省既为中央尚书省之派出机关，故拥有广泛职权，对所辖地区军、政、司法等机构，均有监督管理之权。如宣宗兴定三年（1219年）二月"诏陕西行省，从七品以下官许注拟，有罪许决罚，丁忧待阙随宜任使。"⑤又如同年威戎县等地"岁饥，民无所於籴，（县令）白行省，得开仓赈贷，全活者甚众"。⑥

金代行台尚书省之创设，首开元明清"行省"之制的先河。

天眷元年（1138年）八月，熙宗进一步颁布《新官制及换官格》。所谓"换官"，就是将原依女真、辽、宋官制任职的官员，均按统一的新官制换授。同时对皇族、显贵按功勋等第授予不同的封爵、勋级和食邑。

熙宗统一官制的结果，加强了中央集权制的皇权统治，推动

① 《金史》卷六九《宗敏传》，第1608页。
② 《金史》卷七七《宗弼传》，第1754页。
③ 《金史》卷七六《杲传》，第1739页。
④ 《金史》卷五五《百官一》，第1216页。
⑤ 《金史》卷一五《宣宗本纪中》，第343页。
⑥ 《金史》卷一二四《商衡传》，第2697页。

了民族大融合的历史进程。

正隆官制改革。海陵王在位期间，又在"天眷官制"基础上，对中央官制进行了全面改革。正隆元年（1156年）正月，海陵王颁布正隆官制，"罢中书、门下省，止置尚书省"，确立了尚书省一省制的新中央政权组织制度。"自（尚书）省而下官司之别，曰院、曰台、曰府、曰司、曰寺、曰监、曰局、曰署、曰所，各统其属以修其职。职有定位，员有常数，纪纲明，庶务举，是以终金之世守而不敢变焉。"[1]

金朝中央行政体制，从金初勃极烈制，到沿袭中原王朝的三省制而突出尚书省地位，进而罢中书、门下省，定型为尚书省一省制。隋唐以来的三省制实际上至此终结。这在我国古代中央行政体制改革中是一项颇为独特的创举。在中国历史上，以中书、门下、尚书三省分掌中央政务的体制，确立于隋唐时期。隋唐三省并重，中书省为中枢决策和出令机关，门下省职司审核、封驳，尚书省执行行政管理事务，三省长官均为握有一定实权的宰相。宋代虽有三省之设，但"政柄皆归中书省"；至金代实现了从三省制到一省制的转变；元朝则改为中书省一省制；明洪武十三年（1380年）最终废止中书省，采内阁六部体制；清承明制而又具特色创新，直至清末改制。

枢密院。在金朝中央政务机关中，职掌兵权的枢密院地位尤其突出。枢密院之设，仿自辽宋之制。太祖入燕，采辽南北面官制时，于天辅七年（1123年）十二月，"循辽制立枢密院于广宁府，以总汉军"。[2] 汉人左企弓、刘彦宗等先后出任枢密使。但此时枢密院的职权有限，只有统领汉军之权。天会二年（1124

---

① 《金史》卷五五《百官一》，第1216页。
② 《金史》卷四四《兵志》，第992页。

年），太宗为准备兴兵伐宋，设立都元帅府"掌征讨之事"。① 都元帅府权力显然在枢密院之上，"金制，都元帅必以谙版勃极烈为之，恒居守而不出"，统兵出征则由左右副元帅代行。海陵王天德三年（1151 年）"以元帅府为枢密院"，枢密院权位日渐显赫。章宗泰和年间定制："枢密院每行兵则更为元帅府，罢则复为院"，② 成为职掌"武备机密之事"③ 的最高军事机关。

鉴于宋代枢密院"与中书对持文武二柄"，互不关涉，在执行朝廷决策和处理军政事务时，常常发生互相掣肘的情况，金代颇为重视军政的配合，枢密院官通常由尚书省宰执兼任。如宣宗贞祐二年（1214 年），字术鲁德裕"拜参知政事，兼签枢密院事"；④ 胥鼎"拜尚书左丞，兼枢密副使"；⑤ 翌年，尚书省左丞相仆散端"兼枢密副使，未几进兼枢密使"，⑥ 等等。

然而，重大军事举措仍由枢密院专职官员擅决，在战争期间尤其如此。故正大年间，户部尚书杨云翼上奏："枢密专制军政，蔑视尚书（省），尚书出政之地，政无大小，皆当总领，今军旅大事，社稷系焉，宰相乃不得预闻，欲使利病两不相蔽，得乎？"⑦ 哀宗对此深以为然。天兴初，臣僚又进言："金制，枢密院虽主兵，而节制在尚书省。兵兴以来，兹制渐改，凡在军事，省官不得预，院官独任专见，往往败事"，认为"将相权不当分"。⑧ 于是，哀宗天兴元年（1232 年）四月明令："并枢密院

---

① 《金史》卷五五《百官一》，第 1238 页。
② 《金史》卷四四《兵志》，第 996 页。
③ 《金史》卷五五《百官一》，第 1239 页。
④ 《金史》卷一〇一《字术鲁德裕传》，第 2237 页。
⑤ 《金史》卷一〇八《胥鼎传》，第 2374 页。
⑥ 《金史》卷一〇一《仆散端传》，第 2232 页。
⑦ 《金史》卷一一〇《杨云翼传》，第 2423 页。
⑧ 《金史》卷一一四《白华传》，第 2510 页。

归尚书省，以宰相兼院官，左右司首领官兼经历官。"① 并"置尚书省、枢密院于宫中，以便召问"。②

与地方行台尚书省之设一样，金也在重要地区，尤其是军事重镇设置行枢密院（简称"行院"），作为中央枢密院的派出机关，在当地代行枢密院之职权。如宣宗南迁后，于"沿河诸城置行枢密院"，③ 执掌行院事务者，或为中央枢密院官，或为军事将领及地方行政长官。如宣宗兴定五年（1221 年）"以内族惟弼，权同签枢密院事，行院于中京……纳合降福权签枢密院事，行院于宿州"；④ 兴定二年（1218 年）蒲察移剌都"权右副元帅，行枢密院于邓州"；⑤ 兴定元年（1217 年），同知河间府尹术甲臣嘉"行枢密院于寿州，由寿泗渡淮伐宋，二年二月破宋兵三千于渐湖滩"。⑥ 可见，以某官兼主行院事，往往是为了军事行动的方便。

2. 地方行政体制及其运行机制考

《金史》卷二四《地理上》：金"袭辽制，建五京，置十四总管府，是为十九路。其间散府九，节镇三十六，防御郡二十二，刺使郡七十三，军十有六，县六百三十二。后复尽升军为州，或升城堡寨镇为县，是以金之京府州凡百七十九，县加于旧五十一，城寨堡关百二十二，镇四百八十八"。

（1）路、府行政体制考。

金全国设十九路，即上京路、咸平路、东京路、北京路、西

---

① 《金史》卷一一四《白华传》，第 2510 页。
② 《金史》卷一七《哀宗本纪上》，第 386 页。
③ 《金史》卷四四《兵志》，第 998 页。
④ 《金史》卷一六《宣宗本纪下》，第 355 页。
⑤ 《金史》卷一〇四《蒲察移剌都传》，第 2303 页。
⑥ 《金史》卷一〇三《术甲臣嘉传》，第 2277 页。

京路、中都路、南京路、河北东路、河北西路、山东东路、山东西路、大名府路、河东北路、河东南路、京兆府路、凤翔路、鄜延路、庆原路、临洮路。而《大金国志》卷三八《京府州县》却列出二十路。① 有论著认为是在上述"十九路之外，又增临潢府路"。② 其实未必如此。政区建制时有变化，此乃历代王朝通例。查《大金国志》所列二十路中有临潢府路、会宁府路、熙河路、秦凤路为《金史》所无，并非仅"增临潢府路"；而《金史》所列十九路中又有上京路、凤翔路、临洮路为《大金国志》所无。此皆因政区管辖或地名变更，行政区划废置等所致。两种史料不过是反映不同时期的行政体制而已。例如："上京路……国初称为内地，天眷元年号上京。海陵贞元元年迁都于燕，削上京之号，止称会宁府，称为国中者以违制论。大定十三年七月，后为上京。"③ 其间有二十年称会宁府。会宁府路，当指上京路。又如："临潢府，下，总管府。地名西楼，辽为上京。国初因称之，天眷元年改为北京。天德二年改北京为临潢府路，以北京路都转运司为临潢府路转运司，天德三年罢。贞元元年以大定府为北京后，但置北京临潢路提刑司。大定后罢路，并入大定府路。"④ 其变更十分频繁。

各路军政事务，由路治所在的京府、总管府等行使。有学者认为，金代"路并不是一级地方行政单位，而是军事单位"；⑤

---

① 即中都路、南京路、西京路、东京路、北京路、临潢府路、会宁府路、咸平府路、河北东路、河北西路、河东南路、河东北路、山东东路、山东西路、大名府路、京兆府路、鄜延路、庆原路、熙河路、秦凤路。
② 白钢主编：《中国政治制度通史》第 7 卷，李锡厚、白滨著《辽金西夏》，人民出版社，1996，第 274 页。
③ 《金史》卷二四《地理上》，第 550 页。
④ 《金史》卷二四《地理上》，第 557 页。
⑤ 白钢主编：《中国政治制度通史》第 7 卷，李锡厚、白滨著《辽金西夏》，人民出版社，1996，第 274 页。

并列举上京路范围内几个"小"路作为例证。笔者以为，金代的路较之宋代作为朝廷派出机构的路，其重要性似乎有所下降。但金代路应是从中央派出机构向地方的一级行政单位转制中的一种组织形态，并非一种单纯的军事机构。其一，各京府留守、总管府都总管品级崇高，以首府军政头脑兼"本路兵马都总管"，在未设路级行政首脑的情况下，又由其兼任路行政长官，亦是顺理成章。其二，上京路范围内的几个"小"路，本来就是上京路所属的几个军事重镇。据《金史》卷二四《地理上》载，其中蒲与路、恤品路、曷苏馆路、胡里改路均设节度使为长官，地位相当于作为军事重镇的节镇州；仅合懒路，置总管府。故《金史》并未将上述几个"路"视为路而计入"十九路"之列，只是将其作为上京路的辖地而已。

府级政权有三种，"凡诸府置员并同，惟曷懒路无府事"。①

一是京府，即上京会宁府（今黑龙江阿城县）、东京辽阳府（今辽宁辽阳市）、北京大定府（今内蒙古宁城县）、西京大同府（今山西大同市）、南京开封府（今河南开封市），号称"五京府"。诸京府设："留守司，留守一员，正三品。带本府尹兼本路兵马都总管。同知留守事一员，正四品。带同知本府尹兼本路兵马都总管。副留守一员，从四品。带本府少尹兼本路兵马副都总管。留守判官一员，从五品。都总管判官一员，从五品。掌纪纲总府众务、分判兵案之事。推官一员，从六品，掌同府判，分判刑案之事，上京兼管林木事。司狱一员，正八品。"② 诸京留守兼本府府尹和本路兵马都总管，实行军政合一体制，表明金诸京府皆为军事重镇。金还有一个特殊的京府，首都中都大兴府

---

① 《金史》卷五七《百官三》，第1310页。
② 《金史》卷五七《百官三》，第1305页。

（今北京市），其体制与其他京府不同："大兴府，尹一员，正三品。掌宣风导俗、肃清所部，总判府事。府尹同。兼领本路兵马都总管府事。车驾巡幸，则置留守同知、少尹、判官。惟留判不别置，以总判兼之。同知一员，从四品。掌通判府事。余府同知同此。少尹一员，正五品。掌同同知。总管判官一员，从五品。掌纪纲总府众务，分判兵案之事。府判一员，从五品。掌咨议参佐、纠正非违、纪纲众务，分判吏部、工案事。推官二员，从六品。掌同府判，分判户、刑案事，内户推掌通检推排簿籍。旧一员，大定五年增一员。知事，正八品。掌付事勾稽省著文牍、总录诸案之事。"①

前揭史料称金"袭辽制，建五京"。其实唐已在京师或陪都所在地设置三京府，即西京府、东京府、北京府；宋设有四京府，即东京开封府、西京河南府（洛阳）、南京应天府（今南京）、北京大名府（今河北大名）；辽设五京府，即上京临潢府（今内蒙古巴林左旗林东镇南）、中京大定府（金称北京）、东京辽阳府（今辽宁辽阳市）、南京析津府（今北京市）、西京大同府（今山西大同市）。

二是总管府，即五京府以外各路路治所在的府。"诸总管府，谓府尹兼领者。都总管一员，正三品。掌统诸城隍兵马甲仗，总判府事。同知都总管一员，从四品。掌通判府事，惟婆速路同知都总管兼来远军事兵马。副都总管一员，正五品。所掌与同知同。总管判官一员，从六品。掌纪纲总府众务，分判兵案之事。府判一员，从六品。掌纪纲众务，分判户、礼案事，仍掌通检推排簿籍。推官一员，正七品。掌同府判，分判工、刑案

---

① 《金史》卷五七《百官三》，第1305页。

事。"① 各总管府组织，实为本路政府机构。

三是诸府（散府），即非路治所在的府。"诸府谓非兼总管府事者。尹一员，正三品。同知一员，正四品。少尹一员，正五品。府判一员，从六品。掌纪纲众务，分判吏、户、礼案事，专掌通检推排簿籍。推官一员，正七品。掌同府判兵、刑、工案事。府教授一员。知法一员。"② 散府计有北京路的广宁府（今辽宁北镇县）和兴中府（今辽宁朝阳市）、西京路德兴府（今河北涿鹿县）、南京路的归德府（今河南商丘市）和河南府（今河南洛阳市）、河北西路的彰德府（今河南安阳市）和中山府（今河北定县）、山东东路济南府（今山东济南市）、河南东路河中府（今山西运城县）等九个。

（2）州级以下行政体制考。

金朝州级以下地方政权，对不同民族及处于不同经济形态的人民，采取不同的行政管理制度，形成多元化的地方行政体制。

①汉地州、县行政体制。

州级政权有三种：一是凡为军事重镇的州设节镇。诸节镇设"节度使一员，从三品。掌镇抚诸军防刺，总判本镇兵马之事，兼本州管内观察使事。其观察使所掌，并同府尹兼军州事管内观察使。同知节度使一员，正五品。通判节度使事，兼州事者仍带同知管内观察使。副使一员，从五品。节度判官一员，正七品。掌纪纲节镇众务、金判兵马之事，兼判兵、刑、工案事。观察判官一员，正七品。掌纪纲观察众务，金判吏、户、礼案事，通检推排簿籍。知法一员，州教授一员，司狱一员，正八品。"③ 金

---

① 《金史》卷五七《百官三》1310。
② 《金史》卷五七《百官三》，第1311页。
③ 《金史》卷五七《百官三》，第1312页。

节度使较之唐后期拥兵自重、割据一方的藩镇，已不能同日而语。

二是边境州为防御州。诸防御州设"防御使一员，从四品。掌防捍不虞、御制盗贼，余同府尹。同知防御使事一员，正六品。掌通判防御使事。判官一员，正八品，掌签判州事，专掌通检推排簿籍。知法，从九品。……军辖兼巡捕使，从九品"。①

其余为刺史州。设"刺史一员，正五品。掌同府尹兼治州事。同知一员，正七品。通判州事。判官一员，从八品。签判州事，专掌通检推排簿籍。司军，从九品。知法一员。军辖兼巡捕使，从九品"。②

金代州级以上政权均统领军兵、兼理政务。其中尤以路级政权权力最重。这说明金地方政权组织，在采用汉制的同时，仍保留着女真军政一体的传统。

县按所处位置的重要性及所辖户口之数量，分为赤县、京县、剧县、次剧县、上县、中县、下县七等。县置县令一员，"掌养百姓，按察所部，宣导风化，劝课农桑，平理狱讼，捕除盗贼，禁止游惰，兼管常平仓及通检推排簿籍，总判县事"。③其属员有丞、主簿、尉等。县级官府不专设军兵，县令无兵权。

依金朝法律的规定，各级地方官员按职务有统一的称谓："京府尹牧、留守、知州、县令、详稳、群牧为'长官'；同知、签院、副使、少尹、通判、丞曰'佐贰官'；判官、推官、掌书记、主簿、县尉为'幕职官'；兵马司及其他司军者曰'军职官'；警巡、市令、录事、司候、诸参军、知律（法）、勘事、

---

① 《金史》卷五七《百官三》，第1312页。
② 《金史》卷五七《百官三》，第1313页。
③ 《金史》卷五七《百官三》，第1314页。

勘判为'厘务官';应管仓库院务者曰'监当官';知事、孔目以下行文书者为'吏'。"①

②猛安谋克制。

在女真人聚居区及其他一些地区,仍保留着传统的猛安谋克制。"金之初年,诸部之民无它徭役,壮者皆兵,平居则听以佃渔射猎习为劳事,有警则下令部内及遣使诣诸孛堇征兵,凡步骑之仗糗皆取备焉。其部长曰孛堇,行兵则称曰猛安、谋克,从其多寡以为号,猛安者千夫长也,谋克者百夫长也。谋克之副曰蒲里衍,士卒之副从曰阿里喜。"② 平时则课其所属耕牧,用兵则率之以出征。

至于猛安、谋克的编制,太祖于收国二年(1116年)初定"三百户为谋克,十谋克为猛安,一如郡县置吏之法"。③ 女真人入主中原后,随着民族融合的发展,猛安、谋克制日渐紊乱。世宗大定十五年(1175年)派员赴全国各地,整顿猛安谋克组织,"再定猛安谋克户,每谋克户不过三百,七谋克至十谋克置一猛安"。④ 这样,猛安谋克除仍为军事编制外,已经具备地方行政组织的性质。

在金入主中原的过程中,起初曾将猛安、谋克的称号授予归顺的各族首领人物,以图笼络;并将其所部军民按猛安谋克之制收编。如史载:太祖时"继而诸部来降,率用猛安、谋克之名以授其首领而部伍其人。……及来流、鸭水、铁骊、鳖古之民皆附,东京既平,山西继定,内收辽、汉之降卒,外籍部族之健

① 《金史》卷五五《百官一》,第1230页。
② 《金史》卷四四《兵志》,第992页。
③ 《金史》卷四四《兵志》,第992页。
④ 《金史》卷四四《兵志》,第993页。

士，尝用辽人讹里野以北部百三十户为一谋克，汉人王六儿以诸州汉人六十五户为一谋克，王伯龙及高从祐等并领所部为一猛安。"但这只是权宜之计。到太宗天会二年（1124年），"平州既平，宗望恐风俗揉杂，民情弗便，乃罢是制。诸部降人但置长吏，以下从汉官之号。"① 从而废止了汉人中的猛安、谋克制。

但是，契丹人是一个例外。太祖初占辽属地区时，"东京州县及南路系辽女直皆降，诏除辽法，省税赋，置猛安谋克，一如本朝之制"，② 并对辽朝文武降官授予猛安、谋克称号，令其继续留用。此后，在契丹人中长期保留猛安、谋克制。

海陵王正隆五年（1160年），契丹农、牧民不堪金统治者的压榨和掠夺，先后在撒八、移剌窝斡领导下，爆发了大规模的反金起义。大定二年（1162年），窝斡起义失败后，世宗诏令"罢契丹猛安谋克。其原管户口，及从窝斡作乱来降者，皆隶女直猛安谋克，遣（完颜）兀不喝于猛安谋克人户少处分置"。③ 不久，世宗感到如此不加区别地处置契丹猛安谋克户，不利于安抚契丹人，遂放松禁令，诏敕"未尝从乱"者，可以不迁徙；"未经罢去猛安谋克合承袭者，仍许承袭"；已迁移的契丹猛安谋克户之地，可分给女真人及未迁移的契丹人；重建的"猛安谋克官，选契丹官员不预乱者充之"。④

在金朝职官序列中，"猛安，从四品，掌修理军务，训练武艺，劝课农桑，余同防御"，即相当于防御州的防御使；"诸谋克，从五品，掌抚辑军户，训练武艺。惟不管常平仓，余同县

---

① 《金史》卷四四《兵志》，第993页。
② 《金史》卷二《太祖本纪》，第29页。
③ 《金史》卷六《世宗本纪上》，第129页。
④ 《金史》卷九〇《完颜兀不喝传》，第1999页。

令"，① 相当于县令而品位略高。

金朝县以下基层政权组织，大体仿效唐制。京府州县城及其近郊设坊正，乡村村社"随户众寡为乡置里正"。坊正、里正职司"按比户口，催督赋役，劝课农桑"。村社里正以下，"三百户以上则设主首四人，二百户以上三人，五十户以上二人，以下一人，以佐里正禁察非违。置壮丁，以佐主首巡警盗贼。猛安谋克部村寨，五十户以上设寨使一人，掌同主首。寺观则设纲首。"② 民户以"五家为邻，五邻为保"，实行邻保连坐之法，"有匿奸细、盗贼者连坐"。③

此外，北边以游牧为主的各民族，仍保留其原有的部落、部族等行政组织，设有部族节度使、详稳（《金国语解》谓"边戍之官"）、移里堇（"部落墟砦之首领"）、秃里（"掌部落词讼，察非违者"）、乌鲁古（"牧圉之官"）等职官。

（二）职官管理制度考

1. 职官选任制度

金朝职官的选任，一方面沿袭隋唐以来的科举制度，开设词赋、经义、策试、律科、经童科、女真策论进士科、制举宏词科等七科，通过考试取士。另一方面，又在不同时期，对不同民族和不同身份的人，采用其他不尽相同的办法，直接选任职官。

《金史》作者概括金代职官选任制度云：

---

① 《金史》卷五七《百官三》，第 1329 页。
② 《金史》卷四六《食货一》，第 1031 页。
③ 《金史》卷四六《食货一》，第 1031 页。

金承辽后，凡事欲轶辽世，故进士科目兼采唐、宋之法而增损之。其及第出身，视前特重，而法亦密焉。若夫以策论进士取其国人，而用女直文字以为程文，斯盖就其所长以收其用，又欲行其国字，使人通习而不废耳。终金之代，科目得人为盛。诸宫护卫、及省台部译史、令史、通事，仕进皆列于正班，斯则唐宋以来之所无者，岂非因时制宜，而以汉法为依据者乎。金治纯驳，议者于是每有别焉。宣宗南渡，吏习日盛，苛刻成风，殆亦多故之秋，急于事功，不免耳欤。自时厥后，仕进之歧既广，侥幸之俗益炽，军伍劳效，杂置令录，门荫右职，迭居朝著，科举取士亦复泛滥，而金治衰矣。原其立经陈纪之初，所为升转之格，考察之方，井井然有条而不紊，百有余年才具不乏，岂非其效乎？[①]

（1）科举取士。

金朝初年，随着势力范围的迅速扩张，亟需网罗大批各族（主要是汉族）人士抚辑新附，治理新占领的汉地州县。金太宗遂于天会元年（1123 年）十一月、天会二年（1124 年）二月和八月，连续三次考选进士，首开金代科举取士之先例。但此时科举取士尚未形成定制，录取进士无定额，考试也不定期。

天会五年（1127 年）八月，太宗又"以河北、河东初降，职员多阙，以辽、宋之制不同，诏南北各因其素所习之业取士，号为南北选"。[②] 南指原北宋旧地，北指原辽旧地。金统治者通过这些措施，吸收了大批各族士人担任地方州县官吏。史称，初

---

① 《金史》卷五一《选举一》，第 1130 页。
② 《金史》卷五一《选举一》，第 1134 页。

行南北选时，首场北选词赋进士 150 人，经义进士 50 人，南选进士 150 人，计 350 人；第二场北选词赋进士 70 人，经义进士 30 人，南选进士 150 人，计 250 人。基本上解决了新占地区官吏缺员的燃眉之急。

此后，金朝廷陆续颁布了一系列有关职官选任的"制"、"格"及贞元元年（1153 年）《贡举程试条理格法》等法规，使科举取士逐渐形成比较确定的制度。

在开考科目方面，除女真人适用特别规定外，一般士人可投考词赋、经义、策试、律科、经童等科。熙宗天眷元年（1138 年）五月诏"南北选各以经义、词赋两科取士"。海陵王天德三年（1151 年），"并南北选为一，罢经义、策试两科，专以词赋取士"。① 大定二十八年（1188 年）又"复经义科"。②

词赋进士考试赋、诗、策论各一道。经义进士考试经义、策论各一道。其考试内容的范围，正隆元年（1156 年）确定在"五经、三史正文内出题"；章宗明昌元年（1190 年）进一步明确"以六经、十七史、孝经、论语、孟子及荀、扬、老子内出题，皆命于题下注其本传"。③

李世弼《登科记序》载有金科举考试的概略：

> 金天会改元，始设科举，有词赋，有经义，有同进士，有同三传，有同学究，凡五等。词赋于东西两京，或蔚、朔、平、显等州，或就廷试，试期不限定月日，试处亦不限定州府。词赋之初，以经传子史内出题，次又令逐年改一

---

① 《金史》卷五一《选举一》，第 1135 页。
② 《金史》卷五一《选举一》，第 1136 页。
③ 《金史》卷五一《选举一》，第 1136 页。

经，亦许注内出题，以书、诗、易、礼、春秋为次，盖循辽旧也。至天眷三年析津府试，迨及海陵天德三年亲试于上京。贞元二年迁都于燕，自后止试于析津府。收辽宋之后，正隆二年（按：《金史》记为正隆元年），以五经、三史正文内出题。明昌二年（按：《金史》记为明昌元年）改令群经子史内出题，仍与本传，此词赋之大略也。经义之初，诏试真定府所放号七十二贤榜，迨及蔚州、析津，令易、书、诗、礼、春秋专治一经内出题，盖循宋旧也。天德三年罢去经义及诸科，止以词赋取人。明昌初（按：《金史》记为大定二十八年），诏复经义。此经义之大略也。①

律科乃为一种专科考试，自海陵王正隆元年始行。"其法以律令内出题，府试十五题，每五人取一人。"大定二十二年（1182）定制，升入会试后，每场仍试十五题。其"文理优，拟断当，用字切者，为中选"。至大定二十九年，有司进言："律科止知读律，不知教化之源，可使通治《论语》、《孟子》以涵养其气度。"章宗采纳其议，遂令律科中选者，"复于《论语》、《孟子》内试小义一道"，由"经义试官出题，与本科通考定之"。② 可见金律科类似于唐"明法"科，只是更加强调考生的儒学素养，说明儒学的影响已深入金社会的方方面面。

经童科是为发现和培养智力超群的少年儿童设置的考试科目。"凡士庶子年十三以下，能诵二大经、三小经，又诵《论语》、诸子及五千字以上，府试十五题通十三（题）以上，会试每场十五题，三场共通四十一（题）以上，为中选。"经童科虽

---

① （元）王恽：《秋涧先生大全集》卷九七《玉堂嘉话》，四部丛刊本。
② 《金史》卷五一《选举一》，第1148页。

时兴时罢，但确有一批"神童"因而被发掘出来。"经童之科，古不常设，唐以诸道表荐，或取五人至十人。近代以为无补，罢之。本朝皇统间，取及五十人，因为常选。天德间，寻以停罢。陛下即位，复立是科，朝廷宽大，放及百数，诚恐积久不胜铨拟。宜稍裁减，以清流品。"① 如"李完，字全道，朔州马邑人。经童出身，复登词赋进士第，调澄城主簿"。后官至陕西西路转运使，寻授南京路按察使；② "胥持国，字秉钧，代州繁畤人。经童出身，累调博野县丞。"③ 后官至尚书右丞，位列宰执。

海陵王正隆元年（1156 年）定制，普通科举考试每三年举行一次。考试词赋、经义科中选者为进士；考试律科、经童中选者为举人。凡举人、进士皆须经乡试、府试、会试和御试（又称殿试），"凡四试皆中选则官之"。④ 考试时间，大定二十八年定为三月乡试，八月府试，翌年正月会试，三月御试。明昌元年（1190 年）取消乡试。

策论进士科是专为女真人开设的考试科目。大定四年，世宗为了提高女真人文化素质，审定颁行翻译成女真文字的经书，令每谋克选送良家子二人参加学习。全国各路习经女真子弟达三千人，为女真科举取士准备了条件。大定九年，枢密使思敬上疏奏事，建议"女直人可依汉人以文理选试"，⑤ 为世宗所采纳。遂从各路挑选女真学子尤俊秀者百人至京师，命编修官温迪罕缔达"教以古书，作诗、策，后复试，得徒单镒以下三十余人"。⑥ 徒

① 《金史》卷五一《选举一》，第 1149 页。
② 《金史》卷九七《李完传》，第 2155 页。
③ 《金史》卷一二九《佞幸传》，第 2793 页。
④ 《金史》卷五一《选举一》，第 1146 页。
⑤ 《金史》卷七〇《思敬传》，第 1624 页。
⑥ 《金史》卷五一《选举一》，第 1133 页。

单镒后来位至宰相。但是否开设策论进士科，主管部门也有不同声音："初议以时务策设女直进士科。了礼部以所学不同，未可概称进士，诏公定其事。乃上议曰：'进士之科起于隋大业中，始试以策，唐初因之。至高宗时杂以箴、铭、赋、颂，文宗始专用赋。且进士之初，本专策试，今女直诸生以试策称进士，又何疑焉。'世宗悦，事遂施行。"① 大定十三年，确定女真策试取士之制，每场试策一道，以女真文版经书为依据，用女真文字答卷，满五百字即可；免乡试、府试，直赴会试和殿试。大定十六年又命"皇家两从以上亲及宰相子，直赴御试"。大定二十八年，因"女真进士惟试以策，行之既久，人能预备"，遂从五经中出题，加试"论"一道。故女真进士科又称策论进士科。承安二年（1197 年）章宗敕定策论进士限丁习学之制："内外官员、诸局分承应人、武卫军，若猛安谋克及诸色人，户止一丁者不许应试，两丁者许一人，四丁二人，六丁以上止许三人。"② 策论进士科的开设，促使女真人重视和学习儒家经典，对于提高女真人的思想文化修养，加速女真族的封建化，普及汉文化，推动民族融合具有深远意义。

策论进士科的开设，选拔造就了一批具有一定儒学素养的女真官僚，如大定二十五年，宗室完颜匡"中礼部策论进士"。③ 纳坦谋嘉，"上京路牙塔懒猛安人。初习策论进士，大定二十六年，选入东宫，教郓王琮、瀛王瑰读书。以终场举人试补上京提刑司书史，以廉能著称。"④ 完颜素兰，"至宁元年策论进士也"。

① （元）苏天爵：《元文类》卷五七《尚书右丞相耶律公神道碑》，四部丛刊本。
② 《金史》卷五一《选举一》，第 1140 页。
③ 《金史》卷九八《完颜匡传》，第 2163 页。
④ 《金史》卷一〇四《纳坦谋嘉传》，第 2287 页。

后官至参知政事。完颜奴申，"素兰之弟也。登策论进士第"。后官至参知政事等要职。① 粘葛全周，名晖，"策论进士，兴定间为徐州行枢密院参议官"。② 斜卯爱实，"策论进士也。正大间，累官翰林直学士，兼左司郎中"。③ 赤盏尉忻，"上京人，当袭其父谋克，不愿就，中明昌五年策论进士第"。④ 后官至参知政事等职。陀满胡土门，"策论进士也。累官翰林待制。贞祐二年，迁知中山府。三年，改知临洮府、兼本路兵马都总管"。⑤ 乌古孙仲端，"承安二年策论进士。宣宗时，累官礼部侍郎"。⑥ 等等。

此外，章宗明昌元年（1190 年）又创设"制举宏词科"，以待非常之士。此科选拔人才不拘一格，"不限进士，并选人试之，中选擢之台阁"。⑦ 具体规定是：制举科考选贤良方正或能直言极谏、博学宏材、达于从政之人。试无常期，皇帝欲行，即诏告天下，由内外五品以上官，推荐所属六品以下职官无公私过错者应试；"若草泽士，德行为乡里所服者，则从府州荐之。"⑧ 考试程序，由应试者"先投所业策论三十道于学士院，视其词理优者，委官以群经子史内出题，一日试论三道，如可，则廷试策一道，不拘常务，取其无不通贯者，优等迁擢之。"⑨ 宏词科则试诏、诰、章、表、露布、檄书，及诫、谕、颂、箴、铭、序、记等形式的文章。文理优者分二等迁擢之。

---

① 《金史》卷一〇九《完颜素兰传》，第 2397 页。
② 《金史》卷一一一《古里甲石伦传》，第 2439 页。
③ 《金史》卷一一四《斜卯爱实传》，第 2514 页。
④ 《金史》卷一一五《赤盏尉忻传》，第 2532 页。
⑤ 《金史》卷一二三《陀满胡土门传》，第 2687 页。
⑥ 《金史》卷一二四《乌古孙仲端传》，第 2701 页。
⑦ 《金史》卷五一《选举一》，第 1131 页。
⑧ 《金史》卷五一《选举一》，第 1131 页。
⑨ 《金史》卷五一《选举一》，第 1131 页。

科举考试录取人数。府试通常按一定比例录取，每五人取一人参加会试。会试由隶属于尚书省的礼部主持，故又称省试。这是金代士子进入仕途最关键的一道门坎。自海陵王天德三年（1151 年）统一南北科举之制并罢经义科之后，每年仅录取进士六七十人，以致入仕者少，府县吏员多阙。为此，世宗大定四年（1164 年）"敕宰臣，进士文优则取，勿限人数"。但每年会试所取之数仍不满五百。大定二十八年世宗又重申"文理可采者取之，毋限以数"，并恢复经义取士，增设府试考场。此后，会试取士之数不断增加，至承安二年（1197 年）达到九百二十五人。承安五年，章宗鉴于"会试取人数过多，则涉泛滥"，遂确定策论、词赋、经义会试录取人数，"虽多不过六百人，少则听其阙"；泰和二年（1202 年）又进一步定制"策论三人取一，词赋、经义五人取一"。①

科举考试考场的设置。词赋、经义、律科、经童科府试之处，大定年间设在大兴府（今北京市）、大定府（今内蒙古宁城县）、大同府（今山西大同市）、开封府（今河南开封市）、东平府（今山东东平县）、京兆府（今陕西西安市），凡六处。明昌初增加辽阳府（辽宁辽阳市）、平阳府（今山西临汾市）、益都府（今山东益都）三处；承安四年又增设太原府（今山西太原市），共计十处。上京、东京、咸平三路试于辽阳府，中都路、河北东、西路试于大兴府。

各级考试的考官，府试按应试者的人数确定员数。如考生三千以上设五员，二千设四员，不及二千设三员，各以官高者为考试官，其余为同考试官。会试以一人为知贡举官，余为同知贡举

① 《金史》卷五一《选举一》，第 1133 页。

官。承安时，设词赋贡举官七员，经义贡举官四员。御试设读卷官，策论、词赋科各七员，经义科五员，制举宏词科三员。

金代对应试科举者的资格有所限制。一是身份上的限制，贱民不得应试。贱民经放免为良民者，称"放良人"。放良人亦不准应诸科举，但其子孙则许之。二是操行方面的限制，"犯十恶、奸盗者，不得应试"。① 三是正在为父母服丧的"丁忧人"，不得应举求仕。

金代科举考试的管理制度，在历史上以严密、细致而著称。首先，严格试卷管理，堵塞舞弊之源。金代专设誊录官、弥封官、检搜怀挟官、监押门官管理试卷。试卷密封保管，为防止同族人徇私泄密，女真策论进士科试卷由汉族官员密封，汉人诸科试卷则由女真官员密封。其次，严密监检考场，杜绝一切可能的舞弊行为。金代科举考场由军队执行监视和检查。大兴府由武卫军，平阳府由顺德军，其余各府由附近猛安谋克抽调军人监检。"凡府、会试，每四举人则差一人，复以官一人弹压。御试策论进士则差弩手及随局承应人，汉进士则差亲军，人各一名，皆用不识字者。以护卫十人、亲军百人长、五十人长各一人巡护。"考生进入考场时，须接受搜检。检查考生有无违禁挟带之物，甚至"解发袒衣，索及耳鼻"。泰和元年（1201年），省臣上奏，如此粗暴的搜检，践踏斯文，非待士之礼。章宗遂依大臣建议，令考生入场前须先沐浴，然后换上官府事先准备好的衣服参加考试。这样，"既可防滥，且不亏礼"。监检人员如有渎职，致有弊端发生时，要追究其法律责任。如宣宗贞祐三年（1215年）谕宰臣："国初设科，素号严密。今闻会试至于杂坐喧哗，何以

---

① 《金史》卷五一《选举一》，第1133页。

防弊?"① 命治考官及监察者之罪。最后，实行考官回避制度。考试官不得在有亲属应试之处主持考试或参加评阅试卷工作。

上述措施在一定程度上保障了科举取士的公正性，为后世强化科举考试管理，防止科场舞弊积累了经验。如考生须沐浴更衣才能入场之制，就为元朝所承袭。

金代科举中选者，通常可获得散官称号。"凡进士则授文散官，谓之文资官。自余皆武散官，谓之右职，又谓之右选。文资则进士为优，右职则军功为优，皆循资，有升降定式而不可越。"② 例如，大定初年以前，状元（进士第一名）授承德郎（文散官正七品上阶）。大定十四年（1174 年）改定官制，文武官皆例降两阶，状元改授承务郎（从七品上阶）。如孟宗献乡试、府试、省试、廷试皆第一，人称"孟四元"，时论以为知文。"故事，状元官从七品，阶承务郎。世宗以宗献独异等，与从六品，阶授奉直大夫。"③ 贞祐三年（1215 年）敕，状元皆授奉直大夫（从六品上阶）等。律科、经童中选的举人授予品级较低的散官。如正隆元年（1156 年）格，律科、经童举人初授将仕郎（正九品下阶）；大定十四年改制，"律科及第者授将仕佐郎（从九品下阶）"。散官须经历一定时期的试用、考察，再根据需要任命为职事官。如正隆三年制："律科及第及七年者，与关内差使，七年外者与关外差。诸经及第人未十年者关内差，已十年关外差。"④

但有时也直接授予科举中选者以实职。如大定十五年敕，

① 《金史》卷五一《选举一》，第 1147 页。
② 《金史》卷五二《选举二》，第 1157 页。
③ 《金史》卷一二五《文艺上》，第 2724 页。
④ 《金史》卷五二《选举二》，第 1164 页。

"状元除应奉（即应奉翰林文字，从七品职），两考依例授六品"；大定十八年诏："自今榜首（状元），先访察其乡行，可取则授以应奉，否则从常调。"① 进士、举人获职事官后，得因资历、政绩等逐步升迁。"凡外任循资官谓之常调，选为朝官谓之随朝，随朝则每考升职事一等，若以廉察而升者为廉升，授东北沿边州郡而升为边升。"②

金制，官员资历每三十个月为一考。普通职事官每三十个月为一任期；郡牧使及管课官以三年为一任；防御使以四十月、三品以上官以五十月、转运使以六十月为一任。其常调之制，"正七品两任升六品，六品三任升从五品，从五品两任升正五品，正五品三任升刺史"，③ 汉进士除授实职，一般都是常调官，大多从地方县丞、县主簿等基层职务开始，逐步爬升。海陵王贞元元年（1153年）定制："进士所历之阶及所循注之职，初除军判、丞、簿，次除防判、录事，三除下（县）令，四中（县）令、推官、节察判，五六皆上（县）令。"后来，此制历经变动。如弘州人魏子平，海陵王时登进士第，后除五台县主簿，历任尚书省令史、大理丞、左司都司、同知中都转运使事、太府监、户部侍郎、户部尚书，官至参知政事。女真进士除任为各府州教授外，通常选为朝官，如充当尚书省令史等职。大定二十七年（1187年）格，"女直进士令史，一考注正七品，两考注正六品"，④ 升迁较快。朝廷还特别订立女真官"超迁格"，使女真官吏得以迅速晋升。正如《金史·文艺上》所论：金代"世宗章

---

① 《金史》卷五二《选举二》，第1161页。
② 《金史》卷五二《选举二》，第1158页。
③ 《金史》卷五二《选举二》，第1158页。
④ 《金史》卷五二《选举二》，第1170页。

宗之世，儒风丕变，庠序日盛，士由科第位至宰辅者接踵"。

（2）其他入仕之途。

除科举取士外，金代入仕之途，还有如下几种。

其一，武举。武举始设于熙宗皇统年间，章宗泰和初年形成定制。《泰和式》规定，武举考试有两项内容：一是考试武艺，以射箭和骑马驰刺中靶多少定优劣；二是考试律令和兵法，"问律一条，问孙、吴书十条，能说五者为上等"。①武举按成绩分上、中、下三等录取，中选者即分别授予武散官。依泰和三年（1203 年）格，上等第一名授忠勇校尉（正八品上阶），第二、三名授忠翊校尉（正八品下阶）；中等授修武校尉（从八品上阶），收充亲军；下等授敦武校尉（从八品下阶），亦收充亲军。他们须经历一定期限，才能出任官职。据承安元年（1196 年）格：第一名所历之职，初任都巡、副将，第二任为下县令，第三任为中县令，第四、五任为上县令。以下武举人所历官职，较此稍低。

其二，门荫，又称荫袭。即达官显贵的子孙或其他亲属，凭借其先辈的荫庇而进入仕途。荫袭是中国古代沿用历史久远、影响最大的一项任官制度。夏商周三代实行"世卿世禄制"；汉代有《任子令》；魏晋南北朝盛行"九品中正制"和任子、门荫之制；隋唐宋门荫制度已趋完善。金初门荫之法颇滥，熙宗天眷时，八品以上官即可荫子孙，且"皆不限所荫之人"。②贞元二年（1154 年），《荫叙法》颁行，才确定七品以上官得荫子孙，并限定所荫人数。泰和元年（1201 年），《荫叙法》经修订后重新颁布，门荫之法制度化。"凡诸色出身文武官一品，荫子孙至

①《金史》卷五一《选举一》，第 1151 页。
②《金史》卷五二《选举二》，第 1159 页。

曾孙及弟兄侄孙六人，因门荫则五人；二品则子孙至曾孙及弟兄侄五人，因门荫则四人；三品子孙兄弟侄四人，因门荫则三人；四品、五品三人，因门荫则二人；六品二人，七品子孙一人，因门荫则六品、七品子孙兄弟一人。"① 此外，适用门荫的特别规定有：大定五年（1165 年）制，"亡宋官当荫子孙者，并同亡辽官用荫"；② 明昌元年（1190 年）制，"诸职官让荫兄弟子侄者，从其所请"。③ 为了防止荫袭作伪，大定五年颁行《冒荫及取荫官罪赏格》。

门荫之制的推行，使大批不学无术的纨绔子弟源源不断地涌入官僚队伍，造成政府机构臃肿，冗员充斥。泰和元年正月，太府监孙复上奏议门荫之弊："方今在仕者三万七千余员，而门荫补叙居三之二，诸司待阙，动至累年。盖以补荫猥多，流品混淆，本末相舛。至于进纳之人，既无劳绩，又非科第，而亦荫及子孙，无所分别。"④ 章宗闻奏，也只是对门荫之法稍加修订而已。

其三，军功。"凡军功有六：一曰川野见阵，最出当先，杀退敌军。二曰攻打抗拒州县山寨，夺得敌楼。三曰争取船桥，越险先登。四曰远探捕得喉舌。五曰险难之间，远处报事情成功。六曰谋事得济，越众立功。"⑤ 皇统八年（1148 年）关于按军功授官的"格"规定，原本具有昭信校尉（正七品下阶）以上武散官的立功者，初授县主薄及诸司副使，二任县主簿及诸司使，三任为下县令，四任中县令，五任上县令；或通注镇防军都指挥

---

① 《金史》卷五二《选举二》，第 1159 页。
② 《金史》卷五二《选举二》，第 1159 页。
③ 《金史》卷九《章宗本纪一》，第 216 页。
④ 《金史》卷一一《章宗本纪三》，第 255 页。
⑤ 《金史》卷五二《选举二》，第 1166 页。

使及正将等军职。若立功者原无官员身份，或虽为武散官但品级低于昭信校尉者，前三任只能充当县丞、县主簿，第四任下县令，第五任中县令，第六任上县令及知城寨。例如"瑶里孛迭，北京路窟白猛安陀罗山谋克人也。以军功历海滨令，迁徐王府掾，以称职，再任御史台"，① 后升至节度使。

到金朝末年，因战乱频仍，依军功授官常被用于悬赏，以激励将士们建树战功。贞祐二年（1215年）五月，蒙古军占领中都（今北京市）。九月，宣宗诏："募随处主帅及官军、义军将校，有能率众复取中都者，封王，迁一品阶，授二品职。能战却敌，善诱降人，取附都州县者，予本处长官。散官随职迁授，余州县递减二等。"② 同月，宣宗"以空名宣敕付陕西宣抚司，凡夏人入寇，有能临阵立功者，五品以下并听迁授"。当然，这些都是国家危难时采取的权宜之制。

其四，劳效。这是给予长年在基层勤劳服务的女真老年千户、谋克的一种政治待遇。世宗大定五年"制河南、陕西统军司，千户四十年以上拟从七品，三十年千户、四十年以上之谋克从九品，二十年以上谋克与正班、与差使，十年以上赏银绢，皆以所历千户、谋克、蒲辇月日通算"。③

其五，荐举。即经他人举荐而出任职官或获得升迁。金代荐举，仍由中央和地方政府的官员，将他们所管理的部门或管辖的地区中有才干、品行好的优秀人才推荐给朝廷，经朝廷试用，考核后，即破格授予官职，主要是任命为县令等"亲民官"。

金代荐举敕令屡见于世宗、章宗时期。

---

① 《金史》卷九四《瑶里孛迭传》，第2095页。
② 《金史》卷一四《宣宗本纪上》，第312页。
③ 《金史》卷五二《选举二》，第1167页。

世宗大定二年诏："随朝六品、外路五品以上官，各举廉能官一员"，但收效甚微。大定九年，又诏："朕思得忠廉之臣，与之共治。故尝命五品以上各举所知，于今数年矣。以天下之大，岂无其人，由在上者知而不举也"，① 促令臣僚荐举。大定十一年，世宗指责宰臣对荐举诏令漠然置之："昨观贴黄，五品以下官多阙，而难于得人。凡三品以上，朕则自知，五品以下，不能尽识，卿等曾无一言见举者。国家之务，朕岂能独尽哉！"② 针对一些臣僚的顾虑，世宗还多次指示："使他人举奏，朕甚不喜。如其果贤，何必以亲疏为避忌也。"③ 大定二十七年又谓大臣："十室之邑，必有忠信。今天下之广，人民之众，岂得无人？唐之颜真卿、段秀实皆节义之臣也，终不升用，亦当时大臣固蔽而不举也。卿等当不私亲故，而特举忠正之人，朕将用之。"④

章宗继位伊始，即于大定二十九年（1189 年）就职官选任问题发布十项诏令，要求尚书省及其他有关部门拟定实施办法，尽快落实。其中包括："旧时，臣下虽知亲友有可用者，皆欲远嫌而不引荐。古者举贤不避亲仇，如祁奚举仇，仁杰举子，崔甫除吏八百皆亲故也。其令五品以上官，各举所知几人，违者加以蔽贤之罪"，强制大臣举荐贤才。吏部据此拟定："内外五品以上职事官，每岁保廉能官一人。外路五品、随朝六品愿举者听。若不如所举者，各约量降罚。今拟贤而不举者，亦当约量降罚。"⑤ 所谓"廉能官"，是指廉洁、勤政、能干的官员。"前代

---

① 《金史》卷五四《选举四》，第 1205 页。
② 《金史》卷五四《选举四》，第 1206 页。
③ 《金史》卷六《世宗本纪上》，第 149 页。
④ 《金史》卷八《世宗本纪下》，第 197 页。
⑤ 《金史》卷五四《选举四》，第 1206 页。

官到任之后，即举可自代者。其令自今五品以上官举自代以备交承。"吏部确定：内外五品以上官，在任期之内必须亲自考察、挑选一名有才行的官员，向朝廷保荐。以备该官员任满之时接替其职务。"随朝、外路长官，一任之内足知僚属之能否，每任可令举几人。"吏部拟定："今内外五品以上职事官长，于僚属内须举才能官一人，数外举者听。""人材随色有之，监临诸物料及草泽隐逸之士，不无人材，宜荐举用之。"吏部定拟：监临诸物料内，以外路五品、随朝六品以上，举廉能者，直言所长，移文转申省，差官察访得实，随材任使。草泽隐逸，当遍下司县，以提刑司察访呈省。随色人材，令内外五品以上职官荐之。明昌元年（1190 年），章宗还明确指令："齐民之中有德行才能者，司县举之，特赐同四举五举人下。""亲军出职，内有尤长武艺，勇敢过人者。其令内外官举，提刑司察，如资考高者，可参注沿边刺史、同知、县令。"① 尚书省拟定，依旨升品拟注。

兴定元年（1217 年），宣宗重申荐举令："随朝七品、外路六品以上职事官，举正七品以下职事官年未六十、不犯赃、堪任使者一人。"②

荐举之制，使金朝廷发现和遴选出大批贤才能人，充实了官僚队伍。

为了防止发生举人唯亲的弊端，金代沿袭自古以来的通例，实行保任连坐制，规定举荐人对被荐人的行为，得负连带的法律责任。大定三年（1163 年）定制，若被荐人的情况与所举相同者，则予除授；"若声迹秽滥，所举官约量降罚"。明昌元年

---

① 均见《金史》卷五四《选举四》，第 1208 页。
② 《金史》卷五四《选举四》，第 1209 页。

（1190 年）重申：“如所举碌碌无过人者，元举官依例治罪。”①明昌四年，省臣奏议，如有“自嘱求举，或因势要及为人请嘱而举之者，各追一官，受贿者以枉法论，体察官亦同此。岁举不限数，不举不坐罪。但不如所举则有降罚，如此则必不敢滥举，而实材可得”。章宗令将此议作为“条理”施行。

金朝末年，蒙古军南侵，宣宗迁都南京（今河南开封）。以局势动荡，县官普遍缺员，遂于兴定三年（1219 年）颁行《辟举县令制》，限令朝官七品、外官六品以上，每二年须荐举县令一人；并以所举县令之优劣黜陟保举人。“称职，则元举官减一资历；中平，约量升除；不称，罚俸一月；犯免官，免所居官；及官当私罪解任、杖罪、赃污者，约量降除；污赃至徒以上及除名者，一任不理资考。三品以上举县令，称职者约量升除，不称夺俸一月；若被举者犯免官等罪，夺俸二月；赃污至徒以上及除名者，夺俸三月；狱成而会赦原者，亦原之。”② 兴定五年又制：“辟举县令考平者，元举者不得复举，他人举之者听。”③

即使如此，金代荐举的弊端仍然是显而易见的。一是重才轻德。如章宗明昌四年宰臣进言：“今之察举官吏者，多责近效，以干办为上。其有秉心宽厚，欲行德化者，辄谓之迂阔。故人人皆以教化为余事，此孝悌所以废也。若谕所司，官吏有能务行德化者，擢而用之，则教化可行，孝悌可兴矣。今之所察举，皆先才而后德。巧猾之徒，虽有赃污，一旦见用，犹为能吏，此廉耻所以丧也。若谕所司，察举官吏，必审真伪，使有才无行者不能

---

① 《金史》卷五四《选举四》，第 1209 页。
② 《金史》卷五四《选举四》，第 1209 页。
③ 《金史》卷五四《选举四》，第 1209 页。

觊觎，非道求进者加以纠劾，则奔竞之俗息，而廉耻可兴矣。"①

此番关于遴选官吏须注重德才兼备的宏论，将当时荐举官吏唯才轻德的不良倾向，提高到社会教化兴废的高度加以剖析和抨击，可谓切中时弊，振聋发聩，对其后选任官吏无疑具有普遍的意义，就是对于现今的干部选拔，也有借鉴价值。

二是徇私妄举。兴定五年，宣宗指出，荐举者或私其亲，或徇于请求，或谬于鉴裁而妄举，致使"数岁之间以滥去者九十余人"。②

以致哀宗正大元年（1224 年）进一步立法："命监察御史、司农司官，先访察随朝七品、外路六品以上官，清慎明洁可为举主者，然后移文使举所知。"③ 即先对荐举者的资格进行考察和认定，然后才指定其举荐。同时，仍行保任连坐制。据《金史》称，虽然当时金朝已行将灭亡，但"县令号为得人"。就是因为举主尽心，被举者尽力的缘故。

其六，特授。皇帝以敕令直接授予宗室、皇帝其他亲属及孔子后裔官职，是以身份获取官职的又一种形式。例如天眷三年（1140 年），太祖孙完颜齐"以宗室子授镇国上将军"。④ 大定二十年十二月，世宗"特授袭封衍圣公孔总兖州曲阜令，封爵如故"。⑤ 明昌元年八月，章宗"敕麻吉以皇家袒免之亲，特收充尚书省祗侯郎君，仍为永制"。⑥

其七，进纳鬻爵。朝廷因灾荒或军需等因，允许官民进纳粮

---

①《金史》卷一二《章宗本纪二》，第 227 页。

②《金史》卷五四《选举四》，第 1210 页。

③《金史》卷五四《选举四》，第 1209 页。

④《金史》卷七四《宗望传》，第 1701 页。

⑤《金史》卷七《世宗本纪中》，第 176 页。

⑥《金史》卷九《章宗本纪一》，第 215 页。

食、草料，而授予相应的官爵。金代纳粟补官，乃为一时权宜的临时举措，皆以皇帝的制敕行之，没有固定的标准和确定的制度。

熙宗皇统三年（1143 年），陕西大旱成灾，"诏许富民入粟补官"。①

海陵王末年，兴师动众，大举南侵，惨遭失败，归途丧生。世宗继位之初，即于大定元年（1161 年）以兵兴岁歉，下令听民进纳补官。又募能济饥民者，视其（赈济）人数为补官格。至大定五年才诏："顷以边事未定，财用阙乏，自东、南两京外，命民进纳补官。……今边鄙已宁，其悉罢之。"② 章宗明昌二年（1191 年），敕山东、河北阙食之地，纳粟补官有差。承安二年（1197 年）又行入粟补官法。

金朝末年，外患内忧重重，连年兵荒马乱，农业生产衰敝，军需民食用粮紧张。朝廷遂广开敛粮之门。平民得用粮食换取官职，丁忧人可入粟取得应举入仕资格，贱民亦可用粮食赎得良民身份，官吏则按敛粮多寡以定政绩之优劣和作为黜陟官职的依据。

宣宗贞祐二年（1214 年）定"权宜鬻恩例格"，规定"进官升职，丁忧人许应举求仕，监户从良之类，入粟草各有数"。贞祐三年又制："无问官民，有能劝率诸人纳物入官者，米百五十石迁官一阶，正班任使；七百石两阶，除诸司；千石三阶，除丞、簿，过此数则请于朝廷议赏。推司县官有能劝二千石迁一阶，三千石两阶，以济军储。又定制，司县官能劝率进粮至五千石以上者减一资考，万石以上迁一官，减二等考，二万石以上迁

---

① 《金史》卷五〇《食货五》，第 1124 页。
② 《金史》卷五〇《食货五》，第 1124 页。

一官，升一等，皆注见阙。"贞祐四年定僧道官纳粟任职之制："凡京府节镇以上僧道官，纳粟百石；防刺郡副纲、威仪等，七十石者乃充，三十月满替；诸监寺十石，周年一代，愿复买者听。"①

此外，金末在与蒙古、南宋交战的地区，还曾实行由民众推举当地官长的办法。如兴定三年（1219 年）三月，宣宗诏"太原等路，州县阙正授官，令民推其所爱为长，从行省量与职任"。四月又敕："河北州县官止令土著推其所爱者充，朝廷已授者别议任使。"②

在金代，无论科举或其他仕途入选者，除授官职，还有一个附加条件，就是未曾"犯选格"。"诸曾犯公罪追官，私罪解任、及犯赃、廉察不好、并体察不堪临民，谓之犯选格"。③ 犯选格者，"虽遇恩而不得与"，不得选任为职官。

2. 职官考课制度

职官考课制度，主要包括两个方面：一是通过一定考绩办法，对职官履行职责及行政建树进行考核、鉴评；二是依靠法定监察程序，对职官的行政素质和法律素质进行检验、识别。并根据考课的结果，对职官黜陟赏罚，以期达到消除腐败因素，改善和增强官吏的质量，整饬吏治，提高政府效能的目的。

职官考课机关。金代以尚书省吏部为全国职官考课的主管机关，具体由吏部郎中掌管。地方职官的考课，则由皇帝随时派遣使臣巡行各地，进行明察暗访。章宗时创设提刑司（后改为按察司），为地方专司纠察黜陟的机关。自宣宗贞祐三年裁撤按察

① 《金史》卷五〇《食货五》，第 1126 页。
② 《金史》卷七《宣宗本纪中》，第 345 页。
③ 《金史》卷五三《选举三》，第 1179 页。

转运司以后，又于兴定六年设司农司，以大司农为长官，辖卿、少卿、知事等官员；同时在陕西、河南等地设"行司农司"，由卿、少卿、丞主持。自"卿以下迭出巡案，察官吏臧否而升黜之。使节所过，奸吏屏息，十年之间民政修举，实赖其力"。①

金代职官考课之法，先后实行"廉察之制"和"考课法"。考课的重点对象是地方官吏，特别是府、州、县的官长。

（1）廉察之制。

廉察之举，始见于熙宗时期。天眷三年（1140年）四月，熙宗派温都思忠等"廉问诸路，得廉吏杜遵晦以下百二十四人，各进一阶，贪吏张轸以下二十一人皆罢之"。② 随后，参知政事秉德又奉诏廉问河东诸路。太原府尹徒单恭因"贪污不法"被免职，其所辖九县令亦遭罢黜。唯有交城县令杨邦基"以廉为河东第一，召为礼部主事"。③

正隆二年（1157年）六月，海陵王发布"廉能官复与差除之令"，④ 使廉察之法趋于制度化。

世宗即位伊始，励精图治，亟欲整饬吏治，遂接连发布诏敕，派遣使臣赴全国各地廉察官吏。诸如：大定二年（1162年）八月"诏左谏议大夫石琚、监察御史冯仲尹廉察河北东路"。十二月，遣刑部侍郎刘仲渊等廉察宣谕东京、北京等路。大定三年二月，"诏太子少詹事杨伯雄等廉问山西路"。三月，令"户部侍郎魏子平等九人分诣诸路猛安谋克，劝农及廉问"。九月，"诏翰林侍制刘仲诲等廉问车驾所经州县"，⑤ 根据刘仲诲等还朝

---

① 《金史》卷五五《百官一》，第1244页。
② 《金史》卷四《熙宗本纪》，第75页。
③ 《金史》卷九○《杨邦基传》，第2007页。
④ 《金史》卷五四《选举四》，第1202页。
⑤ 《金史》卷六《世宗本纪上》，第130页。

奏状，命"玉田县令李方进一阶，顺州知法、权密云县事王宗永擢密云县尉，顺州司侯张璘、密云县尉石抹乌者皆免去"。①这些职官的品级很低，都在七品以下。而其升黜仍以皇帝诏令行之，可见金朝廷对职官考课的重视。

大定九年三月"诏御史中丞移剌道廉问山东、河南"。②

世宗还将廉察结果定为"廉能、污滥、不职各为三等黜陟之"。③凡"廉能官第一等进官一阶升一等，其次约量注授。污滥官第一等殿三年降二等，次二年，又次一年，皆降一等"。④

猛安谋克，廉能者的升赏优于汉官："廉能者第一等迁两官，其次迁一官"；而对污滥者降罚则重于汉官："污滥者第一等决杖百，罢去，择其兄弟代之；第二等杖八十，第三等杖七十，皆令复职。蒲辇决（杖）则罢去，永不补差。"⑤肇始于熙宗时期，盛行于大定年间的廉察之制，在澄清吏治，保持社会安定，促进经济发展方面，起着不可忽视的作用。史称"自熙宗时，遣使廉问吏治得失。世宗即位，凡数岁则一遣黜陟之，故大定之间，郡县吏皆奉法，百姓滋殖，号为小康"。⑥

章宗继位之初，沿用廉察之制。明昌元年（1190 年）九月，"以廉能进擢北海县令张翔等十八人官"；⑦明昌五年十月又据尚书省奏议，"升提刑司所察廉官南皮县令史肃以下十有二人"。⑧

廉察之制在施行过程中，也出现了一些值得注意的问题。

---

① 《金史》卷七八《刘仲诲传》，第 1773 页。
② 《金史》卷六《世宗本纪上》，第 144 页。
③ 《金史》卷六《世宗本纪上》，第 145 页。
④ 《金史》卷五四《选举四》，第 1202 页。
⑤ 《金史》卷五四《选举四》，第 1202 页。
⑥ 《金史》卷七三《宗雄传》，第 1681 页。
⑦ 《金史》卷九《章宗本纪一》，第 216 页。
⑧ 《金史》卷一〇《章宗本纪二》，第 233 页。

　　一是有人采用欺骗手段，骗取廉能之名，以获得升迁。大定时，单州刺史（正五品职）石抹靳家奴在廉察官巡行该州时，"乃劫制民使作虚誉"，蒙蔽了廉察官，骗得廉能官之名，从而晋升为同知太原府尹（正四品职）。后石抹靳家奴在陕州防御使任上，因犯其他罪被参劾，骗取廉能官之事亦被揭发。"尚书省奏其事，法当解职削阶。上以靳家奴鼓虚声以诳朝廷，不可恕，特诏除名"，[①] 落得官爵全免的下场。

　　二是一些污滥、不职之官，虽被廉问，但并未罢黜离职。大定十二年（1172 年）三月，世宗诏："赃官既已被廉，若仍旧在职，必复害民。其遣驿使遍诣诸道，即日罢之。"[②] 大定二十六年四月又敕，职官犯除名者，不可复用。

　　三是廉察黜陟有重德轻才的倾向。明昌三年（1192 年）章宗敕令：经廉问有"清廉之声"而政绩平平者，不必降罚。但若为荐举之官，"凡治绩平常者，夺元举官俸一月"。[③]

　　（2）考课法。

　　泰和四年（1204 年）四月，章宗"诏定县令以下考课法"，[④] 将考察官吏的廉察之制改为"考课法"。即按法定的考核标准和黜陟制度，对职官进行考课和升赏降罚。考课法的推行，反映金代职官考核的法律化和制度化。

　　金代考课法，参照唐朝"四善二十七最"的考课制度，将考核标准定为"四善十七最"。四善即四种优良品行，一曰德义有闻，二曰清慎明著，三曰公平可称，四曰勤恪匪懈。这是对所

---

① 《金史》卷九一《石抹荣传》，第 2027 页。
② 《金史》卷五四《选举四》，第 1203 页。
③ 《金史》卷五四《选举四》，第 1203 页。
④ 《金史》卷一二《章宗本纪》，第 268 页。

有职官的共同要求，也是一个称职官吏的基本标准。"十七最"则是关于不同职务的官吏履行职责政绩优良的标准。"最"是指政绩优异，在同类官员中领先之意。金代规定十七最之一曰礼乐兴行，肃清所部，为政教之最。二曰赋役均平，田野加辟，为牧民之最。三曰决断不滞，与夺当理，为判事之最。四钤束吏卒，奸盗不滋，为严明之最。五曰案簿分明，评拟均当，为检校之最。以上是对县令、县丞、主簿、警巡使、副使、录事、判官等基层官员的考课标准。六曰详断合宜，咨执当理，为幕职官之最。七曰盗贼消弥，使人安静，为巡捕官之最。八曰明于出纳，物无损失，为仓库管理官员之最。九曰训导有方，生徒充业，为学官之最。十曰检察有方，行旅无滞，为关津官之最。十一曰堤防坚固，备御无虞，为河防官之最。十二曰谨察禁囚，轻重无怨，为狱官之最。十三曰出纳明敏，数无滥失，为监督之最。监督即管理仓库院务的监当官。十四曰物价得实，奸滥不行，为市司之最。市司即为市场管理官。十五曰戎器完肃，捍守有方，为边防之最。这是对负有戍边之责的镇防官、边防正将、副将、队将规定的标准。十六曰议狱得情，处断公平，为法官之最。十七曰差役均平，盗贼止息，为军职之最。此处军职官指诸防御州、刺史州的军辖兼巡捕使（从九品职）等下级军官。

同时，考课法还对政绩考核结果规定了具体的升赏黜罚标准：凡县令以下，获三最以上有四善或三善者为上，升一等；三最以上有二善者为中，减两资历；三最以上有一善为下，减一资历。节度判官（正七品职）、防御判官（正八品职）以下官吏，获一最而有四善或三善者为上，减一资历；一最而有二善者为中，升为榜首；一最而有一善者为下，升本等首。

泰和五年二月，章宗又制定了对负有监察职责的按察司官员考课的具体标准："近制以镇静知大体为称职，苛细而暗于大体为不称。由是各路按察以因循为事，莫思举刺，郡县以贪黩相尚，莫能畏戢。自今若纠察得实，民无冤滞，能使一路镇静者为称职。其或烦紊使民不得伸诉者，是为旷废。"①

泰和八年（1208 年）十月，章宗诏令，将明昌四年所定"军民俱称为廉能者是为廉能官之制"，②纳入"四善十七最"考课法，作为考核、黜陟官员的标准。

宣宗南渡后，废止考课法，复行廉察之制，除每年两次派遣监察御史巡察各地外，"仍别巡访，以行黜陟之政"。③

兴定元年（1217 年）颁行的《辟举县令法》规定，从六个方面考察县令：一曰田野辟，二曰户口增，三曰赋役平，四曰盗贼息，五曰军民和，六曰词讼简。六事俱备为上等，升职一等；四事达标为中等，减二资历；其次为下等，减一资历；否则为不称职，罢而降之；平常者依本格。

金代施行廉察之制和考课法，对职官的政绩和素质进行考察，并据此进行黜陟赏罚。这无疑对官吏勤政、廉政是一种监督和促进。此外，金朝廷还不断颁布诏制，对职官勤政、廉政提出具体的要求。在勤政方面，海陵王天德三年（1151 年）正月告诫朝臣："朕不惜高爵厚禄以任汝等，比闻事多留滞，岂汝等苟图自安不以民事为念耶？自今朕将察其勤惰，以为赏罚，其各勉之！"同年四月，海陵王还令监察御史会同太医对"称疾不治事"的朝臣进行检查，"无实者坐之"。④

---

① 《金史》卷九《章宗本纪四》，第 270 页。
② 《金史》卷九《章宗本纪四》，第 285 页。
③ 《金史》卷五四《选举四》，第 1205 页。
④ 《金史》卷四《海陵本纪》，第 97 页。

世宗大定十一年（1171 年）八月谓宰臣："随朝之官，自谓历一考则当得某职，两考则当得某职。第务因循，碌碌而已。自今以外路官与内除者，察其公勤则升用之，但苟简于事，不须任满，便以本品出之。赏罚不明，岂能劝勉。"①

章宗明昌三年（1192 年）六月，诏定"内外所司公事故作疑申呈罪罚格"。② 凡内外职事官对职责范围内的事务应自行处理。若借口推诿责任，故意将矛盾上交，则视其情节定罪量罚。

在廉政方面，金律规定，职官拖欠部民钱债者，得受行政处分。大定十八年，尚书省奏："崇信县令石安节买车材于部民，三日不偿其值，当削官一阶，解职。"③

职官收受礼品，法当夺官。大定十一年正月，尚书省奏报汾阳军节度副使牛信昌"生日受馈献，法当夺官"。世宗借题发挥："朝廷行事，苟不自正，何以正天下，尚书省、枢密院生日节辰馈献不少，此而不问，小官馈献即加按劾，岂正天下之道。自今宰执、枢密馈献亦宜罢去。"④

章宗明昌元年（1190 年）正月重申此禁令："宰执所以总持国家，不得受人馈遗。或遇生辰，受所献毋过万钱"，似对受生日贺礼网开一面。明昌二年七月诏则将此路重新堵塞："禁职官元日、生辰受所属献遗，仍为永制。"⑤ 泰和五年（1205 年）二月，章宗又敕"定鞫勘官受饮宴者罪"。⑥ 禁止官吏以任何借口收受财礼和馈赠，有助于防止官吏贪赃枉法等腐败现象的

① 《金史》卷六《世宗本纪上》，第 149 页。
② 《金史》卷九《章宗本纪一》，第 222 页。
③ 《金史》卷七《世宗本纪中》，第 171 页。
④ 《金史》卷六《世宗本纪上》，第 148 页。
⑤ 《金史》卷九《章宗本纪一》，第 219 页。
⑥ 《金史》卷一二《章宗本纪四》，第 270 页。

发生。

值得提出的是，金代还采用公开将赃污官曝光的办法，以惩贪倡廉。世宗时，曾将泽州刺史刘德裕、祁州刺史斜哥、沧州同知讹里也、易州同知讹里剌、楚丘县令刘春哥等以赃治罪的情况诏示天下，以期惩一戒百。

明昌四年十一月，章宗又诏："诸职官以赃污不职被罪，以廉能获升者，令随路、京、府、州、县列其姓名，揭之公署，以示劝惩。"① 将官吏廉察、考课结果及升赏黜陟情况，在其任职的官署张榜公诸于众。让贪赃、怠于政务而受到惩处的赃官庸吏暴露于民众面前，使其恶名远播；同时公开褒奖廉洁奉公、政绩卓著而获升赏的良臣廉吏，二者形成强烈的反差。从舆论上和精神上震慑了贪官污吏，弘扬了勤政、廉政的风气，故不失为肃贪倡廉的明智之举。

3. 职官监察制度

金代对职官行政活动实施监督的机关，有御史台、谏院、审官院、登闻鼓院和登闻检院等。御史台及其下属机构，既是行政监察机关，也是法律监督机关。谏院设左右谏议大夫、左右司谏、左右补阙、左右拾遗等职官，职司谏诤。

御史台和谏院的官员通常由皇帝亲自选任。大定初，吏部尚书梁肃上疏："台官自大夫至监察，谏官自大夫至拾遗，陛下宜亲择，不可委之宰相，恐树私恩，塞言路也。"② 世宗嘉纳之。

明昌六年（1195 年）三月，章宗告诫刚任命的谏官："国家设置谏官，非取虚名，盖责实效，庶几有所裨益。卿等皆朝廷

---

① 《金史》卷一〇《章宗本纪二》，第230页。
② 《金史》卷八九《梁肃传》，第1982页。

选擢，置之谏职，如国家利害，官吏邪正，极言无隐。"①

如果说御史台的职责，是对职官在行政活动中已经造成的犯罪或过错进行纠弹、举劾，那么，谏官的职责则是对拟议中的行政举措进行匡正，所谓"谏天子，正朝廷"，以避免或减少行政决策上的失误。所以，金代朝廷议事时，谏官一般都在场，以便随时提出谏议。亦如当时谏臣所议："国家置谏臣以备侍从，盖欲周知时政以参得失，非徒使排行就列而已。"②

当然，谏官监督职权的行使及其成效，关键取决于皇帝能否纳谏。金代大多数皇帝颇谙"兼听则明，偏听则暗"的事理，尤其是处于金盛世的世宗和章宗更有从谏如流之誉。有金一代，因谏净杀害大臣的事例，最典型的只有海陵王杀祁宰一件。正隆四年（1159 年）十二月，太医使祁宰极谏，劝阻海陵王伐宋，认为"宋人无罪，师出无名"，且当时国内情况，无论天时、地利、人事皆不宜兴师动众，大举南伐，言词激切。海陵王大怒，命戮于市，籍其家产。

祁宰因谏净被杀一事，早在世宗即位之初即已昭雪。世宗和章宗为勉励臣民忠君为国，一方面大肆表彰祁宰犯颜直谏为忠义之举，先后追赠祁宰高官厚爵，复其田宅，赐谥"忠毅"，并录用其子孙为官；一方面不断发布诏制，鼓励臣民直言谏净。

大定二年（1162 年）八月，世宗谓宰臣："百姓上书陈时政，其言犹有所补。卿等位居机要，略无献替，可乎。夫听断狱讼，簿书期会，何人不能。唐、虞之圣，犹务兼览博照，乃能成治。正隆专任独见，故取败亡。朕早夜孜孜，冀闻说论，卿等宜体朕意"；诏令："百司官吏，凡上书言事或为有司所抑，许进

---

① 《金史》卷一〇《章宗本纪二》，第 235 页。
② 《金史》卷一〇七《高汝砺传》，第 2352 页。

表以闻，朕将亲览，以观人材优劣。"①

大定八年正月，谕宰臣："朕治天下，方与卿等共之，事有不可，各当面陈，以辅朕之不逮，慎毋阿顺取容。"②

大定十一年八月，敕朝臣："朕尝谕汝等，国家利便，治体遗阙，皆可直言。外路官民亦尝言事，汝等终无一语。凡政事所行，岂能皆当。自今直言得失，毋有所隐。"同年十月又谓宰臣："朕已行之事，卿等以为成命不可复更，但承顺而已，一无执奏。且卿等凡有奏，何尝不从。自今朕旨虽出，宜审而行，有未便者，即奏改之。或在下位有言尚书省所行未便，亦当从而改之，毋拒而不从。"③

大定十二年正月，诏有司："凡陈言文字，皆国政利害，自今言有可行，以其本封送秘书监，当行者录副付所司。"大定十六年十二月谕宰臣："凡已经奏断事有未当，卿等勿谓已行，不为奏闻改正。朕以万几之繁，岂无一失，卿等但言之，朕当更改，必无吝也"。大定十七年六月谓宰臣："朕年老矣，恐因一时喜怒，处置有所不当，卿等即当执奏，毋为面从，成朕之失。"④ 大定二十一年四月，谕宰臣："朕之言行岂能无过，常欲人直谏而无肯言者。使其言果善，朕从而行之，又何难也。"⑤

章宗明昌元年（1190 年）十一月，召礼部尚书王翛、谏议大夫张晤，谕之曰："朝廷可行之事，汝谏官、礼官即当辩析。小民之言，有可采者朕尚从之，况卿等乎。自今所议毋但附和于

① 《金史》卷六《世宗本纪上》，第 128 页。
② 《金史》卷六《世宗本纪上》，第 141 页。
③ 《金史》卷六《世宗本纪上》，第 150 页。
④ 《金史》卷七《世宗本纪中》，第 167 页。
⑤ 《金史》卷八《世宗本纪下》，第 181 页。

尚书省。"①

元光二年（1223 年）十二月，哀宗即位时，亦诏："草泽士庶，许令直言军国利害，虽涉讥讽无可采取者，并不坐罪。"②

金代有开明纳谏的天子，也有不计个人得失、敢于犯颜直谏的谏官。如卫绍王崇庆二年（1213 年），权倾一时的悍帅胡沙虎已除名为民，正贿赂权贵，将复进用。满朝文武惧其权势，莫敢言者，独左谏议大夫张行信屡次上奏谏阻："胡沙虎残忍凶悖，跋扈强梁，媚结近习，以图称誉。自其废黜，士庶莫不忻悦。今若复用，惟恐为害更甚前日，况利害之机更有大于此者。"③惜卫绍王不听，后终被胡沙虎所弑。

宣宗继位后，因诛除胡沙虎而进封为左副元帅、平章政事的术虎高琪恃功擅威，内外畏之。策论进士出身的应奉翰林文字完颜素兰奏云："高琪本无勋劳，亦无公望，向以畏死故擅诛胡沙虎，盖出无聊耳。一旦得志，妒贤能，树奸党，窃弄国权，自作威福。"有一位叫樊知一的书生曾向高琪进言，说乣军不可信，恐终作乱，被刀杖决杀。后乣军果然叛变，酿成大祸。"昔东海（卫绍王后被降封为东海郡侯）时，胡沙虎跋扈无上，天下知之，而不敢言，独台官乌古论德升、张行信弹劾其恶。东海不察，卒被其祸。今高琪之奸过于胡沙虎远矣。……内外臣庶见其恣横，莫不扼腕切齿，欲一剐刃，陛下何惜而不去之耶。"④宣宗未予采纳。直到宣宗末年将恶贯满盈的术虎高琪诛除时，才意识到："坏天下者，高琪也。"⑤

①《金史》卷九《章宗本纪一》，第 216 页。
②《金史》卷一七《哀宗本纪上》，第 374 页。
③《金史》卷一〇七《张行信传》，第 2363 页。
④《金史》卷一〇九《完颜素兰》，第 2397 页。
⑤《金史》卷一〇六《术虎高琪传》，第 2346 页。

　　词赋进士出身的陈规（字正权），宣宗时先后出任监察御史、右司谏等职，为人刚毅质实，屡进诤言。他曾奏请宣宗"广开言路以求至论，虽独妄失实者亦不坐罪"；建议遴选学识渊博，"通晓世务，骨鲠敢言者以为台谏。凡事关利害皆令预议，其或不当，悉听论列；不许兼职及充省部委差；苟畏徇不言则从而黜之。"还提出责大臣以身任安危，任台谏以广耳目，崇节俭以答天意，选守令以结民心，博谋群臣以定大计，重官赏以劝有功，选将帅以明军法，练士卒以振兵威等八项治国方略。无论权贵侍从，凡有不法即上奏劾之，"一时近臣切议，惟畏陈正叔耳，挺然一时直士也。"陈规"言事不假借，朝望甚重"。甚至连宣宗对他也惧让三分。有一次，宣宗让文绣署制作一件大红半身绣衣，一再叮嘱此事不能让陈规知道，说："陈规若知，必以华饰谏我，我实畏其言。"① 金代谏臣的声威，由此可见一斑。

　　审官院。承安四年（1199 年）十月，章宗敕宰臣："凡除授，恐未尽当。今无门下省，虽有给事中而无封驳司，若设之，使于拟奏未受时详审得当，然后授之可也。"② 遂创置审官院。审官院由知院、同知审官院事主持院务，"掌奏驳除授失当事"，③ 即对朝廷任命职官进行监督、审查，如有不当，即予奏驳。具体指"随朝六品、外路五品以上官除授，并送本院审之。（谏院的）补阙、拾遗、监察虽七品，亦送本院；或御批亦送禀，惟部除不送。"④ 依金代任官制度，"自从九品至从七品职事官，部拟。正七品以上，呈省以听制授。"⑤ 由吏部任命的低级

① 以上均见《金史》卷一〇九《陈规传》，第 2402 页。
② 《金史》卷五四《选举四》，第 1200 页。
③ 《金史》卷五五《百官一》，第 1246 页。
④ 《金史》卷五五《百官一》，第 1247 页。
⑤ 《金史》卷五二《选举二》，第 1157 页。

职官，勿须送审官院审核。"凡所送令详审者，以五日内奏或申省。"①

如承安五年十一月，国史院编修官（正八品职）吕卿云升除谏院左补阙（正七品职）兼翰林院应奉翰林文字。依法送审官院审核。审官院"以资浅驳奏"。章宗亲自谕审官院为其说项："明昌间，卿云尝上书言宫掖事，辞甚切直，皆他人不能言者，卿辈盖不知也。臣下言事不令外人知，乃是谨密，正当显用，卿宜悉之。"②

卫绍王大安二年（1210年），审官院被撤销，其职权归御史台。

登闻检院和登闻鼓院亦为中央行政监察机关。二者职掌相互联系而各有侧重。登闻检院由知登闻检院和同知登闻检院主持院务，"掌奏御进告尚书省、御史台理断不当事"，③ 即对尚书省、御史台的行政活动进行监督，并受理对尚书省、御史台具体行政行为不服提起的行政诉讼。

海陵王正隆三年（1158年）十月诏："尚书省凡事理不当者，许诣登闻检院投状，院类奏览讫，付御史台理问。"④

世宗大定二十六年（1186年）六月敕："凡陈言文字诣登闻检院送学士院闻奏，毋经省廷。"⑤

章宗即位初，同知登闻检院事孙铎奏："凡上诉者，皆因尚书省断不得直。若上诉者复送省，则必不行矣，乞自宸衷断

---

① 《金史》卷五四《选举四》，第1198页。
② 《金史》卷一一《章宗本纪三》，第255页。
③ 《金史》卷五六《百官二》，第1279页。
④ 《金史》卷五《海陵本纪》，第109页。
⑤ 《金史》卷八《世宗本纪下》，第193页。

之。"章宗遂诏登闻检院,"凡上诉者,每朝日奏十事",① 直接报皇帝裁断。

承安四年（1199 年）六月,章宗采纳右补阙杨庭秀谏议,诏:"自转对官外,随朝八品以上、外路五品以上及出使外路有可言者,并许移（登闻）检院以闻。"②

登闻鼓院设知登闻鼓院、同知登闻鼓院事等职官,"掌奏进告御史台、登闻检院理断不当事。"③ 对御史台、登闻检院等行政监察机关实施监督,从而进一步完善了各行政监察机关相辅相成,又互相制约、互相监督的机制,对于维护和督促行政机关依法行使职权,减少失误,具有重要的意义。

为了保证行政监察官执法公正,减少和摆脱社会关系及人事关系的羁绊和干扰,金代规定监察官应尽量避免与外界交往。世宗曾亲自过问此事。他问宰臣:"御史台官亦与亲知往来否?"皆曰:"往来殊少。"世宗指令,"台官当尽绝人事,谏官、记注官与闻议论,亦不可与人游从。"④

金都南迁后,近侍权重。宣宗常以近侍为耳目,伺察百官。派往地方访察的近侍称"行路御史",差遣军队监军的称"监战"。近侍出巡,仗恃皇帝恩宠,往往为所欲为,动辄以一己之好恶向皇帝进谗言。行政监察失去了本来的意义。

4. 职官致仕制度

金朝沿袭历代王朝的传统,继续实行职官致仕（退休）制度。但在致仕年限及退休后的待遇等方面,始终没有形成一套统

---

① 《金史》卷九九《孙铎传》,第 2193 页。
② 《金史》卷一一《章宗本纪三》,第 251 页。
③ 《金史》卷五六《百官二》,第 1279 页。
④ 《金史》卷八八《唐括安礼传》,第 1963 页。

一的定规。

在致仕年限方面，据《金史·张汝弼传》载："有年未六十而乞致仕者，上（世宗）不许。（左丞相）汝弼曰：'圣旨尝许六十致仕。'上责之曰：'朕尝许六十者致仕，不许未六十者。且朕言六十致仕，是则可行，否则当言。'"可见，世宗虽有过六十岁致仕的诏制，但连他本人也认为是否实行，尚可商议。

事实上，金朝并未确定六十岁为职官致仕的法定年龄。如太祖堂弟、亲王完颜勖，因不满海陵王所作所为，数次上表请老，终于被准许"以本官致仕"，时年五十多岁。宰相左企弓之子左泌，海陵王贞祐元初年任陕西路转运使，封戴国公，"年六十一即请致仕，亲友或以为早"。①《金史·选举四》载，凡选监察御史，"大定二十七年前，尝令六十以上者为之。后，台官以年老者多废事为言，乃敕尚书省于六品、七品内取六十以下廉干者备选。"

在《金史》列传中，各级各类职官，有六十多岁致仕者，有七十余岁仍未致仕而"卒于官"者。职官何时获准致仕，通常取决于皇帝的意旨。在不涉及政治因素的一般情况下，皇帝对居于重要岗位的职官致仕的请求，大多予以慰留。有的职官甚至数次乞请致仕，也未获批准。皇帝还常常根据需要重新起用已经致仕的官员。如章宗时，平章政事张万公从泰和元年（1201年）起，接连上奏表请求致仕，未获准许。直到泰和三年才如愿以偿。但到泰和六年，"南鄙用兵，上以山东重地，须大臣镇抚之，先任完颜守贞卒，于是特起万公知济南府、山东路安抚使。"②

---

① 《金史》卷七五《左泌传》，第1726页。
② 《金史》卷九五《张万公传》，第2101页。

　　但也有例外的事例。如大定二十七年（1187 年）宰相宗尹乞请致仕，群臣皆劝世宗挽留。但世宗说："此老不事事，从其请可也"；并进一步说明："宰相总天下事，非养老之地。若不堪其职，朕亦有愧焉。如贤者在朝，利及百姓，四方瞻仰，朕亦与其光美"，① 遂准其致仕。

　　金代职官致仕后的待遇，包括两个方面：一是某些功臣、重臣致仕时，皇帝予以加封官爵，有的还赐予甲第。如天会年间宗室银术可以燕京留守致仕，太宗加封为"保大军节度使、同中书门下平章事，迁中书令，封蜀王"。②

　　二是支付致仕俸禄。熙宗天眷三年（1140 年）七月诏："文武官五品以上致仕，给俸禄之半；职三品者仍给傔人。"③ 皇统元年（1141 年）二月重申："诸官、职俱至三品而致仕者，俸禄、傔人各给其半"，④ 初步确定了官吏致仕俸禄的支付标准。但只限于品级较高的职官。傔人，即侍从。金制，诸京留守、大兴府尹等正三品职官，配傔从五十人；各路兵马都总管、按察使、都转运使等正三品职官配傔从四十五人。三品以上职官致仕后可按配给数之半拨给傔人。但"若年未六十而致仕，及罢去者"，则不给傔从。世宗大定十一年正月诏："职官年七十以上致仕者，不拘官品，并给俸禄之半。"⑤ 最终定制，职官年"六十以上及未六十而病致仕者，给其禄半。承应及军功初出职未历致仕，虽未六十者亦给半禄"。⑥

----

① 《金史》卷七三《宗尹传》，第 1674 页。
② 《金史》卷七二《银术可传》，第 1657 页。
③ 《金史》卷四《熙宗本纪》，第 75 页。
④ 《金史》卷五八《百官四》，第 1341 页。
⑤ 《金史》卷六《世宗本纪上》，第 148 页。
⑥ 《金史》卷五八《百官四》，第 1349 页。

如大定末年，参知政事程辉以老致仕，后被起用为知河南府事。章宗即位，时程辉已七十六岁，"复乞致仕，诏许之，仍给参知政事半禄"。① 即以其历任官职中的最高职务为准支付致仕俸禄。

在职官致仕待遇上，还有一些例外的规定。如章宗明昌三年（1192 年）八月敕："诸职官老病不肯辞避，有司谕使休闲者，不在给俸之列，格前勿论。"② 宣宗贞祐三年（1215 年）七月，因战事紧张，诏"致仕官俸给比南征时减其半"。③

---

① 《金史》卷九五《程辉传》，第 2111 页。
② 《金史》卷九《章宗本纪一》，第 223 页。
③ 《金史》卷一四《宣宗本纪上》，第 310 页。

三　金代民事法制钩沉

金代民事法律传世资料已颇为罕见，兹将散见于史籍者稽考辑录于次。

（一）户籍法和身份制度考

金代户籍的编制，大体上仿效唐宋之法，每三年一造籍。"自正月初，州县以里正、主首，猛安谋克则以寨使，诣编户家责手实，具男女老幼年与姓名，生者增之，死者除之。正月二十日以实数报县，二月二十日申州，以十日内达上司，无远近皆以四月二十日到部呈省。"所谓"手实"，就是民户向官府申报户口、年龄、土地的牒状。官府依据各户的手实，分黄、小、中、丁、老登记人口。其具体的划分标准与唐、宋有所不同，"金制男女二岁以下为黄，十五以下为小，十六为中，十七为丁，六十为老，无夫为寡妻妾，诸笃、废疾不为丁。"①

金朝编户齐民的户籍，按民族划分有本户、汉户、契丹户和杂户之别。本户即女真猛安谋克户；本户、汉户、契丹户以外的

---

① 《金史》卷四六《食货一》，第1031页。

民户，统称杂户。本户的社会地位较高，其中皇室宗族因身份高贵，有别于其他本户，故另有专门的"属籍"。泰和元年（1201年）四月，章宗诏："契丹人户，累经签军（征兵服役）立功者，官赏恩例与女直人同"。① 可见，契丹户的地位，仅次于本户，在其他民户之上。

金代还以征服时间的先后，将原辽属地区的汉户称为"汉人"，原北宋所辖河南、山东等地的汉户称为"南人"，分别实行不尽相同的政策。后来元朝将全国民户分为蒙古人、色目人、汉人、南人四等，采取分而治之的方略，其源盖出于此。

金代杂户与本户、汉户、契丹户同为国家编户齐民，属于良民的范畴。这在中国户籍制度史上是颇为特别的。杂户自南北朝出现以来，直至唐宋，皆为官贱民之一色。

此外，金代还有几种按身份划分的特殊民户。猛安谋克户之奴婢放免为良者，仍隶属于本猛安谋克，称为"正户"。良民被籍没入官（通常因其亲属犯罪而受株连），隶属于中央宫籍监者，称"监户"。宫籍监隶属殿前都点检司，"掌内外监户及地土钱帛小大差发"。奴婢被籍没入官（通常因其主人犯罪而受株连），隶于中央太府监者，称"官户"。太府监辖左藏库、右藏库、支应所、太仓、酒坊、典给署、市买司，职"掌出纳邦国财用钱谷之事"。② 监户和官户显然属于贱民之列。金朝廷曾发布有关监户从良的诏令。如大定二年（1162年），世宗敕令，将海陵王时被杀官员的家属籍入宫籍监为监户者，放免为良。宣宗贞祐二年（1214年）所定《权宜鬻恩例格》中，规定有监户纳粟从良的具体标准。

① 《金史》卷一一《章宗本纪三》，第256页。
② 《金史》卷五六《百官二》，第1254页。

"二税户"是辽金时期的一种特殊民户。辽代"二税户"有两类，一类是属于"投下（又作'头下'）州军"的二税户。《中州集》载："初，辽人掠中原人，及得奚、渤海诸国生口，分赐贵近或有功者，大至一二州，小亦数百，皆为奴婢，输租于官，且纳课给其主，谓之二税户。"① 辽代以战俘和契丹贵族的私奴为主设置的行政区域，称曰"投下州军"。它在一定程度上具有勋贵食邑的色彩。投下州军县的二税户，既是国家的编户，又是"投下主"的食邑户。

另一类是寺院二税户。"初，辽人佞佛尤甚，多以良民赐诸寺，分其税一半输官，一半输寺。故谓之二税户。"② 辽寺院二税户完全是国家的编户齐民。国家将二税户的赋税一半给寺院，是对僧众的优惠。

辽金政权更替时，投下州军之制被摧毁，寺院二税户却未受触动。故金初的二税户专指寺院二税户。但此时二税户的身份地位发生了变化。"辽亡，僧多匿其实，抑为贱。"③ 寺院无视二税户本为平民的事实，不仅完全占有了二税户的劳动所获，而且对二税户实行人身奴役。

例如锦州龙宫寺，"辽主拨赐户民俾输税于寺，岁久皆以为奴，有欲诉者害之岛中。"翰林侍讲学士、兼御史中丞李晏奏曰："在律，僧不杀生，况人命乎。辽以良民为二税户，此不道之甚也。今幸遇圣朝，乞尽释为良。"④ 又如"间山寺僧赐户三百，与僧共居，供役而不输租，故不在免例，诉者积年，台寺不

---

① （元）元好问：《中州集》卷三，中华书局，标点本，1959。
② 《金史》卷四六《食货一》，第1033页。
③ 《金史》卷四六《食货一》，第1033页。
④ 《金史》卷九六《李晏传》，第2125页。

为理。"①

这样，原来分散经营的个体农户，变成了"与僧共居"的附庸，过去只是向寺院交纳一半赋税的编户，成为只"供役而不输租"的奴婢。可见，金初二税户已从良民沦为贱民。

本为编户的二税户变成寺院的私属，直接影响到国家的赋税收入，使大批劳动人手脱离了官府的控制。再则，金人认为僧众大量役使奴仆，与佛家教义不符。为此，自大定初年起，官府开始受理二税户要求改变私属身份的诉请。经核验后，朝廷对于确有凭据证明其原来身份者，均明令予以放免。世宗大定二年（1162 年）有二税户"援左证以告者，有司各执以闻。上素知其事"，特诏"免二税户为民"。②但世宗时，放免二税户只是偶尔行之。

章宗大定二十九年（1189 年）十一月，朝廷就全面放免二税户问题展开讨论，尚书省提议"取公牒可凭者为准"；参知政事移剌履则主张"凭验真伪难明。凡契丹奴婢今后所生者悉为良，见有者则不得典卖。如此则三十年后奴皆为良，而民且不病焉"。章宗不同意此法，鉴于放免二税户之事不解决，必将缠讼不休，遂遣侍御史范楫等分括二税户集中的北京路及中都路，"凡无凭验，其主自言之者，及因通检而知之者，其税半输官半输主，而有凭验者悉放为良"。此次放免二税户 1700 余户，13900 余口。"此后为良为驱，皆从已断为定"。③

综观金代有关二税户的制敕，其基本精神显然是以事实为依据，恢复二税户的本来身份。若其本为良民，且有凭据可资证明

---

① （元）元好问：《中州集》卷二，中华书局，标点本，1959。
② 《金史》卷四六《食货一》，第 1033 页。
③ 《金史》卷四六《食货一》，第 1035 页。

者，即无条件放免为良民，恢复其国家编户齐民的身份。若无凭据，但其主人口头证明其曾为良民，或经通检认定其原为良民者，也予以放免。但放免后其税半输官、半输主，以示与证据确凿者有所区别，实际上就是恢复辽代寺院二税户的地位。

辽金二税户之制，对元代"科差法"的影响颇大。元朝向中原地区民户征收的科差丝料（类似魏晋隋唐的户调）也分为两部分，一是"纳官正丝"，每两户出丝一斤，输于官府；二是"五户丝"，每五户出丝一斤，输于食邑于本地的王公贵族。

除监户、官户和二税户之外，金代贱民中人数最多、地位最低的部分，乃是依附于他人、连户籍也没有的奴婢。

金代蓄奴、役奴现象十分普遍。除世代相承的家奴外，大批良民或在战乱中被掳掠为奴，或因其他缘故沦为奴婢。亦如太祖收国二年（1116 年）二月在一道诏制中所说："比以岁凶，庶民艰食，多依附豪族，因为奴隶；及有犯法，征偿莫办，折身为奴者；或私约立限，以人对赎，过期则为奴者。"① 据大定二十三年（1183 年）八月统计，仅猛安谋克户的奴婢，就有 134 万多人。而在中都的宗室贵族 170 户，占有奴婢近 2.8 万口，平均每户约 160 余人。

金律承袭历代法制传统，严格维护良贱之间森严的等级界限。妄认良民为奴被认定为犯罪行为。如大定二十三年（1183 年）四月，祁州刺史妄认良人 25 口为奴，被削阶免职。贱民的身份在一般情况下也不能随意改变，只有依照律令、制敕设定的条件和程序，或付出相应的代价，才得赎免为良民。

一是在非常时期，以建立军功等放免为良民。金建国前夕，

---

① 《金史》卷二《太祖本纪》，第 29 页。

太祖率部进军辽朝重镇宁江州时，命诸将传梃而誓曰："汝等同心尽力，有功者，奴婢部曲为良；庶人官之，先有官者叙进，轻重视功。苟违誓言，身死梃下，家属无赦。"天辅六年（1122年）十月，太祖又诏："朕屡敕将臣，安辑怀附，无或侵扰。然愚民无知，尚多逃匿山林，即欲加兵，深所不忍。今其逃散人民，罪无轻重，咸与矜免。有能率众归附者，授之世官。或奴婢先其主降，并释为良。"① 太宗天辅七年十一月制："女真人先有附于辽，今复虏获者，悉从其所欲居而复之。其奴婢部曲，昔虽逃背，今能复归者，并听为民。"②

二是某些特殊身份的贱民，由朝廷下诏直接放免，或由官府出资代为赎免。其中包括：

其一，与皇室有某种关系的贱民，由官赎或放免为良民。太宗天会二年（1124年）正月诏："先帝以同姓之人有自鬻及典质其身者，命官为赎。今闻尚有未复者，其悉阅赎之。"③ 章宗大定二十九年二月特诏："宫籍监户系睿宗（世宗之父）及大行皇帝（世宗）、皇考（章宗之父允恭）之奴婢者，悉放为良。"④

其二，军人家属沦为奴婢者，由官赎为良。太宗天会八年五月诏："河北、河东签军，其家属流寓河南被俘掠为奴婢者，官为赎之，俾复其业。"⑤

其三，贱民一胎生三男，官赎为良。章宗明昌元年（1190年）三月制：从礼官所请："民或一产三男，内有才行可用者可令察举，量材叙用。其驱婢所生，旧制官给钱百贯，以资乳哺，

① 《金史》卷二《太祖本纪》，第38页。
② 《金史》卷三《太宗本纪》，第48页。
③ 《金史》卷三《太宗本纪》，第49页。
④ 《金史》卷九《章宗本纪一》，第209页。
⑤ 《金史》卷三《太宗本纪》，第61页。

尚书省请更给钱四十贯，赎以为良。"①

其四，奴隶出身已为官者，官赎为良。兴定二年（1218 年）四月，御史奏劾集贤院咨议官（正九品职）李维岳"本中山府无极县进士赵孝选家奴"。宣宗曰："国家用人，奚择贵贱"，②命以官银五十两赎放为良，任使仍旧。

三是因灾荒或战乱致使大批平民沦为奴婢者，官赎为良。熙宗皇统四年（1144 年）十月诏："陕西、蒲（州）、解（州）、汝（州）、蔡（州）等处因岁饥，流民典雇为奴婢者，官给绢赎为良，放还其乡。"③丁男每人给绢三匹，妇人、幼小二匹。

世宗大定三年（1163 年）十一月制："中都、平州及饥荒地并经契丹剽掠，有质卖妻子者，官为收赎。"大定四年九月敕："北京、懿州、临潢等路尝经契丹寇掠，平、蓟二州近复蝗旱，百姓艰食，父母兄弟不能相保，多冒鬻为奴，朕甚闵之。可速遣使阅实其数，出内库物赎之。"大定十一年诏："应因窝斡被掠女真人及诸色人未经刷放者，官为赎放。隐匿者以违制论。其年幼不能称说住贯者，从便住坐。"④

四是朝廷特诏准许某些贱民自赎或由其家属赎免为良。太祖天辅七年（1123 年）二月诏："顷因兵事未息。……其间被虏及鬻身者，并许自赎为良。"⑤太宗天会七年（1129 年）三月制："军兴以来，良人被掠为驱者，听其父母夫妻子赎之。"⑥

五是法律确认奴婢与放良人所生子女为良民。章宗大定二十

①《金史》卷九《章宗本纪一》，第 214 页。
②《金史》卷一五《宣宗本纪中》，第 336 页。
③《金史》卷四《熙宗本纪》，第 81 页。
④《金史》卷六《世宗本纪上》，第 149 页。
⑤《金史》卷二《太祖本纪》，第 40 页。
⑥《金史》卷三《太宗本纪》，第 60 页。

九年（1198 年）闰五月制："诸饥民卖身已赎放为良，复与奴生男女，并听为良。"①

贱民依法赎放为良后，其身份和地位仍与平民有所区别。如章宗泰和元年（1201 年）敕："禁放良人不得应科举，子孙不在禁限"，② 等。

（二）继承制度考

1. 皇位继统法的演变

金朝的皇位继承制度，从沿袭女真族传统的"勃极烈制"，到熙宗时确立皇太子继承制，经历了一个较长时间的演变过程。正如《金史》所论："国初制度未立，太宗、熙宗皆自谙班勃极烈即帝位。谙班勃极烈者，汉语云最尊官也。熙宗立济安为皇太子，始正名位、定制度焉。"

具有部落贵族议事制性质的勃极烈制度，早在金建国前就已出现，直到金初太祖、太宗统治时期，始终是中央政权组织的基本制度。

在勃极烈制度下，皇位的继承还保留着贵族拥立的特色，被确定为"谙班勃极烈"者，即为皇帝的继承人。如收国元年（1115 年），太祖命同母弟吴乞买为谙班勃极烈。太祖死后，吴乞买即帝位，是为太宗。太宗继位后，又封同母弟斜也为谙班勃极烈。但斜也于天会八年（1130 年）九月死去。天会十年四月，权臣宗翰、宗干、完颜希尹等人奏议："储嗣虚位颇久，合刺先

---

① 《金史》卷八〇《列传第十八》"赞曰"，第 1812 页。
② 《金史》卷七四《宗翰传》，第 1693 页。

帝嫡孙，当立，不早定之，恐授非其人。"① 遂迫使太宗立合剌（完颜亶）为谙班勃极烈。天会十三年（1135 年）正月太宗去世，"谙班勃极烈（合剌）即皇帝位于枢前"，② 是为熙宗。

熙宗在位期间，对金朝政治体制作了重大改革，废除了勃极烈制，并参照辽宋官制，建立了统一的官僚体制。皇统二年（1142 年）三月，熙宗"立子济安为皇太子"。③ 此为金朝预立皇太子为储君之始，以皇太子（或皇太孙）为皇位法定继承人之制正式确立。此后，海陵王、世宗、卫绍王、宣宗均有册立皇太子或皇太孙之举。

天德四年（1152 年）二月，海陵王立光英（阿鲁补）为皇太子。正隆六年（1161 年）海陵王被杀时，年仅十二岁的太子也遇害。

大定二年（1162 年）五月，世宗立次子（嫡长子）楚王允迪（允恭）为皇太子。允恭死于大定二十五年六月，后追谥为显宗。大定二十六年十一月，世宗又册立显宗之子、原王完颜璟为皇太孙，后即位，是为章宗。

卫绍王大安二年（1210 年）八月立完颜从恪为皇太子。至宁元年（1213 年）卫绍王被杀后，太子等被禁锢凡二十余年。

宣宗贞祐元年（1213 年）闰九月立长子完颜守忠为皇太子。贞祐三年正月，皇太子病死，五月立完颜铿为皇太孙，十二月皇太孙亦夭亡。贞祐四年正月，又立第三子完颜守礼（后改名守绪）为皇太子，后继位，是为哀宗。

与此相关，章宗承安五年（1200 年）"定皇族收养异姓男

---

① 《金史》卷七四《宗翰传》，第 1693 页。
② 《金史》卷三《太宗本纪》，第 66 页。
③ 《金史》卷四《熙宗本纪》，第 78 页。

为子者，徒三年；姓同者减二等；立嫡违法者徒一年"，① 以保障皇族的特权不致旁落于外人。

2. 猛安谋克的世袭制

在金朝官爵中，猛安谋克是可以通过世袭来继承的。皇帝常以军功等赐予一些宗室、贵族或原部落首领的后裔"世袭猛安"或"世袭谋克"的称号。如原部族首领不刺速，"从太祖伐辽，授世袭猛安、亲管谋克，为曷懒路都统"。其长子夹谷谢奴亦随太祖、太宗征战，屡建功勋，"计前后功，袭其父猛安、谋克"。② 康宗长子宗雄，率部从太祖攻宁江州，"以所部败渤海兵，以功授世袭千户谋克"。③ 尼庞古钞兀"久在边陲，屡立战功"，后因故自杀。大定十九年（1179 年）世宗"以钞兀旧功，授其子和尚世袭布辉猛安徒胡眼谋克"。④

凡获世袭猛安谋克者，均可由子孙继承。如世宗大定十七年四月制："世袭猛安谋克若出仕者，虽年未及六十，欲令子孙袭者，听。"⑤

金廷还制定了《世袭猛安谋克迁授格》等法规，对猛安谋克的承袭规定了一些限制性条件。一是继承者通常应是嫡长子。如海陵王时，定国公、授世袭千户（猛安）突合速死后，由次室子承袭爵位。后因正室子争袭，缠讼多年。遂由世宗裁决："次室子岂当受封邪"，以嫡妻长子继承。

二是继承者须达到一定年龄，才能取得承袭的资格。世宗大定十七年十月制："诸猛安，父任别职，子须年二十五以上方许

① 《金史》卷一一《章宗本纪三》，第 254 页。
② 《金史》卷八一《夹谷谢奴传》，第 1817 页。
③ 《金史》卷七三《宗雄传》，第 1678 页。
④ 《金史》卷八六《尼庞古钞兀传》，第 1922 页。
⑤ 《金史》卷七《世宗本纪中》，第 167 页。

承袭。"①

三是要求继承者具备一定的文化素养。世宗制："自今女直、契丹、汉字曾学其一者，即许承袭。"② 后又采纳亲军完颜乞奴的建议："制猛安谋克皆先读女直字经史，然后承袭。"③

为了保障猛安谋克的世袭权，世宗诏："猛安谋克皆太祖创业之际，于国勤劳有功之人。其世袭之官，不宜以小罪夺免。"④ 并具体规定："居官犯除名者，与世袭并罢之，非犯除名者勿罢"，遂著于令。⑤ 章宗承安五年（1200 年）正月"定猛安谋克军前怠慢罢世袭制"，⑥ 处罚贻误战机及临阵畏葸不前、作战不力者；同年五月又"定猛安谋克斗殴杀人，遇赦免死罢世袭制"。⑦ 由此可见，尽管世袭猛安谋克之职来之不易，但若犯较重的罪，仍可能被剥夺。

3. 财产继承制度

金代财产继承，大体上仍沿用中原传统的诸子均分制。甚至对已过继他人者的继承权，也予以保护。世宗大定十三年四月"定出继子所继财产不及本家者，以所继与本家财产通数均分制"。⑧

但也有一些特别规定：一是在房产继承方面。世宗时，因太子詹事赵隇和司徒张通古的子孙"皆不肖淫荡，破赀产，卖田宅"，遂下诏："自今官民祖先亡没，子孙不得分割居第，止以

---

① 《金史》卷七《世宗本纪中》，第 168 页。
② 《金史》卷七三《宗尹传》，第 1674 页。
③ 《金史》卷八《世宗本纪下》，第 191 页。
④ 《金史》卷七《世宗本纪中》，第 167 页。
⑤ 《金史》卷七三《守能传》，第 1691 页。
⑥ 《金史》卷一一《章宗本纪三》，第 252 页。
⑦ 《金史》卷一一《章宗本纪三》，第 253 页。
⑧ 《金史》卷七《世宗本纪中》，第 159 页。

嫡幼主之，毋致鬻卖"，① 并著于令。凡遗产中的房宅，均不得由诸子分割继承，而由嫡幼子管理，并不准随意转卖。

二是关于户绝财产的继承。在我国，户籍独立之家夫妻皆亡而无子孙（含有女无子），称为户绝。户绝财产一般由女儿和嗣子（指过继为子孙者）按一定份额继承。在未立继嗣子孙的情况下，历代法律都规定在室女（未出嫁的女儿）可继承全部遗产。但出嫁女的财产继承权要受许多限制，尤其在宋以后，限制越来越多，甚至被剥夺继承权。金代规定与此有所不同。章宗泰和元年（1201 年）八月"初命户绝者田宅以三分之一付其女及女孙"。② 此项法令未指明是在室女或出嫁女。与唐宋相关规定相比较，若为在室女，则其继承份额少于唐宋；若为出嫁女，则少于唐而同于宋。唐律强调出嫁女须尽孝道，但可继承全部遗产。宋代则规定出嫁女可继承三分之一的遗产。这从一个侧面说明金代妇女地位下降。

（三）其他民事法律制度考

1. 买卖契约

金代买卖土地、房屋、奴婢等重大交易，均须订立契约。叶昌炽《语石》卷三录有一份金代置买地土文契：

> 金大定元年真清观牒后，列置买地土文契。附录于此，以证今之田宅契，有所滥觞焉。
>
> 本观置买地土文契：

---

① 《金史》卷八一《赵𪨶传》，第 1829 页。
② 《金史》卷一一《章宗本纪三》，第 256 页。

　　出卖地业人，修武县七贤乡马坊村故税户马愈男马用同弟马和，自立契将本户下□□地二段，共计二亩叁厘，立契卖与全真门弟子王太和、王崇德为永业，修盖全真道庵，准得价钱壹拾陆贯文，各七□九伯并据即日见定交割。谨具开坐如后：

　　出资村南竹……地一段，南北畔，东长贰拾陆步伍分，西长贰拾陆步伍分，南阔壹拾陆步，北阔壹拾步；并次东一段，东长贰拾陆步，西长贰拾捌步半，南阔壹拾步，北无步。东至大河，西自至，南自至，北自至，并据手业主对目商议定所有地内差税、物力、实钱，照依通检去马愈户下贮脚。

　　供输所据地内竹竿、树木不系卖数。

　　天雨水透流，车牛出入，一依仍旧通行。

　　右件前项出卖地土，卖与全真门弟子为永业，并不是衷私卑幼□交，亦不是债欠准折，并无诸般违碍，又加立契日一色见手交领，并□别无悬欠，恐人无信，故立此文为据。

　　大定二十八年十二月　日立契出卖地人马用（押）

　　同立契人马和（押）

　　引领人部下王守玅（押）

　　写契人本村王莹（押）

　　税说价钱壹拾陆贯文。

　　王兰泉曰："年月后一曰立契出卖地人，即今之卖主也；一曰同立契人，即今之卖主亲族也；一曰引领人，即今之中人也；一曰写契人，即今之代书也。'余按，契中'厘'字、'钱'字、'据'字，皆与今契卷俗字同，则知市廛承用之体，亦有所本也。"①

2. 借贷关系

金代借贷契约出现很早，在始祖函普时，就"劈木为克如文契约，教人举债生息，勤于耕种者，遂至巨富"。②

其实，真正成为巨富的，并非勤勤恳恳从事农业生产者，而是那些囤积居奇，以高利贷盘剥贫民的豪强兼并之家，尽管金朝法律确定了借贷的法定利率为"举财物者月利不过三分，积久至倍则止"。但"比年以来屡艰食，虽由调度征敛之繁，亦兼并之家有以夺之也。收则乘贱多籴，因急则以贷人，私立券质，名为无利而实数倍。饥民唯恐不得，莫敢较者，故场功甫毕，官租未了，而囤已空矣。此富者益富，而贫者益贫者也"。③

借贷关系还常发生在官民之间。如大定二十一年（1181年）三月，蓟州、平州、滦州等地发生饥荒。世宗"命有司发粟粜之，贫不能籴或贷之。有司以贷贫民恐不能偿，止贷有户籍者"。朝廷闻之，"更遣人阅实，赈贷。以监察御史石抹元礼、郑达卿不纠举，各笞四十，前所遣官皆论罪"。④

3. 典质制度

在我国古代民事法律中，"质"、"押"、"典"、"当"的界限不甚分明，往往互相通用或连用。但若仔细剖析，仍可见它们之间的关联虽然密切，还是有所区别的。典当是指物主（或称业主）将不动产或动产的占有、使用、收益权暂时转让给典主（或称典权人），取得典价。在约定的期限内，业主得备价赎回

---

① 转引自杨鸿烈《中国法律发达史》下册，商务印书馆，1933，第679～680页。
② （宋）徐梦华：《三朝北盟会编》卷一八上海古籍出版社，影印本，1987。
③ 《金史》卷五〇《食货五》，第1119页。
④ 《金史》卷八《世宗本纪下》，第180页。

出典物。所谓"以价易出，约限回赎者，曰典"。一般说来，典之标的物为不动产，当的标的物是动产。"质"是以物或人给债权人为质，作为偿还债务的担保。以物为质曰"物质"，以人为质曰"人质"。在债务人偿清债务之前，债权人得占有作为质的物或人。"押"则是以不动产作抵押，以担保债务，抵押物的占有权并不转移。

在金代，由于连年战乱，灾荒频繁，民不聊生，民间典当、质押活动颇为普遍。

大定二十一年，原广宁府尹移剌子敬病故，"家无余财，其子质宅以营葬事"。① 此处"质宅"实为押宅，即以房宅作抵押，借钱办理其父丧事。

金代民间债务担保，大多以人为质。太祖天辅二年（1118年）六月"诏有司禁民凌虐典雇良人，及倍取赎值者"。② 太宗天会九年（1131年）四月诏："新徙戍边户，匮于衣食，有典质其亲属奴婢者，官为赎之。"③ 世宗大定三年十一月诏："中都、平州及饥荒地并经契丹剽掠，有质卖妻子者，官为收赎。"④ 世宗时，"故同判大睦亲府事谋衍家有民质券，积其息不能偿，因没为奴。屡诉有司不能直，至是，投匦自言，事下御史台。"⑤ 御史中丞李晏审查案状得其情，遂奏免之。可见，有金一代，债务人以人为质，又无力偿债而使人质沦为债权人之家奴隶的情况，十分普遍，致使朝廷常常不得不动用官帑代为赎免。

中国古代典当关系出现较早，春秋时期即有关于典当的记

---

① 《金史》卷八九《移剌子敬传》，第 1990 页。
② 《金史》卷二《太祖本纪》，第 31 页。
③ 《金史》卷三《太宗本纪》，第 63 页。
④ 《金史》卷六《世宗本纪上》，第 132 页。
⑤ 《金史》卷九六《李晏传》，第 2125 页。

载。此后，由商家、官府、寺庙开设的典当铺日渐增多。金代官办的典当铺称作"流泉务"，其主管人员纳入职官序列进行管理。大定十三年（1173 年），世宗谓宰臣："闻民间质典，利息重者至五、七分，或以利为本，小民苦之。若官为设库务，十中取一为息，以助官吏廪给之费，似可便民。"① 于是在中都、南京、东平府、真定府等处并置"质典库"，以流泉为名，各设使、副使各一员掌管，"凡典质物，使、副亲评价值，许典七分，月利一分，不及一月者以日记之。经二周年外，又逾月不赎，即听下架出卖。出帖子时，写质物人姓名，物之名色，金银等第分两，及所典年月日、钱贯，下架年月之类。若亡失者，收赎日勒合干人，验元典官本，并合该利息，赔偿入官外，更勒库子，验典物日上等时估偿之，物虽故旧，依新价偿。仍委运司佐贰幕官识汉字者一员提控，若有违犯则究治。每月具数，申报上司。"② 大定二十八年十月，各京府、节度州添设流泉务，凡二十八所。可见金代官办典当铺，已达到了相当的规模。

---

① 《金史》卷五七《百官三》，第 1320 页。
② 《金史》卷五七《百官三》，第 1321 页。

四 金代婚姻制度的二元制特色

金朝的婚姻制度，是在女真族传统婚姻习俗的基础上，在民族大融合的过程中，吸收中原汉族婚姻制度逐渐形成的。

金建国之初，女真人的婚姻仍遵循传统的民族习俗。婚姻缔结的程序和仪式，先是通过指腹为婚或女子自求婚的方式定婚。

金人旧俗，多指腹为婚姻。既长，虽贵贱殊隔，亦不可渝。婿纳币，皆先期拜门，戚属偕行，以酒馔往，少者十余车，多者至十倍。饮客佳酒，则以金银器贮之，其次以瓦器，列于前以百数，宾退则分饷焉。先以乌金银杯酌饮，贫者以木。酒三行，进大软脂、小软脂如中国寒具；以（次）进蜜糕，人各一盘，曰茶食。宴罢，富者瀹建茗，留上客数人啜之，或以粗者煎乳酪。妇家无大小皆坐炕上，婿党罗拜其下，谓之"男下女"。礼毕，婿牵马百匹，少者十匹陈其前。妇翁选子姓之别马者，视之好则留，不好则退，留者不过十二三。或皆不中选，虽婿所乘亦充数。大抵以留马少为耻，女家亦视其数而厚薄之，一马则报衣一袭，婿皆亲迎。既成，婿留于妇家执仆隶役，虽行酒、进食皆躬亲之。三年后以妇归。则妇氏用奴婢数十户，牛马数十群，每群九牸一牡，以资遣之。夫谓妻为萨那，妻谓夫为爱根。①

至于贫苦之家，则"女年及笄行歌于途。其歌也，乃自叙家世、妇工、容色以伸求侣之意。听者有求娶欲纳之，即携而归，后复方补其礼，偕来女家以告父母。"②

这些淳朴而奇特的女真婚姻旧俗，虽然在金入主中原的过程中，受到大规模民族通婚的冲击而逐渐谈化，但金作为少数民族占居统治地位的封建王朝，其婚姻制度始终带有深刻的民族习俗的烙印，并反映出儒家伦常礼教的影响相对淡薄。

（一）女真族等少数民族婚俗的烙印

1."收继婚"之俗长期流行

"收继婚"，又称"接续婚"。指男子死后，其妻妾可以嫁给他的兄、弟、子、侄、孙（须与其妻妾无血缘关系）中的任何人。收继婚曾盛行于春秋时期。《左传》将子收继庶母为妻称曰"烝"；侄娶伯、叔母为妻称曰"报"；庶孙娶嫡祖母为妻称曰"因"。至于兄死收嫂及弟亡纳弟媳为妻的情况，因其十分普遍，连专用名称也没有，后世习称为"叔接嫂"。收继婚显然是原始氏族时代群婚制的遗俗，当然也与先秦社会浓厚的宗法观念密切相关。

儒家伦常思想在华夏社会占据主导地位后，收继婚逐渐受到礼教和法律的排斥。汉律将此行为列为乱人伦、逆天道"禽兽行"，处以极刑。此后，历代华夏王朝的律典均视收继婚为犯

---

① （明）李栻辑：《历代小史》卷六二《金志》，第 524 ～ 525 页。
② （明）李栻辑：《历代小史》卷六二《金志》，第 524 ～ 525 页。

罪，而设立法条予以惩罚。

然而，收继婚不仅在各少数民族，特别是在游牧民族中广泛通行，而且作为传统的婚姻习俗流传下来。女真族亦然，"父死则妻其母，兄死则妻其嫂，叔伯死则侄亦如之，无论贵贱，人有数妻。"① 宋人文惟简撰《虏廷事实》亦载："虏人风俗，取妇于家，而其夫身死，不令妇归家，则兄弟侄皆得以聘之。有妻其继母者，与犬豕无异。汉儿则不然，知其非法也。"②

事实上，无论金建国之初，或是统一中国北方之后，在女真皇室、贵族和猛安谋克部民中，婚姻关系是比较自由的，没有多少清规戒律的束缚。寡妇改嫁为社会所承认。如海陵王昭妃阿里虎，初嫁宗磐之子阿虎迭；阿虎迭诛，再嫁宗室南家；南家死后又被海陵王"以婚礼纳之"，封为昭妃。

收继婚之俗亦颇为盛行。太祖长公主兀鲁嫁徒单定哥。定哥死后，其弟徒单恭（斜也）娶兀鲁为妻。太祖长子宗干先后收娶其弟景宣帝宗峻之妻和堂兄宗雄之妻。熙宗因积怨杀皇后裴氏之后，纳其弟胙王常胜之妃撒卯入宫，欲立为后未果。海陵王的嫔妃，则多为宗亲。其中，原曹王宗敏之妻，海陵叔母；宗磐之子阿虎迭妻阿里虎，从嫂也；宗本之子莎鲁剌之妻、宗固子胡里剌妻、秉德弟夗里妻，皆从嫂也，皆纳为嫔妃。世宗生母李氏出身于受华夏文化影响很深的辽阳渤海大族，因不能接受"妇女寡居，宗族接续之"③ 的旧俗，在丈夫宗辅去世后被迫出家为尼，遁入青门。

尽管收继婚之俗与汉族传统的伦常观念相悖逆，在当时社会

---

① （明）李栻辑：《历代小史》卷六二《金志》，第 524～525 页。
② （明）陶宗仪纂：《说郛》卷八，（北京）中国书店，影印本，1986。
③ 《金史》卷六四《后妃下》，第 1518 页。

经济凋敝，人们生活普遍困苦的情况下，接续婚仍为金长期统治下的中原地区，尤其是乡村和边远山区民间婚嫁所接受。朝廷不得不以制敕对此予以认可，世宗大定九年（1169 年）正月制："汉人、渤海兄弟之妻，服阕归宗，以礼续婚者，听。"① 此制实际上是对收继旧俗在形式上加以折衷，须俟寡嫂及弟媳服丧期满归宗后，再依礼续聘。而唐宋律规定，女子在丈夫死后不能嫁给丈夫宗族中的任何男子，违者，男女双方都要受刑罚制裁；若嫁给丈夫小功以上亲属，则双方均按通奸论罪。

随着金代社会民族融合的发展，儒家伦常观念进一步深入人心，国家法律对汉人、渤海人接续婚进行了限制。

其一：

　　至元七年七月，尚书省户部据河间路申，傅伯川弟妻孙哇哥状称翁婆并夫傅三俱合身死，依理守服。至元六年十月三十日四更前，有哇男傅天寿将哇哥揣抹不曾成奸，至天明还逐姪儿张驴家内住坐。有伯伯傅大称日合体例，姪儿合收婶母。乞明降事当。部照得，先据河间路申王黑儿下财续亲婶母许留奴。旧例："姪儿娶讫婶母，即是欺亲尊长为婚，同奸法，各离。"其王黑儿系汉儿人氏，呈奉尚书省札付移中书省咨议得旧例："同类自相犯者，各从本俗法。"其汉儿人等不合指例，比及通行定夺以来无令接续。若本妇人服阕，自愿守志或欲归宗改嫁者，听。许留奴虽已成亲，亦合离之。仰行下合属依理改正施行。②

---

① 《金史》卷六《世宗本纪上》，第 144 页。
② 《元典章》卷一八《户部四·婚姻·不收继》"侄儿不得收婶母"条。

其二：

　　至元七年八月，尚书省户部呈南京路备息州申民户丁松，告中统元年与母主婚将妹定奴聘与本州时小六长男女儿为妻。至元二年女婿身故，有妹定奴守服四年不令归宗。令男两儿或姪姚驴收纳为妻，其定奴不肯顺从；及先据河间路申军户赵义妻阿刘、女青儿等守阄故夫崔犍儿丧服，有伯伯崔太令弟驴驹收纳，不令归宗。送法司检详得旧例："汉儿、渤海不在接续有服兄弟之限。"移准中书省咨议得旧例："同类自相犯者，各从本俗法。"其汉儿人不合指例，比及通行定夺以来无令接续。若本妇人服阄，自愿守志或欲归宗改嫁者，听。咨请照验省府，除已札付户部遍行各路出榜晓谕外，仰依上施行。①

　　考案例一引"姪儿娶讫婶母，即是欺亲尊长为婚，同奸法，各离"之律条，应出自参照唐律制定的《泰和律》。查《唐律疏议》卷一四《户婚三》："诸尝为袒免亲之妻，而嫁娶者。各杖一百；缌麻及舅、姪妻，徒一年；小功以上，以奸论。妾各减二等。并离之。"前揭案例，姪儿娶婶母，是娶期亲尊属之妻，当然以奸论，并离之。案例二所引"汉儿、渤海不在接续有服兄弟之限。"则强调接续婚不适合于汉人及深受汉文化影响的渤海人。此规定亦应源自前揭唐律律条，但范围较小，仅限制有服亲属，即缌麻以上亲。唐律限之制的范围是"袒免"，大大超出了五服亲属范围。有趣的是，上述二例均反映金代将唐律"化外

---

① 《元典章》卷一八《户部四·婚姻·不收继》"汉儿不得接续"条。

人相犯"原则，适用于境内各民族相犯，凸现出金、元这样的多民族国家，运用一国多制，以调整多元化社会各种关系的特色。

2. 不禁良贱为婚

良贱通婚，唐宋律均予以严格限制。而金朝律令却原则上听任自由，并对已婚者的婚姻给予承认和保护。太宗天会十年（1132 年）四月诏："诸良人知情嫁奴者，听如故为妻。其不知而嫁者，去住悉从所欲。"① 世宗大定二十二年（1182 年）六月制："立限放良之奴，限内娶良人为妻，所生男女即为良。"② 章宗泰和二年（1202 年）又重申："奴娶良人女为妻者，并准已娶为定；若夫亡，拘放从其主；离夫摘卖者令本主收赎，依旧与夫同聚；放良从良者即听赎换；如未赎换间与夫所生男女，并听为良。"③

但女真人户的奴婢与良人通婚，却附有一些条件。世宗大定二十三年定制："女直奴婢如有得力，本主许令婚聘者，须取问房亲及村老给据，方许聘于良人。"④

3. 一夫一妻制和一夫多妻制并行

一夫一妻制，早在先秦时期即已确立。尽管皇帝嫔妃众多，贵族官吏、地主富商普遍纳妾，但王（皇）后、嫡妻只有一人。其后历代相承，自战国时李悝《法经》规定"夫有二妻则诛"以降，历代法律均将"有妻更娶妻"即重婚，视为犯罪行为。

金代除皇帝婚姻仍采取一后多嫔妃制外，在其他贵族官僚

---

① 《金史》卷三《太宗本纪》，第 64 页。
② 《金史》卷八《世宗本纪下》，第 182 页。
③ 《金史》卷四五《刑志》，第 1021 页。
④ 《金史》卷四六《食货一》，第 1034 页。

中，都沿袭女真旧俗通行多妻制。曾于南宋孝宗乾道六年（1170 年，金世宗大定十年）出使金朝的宋人范成大，在其以日记形式记录此行经过的《揽辔录》中称："金人旧俗亦多妻，多少之数，视其官品列班次，以聘之先后为序。庶人惟得一妻。"稽诸史籍，金朝自王侯以至下级官员，除嫡妻外，还娶有"次妻"、"次室"。海陵王天德二年（1150 年）十一月制："庶官许求次室二人，百姓亦许置妾。"① 庶官指众官、百官。从此制可见，次室的身份显然与妾有区别，不能通过置买而得，而须同"正室"一样正式聘娶。

在某些情况下，受宠次室的地位，甚至比正室优越。海陵王天德年间，宗室突合速被封为定国公，授世袭千户（猛安）时，"以次室受封"。突合速死后，"次室子因得袭其猛安。及分财异居，次室子取奴婢千二百口，正室子得八百口。久之，正室子争袭，连年不决，家赀费且尽，正室子奴婢存者二百口，次室子奴婢存者才五六十口。"后世宗裁决："次室子岂当受封邪"，② 遂以嫡妻长子袭猛安职。贞元初年，海陵王欲定封爵制度，令大臣集议。尚书令耨盌温敦思忠建议："百官不当封妻"。海陵王从之，"惟封思忠次室为郡夫人"③（海陵王已封思忠为广平郡王）。世宗即位前，亦曾纳张玄征之女为次室。

4. 听任中表为婚

中表为婚指姑舅或两姨之表兄弟姊妹互为婚姻。我国上古时期礼法及民俗不禁中表为婚，及至南北朝，律令才始设中表通婚之禁。后世亦然，《唐律疏议》和《宋刑统》之《户婚律》均

---

① 《金史》卷五《海陵本纪》，第 96 页。
② 《金史》卷八〇《突合速传》，第 1801 页。
③ 《金史》卷八四《耨盌温敦思忠传》，第 1881 页。

规定："其父母之姑舅、两姨姊妹……女婿姊妹，并不得为婚姻，违者各杖一百，并离之。"明清律典之《户律·婚姻门》亦规定："若娶己之姑舅、两姨姊妹者，杖八十，并离异。"

金律有无此类法条，史佚其详。但事实上不禁中表为婚，甚至皇帝的婚姻亦是如此。睿宗（宗辅）为太祖之子，其皇后蒲察氏是太祖之妹的女儿，此为姑表亲为婚。世宗元妃李氏（后追谥光献皇后），是亲舅李石之女，此为姨表亲为婚。而海陵王嫔妃，则有许多是中表亲。贞元二年（1154 年）十一月，"上命诸从姊妹皆分属诸妃，出入禁中，与为淫乱。"① 如"寿宁县主什古，宋王宗望女也。静乐县主蒲剌及习捻，梁王宗弼女也。师姑儿，宗隽女也。皆从姊妹。混同郡君莎里古真及其妹余都，太傅宗本女也，再从姊妹。郯国夫人重节，宗磐女孙，再从兄之女。"②

5. 夫妻在法律上的地位更加不平等

在我国古代，夫妻关系，义本平等。《白虎通义·嫁娶篇》："妻者齐也，与夫齐体，自天子至庶人其义一也。"但另一方面，妻之于夫，又处于尊卑服从和依附的关系。女子于礼有"幼从父兄，嫁从夫，夫死从子"③ 的三从之道。可见，在古代礼法上，夫妻关系实际上是不平等的。不过，夫之于妻虽有专制之威，却无人身伤害之权。

夫殴、杀妻的行为，历代律令多以为犯罪。南北朝时，无论妻是否有罪错，凡故杀或误杀妻者均处死刑。唐宋律则按罪情轻重量刑。如《唐律疏议·斗讼律》规定："诸殴伤妻者，减凡人

---

① 《金史》卷五《海陵本纪》，第 103 页。
② 《金史》卷六三《后妃上》，第 1513 页。
③ 《礼记》卷一八《杂记》。

二等；死者，以凡人论，合绞，以刃及故杀者，斩；殴妾折伤以
上，减妻二等。"

金律之规定，与此有所不同。据南宋高宗建炎三年（1129
年，金太宗天会七年）出使金朝，居留金朝长达十五年的使臣
洪皓所撰《松漠纪闻》载："金国新制，大抵依仿中朝法律，至
皇统三年颁行其法，有创立者，率皆自便，如殴妻致死，非用器
刃者不加刑，以其侧室多，恐正室妒忌。汉儿妇莫不唾骂，以为
古无此法，曾臧获（即奴隶）之不若也。"[①] 直到大定十八年
（1178 年）正月，世宗才敕令，定"妻无罪而辄殴杀者罪"。[②]
但此项法令并未设定妻有罪而辄殴杀者罪。比较而论，金代妇女
的法律地位，较唐宋有所下降。在《唐律疏议》和《宋刑统》
的斗讼篇中，都有"奴婢有罪，其主不请官司而杀者，杖一百"
的规定。因此看来，金朝妇女的处境确如时人所说的比奴婢都
不如。

（二）中原华夏婚姻礼法制度的浸润

金统治者征服中原地区后，"虑中国怀二三之心"，遂陆续
将数以百万计的女真人从东北移民到华北、陕西等地。与汉人，
契丹人等杂居，以监视汉人及各族人民。同时，对于因民族杂居
而出现的各民族之间互相通婚的现象，从法律上予以认可。史
称：金"得志中国，自顾其宗族国人尚少，乃割土地、崇位号
以假汉人，使为之效力而守之。猛安谋克杂厕汉地，听与契丹、

---

① （明）李栻辑：《历代小史》卷六三《松漠纪闻》，第 532 页。
② 《金史》卷七《世宗本纪中》，第 169 页。

汉人昏因以相固结。"① 将民族通婚作为巩固其统治的重要手段。
大定二十一年三月世宗诏遣大兴尹完颜迪古速迁河北东路两猛
安，上曰："朕始令移此，欲令与女自户相错，安置久则自相姻
亲，不生异意，此长久之利也。今者移马河猛安相错以居，甚符
朕意，而遥落河猛安不如此，可再遣兵部尚书张那也按视其地以
杂居之。"② 尤其是民族矛盾尖锐的地区，金统治者更以通婚作
为缓和民族冲突的"长久安宁之计"。

例如大定十七年，世宗"遣监察御史完颜觌古速行边，从
行契丹押剌四人，桉剌、招得、雅鲁、斡列阿，自边亡归大石
（按：即西辽德宗耶律大石）。上闻之，诏曰：'大石在夏国西
北。昔窝斡为乱，契丹等响应，朕释其罪，俾复旧业，遣使安辑
之，反侧之心犹未已。若大石使人间诱，必生边患。遣使徙之，
俾与女直人杂居，男婚女聘，渐化成俗，长久之策也。'于是遣
同签枢密院事纥石烈奥也、吏部郎中裴满余庆、翰林修撰移剌
杰，徙西北路契丹人尝预窝斡乱者上京、济、利等路安置。以兵
部郎中移剌子元为西北路招讨都监，诏子元曰：'卿可省谕徙上
京、济州契丹人，彼地土肥饶，可以生殖，与女直人相为婚姻，
亦汝等久安之计也。'"③ 从而推动了契丹族和女真族之间的
融合。

明昌二年（1191 年），山东女真人同汉人发生冲突，四月尚
书省奏："齐民与屯田户往往不睦，若令递相婚姻，实国家长久
安宁之计。"④ 章宗诏令行之。泰和六年（南宋宁宗开禧二年，

---

① 《金史》卷四四《兵志》，第 991 页。
② 《金史》卷四四《兵志》，第 995 页。
③ 《金史》卷八八《唐括安礼传》，第 1963 页。
④ 《金史》卷九《章宗本纪一》，第 218 页。

1206 年），南宋权臣韩侂胄发动"开禧北伐"，宋军分道攻金，激发了金境内汉人抗金斗争的高潮。章宗又诏"（女真）屯田军户与所居民为婚姻者，听"，[①] 希图缓解汉人的反金情绪。

金代民族通婚不仅在各族民众之间十分普遍，而且也发生在各族贵族之中。早在灭辽战争中，辽皇室后妃宗女多被金军将帅俘掠纳为妻妾。如宗翰纳辽天祚帝元妃，宗望纳天祚帝之女余睹公主。北宋灭亡后，宗望向宋徽宗面请一位妃子给粘罕次子作妇。天会八年（1130 年），金廷又把宋徽宗的六女纳为宗妇。金灭亡了辽和北宋，但皇族完颜氏却与耶律氏、赵氏结成了亲家。

民族通婚甚至影响到皇帝的婚姻。金代皇帝婚姻仍实行一后多嫔妃制。皇后的册封颇为严格，通常只能从女真族的徒单、唐括、蒲察、裴满等世家大族中挑选。而嫔妃却无民族限制。太祖后宫中就有不少汉族女子，此后历代皇室都娶汉、契丹等族女子为妃，如世宗元妃李氏，章宗元妃李师儿等，备受宠信。金初，诸妃皆无位号。熙宗时始有贵妃、贤妃、德妃之号。海陵王确立内宫制度，后宫"诸内命妇"才有了妃、嫔、世妇、御妻等名号及相应的品级和待遇。

大规模的民族通婚，促进了民族大融合的发展，也推动了婚姻制度的变革。金朝廷为适应民族通婚的需要，依据儒家的伦常道德准则，参照汉族婚姻制度，逐步对女真婚姻旧俗进行了改造。

1. 禁止同姓为婚

同姓为婚，华夏族早在周代已成禁例。《礼记·大传》云："其庶姓别于上，而戚单于下，婚姻可以通乎，系之以姓而弗

---

① 《金史》卷一二《章宗本纪四》，第 278 页。

别，缀之以食而弗殊，虽百世而婚姻不通者，周道然也。"此制自周以降，历代相承。于是"男女辨姓"，"娶妻不娶同姓"遂成为婚姻的基本原则，礼设轨仪，律悬厉禁，倘有乖违，不特有亏名教，且将治之以刑。但迄止南北朝，此禁仅载于礼制。以至无论官民，违礼同姓婚配者，屡见其例。诸如汉高后吕雉之妹嫁吕平，王莽娶王咸之女为后，五胡十六国时汉帝刘聪纳太保刘殷之女为贵嫔等。尤其于北方游牧民族更未形成定规。太和七年（483 年），北魏孝文帝鉴于民间同姓为婚之风盛行，遂重申禁令："淳风行于上古，礼化用乎近叶。是以夏殷不嫌一族之婚，周世始绝同姓之娶。斯皆教随时设，治因事改者也。皇运初基，中原未混，拨乱经纶，日不暇给，古风遗朴，未遑厘改，后遂因循，迄兹莫变。朕属百年之期，当后仁之政，思易质旧，式昭惟新。自今悉禁绝之，有犯以不道论。"① 此为将同姓为婚者诉诸刑法的较早规定。而隋《开皇律》和《唐律疏议》之《户婚律》"同姓为婚"条，则正式将此禁列入律典。

女真旧俗无同姓为婚之禁例。天辅元年（1117 年）五月，太祖始下诏："自收宁江州已后，同姓为婚者，杖而离之。"② 宁江州（今吉林省扶余县）是辽朝控制女真人的前哨军事重镇。攻克宁江州是女真人起兵反辽所取得的首次重大胜利。时为辽天祚帝天庆四年（1114 年）九月，即太祖称帝建国前夕。此后，女真人的势力开始向辽朝控制的区域扩张。这项法令显然是为适应新占领地区人民的婚姻习俗而发布的。

太宗天会五年（1127 年）四月又诏："合苏馆诸部（指居住在辽东半岛中部、原隶属于辽朝的女真各部落）与新附人民，

---

① 《魏书》卷一一一《刑罚志》。
② 《金史》卷二《太祖本纪》，第 30 页。

其在降附之后同姓为婚者，离之。"① 进一步将同姓为婚禁令推行到金王朝控制的所有地区。与此相关，太宗天会八年还诏："禁继父继母之男女无相嫁娶，违者杖而离之。"②

2. 禁止冒丧嫁娶

祖父母、父母、夫或妻等近亲属去世后，服丧期间，身自嫁娶，为华夏历代礼制和法律所禁止。古时丧礼称："亲始死，鸡斯徒跣，扱上衽，交手哭……水浆不入口，三日不举火……口不甘味，身不安美也……居于倚庐，哀亲之在外也，寝苦枕块，哀亲之在土也，故哭泣无时，服勤三年，思慕之心，孝子之志也，人情之实也。"③ 哀毁之余，自不遑谈婚论嫁。此后礼入于律，唐宋律更将"居父母丧，身自嫁娶"列为十恶之不孝罪。《户婚律》规定："诸居父母及夫丧而嫁娶者，徒三年；妾减三等。各离之。知而共为婚姻者，各减五等；不知者不坐。〔疏〕议曰：父母之丧，终身忧戚，三年从吉，自为达礼。夫为妇天，尚无再醮。若居父母及夫之丧，谓在二十七月内，若男身娶妻，而妻女出嫁者，各徒三年。'妾减三等'，若男夫居丧娶妾，妻女作妾嫁人，妾既许卜姓为之，其情理贱也，礼数既别，得罪故轻。……'知而共为婚姻者'，谓妻父称婚，婿父称姻，二家相知是服制之内，故为婚姻者，各减罪五等，得杖一百。娶妾者，合杖七十。不知情，不坐。"④

金世宗大定十九年（1179 年）有"知情服内成亲者，虽自首，仍依律坐之"⑤ 的诏制。可见，此前已有禁止在服丧期间嫁

---

① 《金史》卷三《太宗本纪》，第 57 页。
② 《金史》卷三《太宗本纪》，第 61 页。
③ 《礼记》卷三三《问丧》。
④ 《唐律疏议》卷一三《户婚二》，中华书局，1983，第 257 页。
⑤ 《金史》卷七《世宗本纪中》，第 174 页。

娶的法律。但其具体规定并不完善，以致金后期章宗时仍在制定有关的法律，如承安五年（1200 年）三月"定妻亡服内婚娶听离制"；同年七月又"定居祖父母丧婚娶听离法"① 等。另据《元典章》，至元七年十二月，尚书省鉴于民间"于父母及夫丧制中往往成婚，致使词讼繁冗。为无定例，准便归断，检会到旧例：'居父母及夫丧而嫁娶者，徒三年；各离之。知而共为婚姻者，各减三等。'省部议得，若不明谕禁约，引讼不已，实是乱俗败政。以此参详，比及通行，定夺以来，定立格限，渤海、汉儿人等，拟自至元八年正月一日为始，已前有居父母丧内嫁娶者，准以婚为定；格后犯者，依法断罪，听离。如此庶免词讼，以望渐厚风俗。"② 此项条格的发布，正值元援用金律期间，其所引"旧例"，③ 说明金律沿袭了唐律禁止冒丧嫁娶的律条，只是将唐律"知而共为婚姻者，各减五等"，改为各减三等。

3．革除抢婚习俗

女真部族原有"放偷"之俗，其中含抢婚旧习："每至正月十六日夜，谓之放偷，俗以为常，官亦不能禁。其日夜，人家若不畏谨，则衣裳、器用、鞍马、车乘之属，为人窃去，隔三两日间，主人知其所在，则以酒食、钱物赎之方得原物。至有室女随

① 《金史》卷一一《章宗本纪三》，第 254 页。
② 《元典章》卷四一《刑部三·诸恶·不义》"居丧为嫁娶者徒"条；另《元典章》卷一八《户部四·婚姻·服内婚》"服内成婚"条同此。
③ 蒙元初期文书中经常提及"旧例"，仅在《元典章》等典籍载录的断例中，至元八年（1271 年）前由法司援引的"旧例"，其文字与《唐律》相似者，即达近百条。但这些旧例在一般情况下显然指的不是《唐律》本身，而是基本沿袭《唐律》的金《泰和律》。因为蒙古人据中原汉地后，大量利用金朝降官旧吏治理当地百姓，故沿用《泰和律》处理当地刑名之事也在情理之中。故在至元八年底世祖敕令禁行金律以前，法司断案引用的"旧例"，多为金律条文。至元八年禁用《泰和律》后，运用"旧例"作为法司断狱量刑直接根据的情况不再出现，也从另一方面证明过去循用的旧例确系《泰和律》。详见本书元法制考证部分。

其家出游，或家在僻静处，为男子劫持去，候月余日方告其父母，以财礼聘之。则放偷之弊，是何礼法。"①

世宗大定十七年（1177 年）十二月，"以渤海旧俗男女婚娶多不以礼，必先攘窃以奔，诏禁绝之，犯者以奸论。"②

与此同时，金统治者还先后制定了一系列适合于本朝的婚制。诸如，章宗明昌元年（1190 年）十月制："民庶聘财为三等，上百贯，次五十贯，次二十贯"；③ 承安五年（1200 年）三月"定本国婚聘礼制"；④ 泰和五年（1205 年）六月制"定本朝婚礼"⑤ 等。皇室、贵族和平民的婚姻，亦多遵循新的婚制、婚礼。如宗室完颜衷，历仕世宗、章宗朝，"孝悌贞谨，深悉本朝婚礼，皇族婚嫁每令衷相之。"⑥ 这样，随着女真族在政治上、文化上的汉化和民族融合的不断发展，金代婚姻制度逐步淘汰了一些女真婚姻旧俗，基本上与中原传统婚姻制度合流，故章宗时制定的《泰和律义》，就直接援引唐律《户婚律》的内容，作为惩治婚娶违法行为的律条。

4. 禁和娶人妻

和娶人妻，即娶他人之妻为自己之妻。在婚姻关系比较自由的金初社会，未见此类禁例。金律相关规定，亦见于《元典章》所引"旧例"：

至元八年八月，尚书省据大都路申，许顺成告张太哥将

---

① （宋）文惟简：《虏廷事实》，载陶宗仪纂《说郛》卷八，（北京）中国书店，影印本，1986。
② 《金史》卷七《世宗本纪中》，第 169 页。
③ 《金史》卷九《章宗本纪一》，第 216 页。
④ 《金史》卷一一《章宗本纪三》，第 253 页。
⑤ 《金史》卷一二《章宗本纪四》，第 271 页。
⑥ 《金史》卷六六《完颜衷传》，第 1563 页。

引伊相识人等前来本家，于顺成原立媒求娶到妻和（何）连氏处要买休钱事，勾到张太名世荣、媒人阿赵等，各取讫备细相代文状，府司除另行外，据张世荣所招，夫自嫁妇情罪，若便拟断切，缘张世荣状责见受宣命金牌管稻田户计，乞明降事得此。旧例："和娶人妻及嫁之者，各徒三年；即夫自嫁者亦同。而离之。"省部相度，据张世荣见受宣命金牌管稻田户计，即系有官之人。依旧例："七品以上官，犯流罪以下减一等。"合徒一年半；该遇至元六年七月初八减断罪囚以前事理，降减五等合杖八十；折赎铜一十六斤；每斤折钱二百文计，合赎钞三贯二百文没官外，张世荣已将何连氏休弃，令许顺成依理求娶，合准已婚为定。据张世荣原要买休钱应合没官，钦遇降减，合行免征。①

本书前已论及，金《泰和律》被后世评为"实唐律也"，故发生在元初沿用金律期间的前揭案件所据"旧例"，显然是源自唐律的金律条文。其一，两项旧例内容与唐律条文完全相同。前一旧例即出自唐《户婚律》："诸和娶人妻及嫁之者，各徒二年；妾，减二等。各离之。即夫自嫁者，亦同。仍两离之。"② 后一旧例则是隋唐律之"例减"原则。唐律《名例》："诸七品以上之官……犯流罪已下，各从减一等之例。"③ 其二，本案案犯张世荣所受处罚符合金律之规定。张犯将拟休弃的妻子何连氏嫁与许顺成，以便索取买休钱。依律与和娶人妻同罪，应徒二年；因钦遇降减五等，合杖八十；又因张乃七品以上官，适用赎刑；按

①　《元典章》卷一八《户部四·婚姻·嫁娶》"夫自嫁妻"条。
②　《唐律疏议》卷一四《户婚三》，中华书局，1983，第266页。
③　《唐律疏议》卷二《名例二》，中华书局，1983，第34页。

唐律，杖八十赎铜八斤，而金制"赎铜皆倍之"，故折赎铜一十六斤，又按当时钱钞与铜的比价，计纳赎罪钞三贯二百文。其三，本案引用旧例有前后矛盾的问题。先引"和娶人妻及嫁之者，各徒三年"；后又记"七品以上官，犯流罪以下减一等。合徒一年半。"陈垣先生《元典章校补释例》未对此做出校正；台湾学者叶潜昭先生《金律之研究》认同前者："金律遗文史料亦继承唐律之规定，仅量刑上较唐律重一年。"① 笔者以为，"各徒三年"记误，应与唐律同为各徒二年。如此，减一等才"合徒一年半"；且徒二年降五等才合杖八十。再则，娶人之妻或嫁己之妻，乃属有伤风化，悖逆儒家伦常问题，金代不可能较唐处罚更重。

5. 休弃依循礼法

离婚古称"仳离"，② 晋人始有"离婚"③ 之语。在男尊女卑的宗法社会，离婚主动权在夫家，故离婚还有"绝婚"、"出妻"、"休弃"、"休妻"等用语。华夏离婚之法，始载于礼，嗣入于律。如礼制载有"七出三不去"、"义绝"的离婚理由。《孔子家语》卷六《本命解》："妇有七出，三不去。七出者：不顺父母出，无子出，淫僻出，恶疾出，妒嫉出，多口舌出，窃盗出。不顺父母出者，谓其逆德也；无子者，谓其绝世也；淫僻者，谓其乱族也；嫉妒者，谓其乱家也；恶疾者，谓其不可供粢盛也；多口舌者，谓其离亲也；窃盗者，谓其反义也。三不去者：谓有所取无所归，一也；与共更三年之丧，二也；先贫贱后

---

① 叶潜昭：《金律之研究》，台湾商务印书馆，1972，第94页。
② 《诗经·王风·中谷》："有女仳离"。
③ 《晋书》卷三〇《刑法志》："及景帝辅政，是时魏法，犯大逆者诛及已出之女。毌丘俭之诛，其子甸妻荀氏应坐死，其族兄颙与景帝姻，通表魏帝，以匄其命。诏听离婚。"

富贵，三也。"《白虎通义·嫁娶》："悖逆人伦，杀妻父母，废绝纲常，乱之大者，义绝，乃得去也。"以上礼制至迟在汉代即已入律，成为法律制度。

金律遗文于此可征史料极少。从《金史》检得，金称离婚为"出之"："蒲察阿虎迭女叉察，海陵姊庆宜公主所生，嫁秉德之弟特里。秉德诛，当连坐，太后使梧桐请于海陵，由是得免。海陵白太后欲纳叉察。太后曰：'是儿始生，先帝亲抱至吾家养之，至于成人。帝虽舅，犹父也，不可。'其后，嫁宗室安达海之子乙剌补。海陵数使人讽乙剌补出之，因而纳之。"① 又"哀宗甚宠一宫人，欲立为后。（太）后恶其微贱，固命出之。上不得已，命放之出宫。"② 另据元初法司援引之"旧例"，可知金《泰和律》仿唐律载有七出、义绝等制：

　　至元八年五月，尚书户部呈奉尚书省札付移御史台呈：体知得有一等夫妇不相安谐者，遂有卖休买休体例，若不禁断，有伤人伦，败坏风俗。今来照得旧例：诸弃妻虽犯七出之状，而有三不去之理。以此参详，若以夫出妻者，分朗写立休书，赴官告押执照，即令归宗，依理改嫁，以正夫妇之道。此系为例事理，乞照验事得此送本部批详。该送法司照得旧例：弃妻须有七出之状有之：一无子、二淫 、三不事公姑、四口舌、五盗窃、六妒嫉、七恶疾。虽有弃状而有三不去：一经持公姑之丧，二娶时贱后贵，三有所受无所

---

① 《金史》卷六三《后妃上》，第 1515 页。
② 《金史》卷六四《后妃下》，第 1534 页。

归，即不得弃。其犯者奸也，不用此律。又条犯义绝者，离之。违者杖一百。若夫妻不相安谐而和离者，不坐。若依台所拟，甚为允当。省府准拟施行。①

---

① 《元典章》卷一八《户部四·婚姻·休弃》"离异买休妻"条。类似记载还见于《通制条格》卷四《户令》："至元八年四月，尚书省御史台呈；陕西道按察司申，体知得京兆府一等夫妇不相安谐者，卖休买休，若不禁断，败坏风俗。户部呈送法司照得旧例，弃妻须有七出之状：一无子、二淫泆、三不事舅姑、四口舌、五盗窃、六妒嫉、七恶疾。虽有弃状而有三不出之理：一经持舅姑之丧，二娶而贱后贵，三有所受无所归，即不得弃。其犯奸者，不用此律。又条犯义绝者，离之。违者断罪。若夫妻不睦而和离者，不坐。若依台拟，甚为允当。都省准拟。"

五　金代刑法原则变化考析

金朝刑法适用的原则，在沿袭唐宋刑法原则的基础上，发生了下列颇具时代特色的变化。

（一）限制"八议"特权

八议是中国古代法律关于八种权贵人物犯罪后，适用特别诉讼程序，在定罪量刑上予以宽减宥免刑罚的制度。这八种人指"亲"（皇帝宗室亲戚）、"故"（皇帝故旧）、"贤"（有德行的贤人君子）、"能"（有治国安邦的才能者）、"功"（功勋卓著者）、"贵"（高级官僚贵族）、"勤"（勤劳服务者）、"宾"（前朝皇帝及其后裔）。他们犯罪后，各级官府不能直接定罪量刑，而须将其犯罪情形和特殊身份奏报朝廷，经朝臣集体审议后，由皇帝裁决，通常可以得到减免刑罚的优待。

八议之制萌芽于先秦时期。《周礼》："以八辟丽邦法，附刑罚：一曰议亲之辟，二曰议故之辟，三曰议贤之辟，四曰议能之辟，五曰议功之辟，六曰议贵之辟，七曰议勤之辟，八曰议宾之辟。"① 但八议正式入律则始于三国时曹魏的《新律》，后为历代律典所沿用。

金律承袭唐宋之制，亦载有八议制度，只是将"议功"改称"议勋"。同时，金统治者出于政治上的需要，通过诏制对皇亲国戚和达官显贵享有的八议特权进行了限制。尤其是，鉴于皇族外戚恃势擅权，作威作福，甚至危及皇权的教训，金代不仅缩小了八议的范围，即使是一些法当议减的亲贵犯罪案件，也不予宽贷。

例如，皇族阿鲁补，少年从军，勇猛善战，累建奇功，是勋劳卓著的开国功臣。海陵王时，因其"尝取官舍材木，构私第于恩州，至是事觉，法当议勋、议亲"。但皇帝却诏："若论勋劳，更有过于此者。况官至一品，足以酬之。国家立法，贵贱一也，岂以亲贵而有异也。"② 遂依律论死。

世宗大定六年（1166 年）外戚乌林达钞兀"捕逃军受赃，当死"。有司因其乃当今皇上宠信的皇后乌林达氏之"大功亲，当议（亲）"，遂依法奏裁。但世宗却下诏"论如法"。③

大定二十五年，又有后族犯罪，尚书省援引八议之制上奏。世宗旧案重提，借题发挥，对八议制度提出一些异议："法者，公天下持平之器，若亲者犯而从减，是使之恃此而横恣也。昔汉文诛薄昭，有足取者。前二十年时，后族济州节度使乌林达钞兀尝犯大辟，朕未尝宥。今乃宥之，是开后世轻重出入之门也。"当宰臣曰："古所以议亲，尊天子，别庶人也"，世宗又指出："外家自异于宗室，汉外戚权太重，至移国祚，朕所以不令诸

---

① 《周礼》卷五《秋官司寇》。
② 《金史》卷六八《冶诃传》，第 1595 页。
③ 《金史》卷六四《后妃下》，第 1521 页。

王、公主有权也。夫有功于国，议勋可也。至若议贤，既曰贤矣，肯犯法乎。脱或缘坐，则固当减请也"；并下令"太子妃大功以上亲，及与皇家无服者，及贤而犯私罪者，皆不入议。"①

较之唐宋律，此项法令至少在两个方面缩小了八议的适用范围：一是唐宋律议亲，议及"皇帝祖免以上亲"，已超出"五服"的范围。而金律令却把与皇家无服者，全部排除在议亲之外。二是唐宋律"议贤"不分公罪或私罪，而金律议贤仅限于犯公罪。所谓公罪，是指"缘公事致罪而无私曲者"，② 即因公务上的关系，不是为了个人目的和利益而造成的犯罪。私则指"不缘公事，私自犯者；虽缘公事，意涉阿曲，亦同私罪"。③ 即官吏所犯与其职务无关的罪，如盗窃、强奸罪等；以及利用职务上的便利，贪赃枉法，谋取私利的行为。

金代对八议特权的限制，可能同女真人受封建等级特权观念的影响相对淡薄有一定关系。

尽管如此，金朝对于女真贵族，特别是皇族、宗室犯罪的案件，在排除政治派系斗争因素的情况下，仍然是特别优容的。有这样一个典型的事例：大定年间，开国元勋宗翰（本名粘罕）之孙斜哥，曾三次犯死罪。世宗皆以乃祖有大功于国，三次予以宽减。第一次在大定初年，斜哥时任刑部侍郎，充都统，因在中都"辄署置官吏，私用官中财物"，依律当死。结果仅除名。第二次是斜哥被起用为祁州刺史后，"坐赃枉法，当死，诏杖百五十，除名"。后来，斜哥又重新被任命为同知兴中府尹，迁唐括部族节度使，历开远、顺庆军节度使，再次因受赃为御史台劾

① 《金史》卷四五《刑志》，第1020页。
② 《唐律疏议》卷二《名例二》，中华书局，1983，第44页。
③ 《唐律疏议》卷二《名例二》，中华书局，1983，第44页。

奏。狱成，依法当死。世宗谓宰臣曰："斜哥今三犯矣，盖其资质鄙恶如此。"但又诏："斜哥祖父秦王宗翰有大功，特免死，杖一百五十，除名。"① 久之，复起为劝农副使。

太祖之孙阿璟，任广宁府尹时，"坐赃一万四千余贯。诏杖八十，削两阶，解职。"世宗召阿璟面责曰："朕谓汝有才力，使之临民。今汝在法当死，朕以亲亲之故，曲为全贷。当思自今戒惧，勿复使恶声达于朕听。"②

太祖之孙，宋王宗望之子完颜京，任西京留守时，妄卜休咎，犯下不赦之罪。世宗特诏"免死，杖一百除名，岚州楼烦县安置，以奴婢百口自随，官给上田"。后世宗又遣使往安置地宣谕，赐诏曰："朕与汝皆太祖之孙。海陵失道，翦灭宗支，朕念兄弟无几，于汝尤为亲爱，汝亦自知之，何为而怀此心。朕念骨肉，不忍尽法，汝若尚不思过，朕虽不加诛，天地岂能容汝也。"③ 不久，完颜京之兄完颜文谋反伏诛，罪及兄弟。世宗诏免完颜京等缘坐。

宣宗时，河中（辖境在今山西西南部，治所在今山西永济县）帅阿虎带"以弃城应死，议亲获免"。④

此外，金朝还仿效汉以来历代王朝优遇功臣宠幸的"铁券"之制，对一些勋劳卓著的王侯宿将颁赐"铁券"、"金券"，赋予他们免于刑事惩罚的特权。铁券是我国古代皇帝颁发给元勋宠臣的一种凭证。持券者及其后代如果犯罪，则以铁券为证，皇帝念其前功而予以赦免或宥减。铁券之法始于西

---

① 《金史》卷七四《宗翰传》，第1693页。
② 《金史》卷六九《太祖诸子传》，第1608页。
③ 《金史》卷七四《宗望传》，第1701页。
④ （金）王鹗：《汝南遗事》卷二，《丛书集成初编》本。

汉，汉高祖刘邦登基后，"与功臣剖符作誓，丹书铁券，金匮石室，藏之宗庙。"① 汉初著名将相萧何、张良、曹参、陈平、樊哙、周勃等获此殊荣。但汉代铁券是一种荣誉证书，尚无保障持券者犯法免于惩处的作用。

自南北朝以降，皇帝颁赐铁券逐渐形成常制，铁券也演变成为一种免死免罪的特权护身符。如北魏对勋贵宠臣，动辄"赏赉财帛以千万亿计，金书铁券，许以不死之诏"。② 西魏大将李穆在一次战斗中冒死救护宇文泰（西魏权臣，后追赠为文帝），被"特赐铁券，恕以十死，进骠骑大将军、开府仪同三司、侍中"。③ 即宥恕他犯十次死罪。《六砚斋笔记》载，宋太祖"杯酒释兵权"后，为补偿和安抚功臣们，赋予其多种特权，其中也包括颁赐铁券。如原殿前都指挥使王审琦交出兵权后，皇帝赐予铁券，其本人被"恕九死，子孙恕五死，玄孙恕三死"。

女真人原无铁券之法，直到太宗灭辽、宋入主中原时，才仿照唐宋之制，颁赐券书。金制："铁券，以铁为之，状如卷瓦。刻字画褫，以金填之。外以御宝为合，半留内府，以赏殊功也。"④ 天会三年（1125 年）三月，太宗赐完颜娄室铁券，"惟死罪乃笞之，余罪不问"。⑤ 娄室为完颜部人，在伐辽战争中功勋卓然，天会三年二月率部攻陷辽天祚帝的大本营——应州（今山西应县）余都谷，俘获辽帝，宣告辽朝灭亡，故获得钦赐铁券的殊荣。

太宗天会五年（1127 年）七月，"赐宗翰铁券，除反逆外，

---

① 《史记》卷八《高帝本纪》。
② 《魏书》卷一三《皇后列传·文成文明皇后冯氏传》。
③ 《北史》卷五九《李穆传》。
④ 《金史》卷五八《百官四》，第 1338 页。
⑤ 《金史》卷七二《娄室传》，第 1651 页。

余皆不问，赐与甚厚"。宗翰本名粘没喝，汉人称之为粘罕，景
祖之曾孙，时任左副元帅，在攻辽灭北宋的战争中，统率大军，
屡建功勋。后历任太保、尚书令、领三省事，封晋国王，死后又
追封秦王。宗翰身后，其铁券之赐，泽及子孙。大定时，宗翰孙
"斜哥前在云内受赃，御史台劾奏，上谓宰臣曰：'斜哥今三犯
矣，盖其资质鄙恶如此。'令强干吏鞠之。狱成，法当死。上
曰：'斜哥祖父秦王宗翰有大功，特免死，杖一百五十，除名。'
久之，复起为劝农副使。"①

天会五年九月，太宗"赐元帅右监军完颜希尹铁券，除常
赦不原之罪，余释不问"。② 希尹出身女真贵族，先后辅佐太祖、
太宗和熙宗，为建立和巩固金王朝立下汗马功劳，又是女真文字
的创制者，官至尚书左丞相兼侍中，封陈王。

宗室银术可与完颜希尹同时受赐铁券。他是太祖决定兴兵伐
辽的主要谋士和率军攻灭辽、宋的主要将领之一。天会十三年
（1135 年），以燕京留守致仕，加保大军节度使、同中书门下平
章事，迁中书令，封蜀王。

熙宗皇统二年（1142 年）七月，"宗弼表乞致仕，不许，
优诏答之，赐以金券。"③ 宗弼又名兀术，太祖第四子，是著名
的金军统帅，戎马一生，战功显赫，官至太师、领三省事、都元
帅，封梁王。

皇统九年十二月，太祖孙完颜亮发动宫廷政变，杀害堂兄熙
宗，夺取了皇位，是为海陵王。海陵王登基后，即赐封帮助他政
变的有功人员担任军政要职，并颁赐誓券。他们是左丞相兼侍中

---

① 《金史》卷七四《宗翰传》，第 1693 页。
② 《金史》卷七三《完颜希尹传》，第 1684 页。
③ 《金史》卷七七《宗弼传》，第 1756 页。

秉德、右丞相兼中书令唐括辩、平章政事乌带、左副点检仆散忽土、右副点检徒单阿里出虎、广宁府尹大兴国。①

天兴元年（1232 年）闰九月，哀宗"遣使以铁券一、虎符六、大信牌十、织金龙文御衣一、越王玉鱼带一、弓矢二赐兖王用安，其父母妻皆赠封之。"② 国用安，淄州人。曾参与红袄军起义，叛归于大元后附金。自身难保的哀宗立即封"安用为开府仪同三司、平章政事、兼都元帅、京东山东等路行尚书省事，特封兖王，赐号'英烈戡难保节忠臣'，锡姓完颜，附属籍，改名用安，赐金镀银印、驼纽金印、金虎符、世袭丁户宣命、敕样、牌样、御画体宣、空头河朔山东赦文，便宜从事。"③ 哀宗《赐国用安铁券文》称："朕方总揽英雄，兴建功业，体天地含弘之思，厚君臣始终之恩，昨尔以诸王之封，宠尔以上公之位，氏族已书于玉牒，勋业复纪于太常。同三司之威仪，建大将之旗鼓。盖宥及于世间，嫌恩积于一门，泰山黄河，永及尔裔。皇天后土，实闻所言。肆申白马之盟，庸示丹书之约。呜呼！谓予不信，鉴诗人暾日之辞，弗与同心，如文公白水之誓，尚奉非常之渥，以保无疆之休。"④

在一般情况下，金代铁券持有者犯法时，通常可以得到庇护，免于刑罚的惩处，故持券者大多得以善终。然而，铁券并非

---

① 《金史》卷一三二《逆臣传》：秉德，"（海陵）既立，以秉德为左丞相，兼侍中、左副元帅，封萧王，赐铁券，与钱二千万、绢一千匹、马牛各三百、羊三千。"唐括辩，"既弑熙宗，立海陵，辩为尚书右丞相兼中书令，封王，赐钱二千万、绢千匹、马牛各三百、羊三千、并铁券。进拜左丞相。父彰德军节度使重国，迁东平尹。"乌带，"海陵即位，乌带为平章政事，封许国王，赐钱、绢、马、牛、羊、铁券，并如其党。"大兴国，"海陵既立，以兴国为广宁尹，赐奴婢百口、犀玉带各一、钱绢马牛铁券如其党，进阶金紫光禄大夫。"忽土，海陵既即位，"为左副点检，赐钱绢、马牛羊、铁券。"
② 《金史》卷一八《哀宗本纪下》，第 393 页。
③ 《金史》卷一一七《国用安传》，第 2561 页。
④ （元）王恽：《秋涧先生大全集》卷九六《玉堂嘉话》四。

一道万能的护身符。一方面，皇帝颁赐铁券时，已分别不同的对象，对持券者犯罪免刑的范围作了一些限制，如犯十恶等常赦不原之罪，铁券就不起作用；有的持券人犯死罪，虽可免于死刑，但仍须受刑等。

另一方面，铁券的效力源于皇帝，亦可废于皇帝。在政治上的权力倾轧面前，尤其是危及皇权时，铁券更显得无能为力。皇帝为了稳固自己的统治地位，维护自身的尊严，往往置本人或先帝颁赐券书时的誓言于不顾，对持券者或其后裔实行无情杀戮。如完颜希尹本是拥立熙宗的有功之臣，又有太宗赐予的铁券。但熙宗即位后，偏信宗弼等人的谗言，于天眷三年（1140 年）九月赐诏希尹："帅臣密奏，奸状已萌，心在无君，言宣不道。逮燕居而窃议，谓神器以何归，稔于听闻，遂致章败。"① 赐完颜希尹死，并杀其子昭武大将军把搭和符宝郎漫带。

又如宗弼死后，其子完颜亨（又名孛迭）遭海陵王疑忌。海陵王派佞臣李老僧监视孛迭，"且令构其罪状"，欲置孛迭于死地。李老僧遂与孛迭家奴六斤相勾结，密谋罗织罪名。时逢海陵王以妄卜休咎罪杀了拥立之臣徒单阿里出虎。孛迭之家奴自京师归告之此事。孛迭曰："彼（指阿里出虎）有贷死誓券，安得诛之。"家奴对曰："必欲杀之，誓券安足用哉。"孛迭曰"然则将及我矣"，意识到大祸即将临头，其父所受赐的金券也无济于事了。孛迭被捕后，声言"尝论铁券事，实无反心"，② 仍被海陵王派人秘密杀害于狱中。

《金史》卷八三《耶律安礼传》亦述及此案：天德间，工部尚书耶律安礼，"被诏鞫治韩王亨狱于广宁。亨无反状，安礼还

① 《金史》卷七三《完颜希尹传》，第 1686 页。
② 《金史》卷七七《完颜亨传》，第 1757 页。

奏。海陵怒，疑安礼梁王宗弼故吏，乃责安礼曰：'亨迭有三
罪。其论阿里出虎有誓券不当死，既引伏。其谓不足进马，及
密遣刺客二者，安得无之？汝等来奏，欲测我喜怒以为轻重
耳。'乃遣安礼再往，与李老僧同鞫之。老僧由是杀亨于狱。
海陵犹谓安礼辄杀亨以绝灭事迹，亲戚得以不坐。安礼之不附
上刻下乃如此。"

而上述在皇统九年海陵王弑兄夺位的流血政变中，充当急先
锋的"逆臣"们，虽然持有海陵王赐予的铁券，都落得可悲的
下场。其中秉德、唐括辩、乌带、仆散忽上、徒单阿里出虎五
人，不久即被海陵王以种种借口诛除，有的人还死得很难看。徒
单阿里出虎死后被"焚其尸，投骨水中"；仆散忽土被"族灭
之"。大兴国寿命稍长一点，被继任皇帝世宗"磔于思陵（熙宗
之陵）之侧"。[1]

（二）职官犯罪的处罚原则

金代关于官吏犯罪的处理，有一些普遍遵循的原则。

一是职官犯公罪，去官犹论。世宗大定九年（1169 年）十
二月制："职官犯公罪，在官已承伏者，虽去官犹论。"[2]

二是官长犯罪，僚佐并坐。世宗大定二年二月诏："自今官
长不法，其僚佐不能纠正又不言上者，并坐之；"[3] 特别是诸王
身边的官佐，更负有劝导、监督诸王的责任。世宗曾谕诸王府长
史："朕选汝等，正欲劝导诸王，使之为善。如诸王所为有所未

---

① 《金史》卷一三二《逆臣传》，第 2822 页。
② 《金史》卷六《世宗本纪上》，第 146 页。
③ 《金史》卷七《世宗本纪中》，第 155 页。

善，当力陈之，尚或不从，则具某日行某事以奏。若阿意不言，朕惟汝罪。"①

三是职官犯罪，同职须相纠举。大定二十六年十月颁布《职官犯罪同职相纠察法》，强制职官纠举共事官员的犯罪行为。

四是犯罪被问之官，会赦不叙。大定十年三月定制："凡犯罪被问之官，虽遇赦，不得复职。"② 尤其是犯赃罪的官吏，更是如此。此项原则在金末因战事频繁，亟需用人，而在适用上有所变通。

（三）留养制度的变革

自魏晋南北朝以降，历代封建法律基于尊崇孝道的宗旨，在缓刑、免刑方面都规定有"留养"制度。凡犯死罪而非"常赦所不原"者，以及犯流徒罪的罪犯，若家中直系血亲尊亲属年老（一般规定七十岁以上）、残疾或重病需要奉养，而家无成丁者，皆可上请朝廷。犯死罪者通常可能获准免于死刑，犯流、徒者亦可不必服刑，而令其在家侍奉其亲。这种留养之制又称"存留养亲"。

东晋成帝咸和二年（327 年），孔恢犯罪应弃市。皇帝特诏："（孔）恢自陷刑网，罪当大辟，但以其父年老而有一子，以为恻然，可悯之。"③ 这是目前见诸史籍有关亲老无侍，特诏免死最早的案例。但此为人主一时旨意，尚未成为定制。

留养之制入律始于北魏时期。《北魏律·法例律》载："诸

---

① 《金史》卷七《世宗本纪中》，第 155 页。
② 《金史》卷七《世宗本纪中》，第 170 页。
③ （宋）李昉等：《太平御览》卷六四六，中华书局，1960。

犯死罪，若祖父母、父母年七十以上，无成人子孙，旁无期亲者，具状上请；流者鞭笞，留养其亲，终则从流，不在原赦之例。"① 此后，留养之法日臻完善。金律沿袭唐宋之制亦载有留养制度。但为了严惩罪犯，对留养之制作了一些变革。

海陵王天德三年（1151 年）四月，"沂州男子吴真犯法，当死。有司以其母老疾无侍为请。命官与养济，著为令。"② 从而确立了对符合留养条件的罪犯不予宽贷、而由官府承担济养其亲老责任的制度。

此后，世宗不仅承袭了这项制度，而且还从理论上对留养之制的变革作了阐述。大定十三年（1173 年）五月，"尚书省奏，邓州民范三殴杀人，当死，而亲老无侍。"世宗指出："在丑不争谓之孝，孝然后能养。斯人以一朝之忿忘其身，而有事亲之心乎？可论如法，其亲官与养济"；③ 大定二十三年尚书省奏："益都民范德年七十六，为刘祐殴杀。祐法当死，以祐父母年俱七十余，家无侍丁，上请。"世宗裁定："范德与父母年相若，自当如父母相待，至殴杀之，难议末减，其论如法。"④

世宗对上述两案的裁定及据此发表的一番宏论，深入地阐明了留养的要旨，提出了适用留养之制的一个值得注意的方面，即符合留养条件的罪犯自身素质的问题。留养的本意，并非姑息罪犯，更不是对其罪行的宽恕，而是尊崇孝道，劝人向善。如果罪犯生性桀骜、凶残，行为不计后果，毫无悯老孝亲之心，即使准其留养，也达不到侍奉亲老的目的。甚至可能适得其反，与留养

---

① 《魏书》卷一一一《刑罚志》，中华书局，1984，第 2885 页。
② 《金史》卷五《海陵本纪》，第 97 页。
③ 《金史》卷七《世宗本纪中》，第 159 页。
④ 《金史》卷四五《刑志》，第 1019 页。

的精神背道而驰。因此，对于那些自身素质不适合侍亲的罪犯，不得准其留养，而应按律论处。

金代对留养之制的变革，充实和发展了存留养亲制度，使留养的施行，真正发挥教化人伦孝悌的作用，对明、清的留养承祀之制，有着深远影响。

（四）宽宥"不识典法"者

不识典法即不知法度。我国上古时期的法律曾规定，因不知法而触犯律令者，得减免刑罚。《周礼·秋官》："司刺掌三刺、三宥、三赦之法，以赞司寇听狱讼。壹刺曰讯群臣，再刺曰讯群吏，三刺曰讯万民；壹宥曰不识，再宥曰过失，三宥曰遗忘；壹赦曰幼弱，再赦曰老眊，三赦曰蠢愚。以此三法者求民情，断民中，而施上服下服之罪，然后刑杀。"① 其三宥、三赦之制，被认为是西周定罪量刑所依循的两项法律原则。凡不知法度，疏忽大意和忘记法律的规定而犯罪者，均可酌情宽宥减免刑罚。秦代称三宥为"三环"。《云梦秦简·法律答问》载："免老告人以为不孝，谒杀。当三环之不？不当环，亟执勿失。"汉魏则称"三原"，律有"犯法者，三原，然后乃行刑"② 之制。其后，此制未见于唐宋律令。

金朝远承古制，在诏制中将不识典法作为减免刑罚的条件之一。

大定四年（1164 年），尚书省奏报，大兴府男子李十、妇人杨仙哥"并以乱言，当斩"。世宗裁定："愚民不识典法，有司

---

① 《周礼》卷五《秋官·司刺》，《十三经注疏》本，中华书局，1980。
② 《三国志》卷八《张鲁传》。

亦未尝叮咛诰戒，岂可遽加极刑"，① 遂以减死论。

大定十五年十一月，唐古部族节度使移剌毛得，因其子杀妻后出逃，被捕获入狱。遂托皇姑梁国公主请求皇帝开恩赦免，遭到世宗斥责，诏曰："公主妇人，不识典法，罪尚可恕。毛得请托至此，岂可贷宥。"②

---

① 《金史》卷四五《刑志》，第 1015 页。
② 《金史》卷七《世宗本纪中》，第 163 页。

六　金代罪名考

金朝的刑事法律规范，除世代相承、历经修订的基本律典外，散见于朝廷因时制宜，或因人因事而随时颁布的单行刑事法规及令、制、格、诏、敕之中。

金朝法律在犯罪的认定及量刑方面虽以辽宋旧制为基础，但深受女真习惯法的影响，颇具民族特色。《金史》议云："金法严密，律文虽因前代而增损之，大抵多准重典。熙宗迭兴大狱，海陵翦灭宗室，钩棘傅会，告奸上变者赏以不次。于是中外风俗一变，咸尚威虐以为事功，而谗贼作焉。流毒远迩，惨矣。"①

(一) 关于侵犯皇权和危害国家统治的犯罪

犯宫禁。女真贵族集团建立皇权统治后，逐渐摒弃了游牧部落时代原始"民主"传统的影响，开始构筑界限森严的等级阶梯。为了维护皇帝的绝对权威，保障皇帝及其家属的人身安全，金参照辽宋宫卫之制建立了宫廷卫禁制度。天眷元年（1138 年）十月，熙宗诏"禁亲王以下佩刀入宫"。② 此为金宫禁立法之始。

---

① 《金史》卷一二九《酷吏传》，第 2777 页。
② 《金史》卷四五《刑志》，第 1015 页。

大定七年（1167 年），世宗进一步敕令，"禁护卫百夫长、五十夫长直（值）日不得带刀入宫"。① 犯宫禁者，罪至死刑，如大定二十九年十月，"中侍石抹阿古误带刀入禁门，罪应死，诏杖八十。"②

犯讳。金初无避讳律令。自海陵王时，始有避亲王封号字样的禁令。正隆二年（1157 年）二月，海陵王诏："公私文书，但有王爵字者，皆立限毁抹，虽坟墓碑志并发而毁之。"③ 金制，亲王国号有大国号、次国号、小国号共八十个（字），郡王封号十个（二十字）。

章宗时，又将列祖列宗庙号字样纳入避讳范围。泰和元年（1201 年）三月，"敕官司、私文字避始祖（即函普）以下庙讳小字，犯者论如律"；七月又"禁庙讳同音字"。④

值得提出的是，随着儒家思想在金代社会的普及，尊孔成为时尚。不仅全国各地立庙膜拜，朝廷敕封孔子后裔为衍圣公，而且在中国法制史上率先将孔子等古代圣人名字，列为避讳对象。明昌三年（1192 年）十一月，章宗诏："臣庶名犯古帝王，而姓复同者，禁之；周公、孔子之名亦令回避"；⑤ 泰和五年三月又敕"进士名有犯孔子讳者，避之，仍著为令"。⑥ 清人赵翼认为，"此近代避圣讳之始也。"⑦

诽谤罪。皇统九年（1149 年）五月，熙宗"命翰林学士张

---

① 《金史》卷四五《刑志》，第 1015 页。
② 《金史》卷九《章宗本纪一》，第 212 页。
③ 《金史》卷五《海陵本纪》，第 107 页。
④ 《金史》卷一一《章宗本纪三》，第 256 页。
⑤ 《金史》卷九《章宗本纪一》，第 225 页。
⑥ 《金史》卷一二《章宗本纪四》，第 271 页。
⑦ （清）赵翼：《廿二史札记》卷二八。

钧草诏。参知政事肖肄摘其语以为诽谤，上怒，杀钧"。^① 岳珂
《桯史》卷一二对此案记载颇详：

> 金国熙宗亶，皇统十年夏龙见御寨宫中，雷雨大至，破
> 柱而去。亶大惧，以为不祥，欲厌禳之。左右或以为当肆
> 赦，遂招当制学士张钧视草，其中有"顾兹寡昧"及"眇
> 予小子"之言。文成奏御，译者不晓其退托谦冲之义，乃
> 曰："汉儿强知识，托文字以詈我主上耳。"亶惊问其故，
> 译释其义曰："寡者，孤独无亲；昧者，不晓人事；眇为瞎
> 眼；小子为小孩儿。"亶大怒，亟招钧至，诘其说，未及
> 对，以手剑整其口，棘而醢之，竟不知译之为愚为奸也。其
> 年亶弑，亮登宝位赦暴其恶而及此。

乱言罪。大定四年（1164 年），大兴府民李十、杨仙哥
"并以乱言，当斩"。大定二十三年二月，"潞州涉县人陈圆乱
言，伏诛"。^② 乱言，罪至死刑，而且给予告发、捕获者重赏。
章宗大定二十九年九月，鉴于鼓励告、捕乱言者，颇生冤滥，遂
"诏罢告捕乱言人赏"。^③

漠视皇权。授官不朝谢皇恩，是为不臣之表现。正隆二年
（1157 年）正月，工部侍郎韩锡改授同知宣徽院事（皆正四品
职），未朝谢，被杖一百二十，夺官免职。此外，亲王闻国丧不
赴或奔丧失期，受制书妄误或误写制书，皇帝改地名、山名而仍
称旧名等行为，皆因漠视皇权而构成犯罪。

---

① 《金史》卷四《熙宗本纪》，第 92 页。
② 《金史》卷八《世宗本纪下》，第 183 页。
③ 《金史》卷九《章宗本纪一》，第 211 页。

讥斥先朝罪。明昌初，进士李邦乂上章奏事，"因论世俗侈靡，讥涉先朝"。有司议言者罪，章宗指令："世宗功德，岂容讥毁。"执政张万公进言："讥斥先朝，固当治罪，然旧无此法。今宜定立，使人知之"。① 遂按下不为例处理，免李邦乂罪，惟殿三举。

贼盗罪。中国古代法律上的"贼盗"，主要是指聚众反抗封建王朝的民众，当然也不排除其中有专事烧、杀、掳、掠，为害一方的江洋大盗。贼盗是对皇权和封建国家统治威胁最大的犯罪。战国李悝《法经》已确定"王者之政，莫急于盗贼"的宗旨。历代法律均列为刑事打击的重点对象。

金代贼盗问题十分严重。与历史上其他文明发展程度较低的游牧部族一样，女真人在征服辽、北宋的过程中，也作了极其野蛮的表演："诛杀不可胜计，丁壮即加斩截，婴孺贯槊上，盘乐为舞。所过赤地无余，侵并诸路拣强人壮马充军"；② 将领们"多取生口财富"。③ 野蛮的杀戮和抢掠引起契丹、汉等各族民众强烈不满，播下了仇视金朝统治的种子。

有金一代，各族人民反金起义此起彼伏，从不间断。其中声势较大的有：正隆三年山东赵开山起义；正隆五年山东海州张旺、徐元起义；正隆六年大名府王九起义；正隆、大定之际契丹人撒八、移剌窝斡起义；动摇金朝根基的红袄军大起义等。史称当时"盗贼蜂起，大者连城邑，小者保山泽，或以十数骑张旗帜而行，官军莫敢近"。④

① 《金史》卷九五《张万公传》，第2102页。
② （南宋）宇文懋昭：《大金国志》卷三，中华书局，标点本，1986。
③ 《金史》卷二《太祖本纪》，第25页。
④ 《金史》卷五《海陵本纪》，第115页。

对此，金统治者除采取军事围剿外，还不断颁布法令，以严刑峻法重惩"贼盗"。

诸如，海陵王正隆五年二月，"遣引进使高植、刑部郎中海狗分道监视，所获盗贼并凌迟处死，或锯灼去皮截手足。仍戒屯戍千户谋克等，后有获者并处死；总管府官亦决罚。"①

章宗大定二十九年（1189 年）九月制："诸盗贼集至十人，或骑五人以上，所属移捕盗官捕之，仍递言省部，三十人以上闻奏，违者杖百。"② 承安三年（1198 年）三月重申地方官须如实报告盗贼情况的敕令："随处盗贼，毋以强为窃，以多为少，以有为无，啸聚三十人以上奏闻，违者杖百"。③ 泰和四年（1204年）七月又"定申报盗贼制"。④ 泰和七年六月"以山东盗，制同党能自杀捕出首官赏法"，⑤ 等等。

（二）关于官吏渎职犯罪

金律所设定的官吏渎职犯罪，包括官吏犯赃罪、玩忽职守罪、徇私舞弊罪、漏泄机密重事罪等。

官吏犯赃罪，指官吏利用职务之便，非法攫取公私财物，中饱私囊的行为。

金朝对官吏犯赃的惩罚，除依据基本律典外，还制定了一些专门的单行法规。如大定二十六年（1186 年）十月的"职

---

① 《金史》卷五《海陵本纪》，第 111 页。
② 《金史》卷九《章宗本纪一》，第 211 页。
③ 《金史》卷一一《章宗本纪三》，第 248 页。
④ 《金史》卷一二《章宗本纪四》，第 269 页。
⑤ 《金史》卷一二《章宗本纪四》，第 281 页。

官犯罪同职相纠察法";① 承安二年（1197 年）的"军前受财法"，其中规定，军前受财，"一贯以下，徒二年，以上徒三年，十贯处死";② 承安五年十二月的"管军官受所部财物辄放离役及令人代役法";③ 泰和六年（1206 年）六月的"军前差发受赃法"④ 等。

同时，历代皇帝针对具体的官吏犯赃案件，随时发布的诏制和敕令，在司法审判活动中，对于处理同类案件具有指导意义。

诸如：大定三年四月世宗诏："吏犯赃罪，虽会赦不叙"，⑤ 大定十八年七月制："职官始犯赃罪，容有过误，至于再犯，是无改过之心，自今再犯不以赃数多寡，并除名。"⑥

有金一代，对于犯赃官吏的确是严惩不贷的。皇帝经常督促惩贪法令的贯彻、落实，亲自处理一些高级官员犯赃要案和影响大、涉及面宽的大案。在金代史籍中，上自亲王，下至路府州县各级职官，因犯赃而被降职、夺爵、免官、除名，以致判刑处死的案件不乏其例。如大定七年（1167 年）九月，"右三部检法官韩赟以捕蝗受赂，除名";⑦ 大定十二年四月，大名府尹、荆王完颜文，"以赃罪夺王爵，降授德州防御使";⑧ 大定十九年十月，西南招讨使哲典以赃罪，伏诛。元光元年（1222 年）三月，"尚书右丞徒单思忠以病马输官，冒取高价，御史劾之。有司以监主自盗论死。"⑨

---

① 《金史》卷八《世宗本纪下》，第 194 页。
② 《金史》卷四五《刑志》，第 1021 页。
③ 《金史》卷一一《章宗本纪三》，第 255 页。
④ 《金史》卷一二《章宗本纪四》，第 276 页。
⑤ 《金史》卷六《世宗本纪上》，第 131 页。
⑥ 《金史》卷七《世宗本纪中》，第 170 页。
⑦ 《金史》卷六《世宗本纪上》，第 139 页。
⑧ 《金史》卷七《世宗本纪中》，第 156 页。
⑨ 《金史》卷一六《宣宗本纪下》，第 362 页。

即使是具有特殊地位的女真人也不例外。世宗大定十四年敕：“亲军虽不识字，亦令依例出职。若涉赃贿，必痛绳之。”① 金制，皇帝侍卫亲军，皆从各女真猛安谋克选拔身材魁伟、善骑射者充任。又诏：“朕于女真人未尝不知优恤，然涉于赃罪，虽朕子弟亦不能恕。”② 对赃官的惩罚，甚至株连子孙及有关官吏。大定十二年，原咸平府尹石抹阿没剌以赃死于狱。世宗闻报后指出：该犯“不尸诸市已为厚幸。贫穷而为盗贼，盖不得已，三品职官以赃致死，愚亦甚矣，其诸子可皆除名”。③ 负责处理此案的大理寺卿李昌图也因“既得罪状，不即黜罢”，被杖之四十。章宗明昌六年（1195 年）八月敕：“宫中承应人出职后三年内犯赃罪者，元举官连坐，不在去官之限，著为令。”④

在封建时代，政绩卓著的官员去世后，朝廷通常会予以追赠官爵等褒奖。金朝亦于泰和三年（1203 年）六月制定《职官追赠法》。但其中附加了一项限制性条件：“惟尝犯赃罪者不在追赠之列。”⑤ 说明官吏犯赃无论在法律上或道德观念上，在当时都被视为官吏最严重而且最遭唾弃的犯罪。

了防止官吏互相勾结贪赃枉法，金代还采取了一些预防性的法律措施。如大定二十九年（1189 年）九月，章宗制：“强族大姓不得与所属官吏交往，违者有罪”；明昌二年（1191 年）十月诏：“司狱毋得与府州司县官筵宴还往，违者罪之。”⑥

与官吏犯赃相关的，还有私役人匠罪。泰和八年（1208 年）

① 《金史》卷七《世宗本纪中》，第 160 页。
② 《金史》卷七《世宗本纪中》，第 161 页。
③ 《金史》卷四五《刑志》，第 1017 页。
④ 《金史》卷一〇《章宗本纪二》，第 236 页。
⑤ 《金史》卷一一《章宗本纪三》，第 261 页。
⑥ 《金史》卷九《章宗本纪一》，第 219 页。

闰四月，章宗在一项诏制中提及此罪："诸州府司县造作，不得役诸色人匠。违者准私役之律，计庸以受所监临财物论。"① 该制条所引用的"私役之律"，显然指《泰和律义·职制律》关于"私役使所监临"的律条。稽诸唐律，其"诸监临之官，私役所监临"条的规定，与此基本相同，亦"各计庸、赁，以受所监临财物论"。② 可见，《泰和律义》中"私役使所监临"条，乃完全承袭唐律的条文之一。

金代赃罪的计赃办法，宣宗以前一直是按时价以交钞（纸币）和铜钱（以贯、文为单位）计量。到金后期，由于连年战乱，物资匮乏，加之恶性通货膨胀，交钞和通宝铜钱大幅度贬值，造成物价飞涨。在"物重钱轻"的情况下，若赃罪的计赃仍依旧制，按钱、钞计算数额和论罪，则实际上加重了赃罪的处罚，例如，"因军兴调发，受通宝及三十贯者，已得死刑"；但若按当时信用较高的银计价，再依银每两等于钱二贯的法定比值折算，"才为钱四百有奇，则当杖"。③ 轻重悬殊极大。为此宣宗兴定三年十月敕，赃罪"准犯时银价论罪"。④

兴定四年（1220 年）三月，宰臣进言："近制：犯通宝之赃者并以物价折银定罪，每两为钱二贯。而法当赎铜者，止纳通宝见钱。亦乞令依上输银，既足以惩恶，又有补于官。"经审议，宣宗敕"命犯公错过误者止征通宝见钱，赃污故犯者输银"。⑤

玩忽职守罪。官吏玩忽职守，有碍于朝廷政令的贯彻实施。

---

① 《金史》卷一二《章宗本纪四》，第 283 页。
② 《唐律疏议》卷一一《职制律》三，中华书局，1983，第 224 页。
③ 《金史》卷四八《食货三》，第 1088 页。
④ 《金史》卷四八《食货三》，第 1088 页。
⑤ 《金史》卷四八《食货三》，第 1088 页。

金朝法律对于官吏因玩忽职守而造成的失职、渎职行为规定了相应的法律责任。例如，"捕盗"系地方官吏的重要职责之一。倘若执行不力，即使是女真族官吏，也要受到处罚。章宗泰和三年曾"诏定千户谋克受随处捕盗官公移，盗急，不即以众应之者罪有差"。①

金王朝财政收入的主要来源之一，是征收"盐课"。因而金律在严惩"犯私盐"罪的同时，对负有管理职责的官吏规定了连带责任。泰和六年三月，右丞相宗浩、参知政事贾铉奏："国家经费惟赖盐课，今山东亏五十余万贯，盖以私煮盗贩者成党，盐司既不能捕，统军司、按察司亦不为禁，若止论犯私盐者之数，罚俸降职，彼将抑而不申，愈难制矣。宜立制，以各官在职时所增亏之实，令盐司以达省部，以为升降。"为此，章宗下诏："诸统军、招讨司、京府州军官，所部有犯者，两次则夺半月俸，一岁五次则奏裁，巡捕官但犯则的决，② 令按察司御史察之。"③

女真部族官亦适用此制："猛安谋克，有告私盐而不捕者，杖之。其部人有犯而失察者，以数多寡论罪。"④

修公廨滥支官钱，无端浪费国帑，也是玩忽职守行为。明昌元年（1190 年），陕西路提刑副使董师中，"坐修公廨滥支官钱罪，以赎论"。⑤

地方官长不依法报告或谎报部内灾情者，亦构成玩忽职守罪。明昌二年（1191 年）四月定制："诸部内灾伤，主司应言

---

① 《金史》卷一一《章宗本纪三》，第 261 页。
② 的决：指判决必须实际执行，不准赎免的规定。
③ 《金史》卷四九《食货四》，第 1103 页。
④ 《金史》卷四九《食货四》，第 1103 页。
⑤ 《金史》卷九五《董师中传》，第 2113 页。

而不言及妄言者，杖七十，检视不以实者罪如之；因而有伤人命者，以违制论；致枉有征免者，坐赃论；妄告者户长坐诈不以实罪，计赃重从诈匿不输法。"①

徇私枉法罪。在金代，"形势之家，亲识诉讼，请属道达，官吏往往屈法徇情"②的现象十分普遍。皇亲国戚，仗恃权势，干预司法者有之；为姻亲、友人、故旧、同僚说项，开脱罪责者有之；以情破法致人罔遭刑宪者有之；攀附权要，以求进达者有之；畏惧权势，徇情苟安者有之。金统治者鉴于官吏徇情枉法紊乱官纪，败坏政声，也不时发布"宜一切禁止"之类的诏令，并对一些明目张胆的徇私枉法案件进行干预。

世宗大定三年（1163年）十一月诏："求仕辄入权要之门，追一官，仍降除。以请求有所馈献及受之者，具状奏裁。"③

大定初，中都警巡使张子衍于道中遇皇太子卫仗，立马市门不去伞。太子卫士诃之，子衍鞭责卫士诃己者。御史台劾奏子衍。左谏议大夫杨邦基系张子衍姻亲，遂见台官为张子衍说项，甚至向皇太子求情，以免张子衍之罪。世宗裁定，张子衍削官两阶，杨邦基削官一阶，降授外路官。

大定时，安国军节度判官高元鼎"坐监临奸事"，求援于吏部主事高震亨、大理司直吴长行等。高震亨"以属鞫问官、御史台典事李仲柔，仲柔发之"。结果，参与徇私挠法的十二名官员皆受到处罚：吴长行、高震亨等四人各杖八十；户部员外郎蔡珪等六人各笞四十；教令高元鼎逃避的敦武校尉王景晞、进义校

---

①　《金史》卷九《章宗本纪一》，第218页。
②　《金史》卷七《世宗本纪中》，第158页。
③　《金史》卷六《世宗本纪上》，第132页。

尉任师望各徒二年，官赎外并"的决"。①

大定十二年十一月"曹国公主家奴犯事，宛平令刘彦弼杖之，主乃折辱令"，世宗得知后，深责曹国公主，并斥责知道此事的御史台官员"徇势偷安，畏忌不敢言"，罚"夺俸一月"。②

大定十五年，唐古部族节度移剌毛得之子杀其妻而逃，世宗下令追捕。捕获后，皇姑梁国公主受托为其求情，世宗未予准许，并对宰臣说："公主妇人，不识典法，罪尚可恕。毛得请托至此，岂可贷宥。"③

大定中，大兴府"有僧犯法，吏捕得置狱"。又是前述那位皇姑梁国公主，不知与此僧人有何瓜葛，又派人叫大兴府释放犯人，大兴府尹乌古论元忠未从。公主遂向世宗告状，世宗召见元忠，当面嘉奖："卿不徇法，甚可嘉也，治京如此，朕复何忧。"④

大定末年，应州某僧人与皇子永功有旧，"将诉事于彰国军度使移剌胡剌"，⑤遂求永功写了一道"手书"给该节度使。此事被告发后，永功所任判大宗正事一职被撤销。

不过，如乌古论元忠、移剌胡剌这样不惧权势，敢于碰硬的官吏，毕竟为数甚少。

大定二十六年，监察御史陶钧"携妓游北京，歌饮池岛间，迫近殿廷。提控官石玠闻而发之"。⑥陶钧使其友阎恕向石玠说情得缓。后案发，世宗诏：陶钧身为耳目之官，携妓入禁苑，无

① 《金史》卷一二五《蔡珪传》。
② 《金史》卷七《世宗本纪中》，第157页。
③ 《金史》卷七《世宗本纪中》，第163页。
④ 《金史》卷一二〇《乌古论元忠传》，第2624页。
⑤ 《金史》卷八五《永功传》，第1902页。
⑥ 《金史》卷四五《刑志》，第1020页。

上下之分，杖六十，阎恕、石玠皆坐之。然而官官相卫，徇私挠法乃是封建官僚体制的必然产物。这不是皇帝发布一纸禁令和亲自处罚一批徇私枉法者所能解决的。

漏泄机密重事罪。历代律令皆有此罪名，但其界定颇有差异且处罚重轻不一。金律中的漏泄机密重事罪包括如下几类：

一是泄漏廷议重事。海陵王贞元三年（1155 年）九月谓宰臣及掌吏、户、礼三部受事付事的左司官曰："朝廷之事尤在慎密。昨授张中孚、赵庆袭官，除书未到先已知之，皆汝等泄之也。敢复尔者，杀无赦。"① 泄漏除授官吏之事而受死刑者未见记载，但因此而丢官去职者，却不乏其例。如泰和时，参知政事贾铉与审官院掌书大中漏言除授事，为谏官所劾。章宗震怒，宰执贾铉等罢官；左司郎中刘昂、监察御史王宇、通州刺史史肃、户部员外郎李著、宗室从郁等"闻人"，皆受罢黜。承安三年（1198 年）五月，右宣徽使张汝方"以漏泄廷议，削官两阶"。②

承安四年，刑部尚书李愈上奏，认为现行法律关于"陈言者漏所言事于人并行科罪，仍给告人赏"③ 的规定，与皇上求直言，广言路的诏制不相符，建议予以废止。章宗嘉纳之。可见，此前言官将所建言之事私下泄漏于人，亦属犯罪的行为。

二是泄漏宫禁私生活。海陵时，兵部侍郎、授世袭谋克肖恭，"问禁中起居状"。皇弟完颜衮与护卫张九具言之。海陵王亲自审问后，肖恭决杖、夺官一阶、解职；"张九对不以实，特处死"；④ 完颜衮及一些近侍官决杖有差。

---

① 《金史》卷五《海陵本纪》，第 104 页。
② 《金史》卷一一《章宗本纪三》，第 248 页。
③ 《金史》卷九六《李愈传》，第 2129 页。
④ 《金史》卷七六《完颜衮传》，第 1747 页。

章宗承安四年元月，"定宫中亲戚非公事传达语言，转递诸物及书简出入者罪。"①

三是漏泄狱情。大定初年，户部侍郎曹望之的家奴袁一"言涉妖妄，大兴府鞠治"。曹望之唯恐祸及己身，急欲了解案情，遂使部属户部令史刘公辅向大兴府少尹王全探听消息。王全将此案审理情形漏泄给刘公辅，刘又转告曹。御史台以"言泄狱情"②罪劾奏。世宗敕令杖曹望之一百，王全杖八十，刘公辅杖一百五十、除名。

四是偷阅机密文书。宣宗贞祐四年（1216 年）六月诏："凡进奏帖及申尚书省、枢密院关应密大事，私发视者绞，误者减二等，制书应密者如之。"③

除此之外，金朝刑事立法还针对官吏犯罪作了一些特别规定。

其一，品官赌博罪。世宗大定八年（1168 年），"制品官犯赌博法，赃不满五十贯者其法杖，听赎；再犯者，杖之。"这是因为，"杖者，所以罚小人也。既为职官，当先廉耻，既无廉耻，故以小人之罚罚之。"④

其二，违制占卜相命罪。此罪名是世宗在总结了一批达官显贵因占卜相命而谋反的教训后制定的。大定时，世宗的堂弟、荆王兼大名府尹完颜文，为官不法，巧取豪夺，被夺爵，降职为德州防御使。在心怀怨艾之际，听信卜者及家奴之言，图谋反逆，事泄伏诛。世宗因此下诏："德州防御使文、北京曹贵、鄜州李

---

① 《金史》卷一一《章宗本纪三》，第 249 页。
② 《金史》卷九二《曹望之传》，第 2035 页。
③ 《金史》卷一四《宣宗本纪上》，第 318 页。
④ 《金史》卷四五《刑志》，第 1016 页。

方，皆因术士妄谈禄命，陷于大戮。凡术士，多务苟得，肆为异说。自今宗室、宗女有属籍者及官职三品者，除占问嫁娶、修造、葬事，不得推算相命，违者徒二年，重者从重。"①

其三，违制饮酒罪。金代上自皇帝、贵族，下至官吏、黎庶，饮酒之风盛行，逢宴必饮，饮必尽醉而罢。熙宗就曾"荒于酒，与近臣饮，或继以夜。宰相入谏，辄饮以酒，曰：'知卿等意，今既饮矣，明日当戒。'"②但明日又复饮。明日复明日，明日何其多！皇帝还曾酗酒妄杀大臣，如皇统七年（1147 年）四月，熙宗在一次宴会上，因醉酒，杀户部尚书宗礼。一些官吏也常常因酒耽误政事。

故有金一代，时有禁止职官饮酒的法令公布，有的法令甚至以死刑相威胁。但因顶风犯禁者，首先是皇帝本人，或皇亲国戚，达官显贵，所以禁酒法令收效甚微。

熙宗即位伊始，即于天会十三年（1135 年）正月"诏公私禁酒"。③但他自己却酗酒妄杀。

海陵王加紧准备南伐之时，恐臣僚因酒贻误军务，于正隆五年（1160 年）十二月，"禁朝官饮酒，犯者死"。只有参加招待宋、西夏、高丽等国使节的宴会，才准许开酒戒。翌年又规定扈从人员亦不得"游赏饮酒，犯者罪皆死，而莫有从者"。④但一批皇族亲贵却对禁令置若罔闻。正隆六年正月，判大宗正事徒单贞、益都府尹完颜京、安武军节度使完颜爽、金吾卫上将军阿速公然聚饮。海陵王"以近属故，杖贞七十，余皆杖百"，⑤并降

① 《金史》卷七四《宗望传》，第 1712 页。
② 《金史》卷四《熙宗本纪》，第 78 页。
③ 《金史》卷四《熙宗本纪》，第 70 页。
④ 《金史》卷五《海陵本纪》，第 112 页。
⑤ 《金史》卷五《海陵本纪》，第 112 页。

职处分。

至于皇帝饮宴，则无人敢过问。大定十六年（1176 年）正月，皇姑梁国公主"邀上（世宗）至私第，诸妃皆从，宴饮甚欢。公主每进酒，上立饮之"。①

此外，金代对猛安谋克部民饮酒，亦有专门的禁令。大定十四年三月，世宗诏："若遇节辰及祭天日，许得饮会。自二月一日至八月终，并禁绝饮燕，亦不许赴会他所，恐妨农功。虽闲月亦不许痛饮，犯者抵罪。"②

大定十八年三月敕"戍边女真人遇祭祀、婚嫁、节辰许自造酒"。③

其四，河防官怠慢失备罪。黄河在金代处于极不稳定时期，多次决堤，泛滥成灾，"数十年间，或决或塞，迁徙无定。"④ 朝廷特设管理黄河事务的河防官，除沿河州军司县官外，共设二十五埽散巡河官和六处都巡河官，统归中央都水监管辖。巡河官职司"巡视河道，修完堤堰，栽植榆柳"⑤ 等河防之事。

大定二十八年敕："河防官司怠慢失备者，皆重抵以罪。"⑥

明昌五年（1194 年）八月，黄河在阳武（今河南原阳县）决堤，灌封丘而东。河平军节度使王汝嘉等，"既见水势趋南，不预经划，承留守司累报，辄为迁延，以至害民。即是故违制旨，私罪当的决。"⑦ 后被削官两阶、杖七十、免去现任职务。

金王朝惩治职官犯罪的法律规定，至金代后期有所松弛。特

---

① 《金史》卷七《世宗本纪中》，第 164 页。
② 《金史》卷七《世宗本纪中》，第 161 页。
③ 《金史》卷七《世宗本纪中》，第 170 页。
④ 《金史》卷二七《河渠志》，第 669 页。
⑤ 《金史》卷五六《百官二》，第 1277 页。
⑥ 《金史》卷二七《河渠志》，第 673 页。
⑦ 《金史》卷二七《河渠志》，第 678 页。

别是宣宗在位时，北方蒙古兴起，举兵南犯，国内反抗活动此起彼伏，金朝统治面临严重危机。在此亟需用人之际，金统治者修改了职官犯罪除名后不准重新任用的规定。元光二年（1223 年）二月，宣宗诏："军官犯罪，旧制更不任用。今多故之秋，人才难得，朕欲除大罪外，徒刑追配有武艺善掌兵者，量才复用"；三月又敕："职官犯罪非死罪除名，遇赦幸免，有才干者中外并用。"① 实际上早在兴定三年（1219 年）三月，宣宗就已"录用罪废官副元帅蒲察阿里不孙、御史大夫永锡等七十人"，② 分别授以要职。

（三）关于军事方面的犯罪

金代有关军事方面的犯罪，见于史籍的，有如下几种。

其一是戍边以奴代役罪。金代军法规定："戍边军士年五十五以上，许以其子及同居弟、侄承替，以奴代者罪之。"③

其二是军前怠慢罪。指官员和军人奉命出征执行军事任务，而故意拖延，以致贻误军机的行为。正隆五年（1160 年）山东海州徐元、张旺起义。步军指挥使张弘信奉命征讨而"称疾逗留莱州与妓乐饮燕，杖之二百"。④

其三是出征军人逃亡罪。大定三年（1163 年）五月更定"出征军逃亡法"；兴定元年（1217 年）八月又增定"擒捕逃军赏格及居停人罪"。⑤

① 《金史》卷一六《宣宗本纪下》，第 365 页。
② 《金史》卷一五《宣宗本纪中》，第 344 页。
③ 《金史》卷四四《兵志》，第 995 页。
④ 《金史》卷五《海陵本纪》，第 111 页。
⑤ 《金史》卷一五《宣宗本纪中》，第 331 页。

其四，乏军储罪，又曰慢军储罪。宣宗兴定元年二月诏："州县官虽积阶至三品，坐乏军储者，听行部决遣。"① 各州县官为免罹此罪，纷纷将征收租税的期限提前。"民不待熟而刈之，以应限。"这样，期限虽未耽误，却造成粮食减产，影响军需民食。元光元年（1222 年），宣宗敕令纠正，凡"有犯者以慢军储治罪"。②

其五，战时饮宴罪。宣宗兴定元年六月，命枢密院遣经历官（从五品属官）分谕各地行枢密院："严兵利器以守冲要，仍禁饮宴，违者以军律论。"③

其六，妄言边关兵马罪。大定初，宋人在襄阳汉江上架设了一座浮桥，不少人向朝廷报告，说南宋可能会采取军事行动。但派人实地侦查，方知此桥乃樵采之路，结果是一场虚惊。世宗遂诏："凡妄说边关兵事者，徒二年，告人得实，赏钱五百贯。"④

此外，在金末对蒙古、南宋的战争中适用的军律还有："进退自专，有失机会以致覆败者斩"；"闻寇弛备，且来不战，去不追，在法皆当斩"；⑤ 弃城罪当死等。

（四）关于侵犯官私财产犯罪

窃盗罪。早在金建国以前，女真部落习惯法就有惩罚窃盗行为的内容。史称："盗窃鸡猪狗马者，以桎梏拘械，用柳条笞挞

---

① 《金史》卷一五《宣宗本纪中》，第 328 页。
② 《金史》卷四七《食货二》，第 1062 页。
③ 《金史》卷一五《宣宗本纪中》，第 330 页。
④ 《金史》卷六《世宗本纪上》，第 144 页。
⑤ 《金史》卷一一〇《冯璧传》，第 2431 页。

外，赔七倍，法令严峻。"① 到太祖称帝前不久的康宗七年（辽乾统九年，1109 年），由于"岁不登，民多流莩，强者转而为盗"。权臣欢都等"欲重其法，为盗者皆杀之"。康宗弟阿骨打（后为金太祖）认为，"以财杀人不可，财者人所致也。遂减盗贼征偿法为征三倍"。②

天会七年（1129 年），太宗发布诏制："凡窃盗，但得物徒三年，十贯以上徒五年，刺字充下军；三十贯以上徒终身，仍以赃满尽命刺字于面；五十贯以上死；征偿如旧制"，③ 即赔偿三倍的财产，从而确定了对普通窃盗罪的量刑幅度。直到世宗时，才作了部分修改。大定十五年（1175 年）世宗诏："朕惟人命至重，而在制窃盗至五十贯者处死，自今可令至八十贯者处死。"④

此外，金律对于侵犯一些特殊财产的犯罪，作了专门的规定。例如，世宗大定八年七月"制盗群牧马者死，告者给钱三百贯"，大定十年十一月"制盗太庙物者与宫中物论同"，⑤ 而据刑律，"盗宫中物者死"。与此相关，盗用已宣布籍没入官，归"掌出纳邦国财用钱谷之事"的太府监管理的财物，也与盗宫中物的处罚相同。

天德年间，海陵王杀宗室宗本等人，令太府监完颜冯六负责籍没其家产。冯六的家僮私取宗本家一座檀木屏风自用，案发后，冯六主动向尚书省自首，但海陵王素恶冯六与宗室过从甚密，指斥云："太府掌宫中财贿，汝当防制奸欺，而自用盗物。"

---

① （宋）徐梦华：《三朝北盟会编》卷一八，上海古籍出版社，影印本，1987。
② 《金史》卷二《太祖本纪》，第 22 页。
③ 《金史》卷四五《刑志》，第 1014 页。
④ 《金史》卷四五《刑志》，第 1017 页。
⑤ 《金史》卷六《世宗本纪上》，第 147 页。

又谓宰臣曰："冯六尝用所盗物，其自首不及此。法，盗宫中物者死，诸物已籍入官，与宫中物何异。"① 遂依盗宫中物罪处冯六弃市。

大定十三年更定"盗宗庙祭物法"；② 大定二十年又制："盗人谷者杖八十，并偿其值。"③

强盗罪。是以威胁或者暴力抢夺财物的犯罪。历朝法律对此均规定了严厉的刑罚。《大金国志·熙宗纪年》载："强盗不论得财不得财，并处死。"

金律有"强盗征赃、品官及诸人亲获强盗官赏制"，④ 对强盗附加征收财产的处罚，并对捕获强盗的官民给予赐封官爵及物质奖赏。

世宗大定二十三年正月敕令，对捕获强盗者的奖励应及时兑现，不得拖延："有司但获强盗迹状既明，赏随给之，勿得更待。"⑤

蹂践禾稼罪，指皇帝及官员出巡、狩猎时，随从人员践踏庄稼的行为。金统治者鉴于庄稼为农民衣食之本，前呼后拥的扈从人员大肆践踏禾稼，侵犯了农民的切身利益，必然会引起他们强烈不满，遂屡次发布诏令，予以禁止。大定八年七月，世宗在狩猎时告诫统领亲军的点检司："沿路禾稼甚佳，其扈从人少有蹂践，则当罪汝"；大定十年又"敕扈从人纵畜牧蹂践禾稼者，杖之，仍偿其值"；⑥ 大定二十年定："今后有践民田者，杖六

---

① 《金史》卷七六《宗本传》，第1732页。
② 《金史》卷七《世宗本纪中》，第159页。
③ 《金史》卷四五《刑志》，第1018页。
④ 《金史》卷九《章宗本纪一》，第220页。
⑤ 《金史》卷八《世宗本纪下》，第183页。
⑥ 《金史》卷六《世宗本纪上》，第147页。

十——并偿其值。"① 一次，世宗幸金莲川，始出中都，亲军二苍头纵马食民田。世宗令："苍头各杖一百，弹压、百户二人失觉察，勒停"，② 并偿其田值。大定时浚洲防御使斡论"坐纵孳畜践民田"，③ 解职。

（五）其他罪名考

其一，与金同南宋、西夏等国长期对峙的外部形势相关的罪名，有越境罪、奸细罪和私自卖马出境罪。

越境罪包括金人私自出境，及周边国家之人擅自入境两种行为。由于金与邻国关系长期处于紧张状态，故金律对越境罪的处罚十分严厉。海陵王正隆四年（1159 年）正月"更定私相越境法，并论死"。④

大定十三年（1173 年）正月，南宋客商车俊等人在边境集市榷场进行交易活动时，"误犯边界"。尚书省奏报朝廷，拟定车俊等依私相越境法，"罪当死"。世宗此时对南宋实行睦邻政策，遂裁决："（车俊等人）本非故意，可免罪发还，毋令彼国知之，恐复治其罪。"⑤ 因南宋亦有类似律条。

奸细罪。金代惩治奸细罪的法令主要有：大定二年（1162 年）六月诏："居庸关、古北口讥察契丹奸细，捕获者加官赏。"⑥ 泰和四年（1204 年）四月增订的"关防奸细格"。泰和

① 《金史》卷四五《刑志》，第 1018 页。
② 《金史》卷八五《永功传》，第 1902 页。
③ 《金史》卷七六《永元传》，第 1745 页。
④ 《金史》卷五《海陵本纪》，第 109 页。
⑤ 《金史》卷七《世宗本纪中》，第 158 页。
⑥ 《金史》卷六《世宗本纪上》，第 128 页。

五年七月颁行"奸细罪赏法",① 对告发奸细者予以奖励。兴定元年（1217 年）十月制："定州府司县官失觉奸细罪",② 以促使地方官吏缉查奸细。

私自卖马出境罪。马匹为古代重要军备物资。金代以严刑峻法禁止贩马出境资敌。泰和六年七月诏："禁卖马入外境,但至界欲卖而为所捕即论死。"③

其二,与女真族封建化的进程相关的罪名,有买民为奴罪和掠民为奴罪。金初,女真贵族不仅在战争中大肆掳掠平民为奴,还趁自然灾害之机将生活无着、难以自存的贫民以低价买身为奴,或以债务逼良为奴,以致金初社会役奴现象十分普遍。

随着金朝势力向中原地区扩张,为适应汉地早已形成的封建生产方式,统治者采取了一系列限制奴隶制度的法律措施。太宗天会三年（1125 年）七月制："禁内外官、宗室毋私役百姓";并诏"权势之家毋买贫民为奴。其胁买者一人偿十五人;诈买者一人偿二人;皆杖一百"。④ 此类法令顺应了社会发展的潮流,有效地遏止了女真奴隶制残余在中原地区蔓延。

宣宗南渡后,战事频仍,各地反金起义此起彼伏。官军掠民为奴之事时有发生。如贞祐四年（1216 年）三月,监察御史陈规巡按徐州,查实节度副使纥石烈鹤寿在与红袄军作战中,"大掠良民家属为驱"。遂奏报宣宗,"乞明敕有司,凡鹤寿所虏俱放免之,余路军人有掠本国人为驱者,亦乞一体施行"。宣宗敕令徐州、归德行枢密院"拘括放之",并重申："有隐匿者坐掠

---

① 《金史》卷一二《章宗本纪四》,第 271 页。
② 《金史》卷一五《宣宗本纪中》,第 332 页。
③ 《金史》卷一二《章宗本纪四》,第 277 页。
④ 《金史》卷三《太宗本纪》,第 52 页。

人为奴婢法，仍许诸人告捕，依令给赏，被虏人自诉者，亦赏之。"①

其三，私宰马牛罪。世宗大定八年（1168 年）四月诏："马者，军旅所用，牛者农耕之资，杀牛有禁，马亦何殊，其令禁之。"② 与此相关的法令还有，太祖天辅三年（1119 年）据宗室阿离合懑的建议，诏"马者甲兵之用，今四方未平，而国俗多以良马殉葬"，③ 其令禁之。宣宗兴定元年制定的"民间收溃军亡马之法，及以马送官酬直之格"规定，百姓将溃军散失的马匹送回官府者，可获银两或授官的酬赏。"令下十日陈首，限外匿及杀，并绞。"④

其四，工程兴造违制罪。世宗大定二十八年（1188 年）十一月敕："今土木之工，灭裂尤甚，下则吏与工匠相结为奸，侵克工物，上则户、工部官支钱度材，惟务苟办，至有工役才毕，随即欹漏者，奸弊苟且，劳民费财，莫甚于此，自今体究，重抵以罪。"⑤ 章宗承安五年（1200 年）又定："造作不如法，三年内有损坏者罪有差。"⑥

其五，盗掘陵墓罪。太宗天会二年（1124 年）二月诏："有盗发辽诸陵者，罪死。"⑦ 世宗大定十二年（1172 年）令，告发掘墓者有赏："功臣坟墓亦有被发者，盖无告捕之赏，故人无所畏。自今告得实者量与给赏。"⑧

---

① 《金史》卷一〇九《陈规传》，第 2403 页。
② 《金史》卷六《世宗本纪上》，第 141 页。
③ 《金史》卷七三《阿离合懑传》，第 1672 页。
④ 《金史》卷四四《兵志》，第 1005 页。
⑤ 《金史》卷八《世宗本纪下》，第 202 页。
⑥ 《金史》卷一一《章宗本纪三》，第 253 页。
⑦ 《金史》卷三《太宗本纪》，第 49 页。
⑧ 《金史》卷四五《刑志》，第 1016 页。

其六，文物走私罪。海陵王正隆二年（1157 年）十月制：
"禁卖古器入他境。"① 此为中国法律史上较早的禁止文物走私的
法令。

---

① 《金史》卷五《海陵本纪》，第 108 页。

七　金代田制与田赋制度考

金代田制与田赋制度，在承袭唐宋之制的基础上未作重大变革，但与民族融合的进程和社会经济的发展相适应，发生了一些独具特色的变化。

（一）土地立法及田赋制度的特点

1. 官田的扩大与维护国家土地所有权的法律措施

自唐中期均田制崩溃以后，我国封建土地所有制结构发生了转折性变化。封建国家土地所有制的地位开始呈下降趋势，而封建地主土地所有制和自耕农土地所有制所占比重则相对上升。

与此相适应，在土地经营方式上，以租佃契约为纽带的租佃制逐渐占据了主导地位。在产品分配方式上，传统的"或耕豪民之田，见税什伍"的分成地租制继续施行。但随着封建地主土地所有制的发展，定额地租制应运而生，并逐渐在民间推广。直接生产者的身份地位也发生了变化，由于契约型租佃关系普遍形成，较之唐以前通行的"隶属型租佃制"，佃农对田主的人身依附关系大为松弛。

然而，金代土地所有制结构却脱离了历史发展的轨道，出现了异常的变化。其主要特点是国家所有的官田反而迅速扩大，在全国土地中所占比重甚至超过了国家土地所有制占有优势的汉唐时期。

金代官田包括职田、赐田、屯田、牧地、学田等。职田是补贴职官俸禄的土地。金制，朝官无职田，外官正三品职田 30 顷，统军使、招讨使（亦三品职）25 顷，从三品 21 顷，正四品 17 顷，从四品 14 顷，正五品 13 顷，以下至从七品县令等 5 顷，正八品市令等 4 顷，从八品县丞等 3 顷，正九品主簿及从九品知法、判官等 2 顷。海陵王天德二年（1150 年）敕："职官公田岁入有数，前此百姓各随公宇就输，而吏或贪冒，多取以伤民。宜送之官仓，均定其数，与月俸随给。"[①]

赐田是朝廷赏赐给皇族姻戚、宗室亲贵、猛安谋克户及寺院的土地。

屯田主要是指南迁的女真猛安谋克户在中原地区屯种的土地。屯田是官田增加的主要部分。据大定二十三年（1183 年）八月统计，时全国屯田数约 170 万顷。

牧地。女真族原为东北游牧民族。其军队以骑兵为主，战马是不可或缺的军备物资，而放牧马匹需要广阔的牧场。故金代官田中的牧地为数不少。章宗明昌年间，河南、陕西的牧地达 10 万顷。

学田也属于官田，其收入用作县以上官办学校的教育经费。章宗泰和元年（1201 年）九月"更定赡学养士法：生员（地方官学学生），给民佃官田人六十亩，岁支粟三十石；国子生（中央国子监生员）人百八亩，岁给以所入，官为掌其数"[②]。

---

① 《金史》卷五八《百官四》，第 1340 页。
② 《金史》卷一一《章宗本纪三》，第 257 页。

　　金代官田扩大的原因，一是缘于女真贵族疯狂的军事掠夺，把汉族及各族地主、自耕农原有的私田，掠为国家所有。

　　女真人在征服中原的过程中，纵军大肆掳掠，百姓被迫流离失所。许多拥有大量兼并土地的北宋官僚、地主逃亡南方，致使大片昔日的良田沦为旷土，被金统治者视同"荒地"圈为国有。这些官田，除授予猛安谋克户作为份地外，有的被辟为猎地或牧场，不许垦种；有的则当作封赏赐给贵族，称为"拨地"；还有一部分直接出租给农民耕种，由官府收取田赋。二是频繁的括田，使官田的数量不断增加。

　　金代括田，首先是为了满足陆续南迁的女真人的需要。金灭北宋，占据中原后，开始了大规模的移民活动，将数百万女真人陆续从东北迁移到华北、山东、陕西等地。《大金国志》称：金"既广汉地，恐人见其虚实，遂尽起本国之土人，棋布星列，散居四方。令下之日，比屋连村，屯结而起"。①

　　为了安置这些负有监视汉人使命的猛安谋克户，金统治者不断发布括田法令，将大量民田拘括为官地，分授给他们屯种。

　　海陵王正隆元年（1156 年）二月，"遣刑部尚书纥石烈娄室等十一人，分行大兴府、山东、真定府，拘括系官或荒闲牧地，及官民占射逃绝户地，戍兵占佃宫籍监、外路官本业外增置土田，及大兴府、平州路僧尼道士女冠等地，盖以授所迁之猛安谋克户。"② 如宗室按答海一族二十五家，从河间（今河北河间县）迁至平州（今河北卢龙县）。海陵王诏令拨给"平州官田三百顷，屋三百间；宗州官田一百顷"。③

————————

① （南宋）宇文懋昭：《大金国志》卷八《太宗六》，中华书局，标点本，1986。
② 《金史》卷四七《食货二》，第 1044 页。
③ 《金史》卷七三《按答海传》，第 1683 页。

　　海陵王还曾敕令户部"买牛万头给按出虎八猛安居南京者"。①

　　世宗时，继续将猛安谋克户南迁安置。大定十七年（1177年）六月，世宗出猎，迁至中都（今北京）附近的女真人向其诉苦，称自起移至此，所给官地率皆薄瘠，不能种莳，斫芦为席，或斩刍以自给。而当地腴田皆为豪民久佃，往往冒为己业。世宗遂敕令宰臣："女直人户自乡土三四千里移来，尽得薄地，若不拘刷良田给之，久必贫乏，其遣官察之。"② 后朝廷派同知中都路转运使张九思前往拘籍之。

　　大定二十一年（1181年），世宗鉴于山东民田被括后，农民无田可耕，难以自存，危及社会安定，遂数次发布诏令，力图妥为解决。三月诏："山东路所括民田，已分给女直屯田人户，复有籍官闲地，依元数还民，仍免租税。"七月又敕："前徙宗室户于河间，拨地处之，而不回纳旧地，岂有两地皆占之理？自今当以一处赐之。山东刷民田已分给女直屯田户，复有余地，当以还民而免是岁之租。"③

　　金王朝频繁括田的另一个原因，是同冒占、侵占官田的"官豪"争夺土地。与历代封建王朝一样，金代也存在官僚豪强地主大肆兼并土地的现象。如世宗大定十七年（1177年）六月，邢州人赵迪简上书朝廷："随路不附籍官田及河滩地，皆为豪强所占，而贫民土瘠税重，乞遣官拘籍冒佃者，定立租课，复量减人户税数，庶得轻重均平。"④ 贵族纳合椿年"冒占西南路官田

<hr/>

① 《金史》卷九二《曹望之传》，第 2035 页。
② 《金史》卷四七《食货二》，第 1045 页。
③ 《金史》卷四七《食货二》，第 1047 页。
④ 《金史》卷四七《食货二》，第 1044 页。

八百余顷。大定中括检田土，百姓陈言官豪占据官地，贫民不得耕种"。① 章宗承安年间，皇族完颜匡已获"拨赐家口地土"，而又"自占济南、真定、代州上腴田。百姓旧业辄夺之，及限外自取"。②

这些被称为"官豪"、"豪民"的官僚地主对官田的大肆兼并，直接侵犯了国家土地所有权。为此，金政府通过检括被占官田，对冒占、兼并国有土地的行为进行限制和打击。

大定十七年（1177 年），世宗以"豪民租佃官田岁久，往往冒为己业，令拘籍之"。③

大定二十年（1180 年）十月，世宗向宰臣指出："山后之地，皆为亲王、公主、权势之家所占，转租于民"，要求臣僚依法察问。翌年三月，又诏令："山后冒占官地十顷以上者皆籍入官，均给贫民。"④

大定二十一年（1181 年）三月，世宗针对臣僚关于"豪强之家多占夺田者"的报告，诏令："前参政纳合椿年占地八百顷，又闻山西田亦多为权要所占，有一家一口至三十顷者，以致小民无田可耕，徙居阴山之恶地，何以自存。其令占官地十顷以上者皆括籍入官，将均赐贫民。"⑤ 同时，世宗又就省臣关于纳合椿年之子参谋合、故太师温敦思忠之孙长寿等七十余家，共占地三千余顷的奏报，重申："除牛头地外，仍各给十顷，余皆拘入官。山后招讨司所括者，亦当同此也。"⑥ 从而将贵族官僚之

---

① 《金史》卷八三《纳合椿年传》，第 1873 页。
② 《金史》卷九八《完颜匡传》，第 2163 页。
③ 《金史》卷四七《食货二》，第 1044 页。
④ 《金史》卷七《世宗本纪中》，第 175 页。
⑤ 《金史》卷四七《食货二》，第 1046 页。
⑥ 《金史》卷四七《食货二》，第 1046 页。

家所占官田的数额，限定在十顷以内。

大定二十二年八月，"以赵王永中等四王府冒占官田，罪其各府长史府掾，及安次、新城、宛平、昌平、永清、怀柔六县官，皆罚赎有差。"①

大定二十七年制："随处官豪之家多请占官地，转让它人种佃，规取课利。命有司拘刷见数，以与贫难无地者，每丁授五十亩，庶不至失所，余佃不尽方许豪家验丁租佃。"②

括田法令施行的结果，成效颇为显著。贵族官僚、豪强地主所侵夺、冒占的大量官田被检括附籍。如世宗时，"会中都、山东、河北屯驻军人地土不赡，官田多为民所冒占，命宗浩行省事，诣诸道括籍，凡得地三十余万顷"。③ 使官府控制的官田数量急剧膨胀。

但另一方面，括田的弊端也是显而易见的。其中最突出的问题是，在检括官豪侵夺、冒占官田的同时，往往将普通地主和自耕农民的私田，也强行括为官地。如大定十九年，张九思奉诏"检括官田，凡地名疑似者，如皇后店、太子庄、燕乐城之类，不问民田契验，一切籍之"。④ 这些扰民的行径有时还得到皇帝的支持。大定二十一年八月，在朝臣奏报山东括田情况时，世宗说，有的土地"虽称民地，然皆无明据，括为官地有何不可？"⑤

到章宗时，由于对北方蒙古汗国的战争节节失利，女真猛安谋克屯田军被迫再度南迁，陷入了"比岁征伐，军多败衄，盖屯田地寡，无以养赡，至有不免饥寒者，故无斗志"的困境。

---

① 《金史》卷四七《食货二》，第1048页。
② 《金史》卷四七《食货二》，第1048页。
③ 《金史》卷九三《宗浩传》，第2072页。
④ 《金史》卷九〇《张九思传》，第2004页。
⑤ 《金史》卷四七《食货二》，第1047页。

金统治者在国库空虚、经费枯竭的情况下，把括田作为维持猛安谋克屯田军生活和筹措军费的主要手段。其后果，正如参知政事张万公所指出："夺民（田）而与军，得军心而失天下心，其祸有不可胜言者。"①

亦如《续文献通考》所论："金自南迁后，国计窘迫，无岁不议括田。考其时，民庶流离，概无乐土，外困于南北之征战，内困于旦暮之转输。所赖永业尚存，暂可延活，而官又夺之。名曰牧地、荒地，其实多民地耳。既而授之诸军，人非习耕之人，地非易耕之地，或与之而不授，或受之而不耕。"

2. 汉地的私田与两税法

尽管金统治者在原北宋所辖的华北、陕西等地普遍推行猛安谋克户屯田制，但并未改变当地早已存在的封建土地私有制，大部分土地仍属于以汉族为主的地主及自耕农所有。这些私田"卖质於人无禁"，由土地所有者自由经营和处分，但须向国家交纳赋税。金朝的田赋法，仍沿袭唐宋以来的两税法，但其具体规定有所变化："金制，官地输租，私田输税。……大率分田之等为九而差次之。夏税亩取三合，秋税亩取五升；又纳秸一束，束十有五斤。夏税六月止八月，秋税十月止十二月，为初、中、末三限。"② 章宗泰和五年（1205 年）三月"更定两税输限"，以"十月民获未毕"，不可遽令纳税，遂改秋税初限为十一月；又因"中都、西京、北京、上京、辽东、临潢、陕西地寒，稼穑迟熟"，③ 改定这些地区的夏税初限为七月。

金代田赋的征收，得因下列因素获得减免。

---

① 《金史》卷九五《张万公传》，第 2101 页。
② 《金史》卷四七《食货二》，第 1055 页。
③ 《金史》卷四七《食货二》，第 1057 页。

一是依法减免。如垦种荒地，不仅可优惠定租，而且在一定期限内得免纳田赋。"旧制：人户请佃荒地者，以各路最下第五等减半定租，仍免八年输纳。若作己业，并依第七等税钱减半，亦免三年输纳。自首冒佃比邻田，定租三分纳二。其请佃黄河退滩地者，次年纳租。"泰和八年（1208 年），朝廷鉴于"向者小民不为久计，比至纳租之时多巧避匿，或复告退，盖由元限太远，请佃之初无人保识故尔"，遂重新定制："今请佃者可免三年，作己业者免一年，自首冒佃并请退滩地，并令当年输租，以邻首保识，为长制。"①

遭受水灾、旱灾及其他自然灾害，得依例减免田赋："损十之八者全免，七分免所损之数，六分则全征。桑被灾不能蚕，则免丝绵绢税。诸路雨雪及禾稼收获之数，月以捷步申户部。"诸如世宗大定十二年（1172 年）正月，"以水旱免中都、西京、南京、河北、河东、山东、陕西去年租税"；大定十七年三月，"诏免河北、山东、陕西、河东、西京、辽东等十路去年被旱蝗租税"；大定十八年正月诏："免中都、河北、河东、山东、河南、陕西等路前年被灾租税"；大定十九年秋，"中都、西京、河北、山东、河东、陕西以水旱伤民田十三万七千七百余顷，诏蠲其租"；大定二十七年六月诏："免中都、河北等路尝被（黄）河决水灾军民租税"；同年十一月又诏："（黄）河水泛滥，农田被灾者，与免差税一年。怀、卫、孟、郑四州塞河劳役，并免今年差税"，②等等。

农户纳税地远者，依法按距离享受减交田赋的优待："凡输送粟麦，三百里外（每）石减五升，以上每三百里递减五升。

---

① 《金史》卷四七《食货二》，第 1051 页。
② 《金史》卷四七《食货二》，第 1057 页。

粟折秸百称者，百里内减三称，二百里减五称，不及三百里减八
称，三百里及输木色稿草，各减十称。"①

可是，长途运送租赋仍给人们造成了沉重的负担："今民输
税，其法大抵有三，上户输远仓，中户次之，下户最近。然近者
不下百里，道路之费倍于所输，而雨雪有稽违之责，遇贼有死伤
之患。"为此，宣宗兴定年间，根据镇南军节度使温迪罕思敬的
建议，改革了民户输税办法：租赋"止输本郡，令有司检算仓
之所积，称屯兵之数，使就食之。若有不足则增敛于民，民计所
敛不及道里之费，将忻然从之矣"。②

二是朝廷针对特定的人或地区，临时下令减免田赋。

章宗泰和五年（1205 年）正月诏有司："自泰和三年尝所
行幸至三次者，被科之民特免半年租税。"八年五月，与宋议和
成功，"诏天下，免河南、山东、陕西六路今年夏税，河东、河
北、大名等五路半之。"宣宗贞祐三年（1215 年）十二月，"诏
免逃户租税"；翌年三月又诏"免陕西逃户租"。③

即使如此，金代汉人的田赋负担仍比女真人重得多。女真猛
安谋克户每耒牛一具，受田 400 余亩，每年纳粟 1 石。而汉户仅
秋税每亩就纳粟 5 升，400 亩须纳粟 20 石，为女真农户税额的
20 倍！而且，实际征敛的田赋比法定税负还要重。如田赋法规
定，将土地分为九等定租税。但征收时并无等次之分，均按上等
田课敛。大定年间，参知政事魏子平曾指出："今乃一切与上田
均税之，此民所以困也。"④

---

① 《金史》卷四七《食货二》，第 1056 页。
② 《金史》卷四七《食货二》，第 1062 页。
③ 《金史》卷四七《食货二》，第 1061 页。
④ 《金史》卷八九《魏子平传》，第 1976 页。

此外，农户因赋役繁重，纷纷逃亡。地方官就将逃亡户的赋税摊派给当地未逃亡户，致使未逃亡户税赋进一步加重。如叶县"自兵兴，户减三之一，田不毛者万七千亩有奇，其岁入七万石如故"。① 还有女真人强占汉人土地后，仍令汉人纳租税的情况。

（二）女真人土地占有关系的变化

女真族在金王朝居于统治地位。因而女真人的土地占有关系，是建立在土地国有制基础上的。在金政权建立后逐渐扩张的过程中，女真人的土地占有关系，受到汉族封建土地所有制的影响，经历了从"牛头地制"到屯田制的演变，最后发展为封建租佃制。

1. 牛头地制

金建国之初，对于女真猛安谋克户，实行由国家按其人口和耕牛的多少分配土地的制度；"其制，每耒牛三头为一具，限民口二十五受田四顷四亩有奇……官民占田无过四十具。"大定二十年（1180 年）制："定功授世袭谋克，许以亲族从行，当给以地者，除牛九具以下全给，十具以上四十具以下者，则于官豪之家量拨地六具与之。"② 这就是"牛头地"制度。

根据此项制度，女真猛安谋克户每二十五个民口（包括女真平民和奴隶）和三头牛，分给四百零四亩土地。凡占有民口和耕牛多者，就可分得较多的土地。其中，一个大奴隶主最多可以占有一百六十余顷土地。

这种以 25 人为一个分配单位占有土地的制度，反映了女真

---

① 《金史》卷一二六《刘从益传》，第 2733 页。
② 《金史》卷四七《食货二》，第 1062 页。

族从氏族制度过渡到奴隶制度后，仍盛行大家族之制。

牛头地制确立于金初太祖、太宗时期，主要施行于被称为金朝"内地"的东北地区。据大定二十三年八月尚书省的奏报，牛头地总数约 170 万余顷，占当时金全国耕地总面积的 37% 左右。

凡占有牛头地的女真猛安谋克户，均须交纳赋税。因田赋的征收不是依据地亩或人口数，而是以牛具为单位，故称"牛头税"。"牛头税，即牛具税，猛安谋克部女直户所输之税也。"牛头税之征始于太宗天会三年（1125 年）。"太宗以岁稔，官无储积无以备饥馑，诏令一耒赋粟一石，每谋克别为一廪贮之。"天会四年，太宗又"诏内地诸路，每牛一具赋粟五斗，为定制"。直到经数次大规模移民之后的大定年间，世宗仍有涉及牛头税的法令。如大定元年（1161 年）"诏诸猛安不经迁移者，征牛具税粟，就命谋克监其仓，亏损则坐之。"大定十二年，尚书省奏，契丹族"唐古部民旧同猛安谋克定税，其后改同州县，履亩立税，颇以为重"，世宗"命从旧制"。而"旧制"规定的牛头税税率极低，四百多亩地"岁输粟大约不过一石"。[1] 这与女真族壮丁都要为国家当兵，并自备衣食、武器、军马有一定关系。而且，牛具税制立法的本意，主要是为了储积一定数量的"公粮"，以备荒年或作其他公益用途。世宗曾指出："猛安谋克牛头税粟，本以备凶年，凡水旱乏粮处就赈给之。"[2] 可见，金代牛头税并非真正意义上的赋税。国家并不是强制地将猛安谋克户的部分劳动所得无偿据为己有，而是帮助各猛安、谋克建立公益粮食储备，以供不时之需。从这个意义上讲，女真人不仅从国

---

① 《金史》卷四七《食货二》，第 1063 页。
② 《金史》卷八八《纥石烈良弼传》，第 1949 页。

家无偿获得份地，实际上也不负担田赋。在少数民族占主导地位的金代，女真猛安谋户享有的种种特权，由此可见一斑。

2. "计口授田"的屯田制

金朝实行屯田，最初是为了解决"内地"耕地不足的问题。依"牛头地制"，凡占有民口及耕牛多者，就可以多占耕地。随着女真贵族在扩张中掠夺人口数量的增加，金朝"内地"的耕地日渐不敷分配。于是，金统治者就开始将女真人迁徙到新占领的地区屯种。如天辅五年（1121），太祖"以境土既拓，而旧部多瘠卤，将移其民于泰州（今吉林洮安），乃遣皇弟昱及族子宗雄按视其地。昱等莒其土以进，言可种植。遂摘诸猛安谋克中民户万余，使宗人婆卢火统之，屯种于泰州。……其居宁江州者，遣拾得、查端、阿里徒欢、奚挞罕等四谋克，挈家属耕具，徙于泰州，仍赐婆卢火耕牛五十。"①

但金代屯田制的普遍推行，却是为了稳固金王朝在新占领区的统治，在大规模向南移民的过程中实现的。如前所述，金王朝在占领原辽、北宋所辖广大地区后，陆续将大批女真人从东北"内地"移民到这些地区，与汉、契丹等各族人民杂居。例如，海陵王从上京（会宁府）迁都燕京（中都）时，"徙上京路太祖、辽王宗干、秦王宗翰之猛安，太师勗、宗正宗敏之族，处之中都。斡论、和尚、胡刺三国公，太保昂，詹事乌里野，辅国勃鲁骨，定远许烈，故杲国公勃迭八猛安处之山东。阿鲁之族处之北京（大定府，今内蒙古宁城县）……授田牛使之耕食，以蕃卫京国。"②

在中原等地区早已存在的封建土地所有制的汪洋大海中，对

---

① 《金史》卷四六《食货一》，第 1032 页。
② 《金史》卷四四《兵志》，第 1001 页。

南迁的女真人依旧实行"内地"牛头地制的土地分配制度，已经不现实，与当地的经济关系也不相适应。所以，金统治者转而采取"计口授田"的屯田制，以安置不断南迁的女真猛安谋克。

天会六年（1128年）正月，宗辅率金兵在乐安（今山东广饶）击败宋军后，"留大军夹河屯田"。① 此后，金在山东"屯田遍于诸郡"。② 天会十四年，兀术攻蜀失败，"还凤翔，授甲士田，为久留计"，③ 以屯垦的方式安置出征将士及随军家属。

天会十五年，熙宗废伪齐刘豫，将华北地区纳入金直接统治区域后，进一步大肆括占民田，移民屯种，普遍推行屯田制。《大金国志》称："屯田之制，出自上古。金国之行，比上古之制尤简。废刘豫后，虑中国怀二三之意，始置屯田军，非止女真，契丹、奚家亦有之。自本部族徙居中土，与百姓杂处，计其户口，给以官田，使自播种，以充口食。春秋量给衣服，若遇出军之际，始给钱米，米不过十斛，钱不过数千。老幼在家，依旧耕耨，亦无不足之叹。今屯田出处，大名府、山东、河北关西诸路皆有之，约一百三十余千户，每千户止三百人。所居之处皆不在州县，筑寨处村落间。千户、百户虽设官府，亦在其内。"④

综合有关资料，金代屯田制的内容是：国家按"计口授田"的办法，将官田（其中包括大量括占的民田）分授给猛安谋克军户耕种。屯丁每人授地三十亩，有的地区授五十亩。家属随军，参加屯种。寓有"赡其身家，无事则耕，有事则战"的意图。这样既解决了女真人的生计，也补充了军粮。政府对屯田军

① 《金史》卷一九《世纪补》，第408页。
② （南宋）宇文懋昭：《大金国志》卷一○《熙宗本纪二》，中华书局，标点本，1986。
③ （南宋）宇文懋昭：《大金国志》卷八《太宗六》，中华书局，标点本，1986。
④ （南宋）宇文懋昭：《大金国志》卷三六《屯田》，中华书局，标点本，1986。

户给予一定的经济补贴,"春秋量给衣服";若遇战事,国家还要补助钱米。

女真人的土地占有关系,从以民口和耕牛为授田单位,实行大家族同居共耕的牛头地制,转变为以人丁为本授田,以个体家庭为生产单位的屯田制,为女真族的封建化创造了有利条件。

3. 屯田制的破坏和封建租佃制的发展

无论牛头地制或屯田制,女真人所占之地均为官田,只有使用、收益权而无处分权。国家保有这些土地的所有权,并以法令对其开发、利用和处分加以规范。如大定年间,"屯田猛安人为盗征偿,家贫辄卖所种屯地",侵犯了国家土地所有权,也有碍于女真屯田户的生计。为此,世宗诏令:"凡家贫不能征偿者,止令事主以其地招佃,收其租入,估贾与征赏相当,即以其地还之。"①

章宗泰和元年(1201 年)六月申明"旧制":"猛安谋克户每田四十亩树桑一亩,毁树木者有禁,鬻地土者有刑。其田多污莱,人户阙乏,并坐所临长吏。按察司以时劝督,有故慢者量决罚之。"②

然而,大规模民族迁徙和猛安谋克屯田军制的推行,将女真族置於封建生产关系的汪洋大海之中。在封建生产方式的影响下,以土地国有制为基础的牛头地制和屯田制日渐破坏,封建租佃关系在女真族内部迅速发展起来。其表现,一是有些占有奴隶的猛安谋克户,出卖奴隶,而将所占土地出租给汉人耕种,收取地租。二是出征的女真军人在战事停止后,不再回到自己占有的土地上耕作,也把田地出租给汉族农民,坐食地

---

① 《金史》卷九〇《张九思传》,第 2004 页。
② 《金史》卷一一《章宗本纪三》,第 256 页。

租。有的甚至伐桑枣树为薪，或私卖其田。大定三年（1163年）世宗就指出："自正隆兵兴，农桑失业，猛安谋克屯田多不如法。"①

这样，越来越多的女真人成为长期不劳而获的地主。他们逐渐丧失了原来骠悍善战的习性，变成一批既不会生产，又不善于打仗的"不耕不战"之徒。这显然不利于金王朝的"长久之计"。朝野有识之士对此忧心忡忡："今之猛安谋克，其材武已不及前辈，万一有警，使谁御之！"② 为此，朝廷屡颁禁令，希望遏止女真屯田户出租土地，荒废耕战，专务游乐的势头。

大定二十一年（1181年）正月，世宗制："大名等路猛安谋克户之民，往往骄纵，不亲稼穑，不令家人农作，尽令汉人佃莳，取租而已。富家尽服纨绮，酒食游宴，贫者争慕效之，欲望家给人足，难矣。近已禁卖奴婢，约其吉凶之礼，更当委官阅实户数，计口授地，必令自耕，力不瞻者方许佃于人。"③此项法令说明，由于奴隶劳动生产率低，有不少女真人不愿使用"家人"（奴隶）从事农业生产，而将"家人"出卖。朝廷虽然下令禁止，但收效甚微。

同年六月，世宗再次指令："近遣使阅视秋稼，闻猛安谋克人惟酒是务，往往以田租人，而预借三二年租课者，或种而不耘，听其荒芜者。自今皆令阅实各户人力，可耨几顷亩，必使自耕耘之，其力果不及者方许租赁。如惰农饮酒，劝农谋克及本管猛安谋克并都管，各以等第科罪。收获数多者则以等第

---

① 《金史》卷九二《曹望之传》，第 2035 页。
② 《金史》卷九二《徒单克宁传》，第 2044 页。
③ 《金史》卷四七《食货二》，第 1046 页。

迁赏。"①

大定二十二年（1182年），世宗"以附都猛安户不自种，悉租与民，有一家百口垅无一苗者"，遂确定具体惩罚办法："以不种者杖六十，谋克四十，受租百姓无罪。"②

但是，金统治者上述旨在维护旧土地制度的法令，已经无法阻止女真人摹仿汉族地主，采用封建租佃制剥削方式的潮流。

章宗泰和四年（1204年）九月，金统治者不得不放宽对女真屯田户出租土地的限制，颁布了"屯田户自种及租佃法"，③规定，女真屯田户在所拨土地十里以内，每丁必须自种四十亩，"余者许令便宜租赁及两和分种"，④准许女真屯田户出租多余的土地，租佃方式由出租者决定。或者采取主、佃分种，即分成地租制的办法。这就等于是宣告了女真猛安谋克屯田户出租土地的合法性，以法律的形式肯定了女真族的封建土地租佃制度。至此，女真人的土地占有关系已经实现了封建化。

---

① 《金史》卷四七《食货二》，第1047页。
② 《金史》卷四七《食货二》，第1047页。
③ 《金史》卷一二《章宗本纪四》，第270页。
④ 《金史》卷四七《食货二》，第1051页。

八　金代"物力通检推排法"辨正

（一）物力通检推排制度溯源

物力即物产、资财。物力之称，古已有之。《汉书·食货志》云："生之有时，而用之亡度，则物力必屈。"物力是民户贫富状况的指征。它与民户人口傅籍情况，自古以来即为官府赋敛的依据之一。故历代王朝都十分重视民户人口、户籍的普查登记（史称"括户"）和管理，及物力数的检括、核定。不过，我国古代民户家产的登记核查和资产税的征敛，以金代"通检推排"法和"物力钱"最为典型且具有民族特色。通检，乃普查之意，即"各登其乡之众寡、六畜、车辇，辨物行征之制也"。①推排，即评定。山官府主持村坊居民根据各户财产，共同评定物力等级。有的王朝还单独汇编成"赀簿"，记载民户资产，划定户等，作为课敛赋税和征发差役的依据。

如南朝宋武帝初年定制："占山封水，渐染复滋，更相因仍，便成先业，一朝顿去，易致嗟怨。今更刊革，立制五条。凡

---

① 《金史》卷四六《食货一》，第 1037 页。

是山泽，先常炕燺种养竹木杂果为林，及陂湖江海鱼梁鳅鳖场，常加功修作者，听不追夺。官品第一、第二，听占山三顷；第三、第四品，二顷五十亩；第五、第六品，二顷；第七、第八品，一顷五十亩；第九品及百姓，一顷。皆依定格，条上赀簿。"①

有的王朝还直接对民户物力征收资产税。

如汉代的"赀算"、"算缗钱"："商贾以币之变，多积货逐利。于是公卿言：'郡国颇被菑害，贫民无产业者，募徙广饶之地。陛下损膳省用，出禁钱以振元元，宽贷赋，而民不齐出于南亩，商贾滋众。贫者畜积无有，皆仰县官。异时算轺车，贾人缗钱皆有差，请算如故。诸贾人末作贳贷卖买，居邑稽诸物，及商以取利者，虽无市籍，各以其物自占，率缗钱二千而一算。诸作有租及铸，率缗钱四千一算。非吏比者三老、北边骑士，轺车以一算；商贾人轺车二算；船五丈以上一算。匿不自占，占不悉，戍边一岁，没入缗钱。有能告者，以其半畀之。'"② 汉武帝据此于元狩四年（公元前 119 年）"初算缗钱"。③ 令商人资产每2000 钱纳一算（120 钱），税率 6%；制造手工业产品出售者，每4000 钱纳一算，税率 3%。有车船者另征车船税。元狩六年（公元前117 年）再次发布"告缗令"，重赏告密者。于是"杨可告缗遍天下，中家以上大氐皆遇告。杜周治之，狱少反者。乃分遣御史、廷尉正监分曹往，即治郡国缗钱，得民财物以亿计；奴婢以千万数；田，大县数百顷，小县百余顷；宅亦如之。于是商贾中家以上大氐破，民媮甘食好衣，不事畜臧之业，而县官以

---

① 《宋书》卷五四《羊玄保传》。
② 《史记》卷三〇《平准书》，中华书局，1999，第 1430 页。
③ 《汉书》卷六《武帝本纪》，中华书局，1983，第 178 页。

盐、铁、缙钱之故，用少饶矣。”①

南朝宋文帝元嘉二十七年（450年），“军旅大起，王公妃主及朝士牧守，各献金帛等物，以助国用，下及富室小民，亦有献私财至数十万者。”后“有司又奏军用不充，扬、南徐、兖、江四州富有之民，家资满五十万，僧尼满二十万者，并四分换一，过此率讨，事息即还”。②

南齐武帝永明六年（488年）顾宪之上奏疏：“山阴一县，课户二万，其民赀不满三千者，殆将居半，刻又刻之，犹且三分余一。凡有赀者，多是士人复除。其贫极者，悉皆露户役民。”③此处特别提及“民赀不满三千者”，可能是当时赀税的起征点。

唐肃宗承安史战乱之后，国用不足，“遣御史郑叔清等籍江淮、蜀汉富商右族訾畜，十收其二，谓之率贷。诸道亦税商贾以赡军，钱一千者有税。”④

（二）依据民户物力征敛的杂税和差役

1. 按民户物力为依据征收的杂税

有金一代，与宋朝长期对峙和海陵王等帝王的穷兵黩武，耗费巨额军事开支，造成经常性的财政危机。为了弥补财政亏空，金王朝制定了颇为苛重的赋役制度。史称“考其立国以来，所谓食货之法，荦荦大者曰租税、铜钱、交钞三者而已。三者之法

---

① 《汉书》卷二四下《食货志下》，中华书局，1983，第1170页。
② 《宋书》卷九五《索虏传》。
③ 《南齐书》卷四六《顾宪之传》，中华书局，1983，第808页。
④ 《新唐书》卷第五一《食货一》，中华书局，1997，第1347页。《通典》卷一一《杂税》亦载：江淮、蜀汉“豪商富户皆籍其家资，所有财货畜产，或五分纳一，谓之率贷，所收万计”。

数变而数穷。官田曰租，私田曰税。租税之外算其田园、屋舍、车马、牛羊、树艺之数，及其藏镪多寡，征钱曰物力。……故物力之外又有铺马、军须、输庸、司吏、河夫、桑皮故纸等钱，名目琐细，不可殚述。其为户有数等，有课役户、不课役户、本户、杂户、正户、监户、官户、奴婢户、二税户。有司始以三年一籍，后变为通检，又为推排。凡户隶州县者，与隶猛安谋克，其输纳高下又各不同。"① 其中主要有田赋、商税、手工业产品税、杂税及各种徭役。

田赋是国家财政收入的主要来源，相关的法令前已述及。商税亦是金王朝较为大宗的财政收入。世宗大定二十年（1180 年）正月颁布了《商税法》，规定金银税百分取一，诸物税百分取三。此后商税税率有所提高，到章宗时，小商贩货物交易税税率提到百分之四，金银税则改为百分之三。金代商税征管机关，地方为商税院务机构。法令对有关税吏规定了赏罚制度："凡监临使司、院务之商税，增者有赏，亏者克俸。"大定九年，世宗"以吏非禄无以养廉，于是止增亏分数为殿最，乃罢克俸、给赏之制，而监官酬赏仍旧"。② 中都设"都商税务司"。大定年间，中都都商税务司每年征收商税 16.4 万余贯；至章宗承安元年（1196 年）增至 21.4 万余贯。此外，金前期曾有关税之征，至大定二年八月才"罢诸路关税，止令讥察"。③ 金代边境贸易税收入也颇为可观。金与南宋、西夏等周边国家，在和平共处期间，开设了边境互市市场，称曰："榷场"。来自边界两边各地的商家均可进入榷场交易。基于国防安全上和财政经济上的目

---

① 《金史》卷四六《食货一》，第 1028 页。
② 《金史》卷五八《百官四》，第 1348 页。
③ 《金史》卷四九《食货四》，第 1110 页。

的，金朝在自己开设的互市设官管理和征税。据统计，大定年间仅泗州（今安徽泗县）榷场每年税收即达 5.3 万余贯，到承安元年增到 10.7 万多贯。秦州（今甘肃天水市）西子城榷场，大定时岁获 3.3 万多贯，承安元年增至 12.2 万多贯。

除此之外，金代以民户物力为依据征收的"名目琐细"的杂税，不仅数额可观，成为国家大宗财政收入，而且富于特色，诸如物力钱、铺马钱、军需钱、免役钱、黄河夫役钱等。

物力钱即资产税。"计民田园、邸舍、车乘、牧畜、种植之资，藏镪之数，征钱有差，谓之物力钱。"① 按民户所有的家产及贮存金银钱币的数量征收税钱。而且，"物力（钱）之征，上自公卿大夫，下逮民庶，无苟免者。"全国官民无一例外，都要负担物力钱。即使"近臣出使外国，归必增物力钱，以其受馈遗也。"如大定时，刑部尚书梁肃出任"宋国详问使"，归国后即"自添物力钱至六十余贯"。② 泰和六年（1206 年）十一月，"诏定诸州府物力差役式"。③ 物力钱按户等征收。地方官府在通括各户物力多寡的基础上，评定户等，通常分为三等或四等，依籍科差。明昌六年（1195 年），全国物力钱收入达 260 余万贯。国家有临时的差役，也按物力钱多少（户等）摊派。

铺马钱。国家在各地设"驿递铺"，作为转运官物、投递文书及供往来官员食宿的处所。驿递铺所需养马之费，向民间征收，称为铺马钱。时水路驿递铺造船之费亦称铺马钱。其征收办法是按民户物力多寡折纳银钞。

军需钱，又称军须钱。朝廷凡有重大军事行动，往往因军费

---

① 《金史》卷四六《食货一》，第 1028 页。

② 《金史》卷四六《食货一》，第 1039 页。

③ 《金史》卷一二《章宗本纪四》，第 278 页。

不足而临时向民户征收。后来，各地军事将领经常以军需钱的名义勒索百姓，成为民户的沉重负担。如大定三年（1163年）世宗南征，需军费一千万贯，官府只筹齐二百万贯，所欠八百万贯向民户征收，"此军须钱之所以由起也"。① 可见，军需钱起初是由补贴军费的名义征收的杂税。但"帅府支费无度，例皆科取于民"。② 扰民甚深。

承安三年（1198年）有司"以军须所费甚大，乞验天下物力均征"。章宗定制："依黄河夫钱例，征军须钱。验各路新籍物力，每贯征钱四贯。西京、北京、辽东路每贯征钱二贯，临潢、全州则免征，周年三限送纳。"③ 后又定制，半年分三限输纳。

免役钱。金袭宋、（伪）齐旧制，在山东、河南、陕西等地按民户物力多少征收税钱，用于雇募州县司吏和弓手，称为"免役钱"。④ 金制，地方军政机关均设有一定数目的司吏作为公务人员。如诸防御州司吏，"女直一人，汉人，管户五万以上二十人，以率而减"；赤县，"司吏十人，内一名取识女直、汉字者充"；"中县司吏八人，下县司吏六人"。⑤ 承安元年六月诏："应禁军器路分，步弓手拟于射粮军内选之，马弓手拟于猛安谋克军户余丁内选之。其有为百姓害，从本州县断遣。无猛安户，于二百里内屯驻军余丁内取之，依步弓手月给二贯石。"⑥ 大定初，世宗"诏罢弓手钱，其司吏钱仍旧"。⑦ 官品之家，亦按规

① 《金史》卷四四《兵志》，第2005页。
② 《金史》卷四四《兵志》，第2006页。
③ 《金史》卷四四《兵志》，第2006页。
④ 《金史》卷四四《兵志》："以山东、河南、陕西等路循宋、齐旧例，州县司吏、弓手于民间验物力均敷顾钱，名曰'免役（钱）'。"
⑤ 《金史》卷五七《百官三》，第1314页。
⑥ 《金史》卷一〇《章宗本纪二》，第239页。
⑦ 《金史》卷四四《兵志》，第2007页。

定出雇钱免役。

黄河夫钱。金代黄河经常决堤，洪水泛滥成灾。朝廷为救灾和兴建治河工程，除征发数以百万计的民夫外，还以治河名义向未征民夫的民户征钱，按物力摊派，故名曰"黄河夫钱"，又称"河夫钱"。大定二十九年（1189年）五月，"（黄）河溢于曹州小堤之北。六月，上谕旨有司曰：'比闻五月二十八日河溢，而所报文字如此稽滞。水事最急，功不可缓，稍缓时顷，则难固护矣。'十二月，工部言：'营筑河堤，用工六百八万余，就用埽兵军夫外，有四百二十余万工当用民夫。'遂诏命去役所五百里州、府差顾，于不差夫之地均征顾钱，验物力科之。每工钱百五十交外，日支官钱五十文，米升半。"① 泰和元年六月，"初许诸科征铺马、黄河夫、军须等钱，折纳银一半，愿纳钱钞者听。"②

此外，金统治者还巧立名目，以"预借"租税等名义，括敛民财。据《龙岩寺记》载，大定二年（1162年），河东南路转运司"预借"泽州（治今山西晋城）陵川县民户三年租税，并强令运往陕西作军粮，往返路程三千多里。宣宗时，还临时加征"桑皮故纸钱，"以弥补政府经费和军费的亏欠。贞祐四年（1216年）五月，"以钞法屡变，随出而随坏，制纸之桑皮故纸皆取于民，至是又甚艰得，遂令计价，但征宝券、通宝，名曰'桑皮故纸钱'"。③ 此次征敛桑皮故纸钱共七千万贯。数目虽可观，但因通货膨胀，所值有限。

2. 按民户物力为依据摊派的徭役

金代民户物力为依据摊派的徭役，有职役及各种杂役。

---

① 《金史》卷二七《河渠·黄河》，第673页。
② 《金史》卷一一《章宗本纪三》，第256页。
③ 《金史》卷四八《食货三》，第1087页。

职役是为官府服务的力役，如充任"按比户口，催督赋役，劝课农桑"的坊正、里正等。金制，"凡坊正、里正，以其户十分内取三分，富民均出雇钱，募强干有抵保者充，人不得过百贯，役不得过一年。"① 即用当地课役户所出物力钱的十分之三雇募胜任者，以应职役。大定二十九年（1189 年），"章宗尝欲罢坊、里正，复以主首远，入城应代，妨农不便，乃以有物力谨愿者二年一更代。"②

其他各种杂役，包括营建宫室，修筑城防，治理黄河，运输官物，围场打猎等，则主要由广大农牧民、手工业者和小商贩承担。品官之家全户免服徭役，只是按物力交纳雇役钱。

繁重的徭役，使百姓不堪重负。人们或举家逃亡，或鬻身依附权贵之家，或遁入佛道之门，以图躲避徭役。以致朝廷不时颁布法令，禁止民户规避徭役的行为。太宗天会八年（1130 年）正月诏："避役之民，以微直鬻身权贵之家者，悉出还本贯"；③ 世宗大定二十五年（1185 年），"命宰臣禁有禄人一子，及农民避课役，为僧道者"；④ 章宗泰和七年（1207 年）六月敕："中物力户，有役则多逃避，有司令以次户代之，事毕则复业，以致大损不逃之户……遂命课役全户逃者徒二年，赏告者钱五万。先逃者，以百日内自首，免罪。"⑤

同时，金政府也试图均平赋役，以缓和社会矛盾。如世宗大定二年五月敕："凡有徭役均科，强户不得抑配贫户。"⑥ 但收效

---

① 《金史》卷四六《食货一》，第 1031 页。
② 《金史》卷四六《食货一》，第 1031 页。
③ 《金史》卷三《太宗本纪》，第 61 页。
④ 《金史》卷四六《食货一》，第 1035 页。
⑤ 《金史》卷四六《食货一》，第 1036 页。
⑥ 《金史》卷四七《食货二》，第 1057 页。

甚微。

（三）"物力通检推排法"内容钩沉

1. 普通民户物力的通检推排

金朝赋役征敛的主要依据，一是国家控制民户的户籍，二是反映民户贫富程度及财产多寡的"物力数"。

前揭资料显示，有金一代，按民户物力征敛的赋役有铺马钱、军需钱、免役钱、黄河夫钱，以及职役和各种杂役；物力钱之征更是国家的一项大宗财政收入。而民户的户籍及物力状况并不是一成不变的。民户人口的生老病死，因故鬻身，避役逃亡浮浪，遁入佛道之门等，都是影响户籍准确性的因素。而官吏豪民大肆兼并土地的结果，土地所有权频繁转移，小农纷纷破产，陷入贫困的境地，又使民户物力状况变化无常。户籍的变动，贫富的变易，造成民户赋役的轻重不均。破产民户往往产去税存，依然承担繁重的徭役。依法应当交纳物力钱的贵族、官僚却凭借其享有的特权，采用各种手段隐瞒财产，逃避赋税，使贫者益贫，富者益富。

为了均平赋役，保障国家的财政收入，金朝廷自大定初年开始颁布实施"通检推排"法令，派遣官员赴各地主持清查土地，核实民户财产，确定物力等第。大定四年（1164 年）十月，鉴于"金自国初占籍之后，至大定四年，承正隆师旅之余，民之贫富变更，赋役不均"，世宗发布第一道通检推排令："粤自国初，有司常行大比，于今四十年矣。正隆时，兵役并兴，调发无度，富者今贫不能自存，版籍所无者今为富室而犹幸免。是用遣信臣泰宁军节度使张弘信等十三人，分路通检天下物力而差定之，以革前弊，俾元元无不均之叹，以称朕意。凡规措条理，命尚书省画一以行。"又命："凡监户事产，除官所拨赐之外，余凡置到百姓有税田宅。皆在通检之数。"① 但奉命赴各地主持通检推排的使臣却"往往以苛酷多得物力为功"，大肆扰民。其中，张弘信通检山东州县"尤为酷暴"，妄加民户产业数倍，有前来申诉者，即严刑拷掠，"甚者即殒杖下"。② 张弘信的这些不法行径，曾受到时任棣州（今山东惠民县）防御使的宗室完颜永元的斥责："朝廷以差调不均，立通检法。今使者所至，以残酷妄加农民田产，棰击百姓有至死者。市肆贾贩贸易有赢亏，田园屋宇利入有多寡，故官子孙闭门自守，使与商贾同处上役，岂立法本意哉。"③ 惟河北东路转运副使梁肃，"通检东平、大名两路户籍物力，称其平允"。大定五年，有司奏诸路通检不均，使者所至皆以苛刻增益为功，百姓诉苦之。世宗诏令重申，应"以户口多寡，贫富轻重，适中定之"，各路皆以"东平、大名通检为准"。并制定《通检地土等第税法》，颁发各地，以统一通检标准。

此后，通检推排逐渐形成定制，大致每十年全面通检一次。自大定四年（1164 年）至五年（1165 年）首次通检后，大定十五年九月，世宗"以天下物力，自通检以来十余年，贫富变易，赋调轻重不均，遣济南尹梁肃等二十六人，分路推排"。④

大定二十六年八月，世宗遣"吏部侍郎李晏等二十六人分路推排诸路物力"。⑤ 翌年，李晏等通检完毕，向朝廷奏报通检

① 《金史》卷四六《食货一》，第 1037 页。
② 《金史》卷四六《食货一》，第 1037 页。
③ 《金史》卷八九《梁肃传》，第 1982 页。
④ 《金史》卷四六《食货一》，第 1037 页。
⑤ 《金史》卷八《世宗本纪下》，第 194 页。

结果。本来世宗要求此次通检应减轻民户负担，将原全国物力钱总数三百零五万余贯，减少五万余贯。但实际上不仅"减不及数"，反而新增物力钱二万贯，据称是"旧脱漏而今首出者，及民地旧无力耕种，而今耕种者"。①

承安元年（1196 年），"尚书省奏，是年九月当推排。"但章宗诏"以冬已深，比事毕恐妨农作"，遂推迟到翌年。承安二年（1197 年）十月，宰臣奏曰："大定二十七年通检后，距今已十年，旧户贫弱者众，傥迟更定，恐致流亡"，②章宗遂令吏部尚书贾执刚、吏部侍郎高汝砺，先推排在都两警巡院，示为诸路法。每路差官一员，命提刑司官一员副之，赴各地推排。承安三年（1198 年）九月，各路推排官奏报本次通检推排结果：全国物力钱旧额 302 万余贯，此次以贫乏除免近 64 万贯，除上京、北京、西京路外，其余各路新增物力钱 20 万余贯，籍定全国物力钱总额为 258 万余贯。

自此次通检推排后，针对某些民户在每次例行通推之前，运用各种方式转移财产，以偷漏物力钱的弊端，朝廷开始实行民户物力随时推收之制。在承安二年（1197 年）例行通检推排前，左谏议大夫高汝砺曾向章宗进言："年前十月尝举行推排之法，寻以逾时而止，诚知圣上爱民之深也。切闻周制，以岁时定民之众寡，辨物之多少，入其数于小司徒，以施政教，以行征令，三年则天下大比。伏自大定四年通检之后，迄今三十余年，其间虽两经推排，其浮财物力，惟凭一时小民之语以为增减，有司惟务速定，不复推究其实。由是豪强有力者符同而幸免，贫弱寡援者抑屈而无诉。况近年以来，边方屡有调发，贫户益多。如止循例

---

① 《金史》卷四六《食货一》，第 1039 页。
② 《金史》卷四六《食货一》，第 1040 页。

推排，缘去岁条理已行，人所通知，恐新强之家预为请嘱狡狯之人，冀望至时同辞推唱。或虚作贫乏，故以产业低价质典，及将财物徙置他所，权止营运。如此奸弊百端，欲望物力均一，难矣。欲革斯弊，莫若据实通检，预令有司照勘大定四年条理，严立罪赏，截日立限，关防禁约。其间有可以轻重者斟酌行之，去烦碎而就简易，戒搔扰而事镇静，使富者不得以苟避，困者有望于少息，则赋税易辨，人免不均之患矣。"① 朝臣所言通检推排中的弊端，的确比较普遍。如："承安二年冬，朝旨更定户籍，异时郡县通检，名为聚讼。豪民猾吏囊橐为奸，若新增，若旧乏，往往不得其实，徒长告讦而已。公精敏有干局，县人之肥瘠，先已默识之，差次高下，一出其手，籍既定，无一人有言不平者。"② 又如："再调寿张主簿，时北鄙用兵，科役无适从，公差次物力为鼠尾簿，按而用之。保社有号引，散户有由帖，揭榜于通衢，喻民所当出，交举互见，同出一手，吏不得因缘为奸。自是为县者皆取法焉。"③

　　章宗对此颇为重视，在承安二年通推时即定制："已典卖物业，止随物推收，析户异居者许令别籍，户绝及困弱者减免，新强者详审增之，止当从实，不必敷足元数。"④

　　泰和二年（1202 年）闰十二月，章宗以推排时既问人户浮财（即不动产）物力，而又勘当比次，期迫事繁，难得其实，遂颁行《人户物力随时推收法》，"令自今典卖事产者随业推收，

---

① 《金史》卷一〇七《高汝砺传》，第 2351 页。
② （元）元好问：《遗山先生文集》卷二七《辅国上将军京兆府推官康公神道碑铭》，四部丛刊本。
③ （元）元好问：《遗山先生文集》卷二〇《吏部尚书张公神道碑》，四部丛刊本。
④ 《金史》卷四六《食货一》，第 1040 页。

别置标簿,临时止拘浮财物力以增减之。"①

泰和五年六月,南京按察司签按察司事李卓上奏:"近制,令人户推收物力,置簿标题,至通推时,止增新强,销旧弱,庶得其实。今有司奉行灭裂,恐临时冗并,卒难详审,可定期限,立罪以督之。"章宗遂敕:"自今年十一月一日,令人户告诣推收标附,至次年二月一日毕,违期不言者坐罪。且令诸处税务,具税讫房地,每半月具数申报所属,违者坐以怠慢轻事之罪。"②从而使通检推排进一步制度化。

泰和七年六月敕:"中物力户,有役则多逃避,有司令以次户代之,事毕则复业,以致大损不逃之户。令省臣详议。"宰臣奏:"旧制太轻。"遂命课役全户逃者徒二年,赏告者钱五万。先逃者以百日内自首,免罪。如实销乏者,内从御史台,外从按察司,体究免之。③

泰和八年九月,章宗又令吏部尚书贾守谦、知济南府事蒲察张家奴、莒州刺史完颜百嘉、南京路转运使宋元吉等十三员,分路会同本路按察司官一员,推排诸路民户物力。临行前,章宗召见诸使臣谕之曰:"朕选卿等随路推排,除推收外,其新强、销乏户,虽集众推唱,然销乏者勿销不尽,如一户元物力三百贯,今蠲减二百五十贯,犹有不能当。新强者勿添尽,量存气力,如一户添三百贯而止添二百贯之类。卿等宜各用心。百姓应当赋役,十年之间,利害非细。苟不称所委,治罪当不轻也。"④

同时,官府掌握的通检推排档案文书的管理也日渐制度化。

① 《金史》卷四六《食货一》,第 1040 页。
② 《金史》卷四六《食货一》,第 1041 页。
③ 《金史》卷四六《食货一》,第 1036 页。
④ 《金史》卷一〇六《贾益谦传》,第 2334 页。

中央统一由户部掌管："郎中而下，皆以一员掌户籍、物力、婚姻、继嗣、田宅、财业、盐铁、酒曲、香茶、矾锡、丹粉、坑冶、榷场、市易等事，一员掌度支、国用、俸禄、恩赐、钱帛、宝货、贡赋、租税、府库、仓廪、积贮、权衡、度量、法式、给授职田、拘收官物、并照磨计帐等事。"① 地方各级政府都亦设有职掌通检推排簿籍的官员：如诸路总管府"府判一员，从六品。掌纪纲众务，分判户、礼案，仍掌通检推排簿籍"；诸府"府判一员，从六品。掌纪纲众务，分判吏、户、礼案事，专掌通检推排簿籍"；诸节镇"观察判官一员，正七品。掌纪纲观察众务，佥判吏、户、礼案事，通检推排簿籍"；诸防御州"判官一员，正八品。掌签判州事，专掌通检推排簿籍"；诸刺史州"判官一员，从八品。签判州事，专掌通检推排簿籍"；诸县"令一员，从六品，掌养百姓、按察所部、宣导风化、劝课农桑、平理狱讼、捕除盗贼、禁止游惰，兼管常平仓及通检推排簿籍，总判县事"。② 凡"遇差科，必按版籍，先及富者，势均则以丁多寡定甲乙。有横科，则视物力，循大至小均科。其或不可分摘者，率以次户济之"。③

2. 猛安谋克户物力的通检推排

在此期间，女真猛安谋克户物力状况的通检推排问题亦被提上议事日程。大定二十年（1180 年）四月，"以上京路女直人户，规避物力，自卖其奴婢，致耕田者少，遂以贫乏，诏定制禁之"。世宗谓宰臣曰："猛安谋克户，富贫差发不均，皆自谋克内科之，暗者惟胥吏之言是从，轻重不一。自窝斡叛后，贫富反

---

① 《金史》卷五五《百官一》，第 1233 页。
② 均见《金史》卷五七，《百官三》，第 1315 页。
③ 《金史》卷四七《食货二》，第 1056 页。

复，今当籍其夹户，推其家赀，傥有军役庶可均也。"① 诏集百官讨论猛安谋克户的通检推排之法。尚书省左丞蒲察通进言："必须通括各谋克人户物力多寡，则贫富自分。贫富分则版籍定，如有缓急，验籍科差，富者不得隐，贫者不重困。"② 世宗采纳了此项建议，于同年十二月诏："猛安谋克多新强旧弱，差役不均，其令推排，当自中都路始。"③ 因京师中都附近安置了大批南迁的女真猛安谋克户。任命同知大兴府事完颜乌里也先推排中都路，续遣户部主事按带等十四人与外官分路推排全国各地猛安谋克户。大定二十二年八月，世宗又诏："各地通检猛安谋克户时，应'集耆老，推贫富，验土地、牛具、奴婢之数，分为上、中、下三等。'"④ 九月，又因猛安谋克户旧有版籍不清，遇到签军、差役、赈济，户口增减不以实报，敕令在推排物力时，兼括户口，整顿户籍。

大定二十三年八月，有司奏报猛安谋克户等特殊民户通检推排结果：全国计有猛安二百零二，谋克一千八百七十八，共六十一万多户，垦田（屯田）约一百七十万顷，牛具三十八万多。中都宗室将军司所辖宗室户一百七十，占田约三千七百顷，牛具三百零四。东北边地部落乣军迭剌、唐古二部五乣近五千六百户，垦田一万六千余顷，牛具五千零六十六。⑤

3. 金朝通检推排法的特别规定

一是关于通推住宅、田地的特别规定。凡民之物力，所居之宅不预。猛安谋克户、监户、官户所居外，自置民田宅，则预其

---

① 《金史》卷四六《食货一》，第1038页。
② 《金史》卷九五《蒲察通传》，第2106页。
③ 《金史》卷四六《食货一》，第1038页。
④ 《金史》卷四六《食货一》，第1038页。
⑤ 《金史》卷四六《食货一》，第1034页。

数。墓田、学田，租税、物力皆免。通推民户物力时计入土地者，因其已纳田赋，应减物力总数的十分之二，以免重复征税。明昌元年（1190 年）四月，刑部郎中路伯达等言："民地已纳税，又通定物力，比之浮财所出差役，是为重并也。"① 遂详酌民地定物力，减十分之二。

二是关于民户积粟免充物力。章宗大定二十九年（1189 年）六月，"命农民如有积粟，毋充物力，钱悭之郡，所纳钱货则许折粟帛。"明昌三年八月，敕尚书省："百姓当丰稔之时不务积贮，一遇凶俭辄有阻饥，何法可使民重谷而多积也。"宰臣对曰："二十九年，已诏农民能积粟免充物力。明昌初，命民之物力与地土通推者，亦减十分之二，此固其术也"。②

三是关于监户产业的通检。世宗大定四年（1164 年）敕令："凡监户事产，除官所拨赐之外，余凡置到百姓有税田宅，皆在通检之数。"③

四是被灾被寇之地免于推排。大定二十六年推排时，世宗质问宰臣："比闻（黄）河水泛滥，民罹其害者赀产皆空。今复遣官于彼推排，何耶？"右丞张汝霖答称："今推排皆非被灾之处。"世宗曰："必邻道也。既邻水而居，岂无惊扰迁避者乎。计其赀产，岂有余哉，尚何推排为。"④ 章宗承安二年（1197 年）敕："边城被寇之地，皆不必推排。"⑤

五是推排民户物力应包括奴婢。大定二十四年（1184 年）四月朝廷集议推排猛安谋克户的事宜时，一些大臣主张不必将奴

① 《金史》卷四六《食货一》，第 1039 页。
② 《金史》卷四六《食货一》，第 1039 页。
③ 《金史》卷四六《食货一》，第 1037 页。
④ 《金史》卷八《世宗本纪下》，第 196 页。
⑤ 《金史》卷四六《食货一》，第 1040 页。

婢计人该户物力数。世宗据理予以驳斥:"设如一谋克内,有奴婢二三百口者,有奴婢一二人者,科差与同,岂得平均。正隆兴兵时,朕之奴婢万数,孳畜数千,而不差一人一马,岂可谓平。"① 遂敕推排民户物力时应括奴婢数。

六是职官之家物力钱的除免,亦须经坊村民户民主评议。泰和四年(1204年)十二月,章宗"以职官仕于远方,其家物力有应除而不除者,遂定典卖实业逐时推收。若无浮财营运,应除免者,令本家陈告,集坊村人户推唱,验实免之。造籍后如无人告,一月内以本官文牒推唱,定标附于籍"。② 凡叙使品官之家,并免杂役,验物力所当输者、止出雇钱。

七是颁行《推排受财法》,惩治在通检推排中受赃的官吏。承安初年,郡县有司赋调军须,规取货赂,深为民害。左谏议大夫高汝砺建言:"自今若因兵调发,有犯者乞权依《推排受财法》治之,庶使小人有所畏惧。"③

4. 普通民户与猛安谋克户物力通检推排的比较分析

金朝普通民户与猛安谋克户的物力通捡推排的区别,主要表现在以下四个方面:④

其一,对普通民户通检物力、推排户等,目的在于均平赋税,稳定国家的财政收入,符合统治者的利益,故其实施遇到的阻力小;而对猛安谋克的"通检推排",触及了部分女真贵族的切身利益,故遇到很大的阻力。世宗大定四年下诏对普通民户进行通检推排,当年,尚书省就规定事宜,很快就在全国各路铺开

---

① 《金史》卷四六《食货一》,第1038页。
② 《金史》卷四六《食货一》,第1040页。
③ 《金史》卷一〇七《高汝砺传》,第2351页。
④ 本部分参考赵光远《再论金代的"通检推排"》,《辽金史论集》(一),上海古籍出版社,1987。

了。且一直延续到泰和末年，期间达 40 多年。因为朝廷为了解决财源，向普通民户摊派赋役，相对减轻猛安谋克户的负担，与女真贵族的根本的经济利益是相吻合的，所以朝野未出现大的异议。即使尚书省中的汉人官吏对"通检推排"的事宜不满意，在当时情况下他们也无可奈何。因此没有发生类似对猛安谋克户"通检推排"时的那种阻力和冲突。此外，应该指出的是，尚书省在讨论对普通民户的通检推排时，并不一定有军事长官参与，然而在初论对猛安谋克户的通捡推排时，除尚书省的官员理应参加外，枢密副使完颜宗尹、都点检完颜襄也参加了会议。枢密使、都点检均为女真贵族军事中枢的要职，他们参与对猛安谋克"通检推排"的讨论，可以进一步说明世宗对猛安谋克户的"通捡推排"目的，具有整顿军队的性质。

史籍记载，在大定二十年（1180 年）四月关于启动对猛安谋克户通捡推排的决策会议上，一些官员出于维护女真贵族的既得利益，即使在世宗发表主旨讲话后，仍提出异议：世宗谓宰臣曰："猛安谋克户，富贫差发不均，皆自谋克内科之，暗者惟胥吏之言是从，轻重不一。自窝斡叛后，贫富反复，今当籍其夹户，推其家赀，傥有军役庶可均也。"诏集百官议，右丞相克宁、平章政事安礼、枢密副使宗尹言："女直人除猛安谋克仆从差使，余无差役。今不推奴婢孳畜、地土数目，止验产业科差为便。"左丞相守道等言："止验财产，多寡分为四等，置籍以科差，庶得均也。"左丞通、右丞道、都点检襄言："括其奴婢之数，则贫富自见，缓急有事科差，与一例科差者不同。请俟农隙，拘括地土牛具之数，各以所见上闻。"世宗曰："一谋克户之贫富，谋克岂不知。一猛安所领八谋克，一例科差。设如一谋无内，有奴婢二三百口者，有奴婢一二人者，科差与同，岂得平均。正隆兴兵时，朕之奴婢万数，挚畜数千，而不差一人一马，岂可谓平。朕于庶事未尝专行，与卿谋之。往年散置契丹户，安礼极言恐扰动，朕决行之，果得安业。安礼虽尽忠，未审长策。其从左丞通等所见，拘括推排之。"到同年十二月，世祖还在督促宰臣曰："猛安谋克多新强旧弱，差役不均，其令推排，当自中都路始。"但直至大定二十二年八月，"始诏令集耆老，推贫富，验土地牛具奴婢之数，分为上中下三等。以同知大兴府事完颜乌里也先推中都路，续遣户部主事按带等十四人与外官同分路推排"，① 对猛安谋克户的通捡推排的决策，拖延了两年才最终得以实施，足见此事阻力之大。

其二，具体管理通检推排事务的机构不同。全国通检推排簿籍均由户部统一管理。但地方体制则不同，普通民户通检推排簿籍由各级地方政府职官，如诸路总管府和诸府的府判，诸节镇的观察判官，诸防御州和刺史州的判官，各县县令掌管。而猛安谋克户通检推排簿籍则由谋克掌握。

其三，物力通检推排的标准不同。普通民户通检推排物力的范围包括田园、屋舍、车马、牛羊、树艺及藏镪。猛安谋克户通检推排的物力则为奴婢、土地、牛具，其中奴婢多少是贫富的主要指标。这种区别正反映了当时猛安谋克户与普通民户经济结构的不同。大定年间，宗室突合速的两个儿子争夺其父猛安之职继承权的事例颇为典型："初，突合速以次室受封，次室子因得袭其猛安。及分财异居，次室子取奴婢千二百口，正室子得八百口。久之，正室子争袭，连年不决，家赀费且尽，正室子奴婢存者二百口，次室子奴婢存者才五六十口。世宗闻突合速诸子贫

---

① 均见《金史》卷四六《食货一》，第 1038 页。

窨，以问近臣，具以争袭之故为对，世宗曰：'次室子岂当受封邪？'遂以嫡妻长子袭。"① 可见，在猛安谋克户中，奴婢仍是主要财富。前揭廷议通检推排猛安谋克户的物力时，一些大臣认为："括其奴婢之数，则贫富自见。"说明当时猛安谋克体制仍保留着浓厚的奴隶制色彩。而与中原汉地经济结构相适应，以汉人为主的普通民户，奴婢在其物力中较之田园、屋舍等资产，早已退居次要位置。

其四，前揭资料显示，普通民户物力通检推排时间早，期间长，次数多；而猛安谋克户物力通检推排只在其间进行了一次。这与当时的政治、社会环境密切相关。一是连年战争造成"兵食不足"，和民怨沸腾。朝廷既要解决财政困难，又要安抚百姓。正隆五年（1160 年），西北爆发契丹人撒八、窝斡为首的起义；翌年九月，海陵王兵分四路，大举攻宋；十月世祖自立为帝；十一月海陵王北归途中在兵变中丧生。此后与宋战争仍连年不断。新即位的世祖一方面欲革前任海陵王赋调频繁、轻重不均之弊，缓和社会矛盾，另一方面亟欲解决沉重的战争经费。于是首先下诏通捡推排普通民户物力，以收到一举两得的效果。二是此时战事正酣，猛安谋克各部尚在各处征战，不宜对其通检推排。自大定四年（宋隆兴二年，1164 年）冬金宋议和，订立"隆兴和议"之后，两国休战达四十余年。故得以在局势相对稳定的大定二十年开始对猛安谋克户物力通检推排。

其五，普通民户与猛安谋克户担负的赋役不同。普通民户一方面要按照田亩缴纳"两税"，另一方面还要通定物力，比之浮财出差役；而猛安谋克户只缴纳备荒济用的牛头税。《金史》

---

① 《金史》卷八〇《突合速传》，第 1801 页。

称："凡户隶州县者，与隶猛安谋克，其输纳高下又各不同。"①
大定十二年（1172）尚书省奏："唐古部民旧同猛安谋克定税，
其后改同州县，履亩立税，颇以为重。遂命从旧制。"②亦说明
州县民户比猛安谋克户输纳的赋役重得多。

综合上述，金代物力通检推排法，作为国家定期普查、核实
全国民户财力的制度，无疑是当时国家政治生活中的一项关涉全
局的重大措施，其规范颇为周详，执法也有一定力度，并获得了
良好的经济社会效益。可以认为，金代物力通检推排基本上达到
了预期的目的。对州县民户的"通检推排"，均平了民户赋役负
担，建立起固定的赋役制度，保障了赋役的来源，解决财政匮乏
的困难；对猛安谋克户的通检推排，则达到了均平差役，合理调
整了猛安谋克户的经济力量，稳定了金王朝统治的社会基础。从
朝廷立法本意及执法情况综合分析，物力通检推排的重点对象并
非贫穷的普通民户，而是家赀殷实，且仗恃权势逃避赋役的官豪
和新贵。对于深受物力少而赋役重困扰的下层民户利大于弊，通
检不会加重他们的负担，还有可能改变产去税存的不合理状况。
反之，官豪、新贵、地主、商贾等则有可能因隐匿物力被通检出
来而增加赋役负担。

愚以为，从某种意义上讲，金代物力通检推排法，乃是国家
运用法制杠杆，通过普查、核实民户物力，普遍征收资产税，以
分享贵族官吏及其他富豪之家所聚积财富的一种强制手段。简单
地将其批判为对普通民户的搜刮和掠夺是不适当的。诚然，在通
检推排法施行过程中，确曾发生过执法官吏扰民的现象，但这是
背离朝廷旨意和立法初衷的违法行为。如前揭张弘信在通检中胡

---

① 《金史》卷四六《食货一》，第1038页。
② 《金史》卷四七《食货二》，第1054页。

作非为，遭到宗室完颜永元严厉斥责而无言以对，不得不有所收敛。最高统治集团随时关注通检情况，及时制止、纠正执行官吏扰民的不法行径，表彰认真贯彻朝廷意图的官员，并不断总结经验教训，在通检过程中逐步完善相关制度，指导通检推排沿着正常的轨道顺利开展。

九 金代币制考

金朝金融立法，深受两宋货币制度的影响。金建国之初，尚无独立的币制，也没有印造货币，主要使用辽、宋旧钱，也兼行刘豫伪齐铸造的"阜昌元宝"和"阜昌重宝"钱。直到海陵王统治时期，才开始发行"交钞"和铜钱，并陆续制定了一系列有关货币发行、流通、回笼等方面的法律法令，建立起一套比较完备的货币制度。到金后期，军事形势日益严峻，经济、政治危机深重，导致币制屡变，币值猛跌，信用荡然无存，正常的金融秩序难以维持。货币制度亦最终随金亡国而烟消云散。

（一）金代钞法沿革考

钞法指关于纸币的法律。金代发行量最大，流通时间最长，使用范围最广的纸币是"交钞"。海陵王贞元二年（1154 年），在中央户部设立"印造钞引库"和"交钞库"，开始印制、发行交钞。这是金王朝最早发行的货币。印造钞引库"掌监视印造勘覆诸路交钞、盐引，兼提控抄造钞引纸"。交钞库"掌诸路交钞及检勘钱钞，换易收支之事"。① 后又在南京（今河南开封）设交钞库，"掌出入钱钞兑便之事"。②

1. 金交钞法始末

贞元交钞法的内容大致仿照北宋交子之制，规定交钞分大钞、小钞两种。"印一贯、二贯、三贯、五贯、十贯五等，谓之大钞，一百、二百、三百、五百、七百（文）五等，谓之小钞。"交钞由中央统一印制。交钞票面上印有花纹、面值，及篆书的"伪造交钞者斩，告捕者赏钱三百贯"，"中都交钞库，准尚书户部符，承都堂札付，户部覆点勘，令史姓名押字"，"圣旨印造逐路交钞，于某种库纳钱换钞，更许于某处库纳钞换钱，官私同现钱流转"等字样。参照北宋交子分"界"发行之制，交钞以七年为一界，界满则以旧钞换易新钞，官府适当收取工本费："旧立交钞法，凡以旧易新者，每贯取工墨钱十五文"，称为"七年厘革之法"。交钞发行初期，与铜钱并用，信用尚可，"商旅利于致远，往往以钱买钞"，③ 弥补了当时铜钱缺乏，不敷流通的不足，官民称便。

到章宗即位时，由于频繁的自然灾害和连年的对外战争，金王朝财政陷于"所入不充所出"的窘境。为了弥补财政上的亏空，章宗逐步修改了贞元以来的交钞法，开始大量印发交钞。大定二十九年（1189 年），章宗采纳臣僚建议，诏令"削七年厘革之法，令民得常用，若岁久字文磨灭，许于所在官库纳旧换新，或听便支钱"。但其手续颇为复杂："若到库支钱，或倒换新钞，每贯克工墨钱若干文。库掐、攒司、库副、副使、使各押

---

① 《金史》卷五六《百官二》，第 1283 页。
② 《金史》卷五七《百官三》，第 1320 页。
③ 均见《金史》卷四八《食货三》，第 1073 页。

字，年月日。印造钞引库库子、库司、副使各押字，上至尚书户部官亦押字。其搭印支钱处合同，余用印依常例。"① 这也许是为了阻塞伪钞通行，但如此繁琐的换钱易钞程序，又会使平民百姓望而却步，影响货币的流通。从此，交钞成为无限期流通的纸币。这在中国货币立法史上是一个划时代的变化。从北宋发行的世界上最早的纸币交子，到南宋的会子，都是分界发行，定期回收，有一定的有效使用期限。"自是而后，国虚民贫，经用不足，专以交钞愚百姓，而法又不常，世宗之业衰焉。"② 交钞度过了它在金代经济小发挥重大作用的辉煌时代，走上了通货膨胀的末路。

章宗在位期间，备尝了滥发纸钞的恶果：钞值猛跌，物价飞涨，人们普遍对交钞失去了信心，交钞在民间难以流通。为此，金朝廷采取了一系列法律的、行政和经济的措施，强制推行交钞。

其一，控制交钞的市场投入量，准备一定数量的铜钱作为"钞本"。交钞是以铜钱为价值本位的。其信用取决于国家掌握的发行准备金（古代典籍称为"钞本"）铜钱的数量，以及市场投放量是否适当。故当交钞"出多入少，民寖轻之"时，朝廷采取的首要措施就是控制交钞的流通量和筹集大量铜钱作为钞本。明昌三年（1192）年五月，章宗敕尚书省："民间流转交钞，当限其数，毋令多于见钱。"明昌四年八月，宰臣奏报"陕西交钞多于见钱，使民难于流转"，章宗遂敕令该路"榷税及诸名色钱折交钞；官兵俸许钱绢银钞各半之，若钱银数少，即全给交钞"，加速回笼交钞，减少市场流通量。泰和六年四月，章宗

---

① 均见《金史》卷四八《食货三》，第 1073 页。
② 均见《金史》卷四八《食货三》，第 1083 页。

又因"陕西交钞不行，以见钱十万贯为钞本，与钞相易"。①

其二，国家以强制力提高交钞的信用，干预交钞的流通。其中包括，允许百姓用交钞缴纳赋税，强制民间商业贸易使用交钞，国家用交钞支付官兵俸禄及赏赐等。章宗承安四年（1199年）三月诏："令院务诸科名钱，除京师、河南、陕西银、钞从便，余路并许收银、钞各半，仍于钞四分之一许纳其本路。随路所收交钞，除本路者不复支发，余通行者并循环用之。榷货所鬻盐引，收纳宝货（银币）与钞相半，银每两止折钞两贯。省许人依旧诣库纳钞，随路漕司所收，除额外羡余者，亦如之。"泰和八年十月，参知政事孙铎奏："民间钞多，正宜收敛，院务税诸名钱，可尽收钞。秋夏税纳本色外，亦令收钞，不拘贯例。农民知之则渐重钞，可以流通。比来州县抑配市肆买钞，徒增骚扰，可罢诸处创设钞局，止令赴省库换易。今小钞各限路分，亦甚未便，可令通用。"章宗令速行之。泰和七年（1207年）七月敕："民间之交易、典质，一贯以上并用交钞，毋得用钱。……犯者徒二年，告者赏有差，监临犯者杖且解职。"泰和八年八月又"以咸平、东京两路商旅所集，遂从都南例，一贯以上皆用交钞，不得用钱"。②

在官俸方面，承安二年十二月，尚书省在奏议中提到，"时所给官兵俸及边戍军须，皆以银钞相兼。"其后主要用交钞支给，泰和八年十二月宰臣奏："旧制，内外官兵俸皆给钞，其必用钱以足数者，可以十分为率，军兵给三分，官员承应人给二分，多不过十贯。"章宗敕令恢复施行。在赏赐方面，泰和七年

---

① 均见《金史》卷四八《食货三》，第1075页。

② 均见《金史》卷四八《食货三》，第1082页。

十一月，章宗敕："捕获伪造交钞者，皆以交钞为赏。"① 从而修改了交钞票面上标明的"伪造交钞者斩，告捕者赏钱三百贯"的律条。

其三，将促使交钞流通作为官员的一项任职目标和考核政绩优劣的标准。章宗泰和七年七月敕："县官能奉行流通（钞法）者升除，否者降罚，集众沮法者以违制论。"又定制，"按察司以钞法流通为称职，否则为不称职。仍于州府司县官给由内，明书所犯之数，但犯钞法者虽监察御史举其能干，亦不准用。"如"河北按察使斜不出巡按所给券应得钞一贯，以难支用，命取见钱"，被监察御史以"沮坏钞法"罪弹劾。章宗诏曰："纠察之官乃先坏法，情不可恕"，令杖之七十，削官一阶解除现任职务。泰和八年（1208 年）正月，"以京师钞滞，定所司赏罚格。时新制，按察司及州县官，例以钞通滞为升降。遂命监察御史赏罚同外道按察司，大兴府、警巡院官同外路州县官。"②

其四，严禁民众非议钞法。泰和七午（1207 年）正月，"时民以货币屡变，往往怨嗟，聚语于市"。章宗闻之，敕令御史台："自今都市敢有相聚论钞法难行者，许人捕告，赏钱三百贯。"③ 这在当时钱重钞轻的情况下，无疑是一笔颇为诱人的赏金。足见金统治者为推行钞法，真是煞费苦心。

其五，增加小钞投放量，加速回收大钞，以便利民众，促进交钞流转。面值为一贯至十贯的"大钞"，因其面值较大，在人们日常生活中行使不便，影响了交钞的流通；而在人们对交钞贬值普遍心存疑惧的情况下，大钞又不可能成为储藏手段，更加重

---

① 均见《金史》卷四八《食货三》，第 1081 页。
② 均见《金史》卷四八《食货三》，第 1082 页。
③ 均见《金史》卷四八《食货三》，第 1079 页。

了交钞的凝滞。金朝廷遂采取相应措施，以期减少和排除阻滞交钞流转的因素。承安初，"交钞所出数多，民间成贯例者艰于流转。"章宗诏："西、北二京，辽东路从宜给小钞，且许于官库换钱，与它路通行"。泰和六年，陕西钞滞。朝廷调拨现钱十万贯为钞本，同时投放十万贯小钞参用之，并令户部加印小钞，交付各路与现钱同行。泰和七年正月，章宗敕："在官毋得支出大钞，在民者令赴库以多寡制数易小钞及见钱。院务商税及诸名钱，三分须纳大钞一分。"同年十一月，章宗重申："在官大钞更不许出，听民以五贯、十贯例者赴库易小钞，欲得钱者五贯内与一缗，十贯内与两缗，惟辽东从便。河南、陕西、山东及它行钞诸路，院务诸税及诸科名钱，并以三分为率，一分纳十贯例者，二分五贯例者，余并收见钱。"① 回收的大钞予以销毁，不再发行。

其六，设置辨钞人员以查禁伪币。伪造钞币是严重破坏金融秩序的犯罪行为。假钞混迹市面，影响了国家钞币的信用和声誉。故章宗敕令地方府州县设置专职辨钞人（又称"辨钞库子"）以防伪冒。户部尚书高汝砺于泰和七年（1207 年）向章宗奏疏中亦提出："钞法务在必行，府州县镇宜各籍辨钞人，给以条印，听与人辨验，随贯量给二钱，贯例虽多，六钱即止。"②

其七，禁止官豪炒卖钞币。章宗泰和八年十二月敕："官吏势要之家有贱买交钞，而于院务换钱兴贩者，以违制论。"③

上述措施对于交钞的流转起到了一定的维护和促进作用，使交钞在章宗统治时间尽管风风雨雨，毕竟在当时社会经济生活中

---

① 均见《金史》卷四八《食货三》，第 1082 页。
② 均见《金史》卷四八《食货三》，第 1081 页。
③ 均见《金史》卷四八《食货三》，第 1082 页。

占有一席之地。然而，依靠国家权力强制推行因大肆滥发而不断贬值的纸钞，只能收到一时之效。自章宗以降，交钞发行量持续膨胀，远远超出了市场的需要。钞价一跌再跌，在民间的信用逐渐丧失殆尽。卫绍王大安三年（1211 年）九月与蒙古军的会河之役，朝廷仅用于"军赏"就花了八十四车交钞。可见当时交钞发行量巨大，而所值无几。史称"兵衄国残，不遑救弊，交钞之轻几于不能市易矣"。到宣宗贞祐二年（1214 年），更发行面值为二十贯到一百贯的大钞，及面额二百贯至一千贯的特大钞。钞价一落千丈，"每贯仅值一钱，曾不及工墨之费"。① 市上一百贯交钞只能买一碗面条，"万贯唯易一饼"。② 交钞已形同无人接受的废纸。

2. 昙花一现的金末各色钞币

至宣宗贞祐时，金王朝在蒙古和南宋的夹击下，国势日衰，经济处于崩溃的边缘。统治集团回天无计，只好求助于发行新货币。贞祐三年（1215 年）七月，金政府印行名为"贞祐宝券"的纸币，以取代无法流通的交钞。有关法令严禁伪造宝券，捕获伪造宝券者可得到官爵和赏赐，并规定阻滞宝券通行者有罪。

贞祐宝券发行之初，百姓对新币尚报有一定的希望，颇愿接受。但宝券面市伊始即陷入超量印行、价值贬跌的怪圈，很快在民间丧失了信用。贞祐三年（1215 年）十二月，臣僚奏报："宝券初行时，民甚重之。但以河北、陕西诸路所支既多，人遂轻之，商贾争收入京以市金银"，③ 造成京师银价上扬并带动粮

---

① 均见《金史》卷四八《食货三》，第 1083 页。
② 《元史》卷一四六《耶律楚材传》：有人"奏行交钞，楚材曰：'金章宗时初行交钞，与钱通行，有司以出钞为利，收钞为讳，谓之老钞，至以万贯唯易一饼。民力困竭，国用匮乏，当为鉴戒。今印造交钞，宜不过万锭。'从之"。
③ 均见《金史》卷四八《食货三》，第 1084 页。

价飞涨。

贞祐四年正月，监察御史田迥秀进言："国家调度皆资宝券，行才数月，又复壅滞，非约束不严，奉行不谨也。夫钱币欲流通，必轻重相权，散敛有术而后可。今之患在出太多，入太少尔。若随时裁损所支，而增其所收，庶乎或可也。"① 并提出五项增收减支的措施，包括裁冗官，罢酒使司及寄治官，节兵俸，酒税及纳粟补官皆当用宝券等，惜大多未被宣宗采纳。

但金政府还是采取了一些维护宝券信用的措施。如宝券发行时，曾一度在京师实行限价政策。据贞祐三年九月御史台奏报："自多故以来，全藉交钞以助军需，然所入不及所出，则其价浸减，卒无法以禁，此必然之理也。近用'贞祐宝券'以革其弊，又虑既多而民轻，与旧钞无异也，乃令民间市易悉从时估，严立罪赏，期于必行。"国家为使宝券维持一定的购买力而强制限价，违背了客观经济规律，"时估月再定之，而民间价且暮不一"。故限价不可能达成预期的效果，反而促成了一种恶性循环。京师限价"使商旅不行，四方之物不敢入"。货物匮乏又牵动拥有百万居民的京师物价上扬。有司进而强行平抑物价，迫使商家纷纷停业，市肆尽闭。官府"复议搜括隐匿，必令如估鬻之，则京师之物指日尽，而百姓重困矣"。宣宗遂诏令取消限价："惟官和买、计赃之类可用时估，余宜从便。"②

贞祐四年三月，宣宗采纳翰林侍讲学士赵秉文建议，诏令恢复设置贞祐二年迁都南京后裁撤的"回易务"，作为保障宝券流通、调控物资供求的政府机构，"令职官通市道者掌之，给银钞粟麦缣帛之类，权其低昂而出纳之。仍自选良监当官营为之，若

---

① 均见《金史》卷四八《食货三》，第1085页。
② 均见《金史》卷四八《食货三》，第1086页。

半年无过，及券法通流，则听所指任便差遣"。①

　　然而，贞祐宝券作为一种纸币，虽可能救一时之弊，但在金后期经济、军事、政治衰败的形势下，也无法摆脱迅速贬值的命运。就在宝券发行一年后的贞祐四年八月，宰臣奏报："军兴以来，用度不赡，惟赖宝券，然所入不敷所出，是以浸轻，今千钱之券，仅直数钱，随造随尽，工物日增，不有以救之，弊将滋甚。"② 建议另造新币。

　　在发行"贞祐通宝"钱失败后，宣宗于元光元年（1222年）二月诏令发行兴定五年（1221年）印制的"兴定宝泉"纸钞，与"贞祐通宝"钱兼用，"每贯当通宝四百贯，以二贯为银一两，随处置库，许人以通宝易之。县官能使民流通者，进官一阶升职一等，其或姑息以致壅滞，则亦追降的决为差。州府官以所属司县定罪赏，命监察御史及诸路行部官察之。定挠法失纠举法。失举则御史降决，行部官降罚；集众妄议难行者徒二年，告捕者赏钱三百贯。"③

　　法令虽严，却未能阻止"兴定宝泉"这样值、价悬殊的钞币，重蹈迅速贬值的覆辙。"兴定宝泉"行用不久，"银价日贵，宝泉日贱"，民间交易都以银论价。元光二年，宣宗鉴于"兴定宝泉"难以流通，一方面用绫（一种有花纹的丝织品）印制"元光珍货"，提高钞币自身的价值以促使其流通。另一方面更定律令："银一两不得过宝泉三百贯，凡物可直银三两以下者不许用银，以上者三分为率，一分用银，二分用宝泉及珍货、（元光）重宝。京师及州郡置平准务，以宝泉、银相易，其私易及

────────────

① 均见《金史》卷四八《食货三》，第1085页。
② 均见《金史》卷四八《食货三》，第1086页。
③ 均见《金史》卷四八《食货三》，第1089页。

违法而能告者罪赏有差。"但此项法令遭到百姓的普遍抵制，以致"市肆昼闭，商旅不行"，朝廷不得不下令废止"市易用银及银、宝泉私相易之法"。但人民再也不相信金王朝发行的任何钱钞，"民间但以银市易"。①

天兴二年（1233 年）正月，哀宗在蒙古和南宋军队夹击下，逃离京城（南京，今河南开封），六月驻跸蔡州（今河南汝南）。同年十月，金朝廷惊魂稍定，即在蔡州印行"天兴宝会"钞币。新钞分"一钱、二钱、三钱、五钱凡四等，以楮（按：用椿树皮制造的纸）为之"，②与银两同等流通。这是金王朝最后一次发行新币。同年十一月，蒙、宋军队会师围困蔡州。天兴三年（1234 年）正月，蔡州城破，金王朝灭亡。

（二）金代钱法考

钱法是关于金属货币的铸造、发行和流通的法律。金建国后，四十余年未发行新钱币，市面沿用辽、宋旧钱，亦兼行伪齐钱币。直到海陵王正隆二年（1157 年）才"始议鼓铸"，发行新币，制定钱法。

1. 钱币铸造与发行制度

（1）铸钱法。

金代钱币铸造权，始终为中央政府所掌握。国家先后设置过五个"钱监"，作为直接管理钱币铸造的政府机关。中都（今北京）"宝源"、"宝丰"监和京兆府（今陕西西安）"利用"监设于正隆三年，是金王朝最重要的铸钱机构。大定十八年（1178

---

① 均见《金史》卷四八《食货三》，第 1089 页。
② （金）王鹗：《汝南遗事》卷三，《丛书集成初编》本。

年），朝廷在代州（今山西代县）立监铸钱，大定二十年十一月，将代州钱监命名为"阜通"监，"设监一员，正五品，以州节度兼领；副监一员，正六品，以州同知兼领；丞一员，正七品，以观察判官兼领；设勾当官二员，从八品。给银牌，命副监及丞更驰驿经理。"① 其管理机构完善，职官权责明确。大定二十七年二月，金廷又在曲阳县（今河北曲阳）设置"利通"监。

大定二十九年十二月，宰臣奏报："今阜通、利通两监，岁铸钱十四万余贯，而岁所费乃至八十余万贯，病民而多费，未见其利便也。"② 章宗遂诏令裁撤代州、曲阳二钱监。

有金一代，由上述钱监铸造的铜钱主要有以下四种：一是"正隆元宝"。海陵王正隆三年（1158 年）发行，其"轻重如宋小平钱（每枚平均重 3.9 克），而肉好字文峻整过之，与旧钱通用"。③

二是"大定通宝"。大定十八年始铸，两年间共造 1.6 万余贯。其重量与正隆元宝一致，而"字文肉好又胜正隆之制"。大定时，民间使用铜钱皆"以八十为陌，谓之短钱（即以八十钱当一百钱使用），官用足陌，谓之长钱"。世宗据臣民建议，定制："官私所用钱皆当以八十为陌。"④ 在后世发掘出土的金代铜钱中，有一种隶书"大定通宝"大钱，每枚重达 108.1 克，直径 72 毫米。据推算，其值应在一贯左右。

三是"泰和重宝"钱。章宗泰和四年（1204 年）发行。每枚重 23.4 克，是"一直十"的大钱。

---

① 均见《金史》卷四八《食货三》，第 1072 页。
② 均见《金史》卷四八《食货三》，第 1073 页。
③ 均见《金史》卷四八《食货三》，第 1069 页。
④ 均见《金史》卷四八《食货三》，第 1071 页。

四是"贞祐通宝"钱。金末宣宗时，在取代交钞的"贞祐宝券"发行失败后，又于贞祐末年铸造"贞祐通宝"铜钱，兴定元年（1217年）二月正式发行，希图解决因通货膨胀造成的金融危机。"贞祐通宝"发行之初，其法定比价是一贯当旧钱、钞千贯，每四贯折合银一两，并"增重伪造沮阻罪及捕获之赏"。① 但到兴定五年（1221年）底，"贞祐通宝"已惨跌至八百贯才值银一两，已经难于流通。此后，金王朝再也没有铸造新铜钱。

（2）铜管制法。

铸造钱币的主要材料是铜。在当时生产条件和冶练技术比较落后的情况下，铜料来之不易。故欲保障铸币之需，维护国家对铸币权的垄断，就必须对铜实施管制。

首先，强化铜冶管理。

金王朝处于中国北部，大型铜矿较少。朝廷曾多次派遣使者到全国各地探查铜矿，筹措铜料，对能指引矿藏得实者给予奖励。如世宗大定十二年（1172年）正月，"以铜少，命尚书省遣使诸路规措铜货，能指坑冶得实者赏"；大定十六年三月，世宗又"遣使分路访察铜矿苗脉"；甚至派遣工匠民夫"逾天山北界外采铜"。明昌三年（1192年），监察御史李炳进言："顷闻有司奏，在官铜数可支十年，若复每岁令夫匠过界远采，不惟多费，复恐或生边衅。若支用将尽之日，止可于界内采炼。"② 章宗遂诏令禁止出界采铜。

其次，严禁铜越界外流。

海陵王正隆二年（1157年）十月，"初禁铜越外界，悬罪

---

① 均见《金史》卷四八《食货三》，第1089页。
② 均见《金史》卷四八《食货三》，第1074页。

赏格"。章宗承安三年（1198 年）立制，禁止在对外贸易中使用铜钱。凡"以钱与外方人使及与交易者，徒五年，三斤以上死，驵侩（即贸易经纪人）同罪。捕告人之赏，官先为代给钱五百贯。其逮及与接引、馆伴、先排、通引、书表等以次坐罪，仍令均偿"。① 其惩罚极为严厉。

金境内缺铜与南宋缺马匹，加之两国分别严禁这两种关系国家安危及国计民生的重要物资出口，引发了两国边境地区频繁的铜马走私活动。南宋孝宗乾道元年（1165 年）四月，"以臣僚言，和议既成，封疆已定，宜杜衅端。向来沿淮郡邑多是见任官遣人私赍南货逾淮买卖，往往夹带铜钱并违禁之物，公然贸易，至有妄称御前差委买卖，不唯上玷国体，亦恐引惹间隙。又闻沿边恶少多以平市买马为名，越境作过，谓之'骑淮'，又谓之'跳河'，往往出境偷马，时致喧闹。"②

第三，禁止民间销钱作铜器。

金王朝从自铸钱币之初即下令拘括民间铜器入官，作为铸钱的原料。海陵王正隆二年十月诏："括民间铜输（按：一种自然铜）器，陕西、南京者输京兆，他路悉输中都"，③ 供设于中都和京兆府的钱监铸钱之用。甚至出使高丽归国的官吏所得铜器，亦须尽卖入官。"私置禁铜器（者），法当徒"。④ 百姓使用的铜制生活用品如乐器等，不得私自制造，而由官营作坊铸造和经

---

① 均见《金史》卷四八《食货三》，第 1076 页。
② （清）徐松辑：《宋会要辑稿》第一七二册《兵二九之一六》。
③ 均见《金史》卷四八《食货三》，第 1069 页。
④ 《金史》卷六六《宗室传》：章宗时，宗室完颜齐为磁州刺史，"治以宽简，未尝留狱。属邑武安，有道士视观宇不谨，吏民为请邻郡王师者代主之。道士忿夺其利，告王私置禁铜器，法当徒。县令恶其为人，反坐之，具狱上。齐审其诬。又以王有德，不忍坐之，问同僚，无以对。齐曰：'道士同请即同居也，当准首，俱释其罪。'其宽明有体，皆此类也。"

营。大定时曾规定官卖铜器的价格："在都官局及外路造卖铜器价，令运司佐贰检校，镜每斤三百十四文，镀金御仙花腰带十七贯六百七十一文，五子荔枝腰带十七贯九百七十一文，抬钑（按：镂刻之意）罗文束带八贯五百六十文，鱼袋二贯三百九文，钹（乐器）、钴（熨斗）、铙（乐器）、磬（乐器）每斤一贯九百二文，铃杵坐铜者二贯七百六十九文，输石（即黄铜）者三贯六百四十六文。"①

由于官营铜器价格不菲，购买铜器不如销钱为铜自造。以民间常用的铜镜为例，官价每斤卖 314 文，按每文（枚）钱重 3.9 克计算，② 314 文钱重 1224.6 克，约合铜二斤多。③ 故常有犯禁销钱私造铜器的现象发生。为此，金朝廷除适当降低铜器的官价外，屡次颁布禁令，惩处毁钱为器，妨害国家货币的行为。

大定八年（1168 年），"民有犯铜禁者"，世宗指出"销钱作铜，旧有禁令，然民间犹有铸镜者，非销钱而何"，④ 遂重申禁令。

大定十一年二月，世宗再次诏令："禁私铸铜镜，旧有铜器悉送官，给其直之半。惟神佛像、钟、磬、钹、钴、腰束袋、鱼袋之属，则存之。"当时规定，"民间应许存留铜输器物，若申卖入官，每斤给钱二百文"，实行高价收购。密藏应禁器物，"首纳者每斤给钱百文，非器物铜货一百五十文，不及斤者计给之"，⑤ 这些补偿低于器物本身的价值，带有惩罚的性质。

---

① 均见《金史》卷四八《食货三》，第 1074 页。
② 参见《金代铜币》一文，载《学习与探索》1983 年第 3 期。
③ 唐代以降，1 斤 =596.82 克。参见《中国历代两斤之重量标准变迁表》，梁方仲《中国历代户口、田地、田赋统计》，上海人民出版社，1980，第 545 页。
④ 均见《金史》卷四八《食货三》，第 1070 页。
⑤ 均见《金史》卷四八《食货三》，第 1070 页。

大定二十六年十一月，世宗谕宰臣："国家铜禁久矣，尚闻民私造腰带及镜，托为旧物，公然市之，宜加禁约。"① 可见，铜禁虽严，民间犯者仍众。

泰和四年（1204 年），章宗采纳群臣建议，进一步加强铜禁："销钱作铜，及盗用出境者不止，宜罪其官及邻"，实行连坐之法；"凡寺观不及十人，不许畜法器。民间输铜器期以两月送官给价，匿者以私法坐，限外人告者，以知而不纠坐其官，寺观许童行告者赏。"②

2. 钱流通法

金代钱币制作精致，质量俱佳，颇受百姓青睐，面市之后，流转顺畅。史称："钱之为泉也，贵流通而不可塞，积于官而不散则病民，散于民而不敛则阙用，必多寡轻重与物相权而后可。大定之世，民间钱多而钞少，故贵而易行。"③

但金政府自大定末年开始大量印行交钞，致使钞价大跌，交钞逐渐失去了信用。民间富豪之家纷纷贮藏铜钱以求保值，造成市面上铜钱严重缺乏，不敷流通。大定二十八年（1188 年），世宗谓宰臣曰："今者外路见钱其数甚多，闻有六千余万贯，皆在僻处积贮，既不流散，公私无益，与无等尔。今中都岁费三百万贯，支用不继，若致之京师，不过少有挽运之费，纵所费多，亦惟散在民尔。"④

明昌五年（1194 年）三月，宰臣奏议："民间钱所以难得，以官豪家多积故也。在唐元和间，尝限富家钱过五千贯者死，王

---

① 均见《金史》卷四八《食货三》，第 1072 页。
② 均见《金史》卷四八《食货三》，第 1078 页。
③ 均见《金史》卷四八《食货三》，第 1088 页。
④ 均见《金史》卷四八《食货三》，第 1072 页。

公重贬没入，以五之一赏告者。"章宗遂诏定《官民存留见钱法》，限定民户贮藏现钱的数额："令官民之家以品从物力限见钱，多不过二万贯，猛安谋克则以牛具为差，不得过万贯。凡有所余，尽令易诸物收贮之。有能告数外留钱者，奴婢免为良，佣者出离，以十之一为赏，余皆没入。"① 金代"限钱法"的规定，显然较唐制宽松。允许民户贮钱的最高限额放宽了数倍，对告发者的赏赐标准亦低得多。

然而，在交钞严重阻滞的情况下，出现了越来越令人不安的"钱荒"。金政府一面以严刑峻罚促使交钞流通，一面采取措施，强制推行限钱法。承安三年（1192 年）十月，章宗敕令"更定官民存留钱法"，改明昌时的定额制为比例制。官民贮藏的现钱，皆以"三分为率，亲王、公主、品官许留一分（三分之一），余皆半之（六分之一）。其赢余之数，期五十日内尽易诸物，违者以违制论，以钱赏告者"；② 同时命御史台及地方提刑司加紧纠举违制贮钱者。此后，又数次遣使臣分路巡察，督促限钱法的施行。

但是，限钱法令操作起来远非易事。泰和八年（1208 年）十二月，宰臣奏疏中提到："其限钱过数虽许奴婢以告，乃有所属默令其主藏匿不以实首者。……若旧限已满，当更展五十日，许再令变易钞引诸物。"③ 事实上，一纸限钱令无法解决因通货膨胀造成的严重钱荒。到贞祐三年（1215 年）四月，宣宗采纳朝臣建议，诏令停止行使铜钱，只许交钞流通。"自是，钱货不用，富家内困藏镪之限，外弊交钞屡变，皆至窘败，谓之'坐

① 均见《金史》卷四八《食货三》，第 1075 页。
② 均见《金史》卷四八《食货三》，第 1076 页。
③ 《金史》卷四八《食货三》，第 1082 页。

化'。商人往往舟运贸易于江淮，钱多入于宋矣。"①

至此，金朝钱法已宣告崩溃。其后，金政府　度发行"贞祐通宝"钱。但这种质、价悬殊的钱币很快陷入了通货膨胀的泥潭，退出了流通领域。

3. 金银货币法

金银及金银铸币，早在先秦时期即已成为通货。秦代以黄金为"上币"。西汉黄金盛行，朝廷赏金动辄数以千斤计。银两从唐中叶开始，逐渐充当主要支付手段；到宋代，银已成为本位币。

章宗承安二年（1197 年）十二月，铸造、发行名为"承安宝货"的银币，"一两至十两分五等，每两折钱两贯，公私同见钱用"；同时制定"销铸及接受稽留罪赏格"。② 这是我国历史上最早的有法定计数的银铸币。它的发行，一度缓解了流通领域硬通货奇缺的矛盾。但民间随之大量仿造私铸杂以铜锡的劣质银币，百姓真伪难辨，不敢使用银币。承安五年（1200 年）十二月，金政府不得不停止发行和使用"承安宝货"，但民间以银为币的势头，已无法遏止。

---

① 《金史》卷四八《食货三》，第 1083 页。
② 《金史》卷四八《食货三》，第 1076 页。

十　金代禁榷制度考

关于禁榷，段玉裁《说文解字注》曰："以木渡水曰榷，谓禁民酤酿，独官开置，如道路设木为榷，独取利也。"《初学记》卷七引："独木之桥曰榷。"故"榷"之本意是只能一人通过，不许他人并行的独木桥。禁榷即禁止私人自由经营，由官府垄断专营之意。这是一种古老的经济制度，反映了统治者最功利的意图，即增加财政收入。凡有新的能够批量生产并有较大市场收益的商品出现，立即被官府列入禁榷范围，实行专营专卖。我国历史上的禁榷法首创于春秋初年。齐桓公于公元前685年即位后，任用管仲为相，厉行改革，主张"唯官山海为可耳"。[①] 宣布由官府统一管制山林湖海出产的重要物品，创立盐铁专卖法，对盐、铁实行国家垄断。在自然经济占主导地位的古代社会，人们的经济生活基本上是自给自足的，生活必需品大部分是由消费者自行生产。但食盐和铁器（生产工具和兵器）这两种必需品却不能随意生产，通常需依赖市场交换获取。正如《汉书》所说："夫盐，食肴之将；酒，百药之长，嘉会之好；铁，田农之本；名山、大泽，饶衍之臧；五均、赊贷，百姓所取平，卬（仰）

---

① 《管子》海王第七二，中华书局1954年《诸子集成》本。

以给澹；铁布、铜冶，通行有无，备民用也。此六者，非编户齐民所能家作，必卬于市，虽贵数倍，不得不买。"①

汉武帝天汉三年（公元前98年）二月，采纳桑弘羊建议，下令"初榷酒酤"。注："应劭曰：'县官自酤，榷卖酒，小民不复得酤也。'"② 从而创立了榷酒之制。

唐文宗太和九年（835年）十月，"王涯献榷茶之利，乃以涯为榷茶使。茶之有榷税，自涯始也。"③ 榷茶法自此始。

宋代商品交易流通繁荣，统治者认为："山海天地之藏，关市货物之聚"，不能让豪强富贾私擅其利，应由政府"取之商贾，以助国家之经费，使民不加赋而国用足"。故进一步完善和强化禁榷立法，将盐、茶及一批矿冶、手工业、农副产品纳入禁榷范围。专卖之利已成为国家主要财政收入。

金朝禁榷立法，深受北宋专卖制度的影响。"金制榷货之目有十：曰酒、曲（可用于酿酒和制酱）、茶、醋、香、矾（即矾石，可入药）、丹（即朱砂，炼汞的主要原料）、锡、铁，而盐为称首。"④ 管理禁榷事务的政府机构，除中央户部及其下设的榷货务外，各路也设有"提举榷货事"官。

（一）榷盐法考略

食盐为金代所有专卖品之首，食盐专卖法也最详备。

辽金故地滨海，盛产食盐。金入主中原前，只有征收盐税之

---

① 《汉书》卷二四下《食货志四下》，中华书局，1983，第1183页。
② 《汉书》卷六《武帝本纪》，中华书局，1983，第204页。
③ 《旧唐书》卷一七《文宗本纪》，中华书局，1997，第561页；《新唐书》卷六《食货四》："其后王涯判二使，置榷茶使，徙民茶树于官场，焚其旧积者，天下大怨。"
④ 《金史》卷四九《食货四》，第1093页。

举，而无榷盐之制。金食盐专卖法确立于征服中原之后。史称"及得中土，盐场倍之，故设官立法加详焉"。① 其基本制度是仿行北宋"钞引法"。这是一种民制、官收、商运、商销的间接专卖制度。

在生产环节，实行民制、官收之法。煮盐的"灶户"处于官府严密控制之下。他们可从官府获得生产贷款，所制之盐须交纳"盐课"，故称课盐。各盐场盐课征收标准不尽相同。如宝坻盐场"每石收正课百五十斤"，另加"耗盐"二十二斤半，则每生产一石盐应纳盐课一百七十二斤半，税率为百分之十一点五。② 税余课盐由官府收购，灶户不得私自出卖。朝廷制定了《灶户盗卖课盐法》，严禁私卖课盐，"若应纳盐课外有余，则尽以申官，若留者减盗一等"③ 论罪。

官府以低价统购灶户生产的盐，依"钞引法"加价批发给盐商，由盐商运销转售于民。如大定时，统购盐"每斤官本十文"，而山东、沧州盐每斤卖价 41 文，宝坻盐每斤 43 文。章宗初期曾一度降低批发价，承安三年十二月，因财政紧张，又重新定价，山东、宝坻、沧州三盐司每斤 42 文，解州盐每斤 25 文 6 分，其他盐司亦分别加价。由此，七盐司盐利岁入从 622.66 万余贯，增至 1077.45 万余贯。

金自海陵王贞元二年（1154 年）始行"钞引法"。盐商须先向官府购买"钞引"，凭此到盐场领盐。这"钞引"的"钞，合盐司簿之符"，是收款的凭证；"引，会司县批缴之数"，④ 是

---

① 《金史》卷四九《食货四》，第 1093 页。
② 综合《金史》卷四九《食货四》史料，宝坻盐每 300 斤一袋，25 袋为一大套，每大套合 5 石，则每石为 1500 斤。
③ 均见《金史》卷四九《食货四》，第 1103 页。
④ 均见《金史》卷四九《食货四》，第 1100 页。

提货单和特许运销的执照。承销盐的数量载于引，引附于钞，钞引结合使用，才有效力。

金行钞引法之初，规定买盐引者均用交钞。后因交钞贬值，在承安二年（1197年）发行"承安宝货"银币时，又令榷货务卖盐引"收纳宝货与钞相半，银每两止折钞两贯"。① 此外，钞引亦可纳粟、米易之，类似宋朝的"入中交引法"。大定初年，户部郎中曹望之"请于大盐泺（位于临潢之北。临潢府治今内蒙古巴林左旗之波罗城）设官榷盐，听民以米贸易，民成聚落，可以固边圉，其利无穷"。世宗采纳了此项建议，"其后凡贮米二十余万石。及东北路岁饥，赖以济者不可胜数。"②

为了掌握盐利，便于管理，金承宋制，亦实行分界销盐之法。持钞引的盐商只能在指定的地界内销售食盐，不得越界经营。世宗大定末年在全国七个主要产盐地区设置盐使司，分别管理各行盐区域的食盐专卖事宜，即山东、宝坻、沧州、解州、辽东、西京、北京盐使司。由盐司使、副使、判官"掌干盐利以佐国用"，下设管勾等属吏"掌分管诸（盐）场发买、收纳、恢办之事"。③

其行盐区域的划分，山东、沧州盐司所属九个盐场之盐，行销山东、河北、大名、南京、归德等路府，及许州、蔡州、泗州、寿州等江淮诸州；宝坻盐行中都路；解州盐行河东南、北路，及郑、唐、邓、嵩、汝诸州；西京、辽东盐各行本地区。

由于官盐的批发价和销售价大大高于官府统购盐价，使金朝的私盐问题尤为严重。百姓因私盐较为便宜而乐于接受，如山

---

① 均见《金史》卷四九《食货四》，第1101页。
② 《金史》卷九二《曹望之传》，第2035页。
③ 《金史》卷五七《百官三》，第1318页。

东、宝坻、沧州私盐每斤价 25 文左右，较官盐便宜十几文。这又促使食盐走私因获丰厚而大行其道。如章宗时，民间"私煮盗贩者成党"；"海堧人易得私盐，故犯法者众"。宣宗贞祐二年（1214 年）十月，户部奏报："阳武、延津、原武、荥泽、河阴诸县饶碱卤，民私煎不能禁。"朝廷设官置盐场管理，也被各地"有力者夺之"。① 盐枭气势咄咄逼人。

私盐的盛行，使国家盐课收入流失严重。泰和时，山东一年就亏盐课 50 余万贯。"缘官估高，贫民利私盐之贱，致亏官课尔。"② 为此，金朝廷采取了一系列对付私盐的法律措施。

一是加强缉私机构。世宗大定三年（1163 年）二月，"定军私煮盐及盗官盐之法，命猛安谋克巡捕。"③ 但女真猛安谋克部人自己也私煮盗贩，牟取厚利。朝廷遂将缉私之权交给各盐使司。可是，盐使司官吏却同样利用职权扰民。大定二十五年（1185 年）十月，世宗谓宰臣曰："朕闻辽东，凡人家食盐，但无引目者，即以私治罪。夫细民徐买食之，何由有引目？可止令散办，或询诸民，从其所欲。"④

大定二十八年初，尚书省奏议盐事时，世宗又指出："盐使司虽办官课，然素扰民。盐官每出巡，而巡捕人往往私怀官盐，所至求贿及酒食，稍不如意则以所怀诬以为私盐。盐司苟图羡增，虽知其诬亦复加刑。宜令别设巡捕官，勿与盐司关涉，庶革其弊。"同年五月，在各产盐区创设独立的巡捕使。山东、沧州、宝坻各二员，解州、西京各一员，"直隶省部，各给银牌，

---

① 均见《金史》卷四九《食货四》，第 1104 页。
② 均见《金史》卷四九《食货四》，第 1101 页。
③ 均见《金史》卷四九《食货四》，第 1095 页。
④ 均见《金史》卷四九《食货四》，第 1097 页。

取盐使司弓手充巡捕人，且禁不得于人家搜索，若食盐一斗以下不得究治，惟盗贩私煮则捕之，在三百里内者属转运司，外者即随路府提点所治罪，盗课盐者亦如之。"①

章宗即位不久，鉴于巡捕使设立后，挟私盐以诬人、擅入民家搜索之事仍频频发生，有的缉私官吏甚至草菅人命，恣意滥杀，如沧州某年岁饥，"民煮卤为盐卖以给食，盐官往往杖杀之"，② 遂诏"罢巡盐官"，仍令盐使司负缉私之责。但对缉私官吏的职权作了一些限制性的规定，以防止再度发生徇私扰民的弊端。如明昌二年五月诏："自今如有盗贩者，听盐司辄捕。民私煮及藏匿，则约所属搜索。巡尉弓兵非与盐司相约，则不得擅入人家。"③

二是加重地方官的缉私责任。承安末，章宗"命山东、宝坻、沧州三盐司，每春秋遣使督按察司及州县巡察私盐"。④ 泰和六年（1206 年）三月，宰臣建言："国家经费惟赖盐课，今山东亏五十余万贯，盖以私煮盗贩者成党，盐司既不能捕，统军司、按察司亦不为禁。若止论犯私盐者之数，罚俸降职，彼将抑而不申，愈难制矣。宜立制，以各官在职时所增亏之实，令盐司以达省部，以为升降。"章宗遂诏："诸统军、招讨司、京府州军官，所部有犯者，两次则夺半月俸，一岁五次则奏裁，巡捕官但犯则的决。令按察司、御史察之。"⑤ 将缉私成效与地方官的切身利益联系起来，无疑加重了他们的缉私责任，促使其重视缉私工作。

---

① 均见《金史》卷四九《食货四》，第 1097 页。
② 《金史》卷一二八《循吏传》，第 2771 页。
③ 均见《金史》卷四九《食货四》，第 1099 页。
④ 《金史》卷四九《食货四》，第 1101 页。
⑤ 均见《金史》卷四九《食货四》，第 1103 页。

三是告捕私盐者赏。凡民众告发或捕获犯私盐者，"计斤给赏钱，皆征于犯人"。若缉私官吏捕获犯私盐者，虽征赏钱依旧，但其所得份额，"巡捕军则减常人之半，免役弓手又半之"，① 其余全部上交官库。

四是加重女真人犯私盐的惩治。女真猛安谋克部人享有种种特权。国家法律对于女真人犯私盐的处罚，本来是比较宽容的。如明昌三年（1192 年）六月，臣僚建议："猛安谋克部人煎贩及盗者，所管官论赎，三犯杖之，能捕获则免罪。"章宗未予采纳，"命猛安谋克杖者再议"。② 但私盐的日益猖獗，盐课的大量流失和国家财政支出的扩大，迫使朝廷逐步加重了女真人犯私盐的惩罚。

明昌五年（1194 年）十一月，章宗诏令改革"猛安谋克犯私盐酒曲者，转运司按罪"的旧制，"更定军民犯私盐者皆令属盐司"。女真人犯私盐者与平民一样，由盐使司惩处，"若逮问犯人而所属吝不遣者，徒二年"。③ 承安末年，宰臣奏："在法，猛安谋克有告私盐而不捕者杖之，其部人有犯而失察者，以数多寡论罪。今乃有身犯之者，与犯私酒曲、杀牛者，皆世袭权贵之家，不可不禁。"章宗遂诏定猛安、谋克犯私盐等罪之"徒年、杖数，不以赎论，不及徒者杖五十"。④

（二）榷茶法考略

金朝地处中国北方，所饮茶叶主要来自南宋，"自宋人岁供

---

① 均见《金史》卷四九《食货四》，第 1102 页。
② 均见《金史》卷四九《食货四》，第 1099 页。
③ 均见《金史》卷四九《食货四》，第 1100 页。
④ 均见《金史》卷四九《食货四》，第 1101 页。

之外，皆贸易于宋界之榷场"。① 榷场是金与周边邻国官方设置的边境贸易场所。金设有专门的榷场贸易管理机构，"委场官及提控所拘榷，以提刑司举察"，② 并制定《香茶罪赏格》等法律，实行严厉的对外贸易管制。

承安三年（1198 年）八月，章宗以茶叶贸易"费国用而资敌"，遂命设官自制之。翌年三月，在淄州（今山东淄博市）、密州（今山东诸城）、宁海（今山东牟平）、蔡州（今河南汝南）各置一坊，制造新茶。由于自制茶叶质次价高（每斤价 600 文），茶商不愿承销，朝廷只好硬性按户口分摊给山东、河北四路，由司县官府出售。

无论是从南宋输入或自制的茶叶，均列为专卖品。茶商运销茶叶，须向官府购买"茶引"。"买引者，纳钱及折物，各从其便。"私自制售或无引运销茶叶，破坏茶专卖的行为，被视为犯罪。章宗承安四年（1199 年）五月，"以山东人户造卖私茶，侵侔榷货，遂定比煎私矾例，罪徒二年"。③

泰和六年（1206 年）十一月，尚书省奏："茶，饮食之余，非必用之物。比岁上下竞啜，农民尤甚，市井茶肆相属。商旅多以丝绢易茶，岁费不下百万，是以有用之物而易无用之物也。若不禁，恐耗财弥甚。"章宗鉴于官民饮茶之风盛行，耗费大量金帛，遂颁布"食茶制"，限制民间茶叶消费。只有"七品以上官，其家方许食茶，仍不得卖及馈献。不应留者，以斤两立罪赏"。④

---

① 均见《金史》卷四九《食货四》，第 1107 页。
② 《金史》卷五〇《食货五》，第 1113 页。
③ 均见《金史·食货四》，第 1108 页。
④ 均见《金史·食货四》，第 1108 页。

宣宗元光二年（1223年）三月，省臣以"国蹙财竭"，奏曰："金币钱谷，世不可一日阙者也。茶本出于宋地，非饮食之急，而自昔商贾以金帛易之，是徒耗也。泰和间尝禁止之，后以宋人求和乃罢。兵兴以来，复举行之，然犯者不少衰。而边民又窥利，越境私易，恐因泄军情，或盗贼入境。今河南、陕西凡五十余郡，郡日食茶率二十袋，袋直银二（疑应为'一'）两，是一岁之中妄费民银三十余万也。奈何以吾有用之货而资敌乎。"遂更定食茶制，规定："亲王、公主及见任五品以上官，素蓄者存之，禁不得卖、馈，余人并禁之。犯者徒五年，告者赏（兴定）宝泉一万贯。"①

（三）其他禁榷法考

榷酒之制始创于西汉武帝天汉三年（公元前98年）。金榷酤之法因袭辽宋旧制，实行民酿民销，官收酒课的制度。各地设立"都曲酒使司"、"酒使司"、"院务"、"榷场兼酒使司"等机构，管理榷酤事务。国家征收酒课的数额，每八年一定："以八年通该课程，均其一年之数，仍取新增诸物一分税钱并入，通为课额。"自泰和四年（1204年）起，酒课改为"每五年一定其制"。②

酒课是金代国家的一项重要财政收入。例如中都酒、曲使司，大定年间岁获钱36万余贯，承安元年（1196年）增至40万余贯；西京酒使司大定年间岁获钱5.3万余贯，承安元年增至10.7万余贯，等等。因此，私自酿制、出售酒被视为犯罪

---

① 均见《金史》卷四九《食货四》，第1109页。
② 均见《金史》卷四九《食货四》，第1107页。

行为。

世宗大定三年（1163 年）诏："宗室私酿者，从转运司鞫治。"同时，在京师中都兵马司建立一支由一百人组成的缉私队，会同酒使司巡察京城，"虽权要家亦许搜索。奴婢犯禁，杖其主百。"①

除此以外，金代禁榷律令，还有涉及榷碱、榷油、榷醋等方面的内容。大定二十三年（1183 年）七月，"博兴县民李孜收日炙盐，大理寺具私盐及刮碱土二法以上"。经廷议，世宗裁决，李孜依刮碱上科罪，"后犯则同私盐法论"。可见律有惩治私制碱行为的法条。泰和四年（1204 年）十月，"西北路有犯花碱禁者"，章宗定制："收碱者杖八十，十斤加一等，罪止徒一年，赏同私矾例。"②

兴定三年（1219 年）四月，同提举榷货司王三锡建议榷油，"岁可入银数万两"。在廷议时，一些大臣以国家用度亟需资金而力主行之。而另一些大臣则认为，古无榷油之法，不宜创行榷油之制。尚书省左丞高汝砺指出：

> 古无榷法，自汉以来始置盐铁酒榷均输官，以佐经费。末流至有算舟车、税间架，其征利之术固已尽矣，然亦未闻榷油也。盖油者世所共用，利归于公则害及于民，故古今皆置不论，亦厌苛细而重烦扰也。国家自军兴，河南一路岁入税租不啻加倍，又有额征诸钱、横泛杂役，无非出于民者，而更议榷油，岁收银数十万两。夫国以民为本，当此之际，民可以重困乎！若从三锡议，是以举世通行之货为榷货，私

---

① 均见《金史》卷四九《食货四》，第 1105 页。
② 均见《金史》卷四九《食货四》，第 1102 页。

家常用之物为禁物，自古不行之法为良法，切为圣朝不取
也。若果行之，其害有五，臣请言之：河南州县当立务九百
余所，设官千八百余员，而胥隶工作之徒不与焉。费既不
赀，而又创构屋宇，夺买作具，公私俱扰，殆不胜言。至于
提点官司有升降决罚之法，其课一亏，必生抑配之弊，小民
受病，益不能堪，其害一也。夫油之贵贱所在不齐，惟其商
旅转贩有无相易，所以其价常平，人易得之。今既设官各有
分地，辄相侵犯者有罪，是使贵处常贵而贱处常贱，其害二
也。民家日用不能躬自沽之，而转鬻者增取利息，则价不得
不贵，而用不得不难，其害三也。盐、铁、酒、醋，公私所
造不同，易于分别，惟油不然，莫可辨记。今私造者有刑，
捕告者有赏，则无赖辈因之得以诬构良民枉陷于罪，其害四
也。油户所置屋宇、作具，用钱已多，有司按业推定物力，
以给差赋。今夺其具、废其业而差赋如前，何以自活，其害
五也。惟罢之便。①

宣宗最后裁决："古所不行者而今行之，是又生一事也，其
罢之。"②

---

① 《金史》卷一〇七《高汝砺传》，第 2360 页。
② 《金史》卷一〇七《高汝砺传》，第 2361 页。

十一　金代狱讼官署与诉讼
审判制度考

金朝人主中原的进程，正处于中华大地民族斗争和民族融合的高潮时期。它与两宋及辽、西夏相互对峙又频繁交往的历史氛围，铸就了司法制度的多元制特色。金代司法在体制和程序上大体沿袭唐、宋之制，但其内涵和规范却更多地受到女真传统习惯的浸润，反映出儒家思想的影响相对淡薄的特点，在我国古代少数民族人主中原所建政权的法制中颇具代表性，对元代司法制度具有深远影响。

（一）狱讼官署体制考

金朝狱讼官署的体制，在沿袭唐、宋旧制的基础上，带有少数民族政权多元一体结构的深刻烙印，具有较大的变异性。例如，始终保留着女真猛安谋克，及其他部族自成体系的地方行政（兼司法）组织；各级官府人员的配置，采取女真人占据优势地位的各民族官吏按一定比例配搭的制度等。

1. 中央三法司

金中央三法司，即职掌司法审判事务的大理寺、刑部和御史台。其设置经历了一个较长时期的过程。与辽代相类似，刑部和御史台在仿行中原官制初期即设立，大理寺则迟一些。

金初实行具有部落贵族议事制性质的"勃极烈制"："金自景祖始建官属，统诸部以专征伐，岿然自为一国。其官长皆称曰勃极烈。"① 诸勃极烈在太祖、太宗时期始终是中央政权组织的核心，掌握着金朝中枢的政治、军事等大权。此时尚无专门的狱讼机构。重大案件及疑案由诸勃极烈及其他重臣审议处理，各级军政官长均有司法权。

太宗"天会改制"，开始仿行汉官制后，就有了刑部和御史台。尚书省右司"郎中一员，正五品。员外郎一员，正六品。掌本司奏事，总察兵、刑、工三部受事付事，兼带修注官，回避其间记述之事"；"六部，国初与左、右司通署，天眷三年始分治"。② 海陵王天德二年（1150 年）始置大理寺。

金中央三法司的体制大致沿袭唐制。但其机构设置和职掌等皆有独具特色的变化，如人员编制比较精简，各机构权限划分颇为含混等。

（1）刑部职能变化考辨。

太宗"天会改制"时始置。刑部的组织制度及职掌仿唐制，但其机构编制的规模较唐代大为缩小。唐代刑部设尚书、侍郎各一员，"掌律令、刑法、徒隶、按覆谳禁之政"；"刑部郎中、员外郎，掌律法，按覆大理及天下奏谳，为尚书、侍郎之贰。"③ 下设刑部本司、都官司、比部司、司门司等四司分掌各方面政务，总编制人员达一百九十一人。金刑部设尚书一员，正三品，

① 《金史》卷五五《百官一》，第 1215 页。
② 《金史》卷五五《百官一》，第 1219 页。
③ 《新唐书》卷四六《百官一》，中华书局，1997，第 1199 页。

侍郎一员，正四品，郎中一员，从五品，统管部务；员外郎二员，从六品，"一员掌律令格式，审定刑名，关津讥察，赦诏勘鞫，追征给没等事。一员掌监户、官户、配隶、诉良贱、城门启闭，官吏改正，功赏捕亡等事。"① 另设主事二员，从七品；令史五十一人（其中女真人二十二人）；译史五人，通事二人。总编制人员仅六十五名，机构精干。职权范围比较广泛，包括复核案件，监督各级狱讼官府适用法律，奉旨直接审理案件，关津城防的治安保卫，贯彻执行皇帝的大赦诏令，籍没罪犯财产，官吏赏罚及平反，管理在官府服劳役的监户、官户等政务。

值得提出的是，"国家社会科学基金重点项目"《中国政治制度通史》辽金西夏卷认为："金朝刑部最主要的职责正是主管立法，及刑事案件的覆审，与唐朝刑部的职掌是一样的。"② 然笔者以为，史籍所反映的信息，未能支持"主管立法"是金朝刑部最主要的一项职责的结论。金代律典、法规的拟订，并非由刑部主导，而由尚书省秉承皇帝旨意统筹；刑部只是在朝廷议定法律时，作为中央政务机关参与其事；在国家法律事务的决策中，刑部的参与度甚至不如大理寺。刑部"主管立法"应是史料的误读。

例如，熙宗《皇统新制》是"诏诸臣"所作；大定五年，世宗"命有司复加删定《条理》（按：指《大定军前权宜条理》），与前《制书》兼用"；大定十九年，"遂置局，命大理卿移剌愊总中外明法者共校正"。编制了《大定重修制条》，由大理寺担当主持者；金代具有代表性的《泰和律令敕条格式》的

① 《金史》卷五五《百官一》，第1236页。
② 白钢主编：《中国政治制度通史》第7卷，李锡厚、白滨著《辽金西夏》，人民出版社，1996，第286页。

出台亦如此：明昌元年（1190 年）章宗下令设置详定所审定律令。明昌三年七月，"右司郎中孙铎先以详定所校《名例篇》进，既而诸篇皆成，复命中都路转运使王寂、大理卿董师中等重校之。"金初尚书省右司曾"总察兵、刑、工三部受事付事"，但天眷三年即已分治。明昌五年，《明昌律义》告成。此律典为《泰和律》的前身，无刑部参与的记录。此后，朝廷又"以知大兴府事尼厖古鉴、御史中丞董师中、翰林待制奥屯忠孝小字牙哥，提点司天台张嗣、翰林修撰完颜撒刺、刑部员外郎李庭义、大理丞麻安上为校定官，大理卿阎公贞，户部侍郎李敬义、工部郎中贾铉为覆定官，重修新律焉"。泰和元年（1201 年）十二月，《泰和律令敕条格式》修成，由完颜襄（昭祖五世孙，时任司空，领左丞相。金尚左，左、右丞相排列）奏进。刑部有一人列名校定官；大理寺则有二人分别任校定官、覆定官。

　　故承安三年（1198 年），章宗敕尚书省："自今特旨事，如律令程式者，始可送部。自余创行之事，但召部官赴省议之。"①此敕明确规定，刑部官的权限是皇帝"特旨"交办的法律事务，即下文讨论的办理案件复核。而创制之要务，只能应召参与评议；在皇帝垂询时就涉及法制的一般政策或条例规章的制订提出咨询意见。如章宗大定二十九年，以选举十事，命奉御合鲁谕尚书省定拟。"其四曰：从来宰相不得与求仕官相见，如此何由知天下人材优劣。其许相见，以访才能。""尚书刑部谓：'在制，求仕官不得于私第谒见达官，违者追一官降等奏除。若有求请馈遗，则以奏闻，仍委御史纠察。'上遂命削此制。"②

　　而复核大理寺及各级狱讼官署审结的重大刑事案件，尤其是

　　① 以上均见《金史》卷四五《刑志》，第 1023 页。
　　② 《金史》卷五四《选举四》，第 1207 页。

死刑案件的，才是金刑部的主要职能。如大定九年（1169 年），高德基转刑部尚书。"有犯罪当死者，宰相欲从末减，德基曰：'法无二门，失出犹失入也。'不从。及奏，上曰：'刑部议，是也。'因召诸尚书谕之曰：'自朕即位以来，以政事与宰相争是非者，德基一人而已。自今部上省三议不合，即具以闻。'"世宗对刑部执法严正，敢与宰相争是非之举予以充分的肯定。①

大定末年，王维翰"除同知保静军节度使事，检括户籍，一郡称平。属县有奴杀其主人者，诬主人弟杀之，刑部疑之。维翰审谳，乃微行物色之，得其状，奴遂引服"。② 此诬告案显然是刑部复核时发现的。

哀宗正大元年（1224 年）五月诏："刑部、登闻检、鼓院，毋锁闭防护，听有冤者陈诉。"③ 以便在澄清案情的基础上，及时为冤者平反。

同时，刑部还奉旨直接审理谋反、军职人员犯罪等案件。

天眷时，刘枢"迁尚书刑部员外郎，鞫治太原尹徒单阿里出虎反状，旬日狱具"。④

大定时，"尚书左丞夹谷衡在军不法。（世宗）诏刑部问状"。⑤ 同样发生在大定时期的另一桩案例，亦颇说明问题：职掌御马牧养调习的尚厩局使宗夔、副使石抹青狗私用官刍案发。尚厩局隶属总领亲军，"掌行从宿卫，关防门禁，督摄队仗"等事务的殿前都点检司，故此案"刑部当自问"。⑥ 但殿前都点检

---

① 《金史》卷九〇《高德基传》，第 1996 页。
② 《金史》卷一二一《忠义一·王维翰传》，第 2647 页。
③ 《金史》卷一七《哀宗本纪上》，第 375 页。
④ 《金史》卷一〇五《刘枢传》，第 2314 页。
⑤ 《金史》卷六六《始祖以下诸子·宗室·完颜卞传》，第 1568 页。
⑥ 《金史》卷九〇《移剌道传》，第 1994 页。

（正三品职）乌林答天锡嘱托刑部从轻处理此案。刑部遂将案犯移送大兴府鞫治，放弃了此案的管辖权。结果，刑部尚书移剌道、刑部郎中丁昉仁因受人请托，玩忽职守而被解职。

大定十八年，"入为刑部尚书，拜参知政事。……时右三部检法蒙括蛮都告斡特剌与招讨哲典朋党，乞付刑部诘问，世宗曰：'若哲典免死，则可谓朋党。今已伏诛，乃诬谤耳。'又谓宰臣曰：'朕素知此人极有识虑，貌虽柔而心甚刚直，所行不率易也。'"①

哀宗正大元年（1224 年）正月，完颜素兰"转刑部郎中。时南阳人布陈谋反，坐系者数百人，司直白华言于素兰曰：'此狱诖误者多，新天子方务宽大，他日必再诏推问，比得昭雪，死于榜箠之下者多矣。'素兰命华及检法边泽分别当死、当免者，素兰以闻，止坐首恶及拟伪将相者数人，余悉释之"②。

天兴元年（1232 年）十一月，"纳坦出之子忙押门与兄石里门及护卫颜盏宗阿同饮，忙押门诈以事出投北兵，省以刑部郎中赵楠推其家属及同饮人。时上下迎合，必欲以知情处之，至於忙押门妻皆被讯掠。其母完颜氏曰：'忙押门通其父妾，父杀此妾，忙押门不自安，遂叛，求脱命而已。'委曲推问，无知情之状。省中微闻之，召小吏郭从革喻以风旨，从革言之。楠方食，掷匕箸於案，大言曰：'宁使赵楠除名，亦不能屈断无辜人。'遂以不知情奏，且以妾事上闻。上曰：'丞相功臣，纳坦出父子俱受国恩，吾已保其不知情也。'立命赦出之"③。

此外，刑部官员有时也奉命到地方审理案件。

---

① 《金史》卷九五《粘割斡特剌传》，第 2107 页。
② 《金史》卷一〇九《完颜素兰传》，第 2397 页。
③ 《金史》卷一〇一《仆散端传》，第 2230 页。

如大定二年（1162 年），刑部郎中贾少冲"往北京决狱，奏诛首恶，误牵连其中者皆释不问，全活凡千人"。[①]

宗室完颜京之妻"尝召日者孙邦荣推京禄命，邦荣言留守官至太师，爵封王"。大定五年（1165 年）三月案发，世宗"诏刑部侍郎高德基、户部员外郎完颜兀古出往鞫之。京等皆款伏。狱成，还奏。上曰：'海陵无道，使光英在，朕亦保全之，况京等哉。'于是，京夫妇特免死，杖一百，除名，岚州楼烦县安置，以奴婢百口自随，官给上田。遣兀古出、刘珫宣谕京，诏曰：'朕与汝皆太祖之孙。海陵失道，翦灭宗支，朕念兄弟无几，于汝尤为亲爱，汝亦自知之，何为而怀此心。朕念骨肉，不忍尽法。汝若尚不思过，朕虽不加诛，天地岂能容汝也。'"[②]

大定十一年真定府尹徒单贞贪赃案，大理寺卿李昌图先衔命前往审理，因未能及时停止案犯职务，受到处罚。世宗遂"复遣刑部尚书移剌道往真定问之，征其赃还主"。[③]

兴定四年（1220 年），冯璧"迁刑部郎中，关中旱，诏璧与吏部侍郎畏忻审理冤狱。时河中帅阿虎带及僚属十数人皆以弃城罪当死，系同州（今陕西大荔县）狱待报。同州官僚承望风旨，问璧何以处之。璧曰：'河中今日重地，朝议拟为驻跸之所，若失此则河南、陕西有唇亡之忧。以彼宗室勋贵故使镇之，平居无事竭民膏血为浚筑计，一旦有警乃遽焚荡而去，此而不诛，三尺法无用矣'。"[④] 遂以无冤奏报，以便使阿虎带等人受到应得之罚。

---

① 《金史》卷九〇《贾少冲传》，第 2000 页。
② 《金史》卷七四《完颜京传》，第 1708 页。
③ 《金史》卷一三二《徒单贞传》，第 2826 页。
④ 《金史》卷一一〇《冯璧传》，第 2430 页。

（2）大理寺。

金大理寺的组织机构亦仿照唐制而有所变化："大理寺。天德二年置。自少卿至评事，汉人通设六员，女直、契丹各四员。卿，正四品。少卿，从五品。正，正六品。丞，从六品。掌审断天下奏案、详谳疑狱。司直四员，正七品。掌参议疑狱、披详法状。旧有契丹司直一员，明昌二年罢。评事三员，正八品。掌同司直。明昌二年省契丹评事二员，大安二年省汉人一员。知法十一员，从八品。女直司五员，汉人司六员。掌检断刑名事。明法二员，从八品。兴定二年置，同流外，四年罢之。"上述官员，除大理寺卿外，均由女直人、契丹人和汉人按法定比例充任。①

可见，大理寺作为朝廷行使审判权的专门机关，其职能是直接审理或复审全国各地奏报的重大案件和疑难案件。但其审理意见大多须经刑部按覆，朝臣评议，最终由皇帝裁断。

例如，大定八年，"更定酒使司课及五万贯以上，盐场不及五万贯者，依旧例通注文武官，余并右职有才能，累差不亏者为之。九年，大兴县官以广阳镇务亏课，而惧夺其俸，乃以酒散部民，使输其税。大理寺以财非入己，请以赎论。上曰：'虽非私赃，而贫民亦被其害，若止从赎，何以惩后。'特命解职。"② 大定十二年三月，北京（今内蒙古昭乌达盟宁城县）民曹贵谋反。大理寺审理后认为，曹贵等"阴谋久不能发，在法：词理不能动众，威力不足率人，罪止论斩"，③ 不宜适用株连之法。经廷议，为世宗所首肯。

大定十七年八月，世宗谓宰臣曰："今之在官者，同僚所

---

① 《金史》卷五六《百官二》，第 1278 页。
② 《金史》卷四九《食货四》，第 1105 页。
③ 《金史》卷八六《李石传》，第 1915 页。

见，事虽当理，必以为非，意谓从之则恐人谓政非己出。如此者多，朕甚不取。今观大理寺所断，虽制有正条，理不能行者别具情见，朕惟取其所长。夫为人之理，他人之善者从之，则可谓善矣。"①

大定二十三年七月，博兴县民李孜"收日炙盐"，违反了食盐专营专卖制度。大理寺审理后，拟为私盐罪或刮碱土罪，上奏皇帝裁断。廷议时，宰臣认为"不宜按私盐罪处理"；世宗本人也以为"刮碱非煎，何以同私?"但有人担心"私盐罪重，而犯者犹众，不可纵也"。若不依私盐罪严惩，"则渤海之人恣刮碱而食，将侵官课矣。"世宗最终裁定，李孜案以刮碱土科罪，但"后犯则同私盐法论"。②

泰和三年（1203年），亳州（今安徽亳县）人孙士明行医，用黄纸书写"敕赐神针先生"等十二字作为招牌，并在"纸尾年月间摹作宝样朱篆青龙二字，以诳惑市人"。当地官府以"摹仿皇帝御宝字样"的罪名将其逮捕。但此案审结时，恰逢章宗颁布大赦令。因金律令有伪造皇帝御宝，虽遇赦不原的规定。而此案是否适用此项法律，地方官府不便擅作主张，遂以疑狱上报朝廷。大理寺审理后，判定"宜准伪造御宝，虽遇赦不应原"，并经章宗核准。但参知政事贾铉进言："天子有八宝，其文各异，若伪造，不限用泥及黄蜡。今用笔描成青龙二字，既非八宝文，论以伪造御宝，非本法意。"③章宗深以为然，遂敕令赦原该医者。

正大五年（1228年）四月，"亲卫军王咬儿酗酒杀其孙，

---

① 《金史》卷七《世宗本纪中》，第167页。
② 《金史》卷四九《食货四》，第1096页。
③ 《金史》卷九九《贾铉传》，第2191页。

大理寺当以徒刑，（哀宗）特命斩之。"①此外，大理寺官员有时还奉诏到地方审理要案。

如大定十一年（1171 年），真定府（今河北正定）尹徒单贞贪赃不法，世宗"使大理卿李昌图鞫之"。②李昌图既得罪状，未将徒单贞停职，被杖之四十。

大定十二年十二月，世宗"以济南尹刘萼在定武军贪墨不道，命大理少卿张九思鞫之"。③

大定时，恩州（山东平原县）"邹四者谋为不轨，事觉，逮捕千余人，而邹四窜匿不能得。朝廷遣大理司直王仲轲治其狱"。④后恩州军事判官王庭筠设计捕获邹四，经审查甄别，参与预谋者十二人而已，避免了一起涉及上千人的重大冤狱。

宣宗贞祐三年（1215 年）六月，冯璧"改大理丞，与台官行关中，劾奏奸赃之尤者商州防御使宗室重福等十数人，自是权贵侧目"。⑤

兴定初，"以宋人拒使者于淮上，遣兵南伐，诏京东总帅纥石烈牙吾塔攻盱眙。牙吾塔不从命，乃率精骑由滁州略宣化，纵兵大掠。故兵所至原野萧条，绝无所资，宋人坚壁不战，乃无功而归。"行省奏牙吾塔故违节制，宣宗遂遣大理寺丞冯璧"佩金符鞫之"。冯璧驰入牙吾塔军中，"夺其金符，易以他帅摄"，将牙吾塔逮捕入狱。并告之该犯："兵法，进退自专，有失机会以致覆败者斩。"⑥遂将审理结果奏报朝廷。

① 《金史》卷一七《哀宗本纪上》，第 380 页。
② 《金史》卷一三二《徒单贞传》，第 2826 页。
③ 《金史》卷七《世宗本纪中》，第 158 页。
④ 《金史》卷一二六《王庭筠传》，第 2731 页。
⑤ 《金史》卷一一〇《冯璧传》，第 2431 页。
⑥ 《金史》卷一一〇《冯璧传》，第 2432 页。

（3）御史台。

亦称"宪台"，是"察官吏非违，正下民冤枉"的中央法纪监察机关，职掌行政监察和审判监督之权。其组织机构大体仿效唐制，而规模较小。唐御史台设御史大夫一员、御史中丞三员，下辖台院、殿院、察院三院，编制定员共一百五十五人。金朝御史台以御史大夫和御中丞各一员为正副台官，下设侍御史二员，治书侍御史二员，殿中侍御史二员，监察御史十二员，典事二员，架阁库管勾一员，检法四员，狱丞一员，令史二十八员（其中女真人十三员、汉人十五员），译史四员，通事三员，共计编制定员六十三人。

御史大夫，从二品，"掌纠察朝仪，弹劾官邪，勘鞫官府公事。凡内外刑狱所属理断不当，有陈诉者付台治之。"① 御史中丞，从三品，协助御史大夫执行职务。随着金王朝中央集权的加强，朝廷对监察机关的建设越来越重视。御史台的职权不断明确和扩大。

正隆五年（1160年），海陵王敕令御史大夫肖玉："朕将行幸南京，官吏多不法受赇，卿宜专纠劾，细务非所责也。"②

世宗大定二年（1162年）正月"敕御史台检察六部文移，稽而不行，行而失当，皆举劾之"；同年八年，又诏御史台："卿等所劾，诸局行移稽缓，及缓于赴局者耳，此细事也。自三公以下，官僚善恶邪正，当审察之。若止理细务而略其大者，将治卿等罪矣。"③

承安二年（1197年）十二月，章宗"敕御史台纠察谄佞趋

---

① 《金史》卷五五《百官一》，第1241页。
② 《金史》卷七六《肖玉传》，第1735页。
③ 《金史》卷六《世宗本纪上》，第125页。

走有实迹者"，① 等等。

侍御史，从五品，治书侍御史，从六品，同"掌奏事，判台事"。殿中侍御史，正七品，"每遇朝对立于龙墀之下，专劾朝者仪矩，凡百僚假告事具奏目进呈。"②

监察御史，正七品，"掌纠察内外非违，刷磨诸司察帐并监祭礼及出使之事"，③ 甚至"朝官称疾不治事者"，亦由监察御史会同太医诊视，"无实者坐之"。④ 可见监察御史虽然品级不高，却拥有很大的职权，在御史台处于突出的重要地位。所以，监察御史的遴选颇为严格。在任职资格上，汉人必须是进士，女真人的条件起初有所放宽，后来也要求具有进士出身。在选任程序上，"凡选监察御史，尚书省具才能者疏名进呈，以听制授"。每选一名监察御史，尚书省通常报送三至五人，由皇帝亲自选任。"任满，御史台奏其能否，仍视其所察公事具书于解由，以送尚书省，如所察事皆无谬戾为称职，则有升擢。庸常者临期取旨，不称者降除，任未满者不许改除。"大定二十七年以前，监察御史多为年六十岁以上者充任，后御史台官奏称年老者多废事，世宗遂"敕尚书省于六品、七品内取六十以下廉干者备选"。⑤

监察御史除纠察、弹劾违法官吏外，最重要的职权是奉诏出使，巡察地方，惩恶扬善，审录案件，平反冤狱。如大定八年九月，世宗谓御史大夫李石曰："台宪固在分别邪正，然内外百司岂谓无人。惟见卿等劾人之罪，不闻举善。自今宜令监察御史分

---

① 《金史》卷一〇《章宗本纪二》，第243页。
② 《金史》卷五五《百官一》，第1242页。
③ 《金史》卷五五《百官一》，第1242页。
④ 《金史》卷五《海陵本纪》，第117页。
⑤ 《金史》卷五四《选举四》，第1201页。

路刺举善恶以闻。"① 大定二十三年二月，御史台呈所察州县官罪状，世宗阅后指出："卿等所廉皆细碎事，又止录其恶而不举其善，审如是，其为官者不亦难乎，其并察善恶以闻。"② 元好问《遗山先生文集》卷一八载《转运使王公神道碑》："（泰和）八年三月擢拜监察御史。是夏旱甚，诏出诸御史分理冤狱，异时审谳者，专以末减为事，虽杀人者之罪，亦贷出之。公谓同官言：'生人之冤，固所当审，地下之冤，将置不问乎？'因力革前弊，时议皆称其平。"到章宗时，监察御史分路巡视地方形成定制。泰和元年（1201 年）十月，御史台奏："今监察御史添设员多，宜分路巡行，每路女直、汉人各一人同往"；泰和三年十二月又诏："遣监察御史分按诸路，所遣者女直人，即以汉人朝臣偕；所遣者汉人，即以女直朝臣偕。"同年十一月还诏定："监察（御史）等察事可二年一出。"③ 从而确定了监察御史每两年一次分路巡察的制度。出巡时，须由女真人和汉人各一名同往。宣宗南迁后，"以县官或非材，监察御史一过不能备知"，遂于兴定元年（1217 年）"令每岁两遣监察御史巡察，仍选官巡访，以行黜陟之政"。④

监察御史奉诏出巡时，拥有很大权力。金末有的监察御史甚至握有生杀予夺之权，如宣宗兴定末年，雷渊"拜监察御史，言五事称旨，又弹劾不避权贵，出巡郡邑，所至有威誉，奸豪亻个法者立棰杀之"，曾在巡察蔡州时，杖杀奸豪五百人，时号"雷半千"。⑤

---

① 《金史》卷六《世宗本纪上》，第 142 页。
② 《金史》卷八《世宗本纪下》，第 183 页。
③ 《金史》卷一一《章宗本纪三》，第 262 页。
④ 《金史》卷五四《选举四》，第 1205 页。
⑤ 《金史》卷一一〇《雷渊传》，第 2434 页。

　　由此可见，监察机关在金代备受朝廷的宠信和倚重，被视为
"天子耳目"，赋予行政监察和法律监督的重任，是统治者控制
各级官吏和整饬吏治的主要工具。因此，金朝廷十分重视监察机
关的管理及其自身的建设，发布了一系列监察法规、法令和诏
制，建立起一套颇为严密的考核、赏罚制度，形成对监察机关严
格管理、监督的机制。

　　其主要内容，一是明确规定了监察官在执行职务中的法律
责任。

　　如天德三年（1151 年）正月，海陵王谓御史大夫赵资福曰：
"汝等多徇私情，未闻有所弹劾，朕甚不取。自今百官有不法
者，必当举劾，无惮权贵。"①

　　世宗大定十九年（1179 年）三月，"制纠弹之官知有犯法
而不举者，减犯人罪一等科之，关亲者许回避。"② 同年世宗还
谓宰臣："监察专任纠弹。宗州节度使阿思懣初之官，途中侵扰
百姓，到官举动皆违法度。完颜守能为招讨使，贪冒狼籍。凡达
官贵人皆未尝举劾。斡睹只群牧副使（从六品职，掌检校群牧
畜养蕃息之事）仆散那也取部人球杖两枝，即便弹奏。自今，
监察御史职事修举，然后迁除。不举职者，大则降罚，小则决
责，仍不得去职。"③

　　章宗泰和八年（1208 年）定制："事有失纠察者，以怠慢
治罪。"④

　　宣宗贞祐三年（1215 年）诏"自今监察官犯罪，其事关军

① 《金史》卷五《海陵本纪》，第 96 页。
② 《金史》卷七《世宗本纪中》，第 172 页。
③ 《金史》卷七三《守能传》，第 1691 页。
④ 《金史》卷五四《选举四》，第 1201 页。

国利害者，并笞决之"。①

贞祐四年宣宗采纳尚书右丞相术虎高琪建议，敕定："凡监察有失纠弹者从本法。若人使入国，私通言语，说知本国事情；宿卫、近侍官、承应人出入亲王、公主、宰执之家；灾伤阙食，体究不实，致伤人命；转运军储而有私载，及考试举人关防不严者，并的杖。在京犯至两次者，台官减监察一等，论赎，余止坐专差者，任满日议定升降，若任内有漏察之事应的决者，依格虽为称职，止从平常，平常者从降罚。"②

兴定元年（1217 年），"时监察御史多被的决，行信乃上言曰：'大定间，监察坐罪大抵收赎，或至夺俸，重则外降而已，间有的决者，皆有为而然。当时执政程辉已尝面论其非是，又有敕旨，监察职主弹劾，而或看循者，非谓凡失察皆然也。近日无问事之大小、情之轻重，一概的决，以为大定故实、先朝明训，过矣。'于是诏尚书省更定监察罪名制。"③

同年九月诏修定"监察御史失察法"，④ 兴定五年（1221 年）九月又"更定监察御史违犯的决法"，⑤ 使御史失职违法的责任制度化，都可能与张行信的建议不无关系。

二是限制监察官社会交往的范围，以避免发生徇私舞弊之事。金律令限制御史台官吏与其他官员私下交往，尤其禁止他们与亲王、宰执和"形势之家"往来，以防止出现徇私枉法情事。直到大定二十九年（1189 年）十一月，御史台奏议，此项制度使监察官"无以访知民间利病，官吏善恶"，章宗才诏令修正：

① 《金史》卷四五《刑志》，第 1025 页。
② 《金史》卷一〇六《术虎高琪传》，第 2343 页。
③ 《金史》卷一〇七《张行信传》，第 2368 页。
④ 《金史》卷一五《宣宗本纪中》，第 332 页。
⑤ 《金史》卷一六《宣宗本纪下》，第 358 页。

"自今许（监察官）与四品以下官相见，三品以上如故"。①

三是对监察官所察举之事进行复核。泰和元年（1201 年）十月，御史台奏疏提到："在制，按察司官比任终遣官考核，然后尚书省命官覆察之"。泰和三年四月，章宗"遣官分路覆实御史所察事"。②

四是规定了监察官的考核、黜陟制度。宣宗贞祐二年（1214 年）九月，"立监察御史黜陟格"，③规定"以所察大事至五，小事至十为称职，数不及且无切务者庸常，数内有二事不实者为不称职"。④并据此决定监察御史的升赏或黜罚。

有金一代，监察官因违法失职而受到处罚的案件，不乏其例。

例如，天德四年（1152 年）八月，海陵王"以侍御史保鲁鞫事不实，杖之"。⑤大定年间，御史大夫（从二品）张汝霖"坐失纠举，降授棣州防御使（从四品）"。⑥御史中丞刘仲诲"坐失纠举大长公主事，与侍御史李瑜各削一阶"。⑦监察御史董师中漏察大名总管忽剌不公事，及忽剌以罪诛，世宗怒曰："监察出使郡县，职在弹纠，忽剌亲贵，尤当用意，乃徇不以闻，削官一阶"。⑧监察御史梁襄等，坐失纠察武器署丞奕、直长骨赦受赃案，被罚俸一月。世宗斥责梁襄等："监察，人君之耳目，事由朕发，何以监察为！"⑨承安四年（1199 年），御史大夫张

①《金史》卷九《章宗本纪一》，第 212 页。
②《金史》卷一一《章宗本纪三》，第 257 页。
③《金史》卷一五《宣宗本纪上》，第 305 页。
④《金史》卷五四《选举四》，第 1201 页。
⑤《金史》卷五《海陵本纪》，第 99 页。
⑥《金史》卷四五《刑志》，第 1021 页。
⑦《金史》卷七八《刘仲诲传》，第 1773 页。
⑧《金史》卷九五《董师中传》，第 2113 页。
⑨《金史》卷四五《刑志》，第 1019 页。

昈"以奏事不实，追一官，侍御史路铎追两官，俱罢之"。①

另一方面，由于朝廷的恩宠和法律的保障，在金代也不乏忠于职守、不畏权势的监察官。

如海陵王视为"忠直之臣"的御史大夫高桢，长期主持御史台政务，"弹劾无所避，每进对，必以区别流品进善退恶为言"。尽管"当路者忌之"，② 每欲中伤陷害，但也无可奈何。

大定二十九年（1189 年）九月，监察御史焦旭劾奏太傅徒单克宁、右丞相完颜襄"不应请车驾田猎"。③

在宣宗时，甚至出现了敢于弹劾皇子的监察御史。兴定初年，程震任监察御史，"弹劾无所挠"。时皇子完颜守纯封荆王，任宰相，因纵容家奴侵扰百姓，被程震"以法劾之"。程震上奏宣宗的弹劾状指出："荆王以陛下之子，任天下之重，不能上赞君父，同济艰难，顾乃专恃权势，蔑弃典礼，开纳货赂，进退官吏。纵令奴隶侵渔细民，名为和市，其实胁取。诸所不法不可枚举。陛下不能正家，而欲正天下，难矣。"将皇子违法乱纪的危害性，提到齐家治国的高度，使宣宗深为震动。于是，宣宗下诏切责皇子不法，并令"出内府银以偿物直，杖大奴尤不法者数人"④。通过补偿百姓物质损失，惩罚不法恶奴，以挽回不良影响。

金末哀宗时，皇姨郇国夫人"不时出入宫闱，干预政事，声迹甚恶"，监察御史商衡上章极谏，使郇国大人"被召乃敢进

① 《金史》卷一一《章宗本纪三》，第 250 页。
② 《金史》卷八四《高桢传》，第 1889 页。
③ 《金史》卷九《章宗本纪一》，第 211 页。
④ 《金史》卷一一〇《程震传》。元好问《遗山先生文集》卷二一《御史程君墓表》亦载有此事："（宣宗时）乃拜监察御史。君莅职慨然有埋轮之志，即劾奏：'平章政事荆王，以陛下之子，任天下之重，不能上赞君父，同济艰难，顾乃专恃权势，灭弃典礼，开纳货赂，妄进退官吏，从臾奴隶，侵渔细民，名为和市，其实胁取。诸所不法，不可一二数。陛下不能正家而正天下，难矣。'书奏宣谕：'御史台程某敢言如此，他御史不当如是耶？'且有旨切责荆王，出内府银使偿物直，敕司马杖大奴尤不法者数人。"

见"。内族庆山奴率军镇守盱眙（今江苏盱眙），丧师失地，朝廷置而不问，商衡进言："自古败军之将必正典刑，不尔则无以谢天下"，哀宗才降庆山奴为定国军节度使。户部侍郎（正四品职）曹温之女在掖庭，"亲旧干预权利，其家人填委诸司，贪墨彰露。台臣无敢言者"，独商衡"历数其罪"。哀宗遂罢曹温户部职务，改任太后府卫尉（从三品职）。商衡进一步上言："（曹）温果可罪当贬逐，无罪则臣为妄言，岂有是非不别而两可之理。"① 哀宗只得又贬曹温为汝州防御使（从四品职）。

　　金代监察机关还拥有审判监督之权。监察机关在获悉审判机关有违法失职情事时，常常主动介入，依法实施审判监督。如泰和初年大兴府（今北京）民靳勋"诋（魏）廷实为奴，及妄诉殴詈"案，中都警巡院（职掌平理狱讼，警察所部之权）受理后，查实魏廷实之祖父魏任儿，确曾为靳勋祖父靳文昭之家奴，但早已放良为民，于天德三年（1151年）"编籍正户"，迄今已历三世，于是依法驳回靳勋之诉请。依金律令的规定，靳勋本应再诉于魏廷实原籍涞水县（今河北涞水县）。靳勋向大兴府投诉，大兴府尹纥石烈执中无视事实，枉法判决魏廷实给付原告靳勋钱五百贯。"廷实不从，还涞水。执中径遣锁致廷实"，并"破魏廷实家，发其冢墓"。御史台获悉案情后，要求将此案移送御史台推问。大兴府尹反而奏告"御史台不依制，府未结断，令移推"。② 章宗遂敕吏部侍郎李炳、户部侍郎粘割合答推问。结果，御史台理直，纥石烈执中遭切责。

2. 地方狱讼官署

　　金建国初期战事频仍，局势动荡，地方司法事务，多由当地

① 均见《金史》卷一二四《商衡传》，第2697页。
② 《金史》卷一三二《纥石烈执中传》，第2833页。

军事统帅和行政官长权宜处置，尚未建立正常的地方司法体制。熙宗曾诏："诸州郡军旅之事决于帅府。民讼钱谷，行台尚书省治之"。①

金朝统治稳定后，地方司法审判事务，由地方各级行政机关兼理。各路、府、州、县行政长官均拥有司法审判权。如县令就负有"平理狱讼，捕除盗贼，禁止游惰"② 等职责。州以上官署还设有专职司法官员，协助行政长官处理司法事务。如诸京留守司设推官一员，从六品，分判刑案之事；知法，女直、汉人各一员，南京汉人二员。各路总管府和诸府设推官一员，正七品，掌同府判，分判工、刑案事；知法一员。大兴府设推官二员，从六品，分判户、刑案事；知法三员，其中女真人一员、汉人二员，从八品，掌律令格式，审断刑名。诸节镇设节度判官一员，正七品，兼判兵、刑、工案事；知法一员，正八品。诸防御州。判官一员，正八品。掌签判州事，知法，从九品。诸刺史州，判官一员，从八品，签判州事；知法一员。

可见，金地方狱讼事务，仍由各级主官执掌。各路府具体由推官分管，州则由判官分管，府州皆设知法办理狱讼事务。

元好问《遗山先生文集》卷一七《朝散大夫胡公神道碑》记载了一位出色的推官：

> 用提刑司荐，迁河南府推官。偃师送强寇十数辈，尹以下谓此寇为民害久，急欲除之。公疑县所送者皆平民，为缓其狱，尹怒，强出囚于市，且以稍缓让公。公执议之次，忽有驰报偃师获正贼者，尹惭谢，即日上书荐之，就除太原推

① 《金史》卷七七《宗弼传》，第1754页。
② 《金史》卷五七《百官三》，第1314页。

官，未赴，召为大兴推官。时道陵新即大位，留意庶狱，敕尚书省："吾往判大兴，狱犴填满，推官虽小职，尤难其人，可选文臣公平审慎者充。"宰相以公为能，故有此授。公莅职不三月，以狱空闻。诏赐宴以宠之。俄改上京等路提刑司判官，秩满，以称职超授西京路转运副使。

在女真人及其他少数民族聚居区，由猛安、谋克和秃里等职官管理司法事务，如"秃里，从七品，掌部落词讼，防察违背等事"。①

在边境地区，金设立了西北路招讨司、西南路招讨司和东北路招讨司，"招怀降附，征讨携离"，② 管理归附之部民。"诸部有狱讼，招讨司例遣胥吏按问"。大定时，世宗采纳西北路招讨使移剌道的建议，设勘事官专理狱讼。"招讨司设勘事官自此始"。③

金朝前期没有建立常设性的地方监察机关。地方行政监察和法律监督事务，通常由中央派遣御史台官员前往各地办理。由于人手和地域的限制，地方监察工作难以开展。大定十七年（1177 年），"陈言者乞设提刑司，以纠诸路刑狱之失"。尚书省审议后认为"久恐滋弊"，未予采纳。世宗"乃命距京师数千里外怀冤上诉者，集其事以待选官就问"。④

直到大定二十九年六月，章宗诏曰："朕初即位，忧劳万民，每念刑狱未平，农桑未勉，吏或不循法度，以隳吾治。朝廷遣使廉问，事难周悉。惟提刑劝农采访之官，自古有之。今分九

---

① 《金史》卷五七《百官三》，第 1330 页。
② 《金史》卷五七《百官三》，第 1328 页。
③ 《金史》卷八八《移剌道传》，第 1967 页。
④ 《金史》卷四五《刑志》，第 1017 页。

路专设是职，尔其尽心，往懋乃事。"① 于是创设提刑司，"分按九路并兼劝农采访事，屯田、镇防诸军皆属焉"。同年八月，章宗又"制提刑司设女直、契丹、汉儿知法各一人"，② 提刑司的组织机构初具规模。

金代提刑司大体仿效宋制，设于路一级官署，具有中央派出机构的性质。但并非各路均置，而是若干路合设一提刑司，计有九个提刑司，即上京、合懒路提刑司（治会宁府，今黑龙江阿城县），中都、西京路提刑司（治大同府，今山西大同市），北京、临潢路提刑司（治临潢府，今辽宁巴林左旗），东京、咸平路提刑司（治咸平府，今辽宁开原县），山东东、西路提刑司（治济南府，今山东济南市），河东南、北路提刑司（治汾州，今山西汾阳），河北东、西、大名等路提刑司（治河间府，今河北河间），南京路提刑司（治开封府，今河南开封市），陕西东、西路提刑司（辖京兆府路、凤翔路、鄜延路、庆原路、临洮路，治平凉府，今甘肃平凉）。

提刑司"专纠察黜陟，号为外台"，③ 自创置之时起，就为金统治者所倚重。提刑司长官提刑使（正三品职）由中央任命。凡新任提刑官，皇帝都要亲自接见，以示恩宠。如章宗接见首任九提刑使时，对这些耳目之臣慰勉有加，告诫他们："凡军民事相涉者，均平决遣。钤束家人部曲，勿使沮扰郡县事。今以司狱隶提刑司，惟冀狱犴无冤耳。"又遣近臣谕之曰："卿等皆妙简才良，付以专责，尽心举职，别有旌赏，否则有罚。"④ 明昌四

---

① 《金史》卷七三《宗雄传》，第1680页。
② 《金史》卷九《章宗本纪一》，第210页。
③ 《金史》卷九八《完颜匡传》，第2163页。
④ 《金史》卷七三《宗雄传》，第1681页。

年（1193年）正月，东京、咸平路提刑副使三胜向朝廷进献猎鹰。章宗遣使谕之曰："汝职非轻，民间利害，官吏邪正略不具闻，而乃以鹰进，此岂汝所职也！后毋复尔。"①

皇帝还经常关注，亲自过问提刑官的工作情况，要求提刑官定期进京向朝廷述职。大定二十九年六月，章宗"命提刑官除后于便殿听旨，每十月使、副内一员入见议事，如止一员则命判官入见"；② 明昌二年十一月敕"提刑司官自今每十五日一朝"。提刑官觐见时，皇帝都要"亲问所察事条"。明昌四年三月，"诸路提刑司入见，各问以职事"，并诫谕曰："朕特设提刑司，本欲安民，于今五年，效犹未著。盖多不识本职之体，而徒事细碎，以致州县例皆畏缩而不敢行事。乃者山东民艰于食，尝遣使赈济，盖卿等不职，故至于此。既往之失，其思悛改。"③

提刑司的职权颇为广泛。章宗大定二十九年（1189年）八月初定"提刑司所掌三十二条"，明昌三年六月又定"提刑司条制"。其具体内容虽然史佚其详，但从其他史料可知，提刑司的监察职权包括如下几个方面：一是监督地方司法活动，平理地方冤狱。明昌三年四月，章宗敕令："遣御史中丞吴鼎枢等审决中都冤狱，外路委提刑司处决。"④ 明昌四年七月，章宗就有人奏报"诸路枷杖多不如法"一事询问朝臣时，平章政事完颜守贞答称："枷杖尺寸有制，提刑（司）两月一巡察，必不敢违法也。"⑤ 可见，提刑司负有定期讯察所辖地区司法状况的职责。

二是纠举、察究地方官吏渎职违法行为。明昌三年九月，章

① 《金史》卷一〇《章宗本纪二》，第227页。
② 《金史》卷九《章宗本纪一》，第210页。
③ 《金史》卷一〇《章宗本纪二》，第228页。
④ 《金史》卷九《章宗本纪一》，第211页。
⑤ 《金史》卷四五《刑志》，第1022页。

宗谕宰臣："随路提刑司旧止察老病不任职及不堪亲民者，如得其实，即改除他路。若他路提刑司覆察得实，勿复注亲民之职。"① 章宗承安二年（1197年）五月诏："比以军须、随路赋调，司县不度缓急，促期征敛，使民费及数倍，胥吏又乘之以侵暴。其令提刑司究察之。"②

三是廉察地方官吏。明昌初年，陕西东、西路提刑司奏报朝廷，临洮府（今甘肃临洮）同知仆散揆"刚直明断，狱无冤滞。禁戢家人，百姓莫识其面。积石、洮二州旧寇皆遁，商旅得通"。③ 章宗据此进仆散揆官一阶，仍诏褒谕。承安三年四月，章宗谕御史台曰："随朝大小官虽有才能，率多苟简，朕甚恶之，其察举以闻。提刑司所察廉能污滥官，皆当殿奏，余事可转以闻。"④

承安四年四月，章宗改提刑司为按察使司，进一步扩大地方监察机关的机构和职权。按察使司设按察使一员，正三品；副使一员，正四品；签按察司事一员，正五品，判官二员，从六品；知事一员，正八品；知法二员，从八品；属吏五十五人，其中书史四人，书吏十人，抄事一人，公使四十人。按察使掌"审察刑狱，照刷案牍，纠察滥官污吏豪猾之人，私盐酒曲并应禁之事，兼劝农桑，与副使、签事更出巡案。"⑤ 如承安五年五月，刑部员外郎马复奏："外官尚苛刻者不遵《铜杖式》，辄用大杖，多致人死。"章宗"诏令按察司纠劾黜之"。⑥ 泰和八年九月，章宗"遣吏部尚书贾守谦等一十三人，与各路按察司官推排民户

① 《金史》卷九《章宗本纪一》，第223页。
② 《金史》卷一〇《章宗本纪二》，第241页。
③ 《金史》卷九三《仆散揆传》，第2067页。
④ 《金史》卷一一《章宗本纪三》，第248页。
⑤ 《金史》卷五七《百官三》，第1307页。
⑥ 《金史》卷四五《刑志》，第1023页。

物力"，① 等等。

按察司官员渎职违法，亦须负法律责任。章宗泰和四年（1204 年）八月诏："诸按察司体访不实，辄加纠劾者，从故出入人罪论，仍勒停。若事涉私曲，各从本法。"②

泰和八年十一月，尚书省奏议，各地转运司权轻，州县不畏，规措钱谷不易，影响了国家租赋钱谷的征敛。章宗遂敕令"诸路按察使并兼转运使"，③ 称作按察转运使。实际上由按察使兼行原转运使之职权，从而使按察转运司成为地方上权力最重的官署，既是执法机关，又握有财政经济大权。

到宣宗时，在蒙古军队的逼迫下，金室南迁，国势日蹙。曾任北京按察转运使的兵部尚书乌林达与上奏："按察转运司拘榷钱谷，纠弹非违，此平时之治法。今四方兵动，民心未定，军士动见刻削"，④ 建议裁撤按察转运司。贞祐三年（1215 年），宣宗诏罢按察转运司。从此，金朝没有再设立专职地方监察机关。地方监察事务，由朝廷派遣监察御史办理。

除此以外，提刑司和按察使司作为地方监察机关，还拥有监督猛安谋克的职权。如章宗时，因"承平日久"，女真猛安谋克部民刀枪入库，马放南山，逐渐失去了当年骠悍善战的习性，普遍变得游手好闲起来。这使金统治者深为忧虑。太傅徒单克宁上疏："今之猛安谋克，其材武已不及前辈，万一有警，使谁御之？习辞艺，忘武备，于国弗便"。⑤ 章宗深以为然，于明昌六年（1195 年）五月，"诏诸路猛安谋克农隙讲武，本路提刑司

---

① 《金史》卷一二《章宗本纪四》，第 285 页。
② 《金史》卷一二《章宗本纪四》，第 269 页。
③ 《金史》卷一二《章宗本纪四》，第 285 页。
④ 《金史》卷五七《百官三》，第 1308 页。
⑤ 《金史》卷九二《徒单克宁传》，第 2052 页。

察其惰者罚之。"① 泰和元年八月，又制："猛安谋克并隶按察司"，② 并由按察司官教习武艺，以保持女真猛安谋克的战斗力，稳固金朝统治的社会基础。

3. 宗教司法机关

金朝在世俗司法组织体系之外，还设有专理僧道诉讼的宗教审判官。金崇尚佛教和道教。女真人"奉佛尤谨"，③ 贵戚望族，"多舍男女为僧尼"。皇帝亦对佛祖顶礼膜拜，倍加宠信僧道上层人物。京城的高僧被奉为"国师"，其"威仪如王者师，国主有时而拜，服贞红袈裟，升堂问话讲经，与南朝等"。④ 元帅府的僧官称僧录、僧正，"皆择其道行高者，限三年为任，任满则又择别人，张官府，设人从，僧尼有讼者，皆理而决遣之，并服紫袈裟。"各州府的僧官叫都纲，"亦以三年为任，有师号者赐紫，无者如常僧服"。县里的僧官叫维那，"僧尼有讼者，杖以下决遣之，杖以上者并申解僧录、都纲司"。⑤

（二）诉讼审判制度考

1. 诉讼制度的特点

（1）诉讼的提起。

金代案件起诉的方式分为官吏纠举、告诉和投案自首三种。

官吏纠举，指监察官及其他官吏对犯罪案件的弹劾、检举。金代进一步强化了中央和地方监察机关纠举和弹劾官吏违法犯罪

---

① 《金史》卷一〇《章宗本纪二》，第 236 页。
② 《金史》卷一一《章宗本纪三》，第 256 页。
③ （宋）徐梦华：《三朝北盟会编》卷三上海古籍出版社，影印本，1987。
④ （南宋）宇文懋昭：《大金国志》卷三六，中华书局，标点本，1986。
⑤ 《金史》卷八五《永中传》，第 1899 页。

案件的职能。

　　告诉，即诉讼案件当事人及其家属，以及其他知情人向官府告发而提起诉讼。金律对告诉权的限制较少。一是不适用亲属相容隐的原则。自汉以降，华夏历代王朝的法律基于儒家伦常观念，均规定有亲属相为隐的诉讼原则，凡一定范围的亲属，犯罪非谋反、谋大逆、谋叛时，得互相容隐，告者反而有罪。金律则不然，听任亲属之间互相告发的行为。如大定年间，大兴府（今北京市）民赵无事"带酒乱言"，法当死，其父赵千捕之而告官府。赵千"大义灭亲"之举受到世宗赞许："为父不恤其子而告捕之，其正如此，人所甚难，可特减（赵无事）死一等。"① 若依唐宋律典之规定，赵千的行为，已构成犯罪："诸告缌麻、小功卑幼，虽得实，杖八十，大功以上递减一等。"② 据此，父告子乃为告期亲卑幼，应杖六十。

　　二是金朝对中原王朝自古以来禁止奴婢告发主人的峻令，弃置不行，听任以至纵容奴婢告主，并经常依据奴婢的告发而大兴狱讼。故有金一代，奴婢告主的事件层出不穷，上自亲王，下至黎庶，因被家奴告发而陷于囹圄，以致丢官卸爵，身首异处者，不乏其人。

　　太宗时，卫州汲县（今河南汲县）人陈光的家奴"谋良不可"，告发陈光与贼杀人，致使陈光"系狱，榜掠不胜，因自诬服"。③ 后因其子陈颜自请代父死的孝行感动了官府，才获得赦免。海陵王时，昭义军节度使肖仲宣家奴"告其主怨谤"。④ 因

　　① 《金史》卷四五《刑志》，第1019页。
　　② 《唐律疏议》卷二四《宋刑统》卷二四。
　　③ 《金史》卷一二七《孝友传》，第2746页。
　　④ 《金史》卷六《海陵本纪》，第115页。

肖仲宣政绩颇佳，深得海陵王信任，才免于缧绁之辱。海陵王之弟，西京留守完颜衮（又名蒲家）素为其兄猜忌，"尝召日者问休咎。家奴喝里知海陵疑蒲家，乃上变告之，言与（西京兵马总管）谟卢瓦等谋反，尝召日者问天命"，① 经御史台和刑部会同审理，查无实据。但海陵王仍遣使臣拘捕蒲家等至中都，斩之于市。梁王兀术之子完颜亨（又名孛迭），封芮王，历任中京、东京留守，先后两次被家奴告发，最终冤死狱中。第一次是家奴梁遵告完颜亨与卫士符公弼谋反。虽经有关部门"考验无状"，却使完颜亨遭到海陵王深深的猜疑。第二次是家奴六斤与完颜亨侍婢私通，事泄遭训斥，遂怀恨于心，总想伺机"告亨谋逆"。后果然借故"诬亨欲因间刺海陵"，② 致使完颜亨被捕下狱，不久惨死狱中。参知政事韩昉家奴告其主"以马资送叛人出境"。有司考之无状，以该奴归还韩昉。韩昉待之如初，曰："奴诬主人以罪，求为良耳，何足怪哉"。③ 大定时，海陵王之侄、应国公完颜和尚召日者妄卜休咎。日者李端称其"当为天子"，司天张友直亦云其"当大贵"。④ 此事经家奴李添寿向朝廷告发后，完颜和尚等伏诛。章宗时，镐王永中的家奴德哥检举其主尝与侍妾言："我得天下，子为大王，以尔为妃"，⑤ 导致永中被朝廷赐死。此外，金律亦不禁妾告正室。如天德四年，平章政事徒单恭之妾忽挞，告正室、太祖长公主兀鲁"语涉怨望"。海陵王遂杀兀鲁而杖罢其夫。

金朝律令不禁奴婢告主和卑幼告尊长的规定，在中国古代法

---

① 《金史》卷七六《完颜衮传》，第 1747 页。
② 《金史》卷七七《完颜亨传》，第 1756 页。
③ 《金史》卷一二五《韩昉传》，第 2714 页。
④ 《金史》卷七六《完颜襄传》，第 1747 页。
⑤ 《金史》卷八五《世宗诸子传》，第 1899 页。

制史上颇具特色。早在西周时期，就有"君臣皆狱，父子将狱，是无上下也"① 的教条。秦律设定"子告父母，臣妾告主，非公室告，勿听"之制。② 汉律本于儒家伦常观念，创立"亲亲得相首匿"原则，卑幼告尊长乃"干名犯义"行为。《唐律疏议》和《宋刑统》之"斗讼律"更明确规定："诸部曲、奴婢告主，非谋反、逆、叛者，皆绞；告主之期亲及外祖父母者，流；大功以下亲，徒一年。……即奴婢诉良，妄称主压者，徒三年；部曲减一等。"《疏议》曰："谓奴婢本无良状，而妄诉良，云主压充贱者，合徒三年。"《元史》亦载："诸子证其父，奴讦其主，及妻妾弟侄不相容隐，凡干名犯义，为风化之玷者，并禁止之"；"诸以奴告主私事，主同自首，奴杖七十七"；"诸奴婢诬告其主者处死，本主求免者，听减一等"；"诸教令……奴告主者，各减告者罪一等。"③ 明清律典均将卑幼告尊长，奴婢告主列入"干名犯义"门："诸子孙告祖父母、父母，妻妾告夫及夫之祖父母、父母者，杖一百徒三年。""若奴婢告家长及家长缌麻以上亲者，与子孙卑幼罪同。若雇工人告家长及家长之亲者，各减奴婢罪一等。"④《大清律例》所附"条例"，还对奴婢告主的处罚，作了具体的补充性规定："凡奴仆首告家主者，虽所告皆实，亦必将首告之奴仆，仍照律从重治罪"，"凡旗下家奴告主，犯该徒罪者，即于所犯附近地方充配，不准枷责完结，俟徒限满日，照例官卖，将身价给还原主。"⑤

可见，中国古代几乎所有王朝的法律，从维护宗法家族制度

① 《国语》卷二《周语中》，上海古籍出版社，点校本，1978。
② 《睡虎地云梦竹简·法律答问》，文物出版社，1978，第196页。
③ 《元史》卷一〇五《刑法四》，第2670页。
④ 《大明律》卷二二《刑律五·诉讼》干名犯义。
⑤ 《大清律例》卷三〇《刑律·诉讼》干名犯义。

和等级特权出发，都禁止卑幼告尊长和奴婢告主，惟金律例外。究其原因，在深层次上，是女真游牧部族人际关系相对平等的传统，与中原法律基于儒家的伦常观念的"同居相为隐"原则相碰撞的结果。在女真人占据统治地位的背景下，传统势力冲破了同居相隐原则编织限制家族成员之间告诉权的罗网。而更直接的原因则是金朝当权者出于巩固自己统治地位的现实考虑。金王朝长期处于同南宋、西夏等国对峙的国际环境，战乱频仍，政局动荡。统治集团内部派系林立，权力倾轧剧烈，仅在位皇帝就有三人被政敌谋杀。故最高统治者不得不时时注视政敌的动向，防范其不轨活动。尤其是金朝皇帝继位秩序不正常。金代共历十帝，其中兄终弟（含堂弟）及者凡四帝，叔侄相继者二帝，其余四帝亦多未遵循中原传统的嫡长继承制。海陵王、世宗、宣帝三帝还是通过政变或利用政变后的混乱局面卜台的。"法统"不正使最高统治者对谋反、叛逆言行极为敏感，为消除一切可能危及皇权的隐患煞费苦心。鼓励告奸是防止皇权旁落，消弥反叛，巩固帝位最有效的措施之一。家奴与其主人朝夕相处，对主人的所作所为了如指掌。听任和利用家奴检举、告发主人违法不轨行为，无疑有助于及时打击犯罪活动，防范反对派势力的不轨图谋。

此外，金朝还实行"保伍连坐法"，强制邻里告奸。如泰和六年（1206 年），章宗"以旧定保伍法，有司灭裂不行。其令结保，有匿奸细、盗贼者连坐"。①

当然，金也同历代一样，对告诉失实（诉妄）及诬告者，亦给予处罚。如海陵王时，左宣徽使（正三品职）许霖之子与应国公完颜和尚发生纠纷。许霖父子被殴辱后诉于朝廷，使对方

---

① 《金史》卷四六《食货一》，第 1031 页。

受罚。但许霖亦因"所诉有妄，笞二十"。① 芮王完颜亨被家奴梁遵诬告谋反一案，经朝廷"考验无状，遵坐诛"。② 大定二年（1162 年），军士术里古等告同判大宗正事（从二品职）完颜谋衍之子斜哥"寄书其父谋反，并以其书上之"。世宗览书曰："此诬也，止讯告者"。③ 经审理，果真为诬告，术里古伏诛。

投案自首，指刑事犯罪人和民事被告向官府自动投案，自我举发或托人代为自首。自首通常会受到减免刑罚的优待。如大定十年，河中府（今山西运城）民张锦为父报仇杀人，法当死。张锦犯案后主动向官府自首。此案经尚书省奏报皇帝后，世宗裁决："彼复父仇，又自言之，烈士也。以减死论。"④

（2）管辖。

金代诉讼案件，一般归案发地官府管辖，仍实行由下到上逐级陈告的制度。但有的案件则须由被告原籍地官府受理。如章宗泰和年间，大兴府（今北京府）民靳勃向中都警巡院诉涞水人魏廷实为奴，及妄诉殴晋案。经查证，原被告的祖辈确有主奴关系，但早在数十年前已放良。于是警巡院驳回了靳勃之诉求，并告之，若再行起诉，"法当诉于本贯"，即被告魏廷实原籍涞水县。后此案因诉讼程序不合法，及有关官员恃权枉判，引起中央御史台的干预，最终在皇帝过问下才得以解决。

然而，凡涉及六品以上官的诉讼案件，任何官署皆不得擅断和处罚，须奏闻皇帝而后决。如大定年间，平章政事乌古论元忠奉诏提控元妃李氏葬礼事务。"都水监丞高杲寿治道路不如式，

---

① 《金史》卷七六《完颜襄传》，第 1746 页。
② 《金史》卷七七《完颜亨传》，第 1756 页。
③ 《金史》卷七《世宗本纪上》，第 128 页。
④ 《金史》卷四五《刑志》，第 1016 页。

元忠不奏，决之四十。"监察御史张景仁劾奏元忠"辄断六品官，无人臣礼"。世宗对此予以嘉许："卿劾奏甚当"，并令左宣徽使蒲察鼎寿传诏戒敕元忠曰："监丞六品，有罪闻奏，今乃一切趋办，擅决六品官，法当如是耶？御史在尊朝廷，汝当自咎，勿复再！"①

2. 审判制度

（1）《州县官听讼条约》。

金代州县官权力较重，各类诉讼案件，"州县官各许专决"。② 这就使州县官得以舍法而任意，操纵地方司法。

有金一代，州官审理狱讼而自行杖杀人犯的案例，俯拾即是。如大定年间，磁州（今河北滋县）"素多盗，既获而款伏者，审录官或不时至，系者多以杖杀，或死狱中"。③ 杨伯仁任滨州（今山东滨县）刺史时，"郡俗有遣奴出亡，捕之以规赏者，伯仁至，责其主而杖杀其奴，如是者数辈，其弊遂止。"④ 淄州（今山东淄博市）"剧盗刘奇久为民患，一日捕获，方讯鞫，闻赦将至"，负责审理此案的同知军州事石抹元"亟命杖杀之，阖郡称快"。⑤

滥施刑讯逼供，苦打成招，造成冤狱者，亦不乏其例。

海陵王时，某地以"党人相结欲反"为由，收捕田赡等下狱，"且远捕四方党与，每得一人，先漆其面赴讯，使不相识，榜掠万状"，⑥ 田赡等皆死狱中。兀术之子、广宁府尹完颜亨被

①　《金史》卷八四《张景仁传》，第1892页。

②　（明）李栻辑：《历代小史》卷六二《金志》。

③　《金史》卷九六《黄久约传》，第2123页。

④　《金史》卷一二五《杨伯仁传》，第2723页。

⑤　《金史》卷一二八《石抹元传》，第2769页。

⑥　（元）刘祁：《归潜志》卷一○，中华书局，点校本，1983。

家奴诬告而入狱。"与其家奴并加榜掠，皆不伏"。海陵王遂派人将其残杀于囚所。"亨比至死，不胜痛楚，声达于外。"海陵闻亨死，佯为泣下，遣人谕其母曰："尔子所犯法，当考掠，不意饮水致死。"① 可见金律规定有刑讯拷掠制度。大定年间，亲军百人长完颜阿思钵非值日带刀入宫，其夜入左藏库，杀都监郭良臣，盗取金珠。点检司逮捕嫌疑者八人，"掠笞三人死，五人者自诬，其赃不可得"。后真凶销赃时被查获，伏诛。世宗指出："棰楚之下，何求不得。奈何点检司不以情求之乎！"② 并敕令抚恤刑讯中的冤死者和诬服者，还亡羊补牢，禁止护卫亲军非值日，不得带刀入宫。

世宗时，一老妪与其儿媳憩道旁，儿媳与所私相从亡去。有人告知老妪其媳去向，老妪遂报告伍长并一道追寻。恰好"有男子私杀牛，手持血刃，望见伍长，意其捕己，即走避之。妪与伍长疑是杀其妇也，捕送县，不胜楚毒，遂诬服"。后老妪"得其妇于所私者"，③ 此冤狱才真相大白。

承安五年（1200年），翰林修撰杨庭秀向朝廷奏报了地方司法的黑暗状况："州县官往往以权势自居，喜怒自任，听讼之际，鲜克加审。但使译人往来传词，罪之轻重，成于其口，货赂公行，冤者至有三、二十年不能正者。"鉴于此，章宗敕令订立《州县官听讼条约》，"违者按察司纠之"，④ 将州县官的司法活动纳入依法管理的范畴。这不仅使州县官在履行司法审判职责时有章可循，也为监察机关纠举州县官违法渎职提供了依据。

---

① 《金史》卷七七《完颜亨传》，第1756页。
② 《金史》卷八八《移剌道传》，第1966页。
③ 《金史》卷八五《永功传》，第1902页。
④ 《金史》卷四五《刑志》，第1023页。

到金末宣宗南渡后，地方司法秩序又陷于混乱。正大二年（1225 年），谏官陈规奏报哀宗："今河南一路便宜、行院、帅府、从宜凡二十处，陕西行尚书省二、帅府五，皆得便宜杀人，冤狱在此不在州县。"①

（2）上诉。

金贞元元年（1153 年）《福山县令题名记》载："然尝闻古莱之俗，果于报怨，锐于胜人，以睚眦之憾，辄终其身而不顾；以锥刀之竞，虽费百金而不悔。不得意于县，则必诉于州；不得意于州，则必诉于帅；又不得意焉，则必诉于部；甚者必丁伤人或自伤而后止。故士大夫得登莱之邑于选部者，人皆吊而不贺。"② 如此"嗜讼"的民风，在普遍厌讼的古代社会，恐怕不会多见，以至于派放到该地区任职的官员们，都是忧多于喜。

（3）大理寺断狱程限。

大定二十二年，世宗谓宰臣曰："凡尚书省送大理寺文字，一断便可闻奏。如乌古论公说事，近取观之，初送法寺如法裁断，再送司直披详，又送阁寺参详，反覆三次，妄生情见，不得结绝。朕以国政不宜滞留，昨虽炙艾六百炷，未尝一日不坐朝，欲使卿等知勤政也。"③ 可见大理寺断狱，除尚书省送大理寺文字一断便可闻奏圣裁外，一般案件的审理，均须经三道程序：即经大理寺卿至丞等官长审断后，交由司直、评事复查，再由知法根据审理结果依法确定刑罚，然后由全寺官员合议，以避免枉判。如大定七年（1167 年），皇帝近侍机关尚辇局官吏石抹阿里哥，与钉铰匠陈外儿，"共盗宫中造车银钉叶"。此案涉及盗窃

① 《金史》卷一〇九《陈规传》，第 2402 页。
② 《福山县志》卷六之二，烟台福裕东书局。
③ 《金史》卷四五《刑志》，第 1019 页。

宫内重要物品，罪行重大。但大理寺在合议量刑时，因对共犯中首从的认定发生分歧而出现了不同的意见。大理寺卿梁肃"以阿里哥监临，当首坐"。其他寺官"以陈外儿为首，抵死"。最后，由世宗亲自裁定："罪疑惟轻，各免死，徒五年，除名。"①

可是，反复审议颇费时日，以致事多滞留。世宗曾对此提出质问："比闻大理寺断狱，虽无疑者亦经旬月，何耶？"参知政事移剌道对曰："在法，决死囚不过七日，徒刑五日，杖罪三日。"上曰："法有程限，而辄违之，弛慢也。"罢朝，御批送尚书省曰："凡法寺断重轻罪各有期限，法官但犯皆的决，岂敢有违。但以卿等所见不一，至于再三批送，其议定奏者书奏牍亦不下旬日，以致事多滞留，自今当勿复尔。"②规定了各级审判机关决狱程限，并简化大理寺断狱程序，以期提高司法机关的办事效率。

但实际上大理寺并未认真遵守上述决狱期限制度，虽然"法有程限，而辄违之"，办案拖沓，"以致事多滞留"的现象普遍。世宗对此十分反感："大理寺事多留滞，宰执不督责之，何也？"尚书省左丞唐括安礼对曰："案牍疑难者旧例给限。"上曰："旧例是邪非邪，今不究其事，辄给以限邪？"参政移剌道曰："臣在大理时，未尝有滞事。"上曰："卿在大理无滞事，为宰执而不能检治，何也？"道无以对而退。③大定二十三年，世宗"以法寺断狱，以汉字译女直字，会法又复各出情见，妄生穿凿，徒致稽缓，遂诏罢情见"。④

---

① 《金史》卷八九《梁肃传》，第 1983 页。
② 《金史》卷四五《刑志》，第 1017 页。
③ 《金史》卷八八《唐括安礼传》，第 1965 页。
④ 《金史》卷四五《刑志》，第 1020 页。

章宗则主张允许法官据法提出不同意见："时奏狱而法官有独出情见者，上曰：'或言法官不当出情见，故论者纷纷不已。朕谓情见非出于法外，但折衷以从法尔。'平章守贞曰：'是制自大定二十三年罢之。然律有起请诸条，是古亦许情见矣。'上曰：'科条有限，而人情无穷，情见亦岂可无也。'"①

（三）刑罚施行考

1. 笞杖刑的施行

杖刑是金代适用最广泛的刑罚。海陵王曾向臣僚宣称："古者大臣有罪，贬谪数千里外，往来疲于奔走，有死道路者，朕则不然，有过则杖之，已杖则任之如初。如有不可恕，或处之死，亦未可知。"如贞元二年（1154年）八月，左丞相（从一品职）完颜昂因"去衣杖其弟妇"，被海陵王处杖刑。非但没有撤职，反而在翌年二月晋升太尉（正一品职）兼枢密使。②

金代笞杖不分，稽诸《金史》，犯罪者被处以杖二十直至杖二百的事例，处处可见。诸如：贞元三年（1155年）三月，"以左丞相张浩、平章政事张晖每见僧法宝，必坐其下，失大臣体，各杖二十；僧法宝妄自尊大，杖二百。"③ 大定十四年（1174年）二月，"以大兴（府）尹（完颜）璋使宋有罪，杖百五十，除名，仍以所受礼物入官"，其副使高翊则杖一百，等等。

笞杖刑虽较轻，但属于身体刑，并带有耻辱刑的性质。故有

---

① 《金史》卷四五《刑志》，第1022页。
② 《金史》卷五《海陵本纪》，第102页。
③ 《金史》卷五《海陵本纪》，第103页。

一定身份地位者，往往通过以钱财赎刑等途径规避体罚的实际执行。为此，金律对于某些贵族官僚犯罪案件，在判处笞杖刑时，特别附加了"的决"的规定，要求必须实际执行，不得赎免。如大理寺受理的案件须在法定期限内审结，违者有罚，"法官但犯皆的决"。① "职官犯故违圣旨，徒年、杖数并的决。"② 不过，世宗对贵族官僚颇为优容，职官犯罪大多可以赎免，附加"的决"之例，尚不多见。"大定间，监察坐罪大抵收赎，或至夺俸，则外降而已，间有的决者皆有为而然也。"③ 明昌四年，拱卫直指挥使纥石烈执中，因"监酒官移剌保迎谒后时，饮以酒，酒味薄"，将移剌保殴伤，被"的决五十"。④ 泰和六年，章宗针对地方官吏查缉私盐不力，致使各地私煮盗贩者成党，国家盐课收入大量流失，敕令加重地方官的缉私责任。"诸统军、招讨司，京府州军官，所部有犯者，两次则夺半月俸，一岁五次则奏裁"，特别是专司缉私职责的"巡捕官但犯则的决，令按察司、御史察之"⑤

　　到金末宣宗时，国势日蹙，对职官犯罪的处罚日渐加重，通常都规定"的决"。时任参知政事的张行信曾提到："今法，职官论罪，多从的决"；并上疏宣宗，对当时"监察御史多被的决"的状况表示异议，认为"无问事之大小，情之轻重，一概的决"，⑥ 太过分了。

　　宣宗贞祐四年（1216年）诏定："若人使入国，私通言语，

① 《金史》卷四五《刑志》，第1021页。
② 《金史》卷一〇七《张行信传》，第2363页。
③ 《金史》卷一〇七《张行信传》，第2363页。
④ 《金史》卷一三二《纥石烈执中传》，第2832页。
⑤ 《金史》卷四九《食货四》，第1103页。
⑥ 《金史》卷一〇七《张行信传》，第2363页。

说知本国事情；宿卫、近待官、承应人出入亲王、公主、宰执之家；灾伤阙食，体究不实，致伤人命；转运军储而有私载；及考试举人关防不严者，并的杖"；监察官"若任内有漏察之事应的决者，依格虽为称职，止从平常。平常者从降罚。"①在行刑方法上，金初"罪无轻重悉笞背"，"又有一物曰沙袋，以革为囊，实以沙石，系于杖头，人有罪者，持以决其背，大率似脊杖之属，惟数多焉。"②直到熙宗时，杖脊之法才开始改革，"杖罪至百，则臀、背分决"。海陵王又"以脊近心腹，遂禁之，虽主决奴婢，亦论以违制"。但禁止杖背后，反而发生了"杖不分决，与杀无异"③的后果。更为甚者，有的地方官作威作福，"任情立威，所用决杖，分径长短不如法式，甚者以铁刃置于杖端，因而致死。"④鉴于此，金统治者再次确定了法杖的规格和标准式样，试图进一步对决杖用法律加以规范。承安四年（1199 年）五月，"以法适平，常行杖样多不能用。遂定分寸，铸铜为杖式，颁之天下。"⑤

但这些措施收效甚微。地方官吏依然我行我素，有的"外官尚苛刻者，不遵铜杖式，辄用大杖，多致人死"。⑥如单州刺史高闾山，公开蔑视朝廷关于禁止非法以杖决人的诏制，宣称"此亦难行"。制下当日即用大杖杖毙部民杨仙，仅被削官一阶解职而已。

地方官吏漠视朝廷诏制和对违制官吏的宽纵，固然是"承

---

① 《金史》卷一〇六《术虎高琪传》，第 2339 页。
② （明）李栻辑：《历代小史》卷六二《金志》。
③ 《金史》卷四五《刑志》，第 1015 页。
④ 《金史》卷九九《贾铉传》，第 2191 页。
⑤ 《金史》卷四五《刑志》，第 1023 页。
⑥ 《金史》卷四五《刑志》，第 1023 页。

安铜杖式"难于推行的原因之一。而铜杖式样本身过于轻细，使决杖不能起到威慑罪犯的作用，也是"铜杖式"遭到地方抵制的重要原因。泰和元年（1201年）正月，尚书省奏称，承安"铜杖式轻细，奸宄不畏，"章宗"遂命有司量所犯用大杖，"①但法杖仍不准超过五分，承安铜杖式至此废止。

金后期，决杖之制又趋滥酷。尽管宣宗贞祐三年（1215年）三月敕令"禁州县置刃于杖以决罪人，"②但一纸禁令已无法约束酷吏的手脚。

2. 徒刑施行的变化

金代徒刑判决的执行，沿袭辽制，规定判处徒刑者，须同时附加决杖。这不同于《宋刑统》所规定的"折杖法"，是加重犯徒罪者的惩罚。附加决杖之数时有变化，金初实行重法，附加决杖之数较大。史称："徒者，非谓杖脊代徒，实拘役也。徒止五年，五年以上即死罪也。徒五年则决杖二百，四年百八十，三年百六十，二年百四十，一年百二十。杖无大小，止以荆决臀，实数也。"③此后，徒刑附加决杖数逐步减少。大定十七年（1177年），济南尹梁肃上疏："今取辽季之法，徒一年者杖一百，是一罪二刑也。刑罚之重，于斯为甚。今太平日久，当用中典，有司犹用重法，臣实痛之，自今徒罪之人，止居作，更不决杖。"④尽管朝廷以为"今法已轻于古，恐滋奸恶"，未予采纳，但不久即制订了"徒杖减半之法"，并在章宗时列入《敕条》。明昌五年（1194年），尚书省奏："在制，名例内徒年之律，无决杖之

---

① 《金史》卷四五《刑志》，第1024页。

② 《金史》卷一四《宣宗本纪上》，第307页。

③ （明）李栻辑：《历代小史》卷六二《金志》。

④ 《金史》卷八九《梁肃传》，第1982页。

文便不用杖。缘先谓流刑非今所宜，且代流役四年以上俱决杖，而徒三年以下难复不用。妇人比之男子虽差轻，亦当例减。"章宗遂诏："徒二年以下者杖六十，二年以上杖七十，妇人犯者并决五十，著于《敕条》。"① 从而完善了徒罪附加决杖的制度。

根据上述史料，综合《元典章》所引至元八年前的"旧例"，及学术界的考证，② 金代后期徒刑七等附加决杖分别为：徒五年决杖一百，徒四年决杖九十，徒三年决杖八十，徒二年半决杖七十，徒二年决杖七十，徒一年半决杖六十，徒一年决杖六十。决杖之后，即将徒囚投入强制劳作，管理徒囚的官署叫作院或都作院。

> 作院，使一员，副使一员，掌监造军器，兼管徒囚，判院事；都监一员，掌收支之事；牢长，监管囚徒及差役牢子。中都、南京依此置，仍加"都"字。南京省都监一员，东京、西京置使或副一员，上京并省。随府节镇作院使副，并以军器使副兼之。其或置一员，或以军资库兼之，若元设甲院都监处，并蓟州专设使副者，并仍旧。③

牢长和牢子是具体管理徒囚居作的人员。可见，金代徒囚有相当一部分从事兵器制作。

> 所徒之人，或使之磨甲，或使之土工，无所不可。脚腕

---

① 《金史》卷四五《刑志》，第 1023 页。

② 〔日〕宫崎市定：《宋元时期的法制与审判机构》，《东方学报》京都第二十四册，1954年 2 月。

③ 《金史》卷五七《百官三》，第 1316 页。

以铁为镣，镰锁之。罪轻者用一，罪重者用二，朝纵暮收，年限满日则逐之，使不得依旧为百姓。①

此外，在特定的条件下，对某些特定的对象，可以决杖代徒。如大定二十五年（1185 年）二月，世宗"以妇人在囚，输作不便，而杖不分决，与杀无异。遂命免死输作者，决杖二百而免输作，以臀、背分决。"②

还有一种情况是："家无兼丁，加杖准徒。"③ 即应处徒刑者，若家中另无成年男丁，则可用决杖代替徒刑居作，使之在家奉养亲老。《元典章》卷四四《刑部六·诸殴·拳手伤》引金律"旧例"：

> 诸犯徒应役而家无兼丁者，徒一年，加杖一百二十不居作，一等加二十；若徒年限内无兼丁者，总计应役日及应加杖数准折决放。（注）谓如犯徒一年，三百六十日合杖一百二十，即是三十日当杖十；若徒一年半，五百四十日合杖一百四十，即是三十八日当杖十；若犯徒二年，七百二十日合杖一百六十，即四十五日当杖十；若犯徒二年半，九百日合杖一百八十，即五十日当杖十；若犯徒三年，一千八十日合杖二百，即是五十四日当杖十；若犯徒三年半，一千二百六十日亦杖二百，即是六十三日当杖十；若犯徒四年，一千四百四十日亦合杖二百，即是七十二日当杖十。④

① （明）李栻辑：《历代小史》卷六二《金志》。
② 《金史》卷四五《刑志》，第 1020 页。
③ 《金史》卷八九《梁肃传》，第 1982 页。
④ 另据《刑统赋解》卷上引《名例》，"徒人居役再犯徒者加杖制"之规定，与此完全相同。

3. 流刑施行的变通

流刑仍为法定刑之一。但金统治者认为，"流刑非今所宜"，① 不便施行。章宗明昌年间规范刑制以后，法定流刑三等，是用徒四年以上并附加决杖代替之。综合《元典章》卷三九《五刑训义》等记载，其具体规定是：二千里比徒四年加杖九十，二千五百里比徒四年半加杖九十，三千里比徒五年加杖一百。②

而稽诸《金史》，仅检得三例涉及流刑适用的记述：一是大定时，宋王宗望之子完颜京、完颜文皆以谋反诛。世宗尽以其家财产与其兄完颜齐之子咬住，诏齐妻曰："汝等皆当缘坐，有至大辟及流窜者。朕念宋王，故置而不问，且以其家产赐汝子。宜悉朕意。"③ 二是章宗时，"适朝议以流人实边，安仁言：'昔汉有募民实边之议，盖度地营邑，制为田宅，使至者有所居，作者有所用，于是轻去故乡而易于迁徙。如使被刑之徒寒饿困苦，无聊之心，靡所顾藉，与古之募民实塞不同，非所宜行。'上然之。"④ 三是宣宗贞祐二年（1214 年）十二月"登州刺史耿格伏诛，流其妻孥"。⑤ 前两例仅提及律有流刑之罚，但均未实施。最后一例有流刑判决，然未知是否执行时折抵为徒刑加杖。

4. 死刑的施行

女真旧俗，"杀人及盗劫者，击其脑杀之。"⑥ 金代死刑执行

---

① 《金史》卷四五《刑志》，第 1014 页。
② 参见白钢主编《中国政治制度通史》第 8 卷《元代》，人民出版社，1993，第 315 页。
③ 《金史》卷七四《宗望传》，第 1707 页。
④ 《金史》卷九六《许安仁传》，第 2132 页。
⑤ 《金史》卷一四《宣宗本纪上》，第 306 页。
⑥ 《金史》卷四五《刑志》，第 1014 页。

方法，仍沿袭唐、宋、辽旧制而有所损益，除斩、绞外，还有族诛、凌迟、磔、醢等酷刑。

族诛。族诛常适用于罪大恶极者及对付政敌。海陵王政变上台后，为巩固自己的地位，在大肆杀戮女真贵族反对派时，往往采用族诛的手段。先后诛除太宗子孙七十余人，使太宗一脉绝后；又杀开国功臣宗翰（粘罕）一族三十余人；天德二年（1150 年）十月，"杀行台左丞相、左副元帅撒离喝于汴，并杀平章政事宗义、前工部尚书谋里野、御史大夫宗安，皆夷其族。以魏王翰带之孙活里甲好修饰，亦族之。"①

凌迟。俗称"剐刑"，是一种极尽惨酷的死刑方法，凌迟始于五代，而盛行于宋，但宋乃以敕令行之，未载入《刑统》；其正式入律则始于辽；金承辽制，亦为法定之刑。海陵王时，其弟完颜衮为西京留守，与故旧西京兵马都总管完颜谟卢瓦和姻戚、编修官圆福奴等过从甚密，为海陵所忌。后完颜衮的家奴向海陵告发，称完颜衮欲与谟卢瓦等谋反，曾请卜者测天命。海陵王遂斩衮于市，"谟卢瓦、圆福奴并日者皆凌迟处死。"② 正隆五年（1160 年）海陵王诏：各地捕获盗贼，"并凌迟处死，或锯灼去皮截手足。"③ 磔刑实为凌迟之属。大定时，帮助海陵王谋弑熙宗夺取皇位的大兴国（后赐名大邦基），被"磔于思陵之侧"。④ 思陵为熙宗之陵寝。

金代法定死刑执行的时间，仍实行秋冬行刑等适时行刑制度。世宗大定十三年诏："立春后，立秋前，及大祭祀，月朔、

---

① 《金史》卷五《海陵本纪》，第95页。
② 《金史》卷七六《完颜衮传》，第1747页。
③ 《金史》卷五《海陵本纪》，第111页。
④ 《金史》卷一三二《逆臣传》，第2823页。

望，上下弦，二十四（节）气，雨未晴，夜未明，休暇并禁屠宰日，皆不听决死刑。惟强盗则不待秋后。"① 在死刑执行程序上，仍沿用华夏王朝传统的复奏制度。即死刑判决核准后，须反复奏闻皇帝才能执行。如承安元年，章宗敕尚书省："刑狱虽已奏行，其间恐有疑枉，其再议以闻。人命至重，不可不慎也。"②

（四）狱政制度考

金初拘押人犯的场所比较简陋："其狱，掘地数丈，置囚于其中。"③ 太宗时，宗翰（即粘罕）专权，"高庆裔请于粘罕，令诸州郡置地牢，深三丈，分三隔，死囚居其下，流徒居其中，笞杖居其上。外起夹城，重堑以围之。粘罕行其说。"④ 金代监狱的主要功能，并非执行刑罚的场所，而是临时拘押人犯的地方。其监管的人员，不少是未决人犯或已决而待执行的罪囚。

金入主中原建立比较稳定的统治后，在中央和地方普遍设置了较为正规的监狱。中央监狱设于御史台，由御史大夫的属官狱丞（从九品职）管理。如世宗时，将陵县（今山东德州市）主簿高德温"大收税户米，逮御史狱"。⑤

地方监狱设于各京府、节镇、州县。提控狱囚的职官为司狱。诸京留守司和诸节镇的司狱为正八品职，而其余官署的司狱为正九品职。司狱的属吏有司吏一人，公使二人，典狱二人。典

---

① 《金史》卷四五《刑志》，第 1017 页。
② 《金史》卷一〇《章宗本纪二》，第 238 页。
③ （明）李栻辑：《历代小史》卷六二《金志》。
④ （南宋）宇文懋昭：《大金国志》卷七《纪年七·太宗文烈皇帝五》，中华书局，标点本，1986。
⑤ 《金史》卷一〇七《高汝砺传》，第 2351 页。

狱掌"防守狱囚门禁启闭之事"，其下有狱子具体执行"防守罪囚"事务。为了加强监狱管理，大定十一年，世宗诏令："应司狱廨舍须近狱安置，囚禁之事常亲提控，其狱卒必选年深而信实者轮直。"① 章宗时，赋予提刑司直接统辖地方司狱之权。时宗雄孙子蒲带出任北京临潢提刑使。"及九路提刑使朝辞于庆和殿，上曰：'建立官制，当宽猛得中。凡军民事相涉者，均平决遣，钤束家人部曲，勿使沮扰郡县事。今以司狱隶提刑司，惟翼狱犴无冤耳。'"② 明昌二年（1191 年）十月，"敕司狱毋得与府州司县官筵宴还往，违者罪之。"③ 从体制及制度上保障司狱官公正执法。

监狱管理立法也日渐完善。泰和元年（1201 年），朝廷将建国以来的狱政管理法令加以整理，汇编成《狱官令》106 条，列入《泰和律令》予以颁行。泰和四年，定《考课法》，准唐令，作四善、十七最之制，其中规定了狱官考核标准："十三曰谨察禁囚，轻重无怨，为狱官之最。"④

此外，金朝还沿袭华夏历代王朝传统的"录囚"之制，随时派遣审录官巡视各地监狱，讯察狱囚，平反冤案，决遣淹滞，施行宽赦，借以标榜仁政。世宗大定十二年制："禁审录官以宴饮废公务"；⑤ 大定十七年诏："朝廷每岁再遣审录官，本以为民伸冤滞也，而所遣多不尽心，但文具而已。审录之官，非止理问重刑，凡诉讼案牍，皆当阅实事非，囚徒不应囚系则当释放，官

---

① 《金史》卷四五《刑志》，第 1016 页。
② 《金史》卷七三《宗雄传》，第 1678 页。
③ 《金史》卷九《章宗本纪一》，第 219 页。
④ 《金史》卷五五《百官一》，第 1228 页。
⑤ 《金史》卷七《世宗本纪中》，第 158 页。

吏之罪即以状闻，失纠察者严加惩断，不以赎论。"① 章宗泰和四年（1204 年），"以久旱……遣使审系囚，理冤狱。"② 宣宗贞祐四年（1216 年）敕令"参知政事李革审决京师冤狱"；兴定二年（1218 年）"诏诸郡录囚官，凡坐军期者皆奏谳"；兴定四年又"敕有司阅狱，杂犯死罪以下皆释之"。③

---

① 《金史》卷四五《刑志》，第 1017 页。
② 《金史》卷一二《章宗本纪四》，第 268 页。
③ 《金史》卷一六《宣宗本纪下》，第 351 页。

下 编

蒙元法制考略

蒙元是蒙古族占据主导地位的各民族多元一体的"大一统"政权。从 1206 年成吉思汗建立蒙古汗国，到 1368 年明王朝初创，长达 160 余年。其政治、经济、军事、法律诸方面制度建设，具有蒙、汉二元混合结构为核心、南北异制、诸制并举的特色且颇多建树。但古今著述对其却多有不确之论，[①] 致使蒙元法制的许多问题迄今不甚了了，歧异纷呈。诸如《大元通制》之渊源，《大元通制》与《风宪宏纲》、《经世大典》及《元史·刑法志》的关系，蒙元刑制中法定死刑、流刑及赎刑问题等。笔者试就此展开考辨，力图复原其本来面目，以期抛砖引玉，达到对蒙元法制进行重新审视的目的。

---

① 如高等学校法学试用教材《中国法制史》："在军事封建专制主义统治下的元朝，由于蒙古贵族官僚的野蛮与落后，一切压迫都以极端残暴的形式出现，所以在实践中无所谓法制秩序，法律所规定的诉讼原则，都不过是一纸具文。"群众出版社，1982，第 269 页。高等学校法学教材《中国法律史》："元代的法律制度，在立法上，始终没有制定出一部形式完备的刑事法典。"法律出版社，1995，第 319 页，等等。

十二　《大元通制》之谜解读

　　《大元通制》作为有元一代具有代表性的成文法典，早已湮没在历史的尘烟之中。当年洋洋 2539 条的宏篇巨制，如今传世文本仅存其中《通制条格》646 条，[①] 以及散见于《元史》（纪、传、志等）、元代政书、类书、文集、笔记中的零星记载，其全貌已难以复原。史籍记述的简要而含混，以及后人的屡屡误读，致使学术界迄今对于《大元通制》的渊源、内容、施行等问题歧异纷呈。本文从追溯元代艰难的修律立法历程入手，结合当时社会政治生态环境，对《大元通制》渊源之谜及其所依据"前书"的本原，《大元通制》"难产"的缘由等问题进行考辨。

（一）《大元通制》渊源考辨

1. 一桩因史料的误读造成的法律史"悬案"

　　传世史料的贫乏，使《大元通制》的渊源扑朔迷离。《元史·刑法志》的一段简要而含混记述，通常成为人们判定其"身世"的直接依据：

---

① 参见黄时鉴点校《通制条格》，浙江古籍出版社，1986；郭成伟点校《大元通制条格》，法律出版社，2000。

仁宗之时，又以格例条画有关于风纪者，类集成书，号曰《风宪宏纲》。至英宗时，复命宰执儒臣取前书而加损益焉。书成，号曰《大元通制》。其书之大纲有三：一曰诏制、二曰条格、三曰断例。凡诏制为条九十有四，条格为条一千一百五十有一，断例为条七百十有七。大概纂集世祖以来法制事例而已。……今按其实，条列而次第之，使后世有以考其得失，作《刑法志》。①

自 20 世纪以降，研究中国法律史的许多论著，皆根据此段史料记叙的逻辑关系，直观地理解为：仁宗时，以格例条画类集成《风宪宏纲》一书。英宗则对"前书"加以损益而成《大元通制》。故《大元通制》的制订是以《风宪宏纲》为渊源和基础的。②

稽诸史籍，笔者以为，上述"结论"可能是由于传世文献的缺

---

① 《元史》，卷一〇二《刑法一》，第 2604 页。
② 诸如：白寿彝总主编《中国通史》（哲学社会科学六五期间国家重点项目）之第八卷《中古时代·元时期（上）》："元仁宗即位之初，允中书所奏，'择耆旧之贤，明练之士……由开创以来政制法程可著为令者，类集折衷，以示所司'。其大纲有三：一《制诏》、二《条格》、三《断例》……书成于延祐三年（1316 年）夏五月，名为《风宪宏纲》，命监察御史马祖常作序。……到英宗至治二年（引者注：应为至治三年，1323 年）才审定颁行，题名《大元通制》。"上海人民出版社，2000，第 6 页。杨鸿烈《中国法律发达史》：《大元通制》是"英宗时命宰执儒臣取仁宗已编纂成书的《风宪宏纲》加以损益"而成。上海商务印书馆，1933，第 685 页。大体上采用此说的论著和教材还有：陈顾远《中国法制史》，上海商务印书馆，1934，第 121 页；黄秉心《中国刑法史》，福建改进出版社，1940，第 368 页；张金鉴《中国法制史概要》，台湾正中书局，1973，第 33 页；林咏荣《中国法制史》，1976，第 61 页；张晋藩主编《中国法制史》（高等学校法学试用教材），群众出版社，1982，第 261 页；张晋藩主编《中国法制史》（高等学校文科教材），群众出版社，1991，第 355 页；张晋藩《中国古代法律制度》，中国广播电视出版社，1992，第 576 页；叶孝信主编《中国法制史》（全国高等教育自学考试指定教材），北京大学出版社，2000，第 244 页；韩玉林主编《中国法制通史》第 6 卷《元》，法律出版社，1998，第 16 页；曾宪义主编《中国法制史》（面向 21 世纪课程教材），北京大学出版社、高等教育出版社，2000，第 190 页等。

乏和后人对《元史·刑法志》此段记述的"误读"，而造成的一桩法律史"悬案"。本文拟就此做一些探索性的考辨，以就正于学术界同仁。

2. 《大元通制》所据"前书"探原

在我国古代历史上，历代王朝具有代表性的法典的颁行，都经历了一个不断修订、完善的时期。它们都是王朝开创以来立法建制的集大成者，代表着当时立法的最高水准。《大元通制》亦不例外，作为有元一代具有代表性的成文法典，尽管它可能以某一"前书"为直接蓝本，但其渊源仍应溯及世祖、成宗、武宗、仁宗、英宗五朝。事实上，从追溯世祖以降立法建制的轨迹，就不难发现《大元通制》"前书"的本原。

（1）金《泰和律》的废止与至元修律之议。

元世祖入主中原后，鉴于蒙古部族习惯法已不敷适用，遂一方面循用金《泰和律》，同时仿行汉法，参照辽、宋、金制，开始了漫长的立法修律历程。史称："元兴，其初未有法守，百司断理狱讼，循用金律。"① 在中国法制史上，一个新兴王朝开创之初，暂行沿用前朝行之有效的法律制度，几成惯例。蒙古统治者亦然。对于初定中原，马未卸鞍的忽必烈来说，这样既有助于稳定中原各族民众的人心，也由于蒙古旧制已不足以承担在中原维护正常"法制秩序"的重任，亦符合忽必烈本人"祖述"与"变通"相结合的法制思想。早在宪宗二年（1252 年），忽必烈"以皇弟开邸金莲川"，召儒生郝经入邸，"谘以经国安民之道"。

---

① 《元史》卷一〇二《刑法一》，第 2603 页。此处应指沿用金章宗泰和二年（1202 年）以唐宋律令为蓝本制定颁行的《泰和律令敕条格式》。此乃有金一代最完备的律典。参见曾代伟《金律研究》，台湾五南图书出版公司，1995，第 13 页。

郝经"条上数十事，大悦，遂留王府"。① 其《立政议》建言：

今皇帝陛下，统承先王，圣谟英略，恢扩正大，有一天下之势。自金源以来，纲纪礼义、文物典章，皆已坠没，其绪余土苴，万亿之能一存，若不大为振澡，与天下更始，以国朝之成法，援唐宋之故典，参辽金之遗制，设官分职，立政安民，成一王法，是亦因仍苟且，终不可为，使天下之后世，以为无志于天下。历代纲纪典刑，至今而尽，前无以贻谋，后无以取法。坏天地之元气，愚生民之耳目。后世之人，因以窃笑而非之，痛惜而叹惋也。昔元魏始有代地，便参用汉法。至孝文迁都洛阳，一以汉法为政，典章文物，粲然与前代比隆，天下至今称为贤君。王通修《元经》，即与为正统，是可以为监也。全源氏起东北小夷，部曲数百人，渡鸭绿，取黄龙，便建位号，一用辽宋制度，收一国名士，设之近要。使藻饰王化，号十学士。至世宗与宋定盟，内外无事，天下晏然，法制修明，风俗完厚，真德秀谓金源氏典章法度，在元魏右，天下亦至今称为贤君。燕都故老，语及先皇帝者，必为流涕，其德泽在人之深如此，是又可以为监也。……方今之势，在于卓然有为，断之而已。去旧污，立新政，创法制，辨人才，绾结皇纲，藻饰王化，偃戈却马，文致太平，陛下今日之事也。毋以为难而不为，毋以为易而不足为，投机掣会，比隆前王，政在此时，毋累于宵人。不惑于群言，兼听俯纳，贲若一代，号为英主，臣之所愿也。②

---

① 《元史》卷一五七《郝经传》，第3698页。
② （元）郝经：《郝文忠公陵川集》卷三二《立政议》。

忽必烈深以为然，在中统元年（1260 年）四月初六日发布的《皇帝登宝位诏》确定了"祖述变通"的建国指针；同年五月《中统建元诏》又宣称"稽列圣之洪规，讲前代之定制"，[①]表明忽必烈"祖述"与"变通"相结合的法制思想已经形成。

随着蒙古汗国伐宋战事的胜利推进，世祖统治地位日趋稳固。至元八年（1271 年）十一月，忽必烈正式将国号"大蒙古国"改为"大元"朝；也许是为了彰显新朝更始，万象更新，遂诏令"禁行金《泰和律》"[②]。而此时，虽然在中统初年由丞相史天泽及姚枢等人制订过一部《条格》草案及一些"条画"之类的单行法规，但尚无一部足以替代《泰和律》的"新律"。此前一直发挥着国家划一大法功能的金《泰和律》突然被废置，为元帝国的法律体系留下了一时难以填补的空白！同年十二月，监察御史魏初上奏，对世祖仓促禁行金律之诏令提出了委婉的批评："钦奉圣旨节该：'泰和律令不用者，休依着行者。钦此。'风闻史开府与诸大老讲定大元新律（按：即史天泽等在中统初年制订《条格》之举）积有岁月，未睹奏行。今来参详，周因于殷，殷因于夏，因有必不可更者，至于礼乐、刑政，小过不及之间，因时损益，亦不可以一律定也。泰和之律非独金律也，旁采五经及三代、汉、唐历代之遗制耳。若删去金俗所尚及其敕条等律，益以开国以来圣旨条画，及奏准体例以成一书，即至元新律也。"[③] 认为《泰和律》乃荟萃历代法制精华之产物，不应遽

---

① 《元典章》卷一《诏令一》。

② 《元史》卷七《世祖本纪四》。世祖此举或可能是采纳部分臣僚的建议，如胡祗遹即反对循用金律。《紫山先生大全集》卷一二《又上宰相书》："纷纭临事，漫呼法官，曰视《泰和律》，岂不谬乎？亡金之制，果可以服诸王贵族乎？果可以服台省贵官乎？果可以依恃此例断大疑、决大政乎？"

③ （元）魏初：《青崖集》卷四《奏议》，《四部珍本丛书初集》本。

行废置，而应在损益金律基础上修订大元新律。同时，鉴于废置
《泰和律》之诏已复水难收，遂倡言尽快制订新律，以弥补金律
废止后留下的缺憾："法者，持天下之具，御史台则守法之司
也。方今法有未定，百司无所持循，宜参酌考定，颁行天下。"①

至元十年（1273 年）十月，世祖"谕安童及伯颜等曰：
'近史天泽、姚枢纂定《新格》，朕已亲览，皆可行之典。汝等
亦当一一留心参考，岂无一二可增减者。'各令记录促议行
之"。② 但此事并无下文。此后，崔彧、王恽、胡祇遹等人也相
继提出修律动议。

至元十八年（1381 年）治书侍御史王恽上《论政事疏》，
提出"立法制"为第一要务：

　　　　臣闻自古创业垂统之君，必定制画法，传之子孙，俾遵
　　而守之，以为长世不拔之本。钦惟皇帝陛下圣文神武，以有
　　为之资膺大一统之运，长策抚驭区宇. 民数远迈汉唐，其所
　　渴者，特治道而已。然三十年间励精为治，因时制宜，良法
　　美意固已周悉。今也，有更张振励讲明画一，若悬象而昭布
　　之，使臣民晓然知其法之所以，岂不便哉。故臣以立法定制
　　为论治之始。

　　　　一曰议宪章以一政体。《传》曰："法者，辅治之具"
　　一日缺则不可，君操于上永作成宪，吏承于下遵为定式，民
　　晓其法，易避而难犯，若周之三典、汉之九章是也。今国家
　　有天下六十余年，小大之法尚远定议，内而宪台，天子之执
　　法，外而廉司，州郡之法吏，是具司理之官而无所守之法，

————————

① 《元史》卷一六四《魏初传》，第3858 页。
② 《元史》卷一二六《安童传》，第3083 页。

犹有医而无药也。至平刑议断，旋旋为礼，未免有酌量准拟之差，彼此轻重之异。臣愚谓宜将已定律令颁为新法，或有不通行未尽该者，如累朝圣训与中统迄今条格，通行议拟，参而用之，与百姓更始如是，则法无二门，轻重适当，吏安所守，民知所避而难犯，天下幸甚。自古图治之君，必立一定之法。君操于上永作成宪，吏行于下视为准式，民知其法使之易避而难犯，若周之《三典》，汉云《九章》，一定不易，故刑罚省而治道成。今国家有天下六十余年，大小之法，尚远定议。内而宪台天子之执法，外而廉访州郡之刑司也。是有司理之官，而阙所守之法。至平刑议狱，旋旋为理，不免有酌量准拟之差，彼此重轻之异。合无将奉敕删定到律令，颁为至元新法，使天下更始，永为盛宪，岂不盛哉！若中间或有不通行者，取国朝扎撒，如金制别定敕条。如近年以来审断一切奸盗，省部略有条格者州县拟行，特为安便，此法令当亟定之明验也。如此则法无二门，轻重当罪，吏无以高下其手，天下幸甚。①

至元二十年（1283 年）刑部尚书崔彧上书"言时政十八事……八曰宪曹无法可守，是以奸人无所顾忌。宜定律令，以为一代之法"②。

至元年间官至提刑按察使的胡祗遹亦曾历数国家无法可循之害：

---

① （元）王恽：《秋涧先生大全集》卷九〇，《四部丛刊》本，转引自《历代名臣奏议》卷六六。

② 《元史》卷一七三《崔彧传》，第 4039 页。

　　法者，人君之大权，天下之公器。法立则人君之权重，法不立则人君之权去矣。何以言之？国之立法曰：杀人者当某刑，伤人及盗者当某刑，使为恶者畏法而不敢犯，犯之则必当以法，虽有奸臣老吏，不能高下其手。……法不立则权移于臣下，小则一县一邑，大则一州一郡，无法可守。选官择吏既不精粹，多非公清循廉之人，民有犯罪，漫无定法，或性情宽猛之偏，或好恶不公之弊，或惑于请谒，或徇于贿赂，或牵于亲戚故旧之情，或逼于权势，或为奸吏之执持恐逼舞智弄文，或为佞言之说诱欺诈。暧昧之间，故不胜其屈抑，公明之下，亦鲜有不失其平者也。今既无法，邑异政，县异法，州异文，郡异案，六曹异议，三省异论，冤枉之情无所控诉，生杀祸福一出于文深之吏，比获叩九重而申明，则柱死者已十九矣。民知畏吏而不知畏法，知有县邑而不知有朝廷，故曰，法不立则权移于下吏，而人君之权去矣。①

　　他指出，南北异宜是国家迟迟未能制订划一之法的根本原因：

　　法之不立，其原在于南不能从北，北不能从南。然则何时而定乎？莫若南自南而北自北，则法自立矣。以南从北则不可，以北从南则尤不可。南方事繁，事繁则法繁；北方事简，事简则法简。以繁从简则不能为治，以简从繁则人厌苦之。设或南北相关者，各从其重者定。假若婚姻，男重而女轻，男主而女宾，有事则各从其夫家之法论；北人尚续，亲

①　（元）胡祇遹：《紫山先生大全集》卷二一《杂著·论治法》，《三怡堂丛书》本。

南人尚归宗之类是也。①

并进一步提出具体的修律建议：

> 即今上自省部，下至司县，皆立法官，而无法可检。泰
> 和旧律不敢凭倚，蒙古祖宗家法汉人不能尽知，亦无颁降明
> 文，未能遵依施行。去岁风闻省部取《泰和律》伺圣上燕
> 闲拟定奏读，愚料圣人万几，岂能同书生、老儒缕缕听闻，
> 若复泛而不切闻之必致倦怠。一与上意不合为臣子者不敢尘
> 渎，不能早定。愚者不自揆，窃谓宜先选必不可废急切者一
> 二百条，比附祖宗成法，情意似同者，注以蒙古字蒙古语，
> 解释粗明，庶可进读，庶几时定。上有道揆，下有法守，则
> 天下幸甚。②

他还指出条画、格例未经整理汇编即下发司县执行造成的
弊端：

> 省部台院者，百司郡县之本源，纲领法度所从出者也。
> 政无大小、新旧、久近，皆当知其本末。即今每事皆无簿籍
> 文册，自开国至累朝条例，亦无纂集备细。每遇一事，如户
> 口、铨选、军站、工匠、钱谷、地土、城邑等事，反取问于
> 司县，不惟取天下讥笑侮玩仓卒率多悮事。③

---

① （元）胡祗遹：《紫山先生大全集》卷二二《杂著·论定法律》，《三怡堂丛书》本。
② （元）胡祗遹：《紫山先生大全集》卷二二《杂著·论定法律》，《三怡堂丛书》本。
③ （元）胡祗遹：《紫山先生大全集》卷二二《杂著·论定法律》，《三怡堂丛书》本。

　　然而，至元儒臣们的大声疾呼似乎收效甚微。元中期著名理学家吴澄说："皇元世祖皇帝既一天下，亦如宋初之不行周律，俱有旨：'金《泰和律》休用'，然因此遂并古律俱废。中朝大官恳恳开陈，而未足以回天听圣意。"① 究其缘由，一是至元年间正值蒙古汗国通过军事扩张而迅速膨胀，进而攻灭南宋，一统中华大地的动荡时期。蒙古贵族集团内部权位之争频仍，稳定蒙古政权的在中原统治地位乃首要任务。

　　二是世祖本人虽然在蒙古诸王中最早接受中原儒家政治学说，但其自幼所受游牧文化的长期影响亦根深蒂固。故他在"祖述"与变通和"附会汉法"之间，常常摇摆不定，时有变化。一方面，在即位之初，由于稳定新政权在中原统治的需要，听取儒家治国安邦之道，重视和吸纳儒家忠君、民本、重农思想；起用一批儒臣，按照儒臣们的谋划，推行适合中原情况的汉法。但随着其政权的逐渐巩固，世祖对于儒臣思想上的僵化，政治上的保守愈来愈不满；特别是儒臣理财上"重义轻利"的迂腐，与"理财助国"的方针格格不入，从而逐渐疏远、排斥儒臣。

　　三是至元年间，世祖基于"富国裕民"、"理财助国"的方针，先后重用颇有理财才干的花刺子模人阿合马、汉人卢世荣和藏人桑哥（一说为畏兀儿人）三个权臣，朝政紊乱。他们与儒臣发生尖锐的冲突。如阿合马"在位日久，益肆贪横，援引奸党郝祯、耿仁，骤升同列，阴谋交通，专事蒙蔽"；"内通货贿，外示威刑，廷中相视，无敢论列"；仗恃世祖的宠信，排挤深受儒术与汉法影响的中书右丞相安童，与皇太子真金为代表的

―――――――――

① （元）吴澄：《草庐吴文正公集》卷一九《大元通制条例纲目后序》。

"汉法派"的矛盾十分尖锐。卢世荣在阿合马专政时"以贿进"，"居中书才数月，恃委任之专，肆无忌惮，视丞相犹虚位也"。① 桑哥当国四年，"以刑爵为货而贩之。咸走其门，入贵价以买所欲。贵价入，则当刑者脱，求爵者得。……纪纲大紊，人心骇愕"；② "中外诸官鲜有不以贿而得者；其昆弟故旧妻族，皆授要官美地"，③ 以致"百姓失业，盗贼蜂起"。④ 权臣当国，"屡毁汉法"，严重制约了当时儒臣们修律之议的实现。

在二个权臣得势期间，太子真金的悲剧就是一个典型的例证。至元十年（1273年），忽必烈正式将嫡子真金立为皇太子。真金自幼师从儒学大师姚枢、窦默等，深受儒家学说的熏陶。至元十六年（1279年）十月，世祖"下诏皇太子燕王参决朝政。凡中书省、枢密院、御史台及百司之事，皆先启后闻"。⑤ 真金开始实际参与国家政务，随即擢选郭祐、何玮、徐琰、马绍、杨居宽、杨仁风等一批名儒为其僚佐，以辅国政。他勉励这批儒臣："汝等学孔子之道，今始得用，宜尽平生所学力行之。"⑥ 儒臣们亦将太子视为实现其政治抱负的依靠，竭力辅佐真金太子。儒生李谦任太子左谕德，侍真金于东宫，曾"敬陈十事"，其中有正心、亲贤、尚文、定律、正名、革弊等事；按察副使王恽进呈《承华事略》二十目，内有端本、进学、听政、抚军、崇儒、亲贤、去邪、纳诲、从谏、尚俭、审官等目。然而，正当以太子真金为首的"汉法派"逐渐得势的时候，至元二十二年（1285

---

① 《元史》卷二〇五《奸臣传》，第4564页。
② （元）苏天爵：《元朝名臣事略》卷三，中华书局，1996。
③ 《元史》卷一七三《崔彧传》，第4041页。
④ 《元史》卷二〇五《奸臣传》，第4557页。
⑤ 《元史》卷一〇《世祖本纪七》，第217页。
⑥ 《元史》卷一一五《裕宗传》，第2890页。

年）发生的"禅位风波"，使守旧派找到了一个搞垮皇太子的绝好机会。当时，"南台（按：即江南行御史台）御史封章言：帝春秋高（按：世祖时年 70 余岁），宜禅位于皇太子，皇后不宜外预。"① 守旧势力即趁机以此离间真金父子之情，致使真金在忽必烈的追查下，忧惧交加而病逝。郭祐、杨居宽后遭桑哥诬陷被弃市，世人冤之。由此可见，连贵为"皇储"的太子真金，亦因亲儒生，行"仁政"，仿汉法而遭致守旧势力的忌恨和陷害，一般儒臣要实现自己的主张，其艰难可想而知。

另一个例证是堪称至元立法之最的《至元新格》的面世。至元二十八年（1291 年）五月，何荣祖"以公规、治民、御盗、理财等十事缉为一书，名曰《至元新格》。命刻版颁行，使百司遵守。"② 然而，《至元新格》的颁行，却非一帆风顺。何荣祖在至元年间历任侍御史、提刑按察使、御史中丞、尚书省参知政事、中书右丞等职，多次参与弹劾权臣阿合马和桑哥，甚至犯颜进谏。特别是在任尚书省参知政事时，与其上司尚书省右丞桑哥的弊政针锋相对；曾尝试以立法的形式与之抗争："荣祖条中外有官规程，欲矫时弊，桑哥抑不为通。荣祖既与之异议，乃以病告，特授集贤大学士。"③ 直到至元二十八年正月，在桑哥已成为众矢之的情况下，世祖罢免了桑哥的职务，并下令追究其罪责；五月，撤并尚书省权归于中书省。新任中书省右丞的何荣祖，才得以将其所纂辑的《至元新格》奏上，经世祖钦定颁行。

《至元新格》已佚，④ 其全貌今已难得其详，仅可从以下几

---

① （元）字术鲁翀：《尚公神道碑》，《国朝文类》卷六八。
② 《元史》卷一六《世祖本纪十三》，第 348 页。
③ 《元史》卷一六八《何荣祖传》，第 3955 页。
④ 《文汇报》2003 年 6 月 24 日报道，《至正条格》在韩国被发现。但并未披露进一步的详情。

处考其内容大凡：

其一，《至元新格》所辑"十事"，据大德五年（1301 年）吴郡（今苏州）人徐元瑞所编撰的法学词典《习吏幼学指南》（简称《吏学指南》）的解释是："公规，谓官府常守之制也；选格，谓铨量人才之限也；治民，谓抚养兆民，平理诉讼也；理财，谓关防钱谷，主平物价也；赋役，谓征催钱粮，均当差役也；课程，谓整治盐酒曲税之类是也；仓库，谓谨于出纳收贮如法也；造作，谓董督工程，确其物料也；防盗，谓禁弭奸宄也；察狱，谓推鞫囚徒也。"①

其二，据今人黄时鉴先生考证，在传世的《通制条格》和《元典章》可见到它的 96 条内容。但"它仅仅是格，基本上没有《唐律》那样的条文"②。

其三，民国初年柯劭忞所纂《新元史·刑法志》考出《至元新格》条文 13 条，称其"大致取一时所行事例，编为条格而已，不比附旧律也"③，认为是当时通行的法令、断例的汇编。

其四，至元二十八年六月，元朝廷发布《至元新格》的文书称"中书省钦奉诏条，戒谕内外大小官吏事意，除已钦依差官分道宣布去讫，所有时宜整治事例，奏准定为《至元新格》，刻梓颁行，凡在有司，其务遵守。"④

由此可见，《至元新格》实为"条格"一类的规范。尽管它的颁行，被明初编纂《元史》者称为"始定新律"，但时人并未视之为"律"。何荣祖本人于八年后奉成宗之命修律时，亦未以

---

① （元）徐元瑞：《吏学指南》，浙江古籍出版社，1988。
② 参见黄时鉴《至元新格辑存》，载《元代法律资料辑存》，浙江古籍出版社，1988；《大元通制考辨》，《中国社会科学》1987 年第 2 期。
③ 《新元史》卷一〇二《刑法志》。
④ 《元典章》卷二《圣政一·守法令》。

《至元新格》为据，而是以金《泰和律》为蓝本。以致至元末年自称"东平布衣"的赵天麟所上《太平金镜策》仍说"国家未有律令，有司恣行决罚"。① 终至元之世，修律之议未能实现。

（2）《大德律令》的夭折。

至元三十一年（1294 年）正月，世祖忽必烈去世。四月，皇孙铁穆耳继位，是为成宗。其在位 13 年，"承天下混一之后，垂拱而治，可谓善于守成者矣。"② 成宗一朝，以沿袭世祖遗规，实施"持盈惟和"为国策。其守成政治的基本精神，是对内对外都强调宽宥"惟和"。③ 在立法方面，承袭至元修律未竟之业，继续开展制订律典的活动。大德三年（1299 年）三月，"命何荣祖等更定律令"。翌年二月，成宗再次过问催促此事："谕何荣祖曰：律令良法也，宜早定之。"何荣祖等遂将拟订的律令草案（时人称之为《大德律令》）奏呈："臣所择者三百八十条，有一条该三四事者。"但成宗对此法律草案似乎并不满意，责令何荣祖等："古今异宜，不必相沿，但取宜于今者。"④ 考其缘由，笔者以为何荣祖此次更定律令，其蓝本显然是世祖初年废止的金《泰和律》。《大德律令》的 380 条律文，亦是对金《泰和律义》的条文（563 条）加以整理归并而成。因为，此前除《泰和律》外，并没有被称为"律令"者存在；而正由于《大德律令》沿袭前朝旧律，成宗才有"古今异宜，不必相沿"的评论。大德七年（1303 年）郑介夫上《太平策》，亦对此事进行了抨击："昔先帝尝命修律，未及成书。近议大德律，所任非

① （明）黄淮、杨士奇等编：《历代名臣奏议》卷六六。
② 《元史》卷二一《成宗本纪四》，第 472 页。
③ （元）张伯淳：《大德四年贺正表》，见《养蒙集》卷一。
④ 《元史》卷二〇《成宗本纪三》，第 430 页。

人，讹舛益甚。宜于台阁省部内，选择通经术，明治体，练达时宜者，酌以古今之律文，参以建元以来制敕、命令，采以南北风土之宜，修为一代令典，使有所遵守，生民知所畏避，庶政体归一，狱无久淹矣。"① 这无疑决定了《大德律令》胎死腹中的命运。此外，年迈体弱的修律主持人何荣祖的逝世，也可能是《大德律令》夭折的原因："先是，荣祖奉旨定大德律令，书成已久，至是乃得请于上，诏元老大臣聚听之。未及颁行，适子秘书少监惠没，遂归广平，卒，年七十九。"②

终成宗之世，修律大业未成，司法混乱现象依旧。如郑介夫上《太平策》所议：

> 律者所以济天下之动，至公大定之制也。皋陶作士明于五刑，穆王训书罚属三千，纲举目张，井然不紊，故百官奉法各知所守而不敢逾，百姓视法各知所避而不敢犯。自三代以下，国家立政，必以刑书为先，历观古今未有无法而能一朝居也。今天下所奉以行者，有例可援，无法可守，官吏得以并缘为欺。如甲乙互讼，甲有力则援此之例，乙有力则援彼之例，甲乙之力俱到，则无所可否，迁调岁月，名曰撒放，使天下黔首蚩蚩然狼顾鹿骇无所持，循始之所犯，不知终之所断，是陷之以刑也。欲强其无犯，得乎内而省部外，而郡府抄写格例至数十册，遇事有难决则检寻旧例，或中无所载则旋行议拟，是百官莫知所守也。民间自以耳目所得之敕旨条令，杂采类编，刊行成帐，曰《断例条章》，曰《仕民要览》，各家收置一本以为准绳，试阅二十年间之例校之

---

① 《新元史》卷一九三《郑介夫传》。
② 《元史》卷一六八《何荣祖传》，第 3956 页。

三十年前，半不可用矣；更以十年间之例校之二十年前，又半不可用矣，是百姓莫知所避也。孔子曰："刑罚不中，则民无所措手足。"今者号令不常，有同儿戏，或一年二年前后不同，或纶音初降随即泯没，递致民间有一紧、二慢、三休之谣，上无道揆，下无法守，不闻如是可以立国者。京都为四方取则之地，法且不行，况四方之外乎？如往年禁酒而私酝者，比屋有之，酒益薄，价益高，而民益困。又如禁牛而私宰者愈多，辇谷之下，十家而八；又如奸盗杀人，必不可赦，而每岁放图鲁木，以此人心轻于犯法；又如婚姻聘财，明有官庶高下折钞之例，而今之嫁女者重要财钱，品官庶人，或素七十锭、一百锭，市庶之家不下二三十锭，更要表里头面羊酒等物，与估卖驱口无异；又如买卖田宅，旧有先亲后邻之例，而今民业多归势要，虽亲与邻不得占执，告到官府，无力与竞，业在豪家，终为所有。推此数端，天下既可知矣。今有司每视刑名为重，而婚田钱债略不加意，殊不知民间争竞之端，无不始于婚田钱债，而因之以至于奸盗杀人者也。宪司巡按每以赃罚为重，而一切民讼略不省察，殊不知百姓负冤，上无所诉，是开官吏受赃之路也。审囚决狱官每临郡邑，惟具成案，行故事出断一二，便为尽职，不知大辟以下刑名公事甚不少也。路、县官吏未饱其欲，每闻上司官至，则将囚徒保候，审录既毕，仍复收禁，此皆无法之弊也。又兼衙门纷杂，事不归一，十羊九牧，莫知适从。普天率土皆为王民，岂可家自为政，人自为国。今正官位下自立中政院，匠人自隶金玉府，校尉自归拱卫司，军人自属枢密院，诸王位下自有宗正府、内史府，僧则宣政院，道则道教所，又有宣徽院、徽政院、都护府、白云宗，所管户计诸司头目，布满天下，各自管领，不相统摄。凡有公讼并须约会，或事涉三四衙门，动是半年，虚调文移不得一会，或指日对问则各私所管，互相隐庇，至一年、二年，事无杜绝，遂至于强凌弱，众暴寡，贵抑贱，无法之弊，莫此为甚也。昔先帝时尝命修律，未及成书。近议《大德律》，所任非人，讹舛甚多。今宜于台阁省部内选择通经述、明治体、练达时宜者，酌以古今之律文，参以先帝建元以来制敕命令，采以南北风土之宜，修为一代令典，使有司有所遵守，生民知所以畏避。国有常科，吏无敢侮，永为定制，子孙万世之利也。诸色衙门、投下、头目，除管领钱粮造作外，无问大小词讼俱涉，约会者并令有司归问，似望政归一体狱无久淹，可谓成物之简能，太平之要道矣。[①]

（3）延祐律书草案的出台。

大德十一年（1307年）正月，成宗去世。同年五月，武宗继位。十二月中书省臣建言："律令者，治国之急务，当以时损益。世祖尝有旨，金《泰和律》勿用，令老臣通法律者，参酌古今，从新定制，至今尚未行。臣等谓律令重事，未可轻议，请自世祖即位以来所行条格，校雠归一，遵而行之。"制可。[②]

至大二年（1309年）九月，尚书省臣进言："国家地广民众，古所未有。累朝格例前后不一，执法之吏轻重任意。请自太祖以来所行政令九千余条，删除繁冗，使归于一，编为定制。"武宗"从之"。[③] 有元一代，中央行政中枢基本上实行中书省一

---

① 《历代名臣奏议》卷六七《治道》，文渊阁四库全书本。
② 《元史》卷二二《武宗本纪一》，第492页。
③ 《元史》卷二三《武宗本纪二》，第516页。

省制。中统以后，例以皇太子领中书令。但其间缘于种种原因，曾三次复置尚书省，与中书省并立。武宗以北疆军事统帅入主朝廷，即位后滥行封赏，以致官僚体制日渐臃肿；至大二年八月以"更新庶政"为名复立尚书省；随后颁行《尚书省条画》，以皇太子任尚书令，很快架空中书省，取代其政务中枢的地位。上述中书省和尚书省进言，皆建议对元建国以来的条格、政令进行统一修订、汇编，二者如出一辙，只是反映了中枢权力的转移而已。武宗在位四年，朝政紊乱，统一修订汇编条格、政令之事，进展缓慢。

至大四年（1311 年）三月，时年 26 岁的仁宗登基伊始，即锐意更张，开明治道，亟欲革除历朝弊政。鉴于长期以来，"宸断之所予夺，庙谟之所可否，禁顽戢暴，仁恤黎元，绰有成宪。然简书所载，岁益月增，散在有司，既积既繁，莫知所统。挟情之吏，用谲行私，民恫政蠹，台宪屡言之，鼎轴大臣恒患之。"① 促使仁宗君臣将整理汇编世祖以来制敕格例，制订划一律典，作为当务之急。即位当月，刑部尚书谢让上言："古今有天下者，皆有律以辅治。堂堂圣朝，讵可无法以准之，使吏任其情，民罹其毒乎！"仁宗"嘉纳之，乃命中书省纂集典章。"② 谕省臣曰："卿等裒集中统、至元以来条章，择晓法律老臣，斟酌重轻，折衷归一，颁行天下，俾有司遵行，则抵罪者庶无冤抑。"③ 同时，以谢让年高（时年 59 岁）德劭，曾有旨"六部事疑不决者须让共议，而后上闻"；且"让精律学，使为校正官"④。（元）孛术

① （元）孛术鲁翀：《大元通制序》，载《大元通制条格》，法律出版社，2000。
② 《元史》卷一七六《谢让传》，第 4111 页。
③ 《元史》卷二四《仁宗本纪一》，第 540 页。
④ 《元史》卷一七六《谢让传》，第 4111 页。

鲁翀:《大元通制序》亦对此事有记载:"仁庙皇帝御极之初,中书奏允,择耆旧之贤,明练之士,时则若中书右丞伯杭、平章政事商议中书刘正等,由开创以来政制法程可著为令者,类集折衷,以示所司。"伯杭史无传。刘正时亦老臣,史称其在仁宗初,"累乞致仕不许"①。但修律工作进展似乎并不令仁宗满意。延祐二年(1315年)四月,仁宗再次诏令"李孟等类集累朝条格,俟成书闻奏颁行"②。李孟曾为仁宗师傅,时任中书平章政事,年已六十岁。仁宗对其极为尊重和倚宠,曾说:"朕在位,必卿在中书,朕与卿相与始终。"③

在皇帝的一再督促下,延祐三年(1316年)五月,律书草成。"其宏纲有三;曰制诏,曰条格,曰断例。经纬乎格例之间,非外远职守所急,亦汇辑之,名曰别类。"仁宗"敕枢密、御史、翰林、国史集贤之臣,相与正是。"④稽诸史籍,仁宗时先后参与修律活动的官员,除李孟、谢让、刘正、伯杭等之外,还有丞相阿散(亦作合散)。但阿散参与修律,仅见于《新元史·刑法志上》。查阿散其人,本属延祐"后党"保守派骨干分子,曾因不遵法令遭到仁宗严厉斥责。此人极有可能是因位居丞相之职而挂名修律者而已。"延祐律书草案"的完成,初步实现了世祖、成宗、武宗、仁宗历代皇帝制定有元一代律书大典的夙愿。

(4)至治《大元通制》的诞生。

但是,延祐律书草成后,"凡经八年,事未克果。"⑤直到至

---

① 《元史》卷一七六《刘正传》,第4108页。
② 《元史》卷二五《仁宗本纪二》,第569页。
③ 《元史》卷一七五《李孟传》,第4084页。
④ (元)字术鲁翀:《大元通制序》,载《大元通制条格》,法律出版社,2000。
⑤ (元)字术鲁翀:《大元通制序》,载《大元通制条格》,法律出版社,2000。

治三年（1323 年），才将"延祐律书草案"的审议工作重新提上议事日程：正月辛酉（29 日），英宗"命枢密副使完颜纳丹、侍御史曹伯启、也可扎鲁忽赤不颜、集贤学士钦察、翰林直学士曹元用，听读仁宗时纂集累朝格例。"① 二月朔（1 日），完颜纳丹等"奉旨，会集中书平章政事张珪及议政元老，率其属众共审定"；辛巳（19 日），丞相拜住"以其事奏，仍以延祐二年及今所未类者，请如故事。制若曰：'此善令也，其行之。'由是堂议题其书曰《大元通制》"。② 《元史》亦记载此事：至治三年二月辛巳"格例成定，凡二千五百三十九条，内断例七百一十七，条格千一百五十一，诏赦九十四，令类五百七十七，名曰《大元通制》，颁行天下。"③

至此，有元一代之典《大元通制》最终颁行。从探索元初以来立法建制的轨迹，我们不难发现，《大元通制》所据"前书"的本原，应追溯到世祖以降数十年修订律书的摸索与曲折；而仁宗"延祐律书草案"则是《大元通制》凭据的直接蓝本。

《大元通制》全书大部分已佚，其全貌今已难以复原。《元史》对其内容梗概的记述有两处，除上文《英宗本纪》外，另一处大同小异："其书之大纲有三：一曰诏制，二曰条格，三曰断例。凡诏制为条九十有四，条格为条一千一百五十有一，断例为条七百十有七，大概纂集世祖以来法制事例而已。"④ 其中"诏制"（亦记为"诏赦"），相当于敕，即"不依格例而裁之自上者也"。因其乃一种灵活且不稳定的法律形式，散见于史籍。

---

① 《元史》卷二八《英宗本纪二》，第 628 页。
② （元）宇术鲁翀：《大元通制序》，载《大元通制条格》，法律出版社，2000。
③ 《元史》卷二八《英宗本纪二》，第 629 页。
④ 《元史》卷一〇二《刑法一》，第 2604 页。

"条格"一纲（共 30 卷）今存《大元通制条格》二十二卷，其面貌大致可概见。其内容相当于令并包括格、式，其中经皇帝裁定、作为圣旨或圣旨附件中的条文而公布的法令，叫做"圣旨条画"。至于"断例"一纲，经当代论者据《元文类》等史籍考得，是按"唐律十二篇"的体例进行编纂的。[①] 此外，还有"别类"（《元史》作"令类"），并附有延祐二年至至治三年初的诏制、条格等。名称虽不同，但编纂体系基本相同，故吴澄在《大元（通制）条例纲目后序》中说其一大特点是："以古律合新书，文辞各异，意义多同。其于古律，暗用而明不用，名废而实不废。"此书所涉及的范围，显然包括了律、令、格、式的主要内容，可认为是元代第一部较为完整的法典。其篇目设计基本上因袭金《泰和律令敕条格式》。但其构成条格、断例的法律文书在格式、体裁上很不统一，缺乏一般法典所具有的系统而划一的形式。审判时作为依据的主要是"断例"，凡是经过中书省、大宗正府和皇帝批准的案例便具有法律的效力，可作为判决的依据，类推解释，比附定刑。这正如朱元璋在谈到元代立法时所指出的："唐、宋皆有成律断狱，惟元不仿古制，取一时所行之事

---

① 关于《大元通制》"断例"的内容，论者仍存歧异：有的认为，即唐、宋、金律典之"律" 12 篇。见黄时鉴《大元通制考辨》，《中国社会科学》1987 年第 2 期；方龄贵《通制条格新探》，《历史研究》1993 年第 3 期。白翠琴《略论元朝法律文化特色》（《民族研究》1998 年第 1 期）："断例有两层含义：一是断案事例，'因事立法，断一事而为一例'，就是各级政府对案件所作的判决（即判例）。二是断案通例，有些判例为中书省作出（或由中书省等认可）可供类似案件判决时作为依据的，便成为断案通例。在《大元通制》中虽将断案通例按《唐律》的各篇分别编纂而成，相似于律，但这和过去各朝的'律'或'律义'仍有所不同。因而此部分断案通例，在《大元通制》等律书中以断例的面貌出现，成为中国法制史上富有特色的景观。"本部分关于诏制、条格、断例的说明，也参考了上述论文。此外，殷啸虎也认为：该"断例"部分，是将那些在长期的司法实践中形成的具有典型意义的判例和事例以及通则性的规定，按照旧律的体例进行汇编整理而成的。从法律形式上来看，是对宋朝"断例"这一形式的继承与发展。其性质和内容与成文的"律"是不同的。见《论〈大元通制〉"断例"的性质及其影响——兼与黄时鉴先生商榷》，《华东政法学院学报》1999 年第 1 期。

为条格，胥吏易为奸弊。"①

综观《大元通制》产生的历史轨迹，以及论者对其内容的考析，笔者以为，这恰恰说明了元前期五十年立法修律的艰难曲折，实际上绕了一个大圈，最终又回到了宋以后修律"以唐律为楷模"的固有模式。除其内容之主体部分"断例"的篇目，与《宋刑统》、金《泰和律义》完全一致之外，从法典体例结构上看，《大元通制》亦酷似金《泰和律令敕条格式》。这与唐后期宣宗大中七年（853 年）之《大中刑律统类》所开创，五代、两宋以至金朝所承袭的，以律为主，律令格式汇编的综合性律典体例是一脉相承的。正如《大元（通制）条例纲目后序》所议：《大元通制》于古律"暗用而明不用，明废而实不废"。② 世祖建元伊始即宣布废止金《泰和律》，以粉饰新朝初始，诸事更张的新气象；加之世祖以降历代皇帝虽接受部分儒臣建言，仿行汉制，但在立法上却抱定"稽列圣之宏规，讲前代之定制"，"古今异宜，不必相沿，但取宜于今者"。这就是为什么统治集团一方面虑及无划一之法的弊端，屡有修律之议，而数十年却无法制定一部法典的缘故。他们明知蒙古习惯法（旧例）已无法适应中原的需要，却又对仿照"古律"立法心存疑虑。经过多年的尝试，最终不得不回到"以唐律为楷模"的老路。于是才有了《大元通制》的诞生。

3.《大元通制》"难产"的缘由蠡测

如前所述，仁宗延祐三年（1316 年）五月律书草案定稿后，即敕令群臣"相与正是"，进行审议。但直到英宗至治三年（1323 年）二月，《大元通制》才正式颁行。其间长达八个年

---

① 《明太祖实录》卷二六"吴元年九月甲寅"条，江苏国学图书馆影印本。
② （元）吴澄：《草庐吴文正公全集》卷一九，乾隆刻本。

头。其中缘由论者尚未述及。

　　笔者以为，延祐、至治年间，仗恃兴圣太后权势的"后党"保守派与皇帝为首的"帝党"改革派之间激烈政争，是《大元通制》难产的主要原因。仁宗、英宗父子自幼师从名儒，深受中原文化的熏陶，在位期间都崇尚儒学，重用儒臣，推行汉法，力矫弊政，革新政务。这必然触及蒙古权贵的切身利益。他们聚集在兴圣太后的周围，形成势力强大的"后党"集团。兴圣太后答己乃武宗、仁宗生母、英宗嫡祖母。史称其"不事检饬，自正位东朝，淫恣益甚，内则黑驴母亦烈失八用事，外则幸臣失烈门、纽邻及时宰铁木迭儿相率为奸，以至箠辱平章张珪等，浊乱朝政，无所不至"。①

　　依仗太后宠信而擅权一时的嬖臣，首推贵族出身的铁木迭儿。他历仕世祖、成宗、武宗、仁宗、英宗五朝。早在武宗至大三年（1310年）任云南行省左丞相时，"擅离职赴阙，尚书省奏，奉旨诘问。寻以皇太后旨，得贷罪还职"；次年正月武宗病逝，仁宗尚未即位，太后特颁懿旨："召铁木迭儿为中书右丞相"，抢先占据了内阁首辅的宝座。其后曾因病离职。延祐元年（1314年）九月复为中书右丞相伊始，即要求仁宗"敕诸司，自今中书政务毋辄干预"；翌年十月进位太师，更加"怙势贪虐，凶秽滋甚"。延祐四年九月，"内外监察御史四十余人，共劾铁木迭儿桀黠奸贪，阴贼险狠，蒙上罔下，蠹政害民。……仁宗震怒，有诏逮问。铁木迭儿匿兴圣近侍家，有司不得捕，仁宗不乐者数日。又恐诚出皇太后意，不忍重伤拂之，乃仅置其相位而已。"延祐六年四月复为太子太师，御史中丞赵世延"率诸御史论其不法数十事；而内外御史论其不可辅导东宫者又四十余人。然以皇太后故，终不能明正其罪。"① 仁宗的至仁至孝，客观上助长后党气焰日炽。

即便如此，以仁宗为首的改革派始终没有放弃立法修律的努力。如擢任萧拜住为中书平章政事、杨朵儿只为御史中丞，对铁木迭儿"稍牵制之"；又如延祐四年（1317 年）八月，仁宗就延祐律书草成已一年多，而中书省却无动于衷，对中书右丞相阿散进行严厉斥责："帝问曰：'卿等日所行者何事？' 合散对曰：'臣等第奉行诏旨而已'。帝曰：'卿等何尝奉行朕旨，虽祖宗遗训，朝廷法令，皆不遵守。夫法者，所以辨上下，定民志，自古及今，未有法不立而天下治者。使人君制法，宰相能守而勿失，则下民知所畏避，纲纪可正，风俗可厚。其或法弛民慢，怨言并兴，欲求治安，岂不难哉。'"②

仁宗去世后，17 岁的英宗执政，与乃父仁宗不同，多了一点英气少了一点怯懦。对于其祖母（已尊为太皇太后）所庇护的保守派势力，既坚毅果决又讲求策略，雷厉风行又有理有节。两派势力的消长发生了微妙的变化。

例证一：延祐七年（1320 年）正月，仁宗逝世刚 4 天，铁木迭儿以"皇太后旨，复入中书为右丞相"③，再次复辟抢先占据中枢要津。并趁英宗尚未正式登基大肆翦除异己，二月，假皇太后旨意除掉仁宗倚重的萧拜住、杨朵儿只等重臣，进而要求英宗撤换仁宗帝党集团的大批朝臣。英宗曰："此岂除官时耶？且先帝旧臣，岂宜轻动。俟予即位，议于宗亲、元老，贤者任之，

---

① 均见《元史》卷二〇五《奸臣传》，第 4579 页。
② 《元史》卷二六《仁宗本纪三》，第 580 页。
③ 《元史》卷二〇五《奸臣传》，第 4577 页。

邪者黜之，可也。"① 让后党碰了一个不硬不软的钉子。

例证二：延祐七年三月，英宗即位伊始，就将后党骨干中书左丞相阿散贬出京师，以出身蒙古勋贵之家却喜好儒术的拜住任中书左丞相，作为控制政务中枢的第一步。不久，有人举劾阿散等一帮后党重臣"谋废立，拜住请鞫状。帝曰：'彼若借太皇太后为词，奈何？'命悉诛之，籍其家。"② 干净利落，狠狠打击了后党势力。

例证三：御史中丞赵世延被诬案。延祐七年八月"铁木迭儿以赵世延尝劾其奸，诬以不敬下狱，请杀之，并究省台诸臣。"③ 英宗识破其伎俩，以"彼罪在赦前，所宜释免"④ 敷衍，保护了一位难得的诤臣。

由此可见，自仁宗延祐三年律书草成至英宗初年，正值朝廷帝党和后党之争趋于白热化的时期。双方剑拔弩张，反复较量，此消彼长，陷入激烈的政争漩涡之中。各派势力当务之急是自身的生存及权力地位的巩固，立法修律之类"庶务"只能退居次要位置，而无暇顾及。况且，元代立法多为儒臣主导，延祐修律更具有革新除弊的色彩，必为保守派旧贵族所诟病和抵制。同时，元代历次重大律书草案拟订后，均有元老大臣集议的惯例。延祐律书草成时，仁宗亦曾敕令朝臣"相与正是"。在当时的政治形势下，此草案要获得多数朝臣的认同，是不现实和不可能的。

至治二年（1322 年），铁木迭儿（八月二十五日）和太皇

---

① 《元史》卷二七《英宗本纪一》，第 599 页。
② 《元史》卷二七《英宗本纪一》，第 602 页。
③ 《元史》卷二七《英宗本纪一》，第 605 页。
④ 《元史》卷二〇五《奸臣传》，第 4580 页。

太后（九月二十二日）相继死去，保守派顿时群龙无首。英宗立即率改革派大刀阔斧，厉行新政。十月二十五日，拜住升任中书右丞相；十一月十五日，御史李端重提立法之议："世祖以来所定制度，宜著为令，使吏不得为奸，治狱者有所遵守。"① 翌年正月二十九日，审议延祐律书重新提上议事日程；二月十九日，《大元通制》顺利诞生。短短几个月的邅变，恰恰反证了"后党"保守派与"帝党"改革派之间近十年的激烈政争，正是《大元通制》难产的主要原因。

此外，延祐律书草成后，其主稿人相继离开中枢或谢世。延祐四年（1317 年）七月，李孟因"衰病不任事"，解职归田里，离开中书省，后虽重新起用，任闲职而已，至治元年（1321 年）去世；同年十月，谢让卒于官；延祐六年（1319 年），刘正逝世。伯杭则史无传，不知所终。这也可能影响律书顺利通过审议成为法律。

（二）《大元通制》与《风宪宏纲》

《风宪宏纲》现无完整的文本传世。目前史籍中关于《风宪宏纲》的记载仅检索出以下几束：②

一是前揭《元史》卷一○二《刑法志》："仁宗之时，又以格例条画有关于风纪者，类集成书，号曰《风宪宏纲》。"

二是《元史》卷一八○《赵世延传》："尝校定律令，汇次《风宪宏纲》，行于世。"

---

① 《元史》卷二八《英宗本纪二》，第 625 页。
② 本节部分史料的线索参考了方龄贵先生的《通制条格新探》，《历史研究》1993 年第 3 期。特此说明。

三是仁宗时应奉翰林文字、监察御史马祖常作《风宪宏纲序》："世祖肇建官制，兴起文物，属命御史台昭布体统，振肃纲维，正仪崇化，靡不缉绥。迨及列圣继明，屡扬宝训，亦靡不显示常宪，儆尔有官。钦惟皇上，日月中天，烛见幽隐，绍述祖宗成法，申命台端。严兹纠劾，不俾瘝官，贻忧惸独，于是台臣协恭奉职，上体渊衷，下宣风纪，谓古象魏有法，道路有徇。今国家肃清宪纲，汲引言路，其见诸训辞者，光大深厚，粲然有章，宜编缀成书，载在简册，垂告内外，俾当察视司持平者，有所征焉。既奏上，制曰可。呜呼盛哉。凡我耳目之官，尚知佩服之，毋怠。"① 揭示了《风宪宏纲》渊源及其立法宗旨。

四是元顺帝后至元二年（1336 年），在增订《风宪宏纲》的基础上，将有关御史台典章制度汇编为《宪台通纪》。元人潘迪所撰《宪台通纪·后序》称："洪惟世祖皇帝，肇建宪台，慎简端士，任以耳目之职，规模宏远，法制详备，纶音炳焕，见诸简册，其所以肃清风化，昭示彝典，儆于有位者至矣。列圣相承，咸守成宪，今圣天子作新风纪，祖训是式，宪臣思所以上体宸衷，下振纲维，以为《风宪宏纲》虽已颁布，然事之首尾，制之因革，犹未尽举，至若因事处宜，随时立制者，苟不备载沿革，无以详其本末，考其先后，乃命宪属赵承禧稽之简策，参以案牍，旁询曲采，汇集成书。"②

如前所述，由于明代编纂的《元史》中关于二者关系的一段含混不清的记述，导致后人屡屡误读。清乾隆年间官修的《四库全书总目提要》"至元新格"条即据《元史·刑法志》转述为："仁宗时，又以格例条画类集成书，号曰《风宪宏纲》。

---

① （元）马祖常：《石田先生文集》卷九。
② 《永乐大典》卷二六〇八，中华书局印本。

英宗时，复加损益。书成，号曰《大元通制》。"① 似乎给人们传递了一个明确无误的信息：《大元通制》与《风宪宏纲》有着直接的传承关系。此说至今在学术界仍被广为采信。

然而，若据史实深入查考，就可以发现上述结论疑点颇多。

其一，《风宪宏纲》的名称表明，它应是一部专门的监察法规，不足以成为有元一代之典《大元通制》的蓝本。自古以来，"风宪"、"宪司"、"宪台"等，皆为御史监察机构及其官属的别称，了无歧异。如此例证，在《元史》、《元典章》等史籍中俯拾即是。如至元初创建御史台时，世祖命张德辉"举任风宪者，疏乌古伦贞等二十人以闻"②；至元二十七年重申："风宪之选，仍归御史台，如旧制"③；成宗大德时，侍御史奏：宜选"刚方正大，深识治体者居风宪"④；武宗诏令："风宪之职，责任尤甚，苟非其人，不可妄举"⑤；至大四年（1300 年）四月圣旨中有："风宪之官，职膺耳目，纠劾百司。凡政令之从违，生民之休戚，言责所关，实要且重。惟今百度载新，图治伊始，式遵世祖皇帝以来累朝成宪，各扬乃职，以肃政纲。"⑥ 仁宗时，监察御史马祖常作《风宪宏纲序》称："凡我耳目之官，尚知佩服之，毋怠。"⑦ 其实，《元史·刑法志》本来就明确记《风宪宏纲》是由"格例条画有关风纪者"，类集而成。

其二，《大元通制》与《风宪宏纲》各自有着自成体系的渊源和传承关系。

---

① 《四库全书总目提要》卷八四《政书类存目二》，中华书局，1965。
② 《元史》卷一六三《张德辉传》，第 3824 页。
③ 《元史》卷一六〇《高鸣传》，第 3758 页。
④ 《元史》卷一七六《王寿传》，第 4103 页。
⑤ 《元史》卷一七五《张养浩传》，第 4090 页。
⑥ 《元典章》卷二〇《户部六·钞法》"住罢银钞铜钱使中统钞"条。
⑦ （元）马祖常：《石田先生文集》卷九。

前揭史料显示，《大元通制》立法渊源是"开创以来政制法程可著为令者"、"世祖以来所行条格"、"世祖以来所定制度"、"中统、至元以来条章"、"累朝格例"、"累朝条格"等。正由于《大元通制》是蒙元建国以来制诏、条格、断例及其他规章制度之集大成者，才被视为有元一代之典。

而《风宪宏纲》则仅仅渊源于累朝格例、条画中"有关风纪"的部分，只是世祖以来振肃宪台纲纪而进行的风宪立法的产物。事实上，尽管中原华夏王朝早在战国时代即有御史监察组织，起自塞外的蒙古汗国却无监察机构之设，直至世祖"仿行汉法"，才于至元五年（1268 年）采纳高智耀、[①] 张雄飞[②]之议，仿金制设置御史台。基于蒙元统治集团治理如此广袤的国土和人口众多的华夏各民族的需要，作为帝王耳目之器的监察机构设立伊始即受到格外倚重。至元五年七月，世祖诏谕御史大夫塔察儿曰："台官职在直言，朕或有未当，其极言无隐，毋惮他人，朕当尔主。"[③]《草木子》载："世祖尝言：'（总政务的）中书朕左手，（秉兵柄的）枢密朕右手，（司黜陟的）御史台是朕医两手的。'此其立台之本意也。"[④] 因此，从无到有的监察组织迅速发展为由中央御史台、地方行御史台、各道提刑按察司（后改称肃政廉访司）组成的监察网络。由于监察系统在元统治体系中的特殊地位，振肃宪台纲纪，规范宪司官员行为，对于巩固蒙元

① 《元史》卷一二五《高智耀传》："智耀又言：'国初庶政草创纲纪未张，宜仿前代置御史台以纠肃官常。'至元五年立御史台用其议也。"

② 《元史》卷一六三《张雄飞传》：忽必烈召见张雄飞等，问曰："今任职者多非材，政事废弛，譬之大厦将倾，非良工不能扶，卿辈能任此乎？""雄飞对曰：'古有御史台，为天子耳目，凡政事得失，民间疾苦，皆得言；百官奸邪贪秽不职者，即纠劾之。如此则纲纪举，天下治矣。'帝曰：'善。'乃立御史台。"

③ 《元史》卷六《世祖三》，第 118 页。

④ （明）叶子奇：《草木子》卷三下《杂制篇》，中华书局，点校本，1959。

贵族集团的统治，至关重要。故自世祖以降历代监察立法就备受重视而卓有成效，形成了比较系统、颇具特色的监察法规体系。

　　例如，至元年间的重要监察立法就有：至元五年（1268 年）设立御史台时，世祖即命张德辉"议御史台条例"。① 七月，颁行《设立宪台格例》36 条，② 规定御史台及其下属各级监察组织的职权。至元六年二月，又定《察司体察等例》31 条，③ 规定提刑按察司的职权及其业务范围。至元十四年七月，定《行台体察等例》30 条，④ 规定行御史台的职权及其业务范围。至元二十一年八月颁行的《禁治察司等例》12 条，⑤ 是关于各道提刑按察司官员徇私枉法行为的禁令及惩治规定。至元二十三年定《察司巡按事理》2 项，将提刑按察司官每半年一出巡的旧例，改为"每年八月为始，分巡各道按治勾当，至次年四月还司"。⑥ 至元二十五年三月，定《察司合察事理》12 条，⑦ 与至元六年《察司体察等例》内容略同。至元二十八年五月，改各道提刑按察司为肃政廉访司。次年正月定《廉访司合行条例》5 条，⑧ 明确肃政廉访司的地位和职权，对其官员行政行为进行规范。成宗、武宗、仁宗亦屡颁敕令整饬台纲。从而为《风宪宏纲》的制订奠定了厚实的基础。

　　尽管《风宪宏纲》文本早已湮没在历史的尘烟中，史籍记载寥寥。但它与前代监察法规的亲缘关系，仍有蛛丝马迹可寻。

---

① 《元史》卷一六三《张德辉传》，第 3823 页。
② 《元典章》卷五《台纲一·内台》。
③ 《元典章》卷六《台纲二·体察体复附》。
④ 《元典章》卷五《台纲一·内台》。
⑤ 《元典章》卷六《台纲二·体察体复附》。
⑥ 《元典章》卷六《台纲二·按治》。
⑦ 《元典章》卷六《台纲二·体察体复附》。
⑧ 《元典章》卷六《台纲二·体察体复附》。

例如《宪台通纪》"不许犯分纠言"条载："（后）至元元年十一月二十六日本台官奏：'监察每文书里题说，检会得《风宪宏纲》内，至元五年世祖皇帝立御史台条画内一款，弹劾中书省、枢密院、制国用使司等内外百官奸邪非违，肃清风俗，刷磨诸司案牍，并监察祭祀及出使之事。'"① 查《元典章》卷五《台纲一·内台》：世祖至元五年七月设立御史台时，颁行《设立宪台格例》36 条。元末监察官们从《风宪宏纲》检索出的规定，正是其中第一条的原文。

又如《宪台通纪续编》"隔越行私"条："至正六年十月十一日，本台官奏：'《风宪宏纲》内一款，至元二十一年五月，内外台监察御史每有保举人员，多不呈台。今后凡保举官吏及草泽之士，并须指陈实迹，呈台定夺，不得擅行公文于各道提刑按察司及诸衙门保举委用，其诸衙门亦不得承受。所贵公道开明，仕途清肃，无倚公济私之弊。'"② 此条在《大元通制条格》有更为详细的记载："至元二十一年五月，御史台照得钦奉圣旨条画内一款：'诸官吏若有廉能公正者，委监察体察得实，具姓名闻奏。钦此。' 即不曾许监察等官擅行公文于诸衙门保人委用。近年以来，内外台监察御史每有保举人员，多不呈台。但移文各道按察司并诸衙门录用。盖自恃其势可以必行，名曰公文，实则私意，即与阴相嘱托无异。今后凡保举官吏及草泽之士，并须指陈实迹，呈台定夺，不得擅行公文于各道提刑按察司及诸衙门保举委用，其诸衙门亦不得承受。所贵公道开明，仕途清肃，无倚公

---

① （元）赵承禧编撰：《宪台通纪》（外三种），浙江古籍出版社，标点本，2002，第 82 页。
② （元）唐惟明编：《宪台通纪续集》，载《宪台通纪》（外三种），浙江古籍出版社，标点本，2002，第 125 页。

济私之弊。"①

值得注意的是，《大元通制条格》卷六《选举·举保》诸条，大多援引世祖所颁圣旨条画为据。如前引法条的依据，即是世祖至元五年七月《设立宪台格例》之"诸官吏若有廉能公正者，委监察体察得实，具姓名闻奏，如有污滥者亦行纠察"②；及至元六年二月《察司体察等例》之"随路州县若有德行才能可以从政者，保申提刑按察司再行访察得实，申台呈省"③。

而且，在元后期的立法中，《大元通制》和《风宪宏纲》分别成为制定相关法律的基础和蓝本。

元后期立法的重要成果《至正条格》，系"重新删定"《大元通制》而成。元顺帝继位（1333 年）后，监察御史苏天爵即上书：

　　　　乞续编通制法者，天下之公，所以辅乎治也。律者，历代之典，所以行乎法也。故自昔国家，为治者必立一代之法，立法者必制一定之律。盖礼乐教化，固为治之本，而法制禁令，实辅治之具。故设律学以教人，置律科以试吏，其所以辅乎治者，且不详且密欤。

　　　　我国家自太祖皇帝勘定中夏，法尚宽简。世祖皇帝混一海宇，肇立制度。列圣相承，日图政治，虽律令之未行，皆因事而立法。岁月既久，条例滋多。英宗皇帝始命中书定为《通制》，颁行多方，官吏遵守。然自延祐至今，又几二十年矣。夫人情有万状，岂一例之能拘？加以一时官曹，材识有高下之异，以致诸人罪状，议拟有轻重之殊。自以烦条碎

---

① 郭成伟点校：《大元通制条格》卷六《选举·举保》。
② 《元典章》卷五《台纲一·内台》。
③ 《元典章》卷六《台纲二·体察体复附》。

目，与日俱增，每罚一辜，或断一事，有司引用，不能遍举。若不类编颁示中外，诚恐远方之民，或不识而误犯；奸贪之吏，独习知而舞文。事至于斯，深为未便。宜从都省早为奏闻，精选文臣学通经术，明于治体，练达民政者，圜坐听读，定拟去取，续为《通制》，刻板颁行。中间或有与先行《通制》参差牴牾，本末不应，悉当会同斠若画一。要在详书情犯，显言法意，通融不滞于一偏，明白可行于久远。庶几列圣之制度，合为一代之宪章，民知所避吏有所守，刑政肃清，治化熙洽矣。①

建议修订《大元通制》以适应时代的变化。后至元四年（1338 年）三月中书省臣奏："《大元通制》为书，缵集于延祐之乙卯，颁行于至治之癸未，距今二十余年。朝廷续降诏条，法司续议格例，岁月既久，简牍滋繁，因革靡常。前后衡决，有司无所质正。往复稽留，奸吏舞文。台臣屡以为言。请择老成耆旧文学法理之臣，重新删定为宜。"顺帝遂"敕中书专官典治其事，遴选枢府、宪台、大宗正、翰林、集贤等官明章程习典故者，遍阅故府所藏新旧条格，杂议而圜听之，参酌比较，增损去存，务当其可"。② 并"命中书平章政事阿吉刺监修至正条格"③。后至元六年（1340 年）七月又"命翰林学士承旨腆哈、奎章阁学士嵊嵊等删修《大元通制》"④。至正五年（1345 年）十一月"书成，为制诏百有五十，条格千有七百，断例千五十有九"。至正六年（1346 年）四月，顺帝赐名《至正条格》；命将其"制

① （元）苏天爵：《滋溪文稿》卷二六《乞续编〈通制〉》。
② （元）欧阳玄：《〈至正条格〉序》，《圭斋文集》卷七，四部丛刊初编本。
③ 《元史》卷三九《顺帝本纪二》，第 843 页。
④ 《元史》卷四〇《顺帝本纪三》，第 858 页。

诏"部分，分钞三本，藏在宫内宣文阁、中书省、国史院；"条格、断例，申命锓梓示万方"①，颁行天下。据《四库全书总目》载："《至正条格》，二十三卷，《永乐大典》本。元顺帝时官撰，凡分目二十七：曰祭祀、曰户令、曰学令、曰选举、曰宫卫、曰军防、曰仪制、曰衣服、曰公式、曰禄令、曰仓库、曰厩牧、曰田令、曰赋役、曰关市、曰捕亡、曰赏令、曰医药、曰假宁、曰狱官、曰杂令、曰僧道、曰营缮、曰河防、曰服制、曰站赤、曰榷货。"② 与元人沈仲纬所撰《刑统赋疏》记载的《大元通制条格》的条目完全相同，足见其与《大元通制》的渊源关系。

而前揭资料表明，《风宪宏纲》被后世增修为《宪台通纪》。后人于至正十二年（1352 年）还编成了一部《宪台通纪续集》。

其三，从作者看，《风宪宏纲》由专职监察官编定，《大元通制》则由中书省臣主持修纂。史载：《风宪宏纲》的主纂为赵世延（1260～1336 年在世）。他自世祖时入仕，至元末顺帝，凡历事九朝，久居宪台要津，几为职业监察官。仁宗对其尤为倚重，皇庆二年（1313 年）从浙江召还拜侍御史；延祐元年（1314 年）二月升中书参知政事（从二品），跻身宰执之列；延祐二年（1315 年）迁御史中丞（正二品），权位达到其人生顶峰。此间，主持"校定律令，汇次《风宪宏纲》，行于世"③，乃是顺理成章之事。值得注意的是，如前揭所述，由中书平章政事李孟、刘正、中书右丞伯杭、刑部尚书谢让等"省臣"拟定的《延祐律书草案》亦在此期间完成，但据传世文献所载，赵世延并未参与其事。由此似可推断，赵世延主笔的行政监察法规《风宪宏纲》，与《延祐律书草案》几乎是同步完成的。

---

① （元）欧阳玄：《〈至正条格〉序》，《圭斋文集》卷七，四部丛刊初编本。
② 《四库全书总目》卷八四《史部·政书类存目二》。
③ 《元史》卷一八○《赵世延传》，第 4167 页。

由此可见，《延祐律书草案》与《风宪宏纲》皆为仁宗时为建立划一法制而不懈努力的阶段性成果，同时也是自世祖以降立法修律在相关方面的总结性产物。二者作为同一时代制作的文本，在立法依据和渊源上可能有交叉；而且，后来成为《大元通制》蓝本的《延祐律书草案》乃一部综合性的大典的规模，其包容量较《风宪宏纲》大得多，在内容上的交叉也是可能的，但说不上有传承关系。

（三）《大元通制》与《经世大典》及《元史·刑法志》

1. 《元史·刑法志》本于《经世大典》

关于《大元通制》与《元史·刑法志》的关系，许多法律史学论著和教材迄今仍沿用传统论断，即《元史·刑法志》以《大元通制》为本；《大元通制》的主要内容保存在《元史·刑法志》之中。①

---

① 如沈家本：《历代刑法考·律令考·元》："《元史·刑法志》以《大元通制》为本，不言令类一门者，盖缺文也。"杨鸿烈《中国法律发达史》：《大元通制》的内容"完全录在《刑法志》里，即有名例、卫禁、职制、祭令、学规、军律、户婚、食货、大恶、奸非、盗贼、诈伪、诉讼、斗殴、杀伤、禁令、杂犯、捕亡、恤刑、平反等二十篇。"上海商务印书馆，1933，第685页。大体上采用此说的论著和教材还有：张金鉴《中国法制史概要》："其内容据刑法志所录有名例……平反等二十篇。"台湾正中书局，1973，第33页；倪正茂编《中华法苑四千年》之"立法概况篇"："《大元通制》的内容全部收入到《元史·刑法志》里。……编排体例与唐律有异，名为：名例……平反等二十篇。"群众出版社，1987，第88页；蒲坚主编《中国法制史》：《大元通制》"仿唐、宋律设篇目：名例……平反等二十篇。该律的主要内容保存在《元史·刑法志》内。"光明日报出版社，1987，第178页；张晋藩主编《中国法制史》（高等学校文科教材）："《大元通制》的主要内容保存在《元史·刑法志》中。"群众出版社，1991，第355页；张晋藩《中国古代法律制度》记述与前书同，中国广播电视出版社，1992，第576页；武树臣主编《中国传统法律文化辞典》之《大元通制》条："该法典的内容有三种：诏制、条格、断例。仿唐宋法典篇目，分名例……平反等二十篇。……该法典大部分已散佚。从《元史·刑法志》中可略见一斑。"北京大学出版社，1999，第96页；曾宪义主编《中国法制史》（面向21世纪课程教材）：《大元通制》"今存者有《元典章》各门所汇列断例及《元史·刑法志》所载一千一百余条。"北京大学出版社、高等教育出版社，2000，第191页等。

　　然而事实并非如此。这在《明实录》和明初徐一夔致《经世大典》总裁王祎的书翰中早已指及。亦正如《元史出版说明》所论:"《元史》的编修,主要是照抄元代各朝实录、《经世大典》、《功臣列传》等官修典籍";其"五十八卷志、八卷表的史料,除顺帝朝部分之外,绝大部分采自元文宗时所修的《经世大典》。而这部书现已大部分散失,许多内容只能在《元史》各志中看到"。[①]《元史》诸志与《经世大典》有着直接的渊源关系,是可以确定的。故欲求《元史·刑法志》与《大元通制》的关系,必须探明二者与《经世大典》的关系。

　　《经世大典》是元代一部重要的官修政书,始于天历二年(1329)九月,成于至顺二年(1331年)五月。这是元文宗经历了惊心动魄的政治倾轧,皇位得以最终确立后,为粉饰文治,笼络天下儒士,收揽汉地民心而采取的重大举措。《元史》记述了其制定的过程:文宗"天历二年九月戊辰,敕翰林国史院官同奎章阁学士采辑本朝典故,准《唐》、《宋会要》,著为《经世大典》"。[②] 如此浩繁的工程,交由几个部门完成,显然不便协调。至顺元年(1330年)"春正月丙辰,命赵世延、赵世安领纂修《经世大典》事"。[③] 赵世延时任中书平章政事、奎章阁大学士,[④] 赵世安为中书参知政事,以中枢宰执重臣主持其事,显示文宗推进此项工作的急切心情。二月,"以修《经世大典》久

① 载《元史》卷首,中华书局,1976。
② 《元史》卷三三《文宗本纪二》,第741页。
③ 《元史》卷三四《文宗本纪三》,第749页。
④ 《元史》一八〇《赵世延传》:"至顺元年,诏世延与虞集等纂修《皇朝经世大典》,世延屡奏:'臣衰老,乞解中书政务,专意纂修。'帝曰:'老臣如卿者无几,求退之言,后勿复陈。'"

无成功，专命奎章阁阿邻帖木儿、忽都鲁都儿迷失等译国言所纪典章为汉语，纂修则赵世延、虞集等，而燕铁木儿如国史例监修。"① 同时指派中书省、枢密院、翰林国史院等机构的重要职官任提调。纂修《经世大典》被提高到与修国史同一层次，以中书右丞相任监修，并专命奎章阁学士院②为之，无疑有力地推动了编修工程。九月，文宗亲自出面协调各方关系："以奎章阁纂修《经世大典》，命省、院、台诸司以次宴其官属。"③ 至顺二年四月戊辰，"奎章阁以纂修《经世大典》，请从翰林国史院取《脱卜赤颜》一书以纪太祖以来事迹，诏以命翰林学上承旨押不化、塔失海牙。押不花言：'《脱卜赤颜》事关秘禁，非可令外人传写，臣等不敢奉诏。'从之。"④ 蒙语"脱卜赤颜"意即"历史"，是蒙古汗国时期用蒙文记述统治者活动的史书。《脱卜赤颜》就是著名的《元朝秘史》。它主要记录了成吉思汗和窝阔台汗两朝的事迹。世祖以后历代皇帝不仅继续纂修《脱卜赤颜》，还采行中原王朝的修史制度。这种用蒙文和汉文双重修史的制度，是元代特有的。至顺二年（1331 年）五月，"奎章阁学士院纂修《皇朝经世大典》成。"⑤ 《经世大典》在文宗亲自

---

① 《元史》卷三四《文宗本纪三》，第 751 页。

② 《元史》卷八八《百官四》：奎章阁学士院，秩正二品。天历二年，立于兴圣殿西，命儒臣进经史之书，考帝王之治。大学士二员，正三品。寻升为学士院。大学士，正二品；侍书学士，从二品；承制学士，正三品；供奉学士，正四品；参书，从五品。多以他官兼领其职。至顺元年，增大学士二员，共四员。
艺文监，秩从三品。天历二年置，专以国语敷译儒书，及儒书之合校雠者俾兼治之。大监检校书籍事二员，从三品；少监同检校书籍事二员，从四品；监丞参检校书籍事二员，从五品。

③ 《元史》卷三四《文宗本纪三》，第 767 页。

④ 《元史》卷三五《文宗本纪四》，第 784 页。

⑤ 《元史》卷三五《文宗本纪四》，第 785 页。

督促下，历时 26 个月，终于完成。参与编纂者除赵世延、虞集①外，见诸史传的还有揭傒斯、欧阳玄、②王守诚、③李泂、④秦从龙⑤等。

《经世大典》于明清时期散佚，今存有《国朝文类》（即《元文类》）卷四〇至四二所收《经世大典·序录》。它辑集了大典各典及其各类子目的序录，对于探索《经世大典》各部分的内容有提纲挈领的作用。可从中知其概貌⑥：全书正文 880 卷，

---

① 著名儒士虞集是纂修《经世大典》的实际主持人，时任奎章阁侍书学士。《元史》卷一八一《虞集传》："有旨采辑本朝典故，仿唐、宋《会要》，修《经世大典》，命集与中书平章政事赵世延，同任总裁。集言：'礼部尚书马祖常，多闻旧章，国子司业杨宗瑞，素有历象地理记问度数之学，可共领典；翰林修撰谢端、应奉苏天爵、太常李好文、国子助教陈旅、前詹事院照磨宋褧、通事舍人王士点，俱有见闻，可助撰录。庶几是书早成。'帝以尝命修辽、金、宋三史，未见成绩，《大典》令阁学士专率其属为之。既而以累朝故事有未备者，请以翰林国史院修祖宗实录时百司所具事迹参订。翰林院臣言于帝曰：'实录，法不得传于外，则事迹亦不当示人。'又请以国书《脱卜赤颜》增修太祖以来事迹，承旨塔失海牙曰：'《脱卜赤颜》非可令外人传者。'遂皆已。俄世延归，集专领其事，再阅岁，书乃成，凡八百帙。既上进，以目疾丐解职，不允，乃举治书侍御史马祖常自代，不报。"

② 《元史》卷一八二《欧阳玄传》："既而改元天历，郊庙、建后、立储、肆赦之文，皆经撰述。复条时政数十事，实封以闻，多推行之。明年，初置奎章阁学士院，又置艺文监隶焉，皆选清望官居之，文宗亲署玄为艺文少监。奉诏纂修《经世大典》，升太监、检校书籍事。"

③ 《元史》卷一八三《王守诚传》："王守诚，字君实，太原阳曲人。气宇和粹，性好学，从邓文原、虞集游，文辞日进。泰定元年，试礼部第一，廷对赐同进士出身，授秘书郎。迁太常博士，续编《太常集礼》若干卷以进。转艺林库使，与著《经世大典》。拜陕西行台监察御史。除奎章阁鉴书博士。拜监察御史。"

④ 《元史》卷一八三《李泂传》："天历初，复以待制召。于是文宗方开奎章阁，延天下知名士充学士员，泂数进见，奏对称旨，超迁翰林直学士，俄特授奎章阁承制学士。泂既为帝所知遇，乃著书曰《辅治篇》以进，文宗嘉纳之。朝廷有大议，必使与焉。会诏修《经世大典》，泂方卧疾，即强起，曰：'此大制作也，吾其可以不预！'力疾同修。书成，既进奏，旋谒告以归。"

⑤ 《新元史》卷一八三《秦长卿传》："仲子从龙，仕至南台治书侍御史；从德，中书参知政事。从龙预修《经世大典》，梦其父问长卿事已言于史馆否，从龙乃以欧阳玄所作家传上之。"

⑥ 以下部分资料索引参考了白钢主编《中国政治制度通史》第 8 卷，陈高华、史卫民著《元代》，人民出版社，1996；王慎荣《〈元史〉诸志与〈经世大典〉》，载《社会科学集刊》1990 年第 2 期，特此说明。

另有目录 12 卷、公牍 1 卷、纂修通议 1 卷;① 其内容 "凡十篇,曰君事四,臣事六"。君事四篇是 "用国史之例别置蒙古局于其上,尊国事也"。其篇目为《帝号》、《帝训》、《帝制》、《帝系》。《帝训》采录元历朝皇帝对臣僚训诫教诲的口传谕敕;《帝制》汇集历朝皇帝颁布的诏、制、旨、诰等。臣事六篇是 "仿六典之制,分天、地、春、夏、秋、冬之别",分别为《治典》、《赋典》、《礼典》、《政典》、《宪典》、《工典》。《治典》有 13 篇,包括中央到地方各级官吏设置及职掌,《元史》之《百官志》、《三公表》、《宰相年表》录自此典。《赋典》有 26 项,涉及财政、经济的各方面,是《元史·食货志》素材来源。《元史》卷九七《食货五》:"食货前志,据《经世大典》为之目,凡十有九,自天历以前,载之详矣。若夫元统以后,海运之多寡,钞法之更变,盐茶之利害,其见于《六条政类》之中,及有司采访事迹,凡有足征者,具录于篇,以备参考;而丧乱之际,其亡逸不存者,则阙之。"《礼典》内容繁芜,分成上中下三篇。《元史》卷七二《祭祀一》:"凡祭祀之事,其书为《太常集礼》,而《经世大典》之《礼典篇》尤备。参以累朝《实录》与《六条政类》,序其因革,录其成制,作《祭祀志》。"《政典》的内容则是关于军事方面的,是《元史·兵志》取材所出。《工典》是关于手工业、工程兴造等方面的内容。其他指明源自《经世大典》的史志有:《新元史》卷三九《地理一》:"职方之志,宜考其山川与其疆域之沿革,以次于十一行省之后,不应如旧史《地理志》之褊狭也。然旧志实本于《大一统志》与《经世大典》,官修之籍既不足征,其局于褊狭宜哉。今

---

① (元)欧阳玄:《进〈经世大典〉表》,《元文类》卷一六。

为《地理志》亦仍前史之旧，订其舛讹，补其夺漏而已。其所
不知，盖阙如也。"《新元史》卷四四《地理六》："西北地附
录。太祖长子术赤、次子察合台及太祖孙旭烈兀分封之地，为西
北三藩。称笃来帖木儿、月祖佰、不赛因位下者，文宗至顺三年
《经世大典》成书，据当时藩王位下载其封地，故不称术赤诸
王。旧志采自《经世大典》，今因之。其地名与《经世大典图》
互有出入，则纂修《大典》者之疏也"，等等。

　　《宪典》汇辑了法制方面的资料，为《元史·刑法志》之本
原。《宪典总序》曰：

　　《皇朝宪典》之作，其篇二十有二焉，而各以其序也。
法缘名兴，令自近始，故《名例》为法之本。《卫禁》居令
之先。百官有司，守法以奉上，布令以御下，故《职制》
次之。敬莫大于事神，畏莫大于知义，故《祭令》、《学规》
次之。刑以弼教，威以戢暴，故《军律》次之。祸乱式遏，
生聚易争，故《户婚》、《食货》次之。争起于无厌，无厌
者好犯上，故《大恶》次之。恶之初稔，非淫即贪，故
《奸非》、《盗贼》次之。淫贪之作，始于自欺，故《诈伪》
次之。伪作于心，征于词气，故《诉讼》次之。辞穷则斗，
气暴则残，故《斗殴》、《杀伤》次之。庶狱备矣，庶慎兴
焉，示为法者，非罔民也，故《禁令》、《杂犯》次之。知
禁者罪可远，触禁者罪不可逃，故《捕亡》次之。君子立
法之制严，用法之情恕，无求民于死，宁求民于生，故
《恤刑》、《平反》、《赦宥》又次之。至于终之以《狱空》，

则辟以止辟之效成，刑期无刑之德至矣。①

而《元史·刑法志》所列篇目是：《名例》、《卫禁》、《职制》、《祭令》、《学规》、《军律》、《户婚》、《食货》、《大恶》、《奸非》、《盗贼》、《诈伪》、《诉讼》、《斗殴》、《杀伤》、《禁令》、《杂犯》、《捕亡》、《恤刑》、《平反》等。② 这与《经世大典·宪典》22 篇中前 20 篇的名称和顺序完全相同。故《元史·刑法志》直接渊源于《经世大典·宪典》也是可以确定的。

2.《经世大典》包容《大元通制》

元文宗亲自主导编纂的《经世大典》是一部汇集元朝各种典章制度的大型政书。成书时间上距《大元通制》颁行仅八年。无论从作为一部政书的性质，或是从编修时间看，《经世大典》与《大元通制》必然有着比较亲密的关系。取材于皇室实录和政府机构的文书、档案的《经世大典》，必然将当时通行的法律《大元通制》作为收录的对象。查《经世大典·宪典》22 篇中，与《大元通制》的篇目共有 10 篇相同。其中与《大元通制条格》有 3 篇相同，即卷一《祭祀》（与宪典《祭令》同）、卷五《学令》（应即《学规》）、卷七《军防》（应即《军律》）；与《大元通制·断例》相同者 7 篇，即《名例》、《卫禁》、《职

---

① 《元文类》卷四二（《四部丛刊本》）。又沈家本《历代刑法考·律令八》"经世大典"条引魏源《元史新编》凡例云：《宪典》22 篇为：《名例》、《卫禁》、《职制》、《祭令》、《学规》、《军律》、《户婚》、《食货》、《大恶》、《奸非》、《盗贼》、《讼诉》、《斗殴》、《杀伤》、《禁令》、《杂犯》、《捕亡》、《平反》、《赦宥》、《狱空》、《附录》，与《元文类》略有差异，未知此说所本。
② 《元史》卷一〇二至一〇五。

制》、《户婚》、《盗贼》、《诈伪》、《捕亡》。① 《宪典》中的《诉讼》、《斗殴》、《杀伤》，可能是将《大元通制·断例》的《斗讼》分析而来；前者《禁令》、《杂犯》则是分析后者《杂律》而成。可以认为，《经世大典·宪典》纂修时，确实较多地吸收了《大元通制》的内容。《元史》卷一八一《揭傒斯传》：“与修《经世大典》，文宗取其所撰《宪典》读之，顾谓近臣曰：‘此岂非《唐律》乎！’”而前文已述及，金《泰和律》“实唐律也”；《大元通制》则本于金律，其《断例》按“唐律十二篇”的体例进行编纂。

3. 《元史·刑法志》内容概略

然而，若以此就将《元史·刑法志》与《大元通制》等同起来，也未免有悖史实。一则《大元通制》正文止于延祐二年（1315年），附录的内容则延至至治三年（1323年）。至顺二年（1331年）成书的《经世大典·宪典》，至少应吸纳此后8年间立法建制的主要成果。诸如泰定帝、文宗关于法制方面的大量诏敕，天历二年（1329）七月修订的《迁徙法》等。二则明初修《元史·刑法志》时，对《经世大典·宪典》又作了许多取舍、增删，如《赦宥》、《狱空》两篇未收。有人检得《元史·刑法志》所列1105条法条中，与传世《大元通制条格》内容相合的条文有110余条，约占十分之一；也许《大元通制断例》入元志的条文更多，如其中《盗贼》篇的许多条文，即引录大德六

---

① （元）沈仲纬撰：《刑统赋疏》载：“通制条格：祭祀、户令、学令、选举、宫卫、军防、仪制、衣服、公式、禄令、仓库、厩牧、关市、捕亡、赏令、医药、田令、赋役、假宁、狱官、杂令、僧道、营缮、河防、服制、站赤、榷货；断例即唐律十二篇，名令提出狱官入条格，卫禁、职制、户婚、厩库、擅兴、贼盗、斗讼、诈伪、杂律、捕亡、断狱。”

年（1302 年）三月颁行的《强窃盗贼通例》11 条[1]和延祐六年（1319 年）三月颁行的《盗贼通例》10 条。[2]

　　要之，《大元通制》乃《经世大典》收录的重要对象；《元史》诸志以《经世大典》为依据，其《宪典》则为《元史·刑法志》所本。《大元通制》与《元史·刑法志》存在比较密切的关系，但将《元史·刑法志》视同于《大元通制》是不适当的。

---

[1]　载《元典章》卷四九《刑部十一·诸盗一》。
[2]　载《元典章新集·刑部·诸盗·总例》。

十三 蒙元刑制考

蒙元刑制与前代及后世比较，均有许多独特的变化，且由于蒙元法制资料大多佚失，传世史籍记载多有牴牾出入之处，致使相关论著颇多歧异。尤其是五刑之制的演变，以及死刑、流刑和赎刑的施行时间、刑等、对象及执行方法等，更是莫衷一是。笔者拟对此试作如下考析。

（一）蒙元五刑制度考

蒙元五刑制度的演变，经历了两个阶段，一是蒙元统治者入主中原之初，对宋、金五刑之制进行变通沿用；二是至元八年以后通过立法活动而形成新的五刑制度。

1. 蒙元统治者入主中原之初，对宋、金刑制进行变通的过渡五刑

关于元初过渡五刑的资料，从传世文献中检得如下几束：

其一，《元典章》卷三九《刑部一·刑制·刑法》所引《五刑训义》的表述最为完整：

答义曰：答者，击也；又训为耻，言人有小愆，法须惩戒，微加捶挞以耻之。

一十下决七下；二十至三十，决一十七下；四十至五十，决二十七下；

杖义曰：杖者，击持也，而可以击人也。《国语》云："薄刑用鞭朴"；《书》云："鞭作官刑"犹今之杖刑也。六十至七十，决三十七下；八十至九十，决四十七下；一百，决五十七下。

徒义曰：徒者，奴也，盖奴辱之。《周礼》云："其奴，男子入于罪隶，又任之以事，寘以圜土而收教之。"令一年至五年并徒刑也。一年一年半，决六十七下；二年二年半，决七十七下；三年，决八十七下（按：此处缺"四年，决九十七下"）；五年，决一百七下。

流义曰：《书》云："流宥五刑"，谓不忍刑杀，宥于远也。二千里（比徒四年），二千五百里（比徒四年半），三千里（比徒五年）。

死义曰：绞斩之坐，刑之极也。《春秋》元命包云："黄帝斩蚩尤于涿鹿之野。故云斩自轩辕，绞兴周代，即大辟之刑也。"绞、斩。二罪皆至死。

此过渡五刑之制显然是对沿袭唐宋律的金朝刑制而稍加变通而成，即五刑二十二等：笞刑五等，笞十、二十、三十、四十、五十（分三等减少笞数执行）；杖刑五等，杖六十、七十、八十、九十、一百（分三等减少杖数执行）；徒刑七等，徒一年、一年半、二年、二年半、三年、四年、五年（分五等附加决杖）；流刑三等，流二千里、二千五百里、三千里（分别以比徒四年至五年替代执行）；死刑二等，绞、斩。

其二，元泰定本《重刊群书类要事林广记》所载《至元杂令·笞杖则例》：

　　五刑总序：昔唐太宗除鞭背刑，更以笞杖徒流绞，然罪轻者笞一十，笞乃夏楚，大元圣聪又减轻笞七下，且易楚用柳，可见爱民如子也。

　　笞罪：一十，决七下；二十至三十，决十七下；四十至五十，决二十七下。杖罪：六十至七十，决三十七下；八十至九十，决四十七下；一百，决五十七下。徒罪：一年至一年半，决六十七下；二年至二年半，决七十七下；三年，决八十七下；四年，决九十七下；五年，决一百七下；右徒罪止五年。绞罪至死。①

与《五刑训义》比较，只有二点差异：一是死刑缺斩。二是未记载流刑。这正是元初沿用金"旧例"例证。金以"流刑非今所宜"为由，用二千里比徒四年加杖九十，二千五百里比徒四年半加杖九十，三千里比徒五年加杖一百，代替流刑的执行。② 元初基于与金代类似的原因，亦未施行流刑，而以它刑取代之。中统二年（1261 年）八月，忽必烈颁布《中统权宜条理诏》，其中称："据五刑之中，流罪一条，似未可用，除犯死刑者依条处置外，徒年杖数今拟递减一等，决杖虽多，不过一百七下。著为定律，揭示多方。"③《新元史·世祖一》记为：中统二年八月乙巳，颁《中统权定条法》，诏曰："事匪前定，无以启

① 元泰定二年（1325 年）刻本《重刊群书类要事林广记》壬集卷之一。
② 参见白钢主编《中国政治制度通史》第 8 卷《元代》，人民出版社，1996，第 315 页。
③ （元）王恽：《中堂事纪》下，《秋涧先生大全文集》卷八二，《四部丛刊》本。

臣民视听不惑之心；政岂徒为，必当奉帝王坦白可行之制。我国
家开建之始，禁网疏阔，虽见施行，不免阙略。或得于此，而失
于彼，或轻于昔，而重于今。以兹奸猾之徒，得以上下其手。朕
惟钦恤，期底宽平，乃立九章，用颁十道。据五刑之内，流罪似
可删除。除犯死罪者，依条处置外，其余递减一等。决杖不得过
一百七。著为令。"故元初法定刑并未取消流刑，而只是徒刑代
之而已。

其三，元至顺本《事林广记》所载《五刑》：

五刑：笞刑，一十下决七下；二十至三十，决一十七
下；四十至五十，决二十七下；杖刑，六十至七十，决三十
七下；八十至九十，决四十七下；一百，决五十七下。徒
刑，一年一年半，决六十七下；二年二年半，决七十七下；
三年，决八十七下；四年，决九十七下；五年，决一百七
下。诸犯罪人，年七十岁以上十五岁以下，及笃废残疾不任
责者，每杖一下赎至元钞贰佰文。流刑，二千里，二千五百
里，三千里。死刑，绞刑、斩刑。①

此五刑亦是元初沿袭的金旧例，惟流刑三等漏记比徒之文。
其四，（明）叶子奇《草木子》：

元世祖定天下之刑，笞、杖、徒、流、绞五等。笞杖罪
既定，曰："天饶他一下，地饶他一下，我饶他一下。"自

---

① 元末至顺增修刻本《新编纂图增类群书类要事林广记》《别集》卷三，中华书局，1963
年影印本。

是合笞五十，只笞四十七；合杖一百十，只杖一百七。①

此段史料显示，世祖早在适用金五刑时，即下令将笞杖刑每等减少三下。这与元初折代量刑的实施是合拍的。

由此可见，元初援用金律变通而成的过渡五刑，反映了金、元法制承袭亲缘关系新朝更始，刑用轻典的特点。它不仅未将辽、金已成为法定刑的凌迟列入，连流刑也用徒刑折代执行。在此间司法实践中，有按"旧例"应处死刑者，减为徒五年或徒五年加决杖一百的案例。② 至于《元史·刑法志》所说"元兴，其初未有法守，百司断理狱讼，循用金律，颇伤严刻。"实在有些言过其实。

2. 至元八年禁行金律以后形成的新五刑制度

世祖至元八年禁行金律后，五刑制度逐渐发生了变化。但迟至世祖末年，才于至元二十八年（1291 年）五月颁布了《至元新格》，其内容"仅仅是格，基本上没有《唐律》那样的条文"。尚未能制定出一部足以替代金《泰和律》的一代之典，故至元时期刑制变化较小，以致至元二十九年二月，世祖仍敕令"申禁鞭背国法，不用徒、流、黥、绞之刑，惟杖臀，自十七分等加至百单七而止"③。

成宗继位伊始，在加速修律进程的同时，颁布一系列单行条例，对刑制进行了重大变革。

元贞元年（1295 年）七月颁行《侵盗钱粮罪例》：

① （明）叶子奇：《草木子》，中华书局，点校本，1959。
② 详见下文元法定死刑、流刑考证。
③ 《续资治通鉴》卷第一九〇《元纪八》。

仓库官吏人等盗所主守钱粮，一贯以下决三十七，至十贯杖六十七；每二十贯加一等，一百二十贯徒一年，每三十贯加半年，二百四十贯徒三年；三百贯处死。计赃以至元钞为则，诸物以当时估价。应犯徒一年杖六十七，每半年加杖一十，三年杖一百七，皆决讫居役。①

大德五年（1301 年）"钦依施行"的《强窃盗贼通例》更进一步明确：

诸犯徒者，徒一年杖六十七，一年半杖七十七，二徒年杖八十七，二年半杖九十七，三年杖一百七。②

此二项"圣旨条画"确立了一年至三年新的五等徒刑，并分别附加决杖之制。从而恢复了唐、宋徒刑五等制，又沿袭了辽、金徒刑附加决杖的惯例，形成一种独特的徒刑制度。

至于流刑，尽管元初盛行以徒及加杖折代执行流刑，但此间还是有实际执行流刑的少数案例。至大德五年颁行的《强窃盗贼通例》中，已普遍适用流刑。③

关于元代新五刑的描述，笔者检得几种典型资料：

其一，文宗天历二年（1331 年）五月成书的《经世大典》之《宪典总序》：

国初立法以来，有笞、杖、徒、流、死之制，即后世之

---

① 《元典章》卷四七《刑部九·诸赃二·侵盗》。
② 《元典章》卷四九《刑部十一·诸赃一·强窃盗》。
③ 详见下文流刑考证。

五刑也。凡七下至五十七用笞。凡六十七至一百七用杖。徒之法，徒一年杖六十七，一年半杖七十七，二年杖八十七，二年半杖九十七，三年杖一百七，此以杖丽徒者也。盐徒、盗贼既决而又镣之，使居役也。数用七者，考之建元以前，断狱皆用成数，今匿税者笞五十，犯私盐茶者杖七十，私宰牛马者杖一百，旧法犹有存者。大德中，刑部尚书王约数上言："国朝用刑宽恕，笞杖十减其三，故笞一十减为七。今之杖一百者，宜止九十七，不当又加十也。"议者惮论变更，其事遂寝。流则南之迁者之北，北之迁者之南，大率如是。至于死刑，有斩无绞，盖尝论之，绞斩相去不至悬绝，钧为死也，特有殊不殊之分耳，然已从降杀一等。论令，斩首之降即为杖一百七籍流，犹有幸不至死之理。呜呼仁哉。①

其二，以《经世大典·宪典》为蓝本的《元史·刑法一》载：

其五刑之目：凡七下至五十七，谓之笞刑；凡六十七至一百七，谓之杖刑；其徒法，年数杖数，相附丽为加减，盐徒盗贼既决而又镣之；流则南人迁于辽阳迤北之地，北人迁于南方湖广之乡；死刑，则有斩而无绞，恶逆之极者，又有凌迟处死之法焉。盖古者以墨、劓、剕、宫、大辟为五刑，后世除肉刑，乃以笞、杖、徒、流、死备五刑之数。元因之，更用轻典，盖亦仁矣。世祖谓宰臣曰："朕或怒，有罪者使汝杀，汝勿杀，必迟回一二日乃覆奏。"斯言也，虽古仁君，何以过之。自后

---

① （元）苏天爵：《国朝文类》卷四二，《四部丛刊》本。

继体之君，惟刑之恤，凡郡国有疑狱，必遣官覆谳而从轻，死罪审录无冤者，亦必待报，然后加刑。而大德间，王约复上言："国朝之制，笞杖十减为七，今之杖一百者，宜止九十七，不当又加十也。"此其君臣之间，唯知轻典之为尚，百年之间，天下乂宁，亦岂偶然而致哉！然其弊也，南北异制，事类繁琐，挟情之吏，舞弄文法，出入比附，用谲行私，而凶顽不法之徒，又数以赦宥获免；至于西僧岁作佛事，或恣意纵囚，以售其奸完，俾善良者喑哑而饮恨，识者病之。然而元之刑法，其得在仁厚，其失在乎缓弛而不知检也[1]。

今按其实，条列而次第之，使后世有以考其得失，作《刑法志》。

《名例》，五刑：笞刑，七下，十七，二十七，三十七，四十七，五十七。杖刑，六十七，七十七，八十七，九十七，一百七。徒刑，一年，杖六十七；一年半，杖七十七；二年，杖八十七；二年半，杖九十七；三年，杖一百七。流刑，辽阳，湖广，迤北。死刑，斩，凌迟处死。[1]

其三，元末陶宗仪《南村辍耕录》：

国初立法，有笞、杖、徒、流、死之制。凡七下至五十七下用笞；凡六十七至一百七下用杖；徒之法，徒一年杖六十七，一年半杖七十七，二年杖八十七，二年半杖九十七，三年杖一百七，此以杖丽徒者也。盐徒既决而又镣之，使居役也。数用七者，建元以前皆用成数。今匿税者笞五十，犯

---

① 《元史》卷一〇二《刑法一》，第2605页。

私茶者杖七十，私宰马牛者杖一百，旧法犹有存者。大德中，刑部尚书王约数上言："本国朝用刑宽恕，笞杖十减其三，故笞一十减为七，今之杖一百者，宜止九十七，不当又加十也。议者惮于变更，其事遂寝。流则南之迁者之北，北之迁者之南；死则有斩，有陵迟而无绞。①

陶氏此书撰于元末明初。查该段史料字句与《元史·刑法一》所记雷同。推测该书此段记载与其后明官修《元史·刑法一》，均抄自《经世大典·宪典》；或者《元史·刑法一》直接抄自《南村辍耕录》。

其四，（元）沈仲纬《刑统赋疏》（枕碧楼丛书本）：

　　笞刑六等：七下、一十七下、二十七下、三十七下、四十七下、五十七下；杖刑五等：六十七下、七十七下、八十七下、九十七下、一百七下；徒刑五等：徒一年、一年半、二年、二年半、三年；流刑三等：流二千里，比移乡连接，二千五百里，迁徙屯粮，三千里，流远出军；死刑二等：绞、斩。②

《刑统赋疏》徒刑五等，显然漏记附加决杖。

其五，《新元史》：

　　名例为法之本：一曰五刑，笞刑六，自七下至五十七，每十为一等加减；杖刑五，自六十七至一百七，每十为一等

---

① （明）李栻辑：《历代小史》卷七三《南村辍耕录》，第641页。
② 转引自黄时鉴《元代法律资料辑存》，浙江古籍出版社，1988，第212页。

加减；徒刑五，徒一年，杖六十七，一年半，杖七十七，二年，杖八十七，二年半，杖九十七，三年，杖一百七，每杖十及徒半年为一等加减；流刑三，二千里比徒四年，二千五百里比徒四年半，三千里比徒五年；死刑二，斩、凌迟处死。①

《新元史》所记，唯流刑三等明确了道里，且列比徒之文。据元中后期适用流刑的实例考得，元代流刑律条的规定失之笼统，虽有流放方向和地点，但并无具体道里之制，迄今亦未检得服役期限的记载。笔者蠡测，该书误将元初据"旧例"变通的流刑之制，作为有元一代之规。

要之，元新五刑应为：笞刑六等，笞七，十七，二十七，三十七，四十七，五十七；杖刑五等，杖六十七，七十七，八十七，九十七，一百七；徒刑五等，徒一年杖六十七，一年半杖七十七，二年杖八十七，二年半杖九十七，三年杖一百七；流刑，无具体道里之制，远流东西南北，甚至流高丽、流吐藩等地；死刑，有斩无绞，重罪凌迟处死。

（二）蒙元法定死刑考

死刑是剥夺犯人生命权利的刑罚，又称极刑，是一切刑罚中最严重、最高级的刑罚。中国古代死刑名目繁多。先秦死刑称"大辟"，执行方式有绞、斩、杀、烹、肆、醢、脯、镬、焚、磬、笞杀、沉河、支解、剖心、刳剔、射杀、枭首、炮烙等；秦

---

① 《新元史》卷一〇二《刑法志上》。

汉至南北朝有弃市、斩、腰斩、戮、枭首、车裂、磔、坑、凿颠、囊扑、定杀、镬烹、抽肋、菹、具五刑等；隋、唐、宋律典将死刑定为绞、斩二种，死刑实现制度化，辽、金、元、明、清增加陵迟为法定刑。但律外酷刑仍时用之，如辽射鬼箭、生瘗、投崖，明剥皮实草等。

在专制体制下，一人犯法，罪及他人的缘坐、族诛、连坐现象极为普遍。《尚书·泰誓》："罪人以族。"《汉书·刑法志》："秦用商鞅，连相坐之法，造参夷之诛"；"汉兴之初，虽有约法三章，网漏吞舟之鱼，然其大辟，尚有夷三族之令。"此后时废时兴。北魏有"门房之诛"；《隋书·刑法志》："及杨玄感反，帝诛之，罪及九族。"明初"靖难之役"，著名谋臣方孝孺誓死效忠建文帝，被燕王诛十族。①

1. 法定死刑：传世文献记载的歧异

考唐以后历代刑制，元代死刑制度独具特色，与唐宋及明清

---

① （清）沈家本：《历代刑法考·刑法分考一》：九族之诛，史传惟见此事。并对夷十族之说提出质疑：《明史·方孝孺传》载，孝孺之死，宗族亲友前后坐诛者数百人。《通鉴辑览》注：《逊国名臣传》云，孝孺大书数字，投笔于地曰："死即死，诏不可草！"帝大怒曰："汝焉能遽死，朕当灭汝十族！"《明史纪事本末》采其说，改作"文皇大声曰：'汝独不顾九族乎？'孝孺曰：'便十族奈我何！'乃收其门生廖镛、杜嘉猷等为一族并坐。然后诏磔孝孺于市。"《旧史例议》以镛、嘉猷论在孝孺死后，十族之说非实。今亦不采（第80～81页）。但笔者以为，诛十族之说，大致应予采信。燕王朱棣以诸王身份武力抢夺帝位，在中国古代是一件大逆不道，惊天动地之举。故遭到建文朝廷的顽强抵抗和士大夫的拼死抵制。燕王获胜后，必然要对拒不顺从的建文忠臣铲草除根。《明史》卷五《成祖一》：建文四年六月"杀齐泰、黄子澄、方孝孺，并夷其族。坐奸党死者甚众。"建文的三位主要谋臣遭灭门之灾。《明史》卷一二九，建文诸臣传：方孝孺亲族被斩尽杀绝，"宗族亲友前后坐诛者数百人。""兄孝闻，力学笃行，先孝孺死。弟孝友与孝孺同就戮，亦赋诗一章而死。妻郑及二子中宪、中愈先自经死。二女投秦淮河死。"仅一位侄子因10年前得罪充军幸免。甚至还株连同僚、友人及大批门生故吏：方孝孺死后，其门人德庆侯廖永忠之孙廖镛、廖铭"检遗骸，瘗聚宝门外山上"。"甫毕，亦见收，论死。弟钺及从父挥金事升俱戍边。""其门下士有以身殉者，卢原质、郑公智、林嘉猷皆宁海人"。卢原质官至太常少卿，"燕兵至，不屈与弟原朴等皆被杀"。御史郑公智、陕西金事林嘉猷"皆师事孝孺"。刑部侍郎胡子昭，"孝孺为汉中教授时往从学"。河南参政郑居贞"与孝孺友善"。"诸人皆坐党诛死"。与孝孺同为宋濂学（转下页注）

均有较大差异。而其法定死刑之种类,传世典籍的记载颇多
歧异。①

(1) 法定死刑"有斩无绞"说。

其一,《经世大典·宪典总序》:

> 国初立法以来,有笞、杖、徒、流、死之制,即后世之
> 五刑也。……至于死刑,有斩无绞,盖尝论之,绞斩相去不
> 至悬绝,钧为死也,特有殊不殊之分耳,然已从降杀一等。
> 论令,斩首之降即为杖一百七籍流,犹有幸不至死之理。呜
> 呼仁哉。②

其二,《元史》卷一〇二《刑法一》:

> 其五刑之目……死刑,则有斩而无绞,恶逆之极者,又
> 有陵迟处死之法焉。盖古者以墨、劓、刖、宫、大辟为五刑,

（接上页注①）生的侍读楼琏,小不愿为燕王草诏,自杀。同为孝孺密友的两任御史大夫,
　　练子宁被"磔死,族其家,姻戚俱戍边";景清则被"磔死,族之,籍其乡,转相攀
　　染,谓之"瓜蔓抄,"村里为墟"。山东道监察御史王度"坐方党谪戍贺县,又坐语不
　　逊,族",等等。神宗"万历十三年三月,释坐孝孺谪戍者后裔。浙江、江西、福建、
　　四川、广东凡千三百余人。而孝孺绝无后。惟克勤弟克家有子曰孝复,洪武二十五年,
　　尝上书阙下,请减信国公汤和所加宁海赋,谪戍庆远卫,以军籍获免。孝复子琬,后亦
　　得释为民。"由此可知,方孝孺一案株连的范围,的确非常广泛。实际上,古代法律中
　　的族、夷三族、夷九族并无确论定的范围。若将诛九族视为缘坐亲属之最,再加上诛及
　　众多门生,则称方孝孺案株连十族亦未尝不可。

① 以致有关教材和论著迄今仍众说纷纭。有的直接采纳《元史·刑法志》之说,认定为有
　　斩无绞。如"面向21世纪课程教材"《中国法制史》,北京大学出版社、高等教育出版
　　社,2000,第192页;全国高校自学考试指定教材《中国法制史》,北京大学出版社,
　　2000,第246页等。有的罗列"有斩无绞说"及"斩绞并列说",置疑待考。如黄时鉴
　　《大元通制考辨》,《中国社会科学》1987年第2期;张晋藩《中国古代法律制度》,中
　　国广播电视出版社,1992,第609页。有的认为"元朝的徒、流、死之刑罚基本上与宋
　　同"。如高等学校法学教材《中国法律史》,法律出版社,1995,第335页,等等。

② （元）苏天爵:《国朝文类》卷四二。

后世除肉刑，乃以答、杖、徒、流、死备五刑之数。元因之，更用轻典，盖亦仁矣。

其三，《新元史》卷一〇二《刑法志上》：

> 名例为法之本：一曰五刑……死刑二，斩、凌迟处死。
> 至于死刑，有斩无绞，以绞斩相去不至县绝，且从降一等言之，斩之降即为杖一百七籍流，犹有幸不至死之理焉。

其四，元末陶宗仪《南村辍耕录》卷二《五刑》：

> 国初立法以来，有答、杖、徒、流、死之制。……死则有斩，有陵迟而无绞。[①]

(2) 法定死刑有绞说。

其一，《元典章》所引《五刑训义》载：

> 死，义曰绞、斩之坐，刑之极也。[②]

其二，(明) 叶子奇《草木子》：

> 元世祖定天下之刑，答、杖、徒、流、绞五等。答杖罪

---

① 陶氏此书撰于元末明初。查该段史料字句与《元史·刑法一》所记雷同。推测该书此段记载与其后明官修《元史·刑法一》，均抄自《经世大典·宪典》；或者《元史·刑法一》直接抄自《南村辍耕录》。

② 《元典章》卷三九《刑部一·刑制·刑法》。

既定，曰："天饶他一下，地饶他一下，我饶他一下。"自是合笞五十，只笞四十七；合杖一百十，只杖一百七。天下死囚，审谳已定，亦不加刑，皆老死于囹圄。自后惟秦王伯颜出天下死囚，始一加刑，故七八十年之中，老稚不曾覩斩戮，及见一死人头，辄相惊骇。可谓胜残去杀，黎元在海涵春育中矣。①

其三，《至元杂令》之《笞杖则例》：

　　五刑总序：昔唐太宗除鞭背刑，更以笞杖徒流绞，然罪轻者笞一十，笞乃夏楚，大元圣聪又减轻笞七下，且易楚用柳，可见爱民如子也。……绞罪至死。②

其四，元至顺本《事林广记》所载《大元通制》（节文）：

　　死刑，绞刑、斩刑。③

其五，（元）沈仲纬《刑统赋疏》（枕碧楼丛书本）：

　　死刑二等：绞、斩。④

其六，顺帝至正时官至参知政事的危素称：

---

① （明）叶子奇：《草木子》卷三下《杂制篇》，中华书局，点校本，1959。
② 元泰定二年（1325 年）刻本《重刊群书类要事林广记》壬集卷之一。
③ 元末至顺增修刻本《新编纂图增类群书类要事林广记》《别集》卷三，中华书局，影印本，1963。
④ 转引自黄时鉴《元代法律资料辑存》，浙江古籍出版社，1988，第 212 页。

　　　惟我国家立法制刑，必当其罪，反复审录，恐致衔冤，重而绞，轻而笞，权量校计，细入蓬芒，弗敢出其私情。①

　　其七，《元典章》所列判例、条格中时有绞刑的适用。

　　例一，强奸无夫妇人案。至元二年（1265 年）十一月十三日夜，真定路民李聚强奸未婚女子郭阿张。法司拟："旧例，强奸者绞，无夫者减一等。李聚合徒五年杖一百。部拟决一百七下。行下本路断遣讫。"②

　　例二，殴打女婿致死案。至元三年正月二十一日，济南路民刘全支派女婿孙重二扫地筛谷。孙有怨气并辱骂刘全之父。刘用棍棒拳脚将其殴伤致死。"法司拟：即系斗杀婿事理，旧例，'缌麻三月、为妻之父母者一同'；又旧例，'若尊长殴卑幼折伤者，缌麻减凡人一等，死者绞。'其刘全合行处死，仍征烧埋银数。部准拟呈省断，将刘全流去迤北鹰房子田地，仍于家属征烧埋银给主。"③

　　例三，打死定婚夫还活案。济南路棣州民靳留住与孙歪头定婚妻慈不揪通奸。靳说要打死孙与慈不揪做夫妻，慈不揪未持异议。至元四年三月八日，靳将孙骗到城上推下未死，又用砖棒打死。但孙次日复活。"法司拟：即系谋杀人已伤事理。旧例，谋杀人已伤者绞。靳留住合行处死。部准拟呈，省准呈，断讫。"又依旧例，"今慈不揪系孙歪头定婚妻，合同凡人谋杀人为从不行事理。已上谋杀人者徒三年，已伤者绞，已杀者斩，从而加工

　　① 《析津志辑佚·朝堂公字》"中书省刑部提名续记"。
　　② 《元典章》卷四五《刑部七·诸奸·强奸》。
　　③ 《元典章》卷四二《刑部四·杀亲属》。

者绞，不加工者徒五年；又为从不行减行者一等。其慈不揪从而不行减行者一等，合于绞罪者上类减二等，合徒四年。"①

例四，驱奴砍伤本使案。曹州民吉四儿，被本管头目余洪卖与陈百户为驱，遭受陈百户之弟陈二打骂，遂于至元四年七月十二日夜用斧头将陈二砍伤。"法司拟议得，吉四儿所招，元系好投拜人户，被余主簿作驱口转卖与陈百户为驱。今本人谋杀陈百户弟陈二已伤，理同谋杀他人定罪。旧例，谋杀人已伤者绞。其吉四儿合行处死。部准拟呈省断讫。"②

例五，奴杀本使案。"西京路申归问到路驴儿招伏，至元四年八月将本使忽抹察用刀子扎死，嚇要本使妻唆鲁忽论在逃通奸罪犯。取到本妇招伏相同路驴儿。法司拟：旧例，'奴婢杀主者皆斩。'③ 其路驴儿合行处死。部准拟，呈省准拟。唆鲁忽论，法司拟：旧例，'奴奸主者绞④，妇女减一等'，合徒五年；又招之奴杀夫不告罪犯，旧例，'祖父母父母及夫为人所杀私和者徒四年，虽不私和，知杀期以上亲经三十日不告者，减二等徒二年。二罪俱有从重者论。'唆鲁忽论合徒五年杖八十，去衣受刑。部拟，既是主被杀害，随从在逃通奸。前准法司所拟似为尤重，止据不行首告罪犯，量情六十七下呈。奉省札：除路驴儿待报外，唆鲁忽论不合与贼为妻，诸处藏躲半年不首罪犯，杖一百七下。"⑤

例六，踢打致死案。"顺天路申曲阳县弓手张七于至元四年

① 《元典章》卷四二《刑部四·诸杀一》"打死定婚夫还活"条。
② 《元典章》卷四一《刑部三·恶逆》。
③ 《元史》卷一〇四《刑法三·大恶》："诸奴杀伤本主者处死"、"诸奴故杀其主者陵迟处死"，第2652页。
④ 《元史》卷一〇四《刑法三·奸非》："诸奴奸主女者处死"，第2655页。
⑤ 《元典章》卷四一《刑部三·恶逆》。

九月二十五日因差史义伏道口拿贼，为是不伏，因斗将本人踢打身死罪犯。法司拟：旧例，'斗殴杀人者绞。'合处死。部准拟处死，省准施行。"①

例七，放火烧死人案。至元五年正月二十三日晚，河间路民高如厮伙同其弟，放火烧掉仇家房屋数间并物件，又烧死九岁小女孩一个。"法司拟：将旧例故烧私家宅舍一条绞罪，又烧死九岁小女孩儿一个，旧例，以故杀伤人者斩罪，二罪从重，合行处死，仍追烧埋银两给付苦主。部拟呈省断讫。"②

例八，翁奸男妇已成案。至元五年，顺天路祁州深泽县民魏忠，因数次奸淫媳妇张瘦姑被拘押。其供述与张瘦姑告状相同。"法司拟：旧例，'奸子孙之妇者绞。'魏忠合行处死，部准拟呈讫，省准讫。张瘦姑，法司拟，旧例，'和奸本保无夫妇人罪名者，与男子同。'准上合得绞罪③；又虽因本妇告首到官，旧例，'若越度关及奸并在自首之例。'张瘦姑亦合处死。部拟，本妇既是在先曾向伊夫学说，及今日自首到官，量情拟杖七十七下，从妇归宗。呈省筩讫。"④

例九，杀死盗奸寝妇奸夫案。至元五年七月十二日晚，冠民县民张记住因喂驴宿于驴舍，其妻王师姑在卧室被表兄杨重二"盗奸"。王师姑发觉被骗后即告诉婆母。张记住闻讯大怒，用刀将杨重二杀死。案发后，法司拟："旧例，强奸有夫妇人者

---

① 《元典章》卷四二《刑部四·斗杀》。
② 《元典章》卷五〇《刑部十二·诸盗二·放火》。
③ 《元史》卷一〇四《刑法三·奸非》："诸翁欺奸男妇，已成者处死，未成者杖一百七，男妇归宗。和奸者皆处死。男妇虚执翁奸已成，有司已加翁拷掠，男妇招虚者，处死；虚执翁奸未成，已加翁拷掠，男妇招虚者，杖一百七，发付夫家从其嫁卖。妇告或翁告同。若男妇告翁强奸已成，却问得翁欲欺奸未成，男妇妄告重事，笞三十七，归宗。"
④ 《元典章》卷四一《刑部三·内乱》。

绞。① 今被张记住用刀子扎死，即是杀死应死人，捕罪人已就拘收。及不拒捍而杀，各从斗杀伤法，用刃者以故杀伤论。罪人本犯应死而杀者，徒五年。其张记住合徒五年。决徒年杖一百。部拟杖一百七，省准。"②

例十，父首子烧人房舍案。至元初年，洛衮州民王祚将自家房屋被人烧毁事告官。有杨青者自行锁缚其子杨买儿到官府自首。杨买儿招认，挟恨故意烧毁王祚无人居住房舍三间等。被烧房产等经估价值钞 29 两（贯）多。"法司议得，杨买儿所招，即系故烧无人居止草房三间事理。旧例，故烧私家宅舍者绞；若无人居止但损害财物畜产者，徒罪五年；赃满二十贯之数者亦绞。所烧房舍价值二十贯余，即与强盗二十贯相似。旧例，强盗二十贯绞。"但此案有杨买儿由其父锁缚到官自首的情节，"旧例，若于法许相容隐者为首及相告言者，各所如罪人身自首法。旧例，犯罪未发而自首者，原其罪；正赃犹征如法。"杨买儿最终被杖断三十七，所烧房价令其验数征还。③

2. 元朝法定死刑"有斩无绞"考证

（1）元初司法曾沿用金律适用绞刑的律条。

本文前已述及，"元兴，其初未有法守，百司断理狱讼，循用金律"。蒙古人主中原汉地后，大量利用金朝降官旧吏治理中原居民，故沿用《泰和律》处理当地刑名之事也在情理之中。各地官府或法司在审理案件时，通常是按"旧例"即金律之规定进行判决，或提出处理意见报上级有关部门核准、裁决。前述

---

① 《元史》卷一〇四《刑法三·奸非》："强奸有夫妇人者死，无夫者杖一百七，未成者减一等，妇人不坐"，第 2653 页。
② 《元典章》卷四二《刑部四·因奸杀人》。
③ 《元典章》卷五〇《刑部十二·诸盗二·放火》。

第二组资料引《元典章》所载的 6 件案例，均属于后者。这些
涉及死刑的案件，因案情重大，超出地方司法机关权限，须报经
中央刑部直至中书省（一度为尚书省）裁定核准。由于前揭案
例均发生在至元八年之前沿用金律时期，而金代死刑有绞、斩、
陵迟等。① 故法司所引"旧例"律条出现绞刑，就毫不足奇了。
但这只能说明元初曾沿用金律适用绞刑的律条，并非某些论著所
说的元律早先曾规定有绞，后来经过争论，最后抛弃了绞刑。②
事实上，细绎《元典章》所载案例，即使援引金律旧例应判决
绞刑的案件，也只是将旧例作为判决的依据。除朝廷裁定减刑者
外，其具体执行的死刑，并未明确为绞刑，而用"处死"以代
之。而《元史·刑法志》中，在"名例·五刑"明确"死刑：
斩，陵迟处死"之后，与金律旧例相类似的法律条文，都将绞
换成了"处死"。③

至于《五刑训义》、《春明梦余录》、《事林广记》、《草木
子》等关于绞刑的记述，均可能是反映元初沿用金律的史实。④

（2）元世祖建立"大元"朝，禁行金律后，绞刑不再适用。

至元八年（1271 年）十一月，元世祖敕："泰和律令不用者，
休依着行者。钦此。"诏令禁行金律。此后，尽管元朝廷长期未能制
定出一部足以替代金《泰和律》的法典，但在司法实践中，大量运
用"旧例"作为法司断狱量刑直接根据的情况不再出现，法司断案
不再列具金律条文。稽诸《元典章》，引用金律旧例判决绞刑的案
件，皆发生在至元八年以前。此后的案例未见"旧例"字样，亦未

---

① 参见曾代伟《金律研究》，台湾五南图书出版公司，1995。
② 如《中国法制通史》第 6 卷《元》，法律出版社，1998，第 391 页。
③ 参见前揭所列《元典章》案例之注释。
④ 如《事林广记》泰定本摘录之《至元杂令》和至顺本所辑录之《大元通制》节文的内
　容，即与《五刑训义》如出一辙，当至元初刑制。

再见适用绞刑的律条。有关适用死刑的诏敕、律条和案例，多用
"处死"、斩、陵迟。只有"刘太平等谋反"案一例用绞。① 而此案
发生在中统元年（1260 年）六月，亦在沿用金律期间。

"旧例"一词，在元代公牍文献中使用极为频繁，泛指此前
的法律、制度、惯例等。《元典章》卷二二《户部八·课程·茶
课》"恢办茶课"有"申照得亡宋自来旧例"；王恽《秋涧先生
大全集》卷九〇《便民三十五事·用中选儒生》有"亡金旧
例"；《元典章》卷三〇《礼部三·礼制二·婚礼》至元八年
"婚姻礼制"有"据汉人旧例体照得朱文公家礼"，此处应指
汉人道德规范。但在至元八年以前的刑事案例中所引旧例大多
指金律。

从《元史》中检得，凡提及"旧例"，多为蒙元惯例和事
例。例如：

刘秉忠上书曰："天下之民未闻教化，见在囚人宜从赦免，
明施教令，使之知畏，则犯者自少也。教令既设，则不宜繁，因
大朝旧例，增益民间所宜设者十数条足矣。教令既施，罪不至死
者皆提察然后决，犯死刑者覆奏然后听断，不致刑及无辜。……
移刺中丞拘榷盐铁诸产、商贾酒醋货殖诸事，以定宣课，虽使从
实恢办，不足亦取于民，拖兑不办，已不为轻。奥鲁合蛮奏请于
旧额加倍榷之，往往科取民间。科榷并行，民无所措手足。宜从
旧例办榷，更或减轻，罢繁碎，止科征，无从献利之徒削民
害国。"②

---

① 《元史》卷一二六《廉希宪传》："初，分汉地为十道，乃并京兆、四川为一道，以希宪
为宣抚使。（刘）太平、霍鲁海闻之，乘驿急入京兆，密谋为变。"希宪得报，遣万户刘
黑马等"掩捕太平、霍鲁海及其党，获之，尽得其奸谋，悉置于狱。……会有诏赦至，
希宪命绞太平等于狱，尸于通衢，方出迎诏，人心遂安。"
② 《元史》卷一五七《刘秉忠传》，第 3689 页。

至元二十二年十二月，"从枢密院请，严立军籍条例，选壮士及有力之家充军。旧例，丁力强者充军，弱者出钱，故有正军、贴户之籍。行之既久，而强者弱，弱者强，籍亦如故。其同户异居者，私立年期，以相更代，故有老稚不免从军，而强壮家居者，至是革焉。"①

至元三十一年五月，"诏各处转运司官，欺隐奸诈为人所讼者，听廉访司即时追问，其案牍仍旧例于岁终检之。"②

大德元年中书省、御史台臣言："阿老瓦丁及崔彧条陈台宪诸事，臣等议，乞依旧例，御史台不立选，其用人则于常调官选之，惟监察御史首领官，令御史台自选。各道廉访司必择蒙古人为使，或阙，则以色目世臣子孙为之，其次参以色目、汉人。又合剌赤、阿速各举监察御史非便，亦宜止于常选择人。各省文案，行台差官检核。宿卫近侍，奉特旨令台宪擢用者，必须明奏，然后任之。行台御史秩满而有效绩者，与御史台同议，各官府宪司官，毋得辄入体察。今拟除转运盐使司外，其余官府悉依旧例。"制曰："可。"③

大德六年中书省臣言："御史台、廉访司体察、体覆，前后不同。初立台时，止从体察，后立按察司，事无大小，一皆体覆。由是宪司之事，积不能行。请自今除水旱灾伤体覆，余依旧例体察为宜。"从之。④

（3）"有斩无绞"说出自信史，其可靠程度较高。

从前述第一组资料的载体分析，《经世大典》是元后期一部

---

① 《元史》卷九八《兵一》，第2519页。
② 《元史》卷一八《成宗本纪一》，第383页。
③ 《元史》卷一九《成宗本纪二》，第410页。
④ 《元史》卷二〇《成宗本纪三》，第440页。

官修政书，《元史》则是明初据元历朝《实录》和《经世大典》编纂的一部官修正史，皆具有较高的史料价值。《新元史·刑法志》所记显然以《经世大典·宪典》和《元史》为本。故前三束史料如出一辙，俱可采信；又得元末明初陶宗仪《南村辍耕录》之佐证，故从狭义上讲，忽必烈至元八年正式建立"大元"后，法定死刑的确有斩无绞。

3. "有斩无绞"说之困惑

笔者与研读元代史籍的同仁一样，于"有斩无绞"之说，有时颇感困惑：传世文献显示的一些信息的逻辑指向，似乎与此结论有所抵牾。

从元朝立法建制的渊源看。元朝制度大体上是忽必烈在位期间，沿用蒙古旧制和"附会汉法"的产物。此间为忽必烈出谋划策，参与制度建设的中原人士，均为原金朝臣民。他们所定制度，必然以自己所熟知的金朝制度为蓝本，故时有"元承金制"之说。而金制"大率皆循辽、宋之旧"。[①] 由此观之，宋、辽、金、元立法建制的沿革关系十分清晰。契丹文化、女真文化、蒙古文化本来就同属朔方游牧文明，都在向南方扩张过程中，与中原农耕文明发生猛烈撞击。在如此相似的氛围中孕育的文物制度之间，存在着密切的亲缘传承关系，乃是顺理成章之事。可是，就法定死刑而言，宋、辽、金均以斩、绞为主，唯独元朝是"有斩无绞"。此困惑之一。

元代典籍中的"处死"、"死"之谜。前引《元史·刑法一》载："名例……死刑，斩，凌迟处死。"而陵迟乃极其惨酷的刑罚手段，历代皆适用于罪大恶极者，且通常于律条中予以明

---

①　曾代伟：《民族法文化与中华法系》，《现代法学》2003 年第 5 期。

确。若从"名例"为统率律典众篇之总则的地位，及法律典籍行文逻辑推断，元代典籍中至元八年以后法律条文的"处死"、"死"，应为斩。然而，从《元史·刑法志》所列 1105 条律文检得，其 135 条死罪条文中，除 9 条规定陵迟外，其余大多用"处死"和"死"，却有 6 条重罪特地明确用斩，即：

> 诸方面大臣，受金纵贼成乱者斩，僚佐受金，或阿顺不能匡正，并坐罪，会赦仍除名。
>
> 诸处断重囚，虽叛逆，必令台宪审录，而后斩于市曹。
>
> 诸防戍军人于屯所逃者，杖一百七，再犯者处死。若科定出征，逃匿者，斩以徇。诸伪造盐引者斩，家产付告人充赏。
>
> 诸茶法……其伪造茶引者斩，家产付告人充赏。①
>
> 诸僧道伪造经文，犯上惑众，为首者斩，为从者各以轻重论刑。

另《元史》卷九八《兵一》载有一条军法：

> 至元二十年十月，定出征军人亡命之罪，为首者斩，余令减死一等。

《元史》其他纪、传、志等亦然，涉及死罪的诏敕、案例皆用"处死"、"死"字样。除纵军骚扰百姓、权臣滥施淫威等少

---

① 《元典章》卷五二《刑部十四·诈伪》"伪造茶引"条："至元二十八年，湖北宣慰使司奉到行中书省扎付，为榷茶运司呈都省降到引据条画榜文内一款，伪造茶引者处死；首告得实者，犯人家产并付告人充赏。"

数事例，用斩作为非常情况下的临时处置外，仅从《元史》、《新元史》检得数件适用斩的案例：

> 大德五年，河南民殷丑厮等诈称神灵，扇惑人众。殷丑厮所及信从、知情不举者，皆处斩，没其妻子。[①]

> 大德九年，马龙州酋谋叛，阴与外贼通，持所受宣敕纳贼以示信，事觉，宗王为左右所蔽，将释不问，忽辛与刘正反覆研鞫，反状尽得，竟斩之。[②]

> 英宗时，斡鲁思讦其父母，又驸马许纳子速怯讦其父谋叛，其母私从人。帝曰："人子事亲，有隐无犯，今有过不谏，复讦于官，岂人子所忍为。"命斩之。[③]

这就出现了同一典籍行文逻辑上的矛盾：若法律条文的"处死"、"死"应为斩，则上述法律条文及案例明确用斩，就属"多此一举"；甚至在同一条文中，也同时出现处死、斩"两种"处罚规定。此困惑之二。

4. 官修史籍的评论和阐释："有斩无绞"，乃用轻典、行仁政使然

对于前揭困惑，笔者试陈管见以作解读。

《经世大典·宪典总序》：

---

① 《新元史》卷一〇二《刑法志上》。另《元典章》卷四一《刑部三·诸恶·大逆》"妖言虚说兵马"条，记为段丑厮，未知谁是。
② 《元史》卷一二五《忽辛传》，第3069页。
③ 《新元史》卷一〇二《刑法志上》。

　　至于死刑，有斩无绞，盖尝论之，绞斩相去不至悬绝，钧为死也，特有殊不殊之分耳。然已从降杀一等论，令（今）斩首之降即为杖一百七籍流，犹有幸不至死之理。呜呼仁哉。①

《新元史》卷一〇二《刑法志上》据此表述为：

　　至于死刑，有斩无绞，以绞斩相去不至县（悬）绝，且从降一等言之，斩之降即为杖一百七籍流，犹有幸不至死之理焉。

《元史》卷一〇二《刑法一》：

　　盖古者以墨、劓、剕、宫、大辟为五刑，后世除肉刑，乃以笞、杖、徒、流、死备五刑之数。元因之，更用轻典，盖亦仁矣。

　　自隋《开皇律》将法定死刑规范为斩、绞二等以来，斩之降即为绞，仍为生命刑。元废止绞的初衷，是将死刑（斩）减一等的生命刑，用杖一百七流远代之。有元一代，此项立法初衷在司法实践中得到很好的贯彻，从而保全了部分犯人的生命。故留斩去绞看似使刑制更加酷重，而实为用轻典、行仁政之法。

　　事实上，作为法定刑的斩，在有元一代并非常用刑。有的地方甚至几十年都未曾见过斩刑："天下死囚，审谳已定，亦不加

---

① （元）苏天爵：《国朝文类》卷四二。

刑，皆老死于囹圄。自后惟秦王伯颜出天下死囚，始一加刑，故七八十年之中，老稚不曾睹斩戮，及见一死人头，辄相惊骇，可谓胜残去杀，黎元在海涵春育中矣。"① 在《元史·刑法志》所列 135 条死罪中，仅有 6 条明确适用斩刑，比例不到 5%；且皆属罪大恶极之罪，诸如官员受贿纵贼成乱，出征军人逃匿，伪造盐茶专卖有价凭证，僧盗等伪造经文、诈称神灵、妖言惑众，严重侵犯父母尊亲之恶逆行为，以及纵军骚扰百姓，权臣滥施淫威等少数事例，用斩作为非常情况下的临时处置等。在传世文献中记载斩刑的案例亦十分罕见。

5. 传世典籍中的"处死"、"死"之谜解读

在考察蒙元刑制时，一个无法回避的问题是，传世典籍中法条和案例普遍使用的"处死"、"死"，究竟用的何种执行方法？在集中记载蒙元法条的《元史·刑法志》中，除斩刑 6 条、陵迟 9 条外，使用"处死"、"死"的律条占了死罪条款的近 90%。尽管从逻辑上讲，至元八年以后的法定死刑应当"有斩无绞"，但从司法实践中看，却并非"斩刑唯一"。传世史籍显示的信息表明，"处死"、"死"肯定不完全等同于斩。在司法实践中，大多数死刑的执行使用了斩首、陵迟以外的方法。

（1）老死于牢狱。

《草木子》卷三上《杂制篇》："天下死囚，审谳已定，亦不加刑，皆老死于囹圄。自后惟秦王伯颜出天卜死囚，始一加刑，故七八十年之中，老稚不曾睹斩戮，及见一死人头，辄相惊骇，可谓胜残去杀，黎元在海涵春育中矣。"此段资料另见于《春明梦余录》。② 它表明，自忽必烈建元，至顺帝初年七八十年间，

---

① （明）叶子奇：《草木子》卷三上《杂制篇》，中华书局，点校本，1959。
② （清）沈家本：《历代刑法考·刑法分考四》，中华书局，1985，第 137 页。

天下死囚，审谳已定，亦不加刑，皆老死于囹圄。直到顺帝初年秦王伯颜专权，才对死囚适用斩刑。

伯颜（约 1282～1340 年），历仕武宗、泰定帝、文宗，顺帝初任中书右丞相，恃拥戴之功专权跋扈。史称其"自诛唐其势之后，独秉国钧，专权自恣，变乱祖宗成宪，虐害天下，渐有奸谋。……益逞凶虐，构陷郯王彻彻笃，奏赐死，帝未允，辄传旨行刑。复奏贬宣让王帖木儿不花、威顺王宽彻普化，辞色愤厉，不待旨而行。帝益忿之。伯颜且日益立威，锻炼诸狱，延及无辜。"①《草木子》卷四上《谈薮篇》：后至元间，"太师秦王伯颜专权变法，谋为不轨，贬岭南。道江西，死于荐福寺，遂殡于是。有人以诗吊之曰：'人臣位极更封王，欲逞聪明乱旧章。一死有谁为孝子，九泉无面见先王。辅秦应已如商鞅，辞汉终难及子房。虎视南人如草芥，天教遗臭在南荒。'盖其在生，出令北人殴打南人，不许还报；刷马欲又刷子女，天下骚动。"此人跋扈残忍，推行斩首之刑，大致可信。但属某些地区或某一时期的情况，亦未可知，似亦不可以点概全。

（2）"敲"是元代的一种适用较普遍的法定死刑执行方法。

《吏学指南·狱具》："短杖曰敲，杖击曰朴。"②元代的"敲"作为一种死刑方法，类似前世之杖杀、棒杀，如隋文帝"尝发怒，六月棒杀人"；仁寿中，因细故将鸿胪寺官员"皆于西市棒杀，而榜棰（鸿胪寺少卿）陈延，殆至于毙"。③《新唐书》卷 62《刑法志》："德宗性猜忌少恩，然用刑无大滥。刑部侍郎班宏言：'谋反、大逆及叛、恶逆四者，十恶之大也，犯者

①《元史》卷一三八《伯颜传》，第 3338 页。
②（元）徐元瑞：《吏学指南》，浙江古籍书店，1988，第 82 页。
③《隋书》卷二五《刑法志》，中华书局，1982，第 716 页。

宜如律。其余当斩，绞刑者，决重杖一顿处死，以代极法。'故时，死罪皆先决杖，其数或百或六十，于是悉罢之。"《宋史》："建隆二年四月，商河县令李瑶坐赃，杖死。"① "太平兴国三年七月，中书令史李知古，坐受赇擅改刑部所定法，杖杀之。"② "绍兴十二年九月，杖杀伪福国长公主李善静。"③《辽史》卷六一《刑法志》："五院部民有自坏铠甲者，其长佛奴杖杀之。"可见，杖杀、棒杀的适用，有的法令之出发点则是意图减轻死刑的残酷程度，有的则属法外用刑。

元代的敲、杖杀当属前者。其意图是作为"死"或"处死"的执行方法，用以代替斩首，从而减轻死刑的残酷性。

稽诸史籍，检得涉及死罪适用"敲"的法条及案例22件：

至元二年（考忽必烈初征日本在至元十一年，疑此条纪年有误）七月十一日，"出征日本国新附军一人将自己指头三个剁了作残疾，推避不出征。枢密院奏准敲了。"④

至元二十一年（1284年），出征占城的新附汉军发生军人逃亡事件。荆湖占城等处行中书省议得，"为头起意纠合军人在逃，拿捉得获合无处死，为从逃军杖断一百七下，发遣边远当军。"奏准将为头的敲了。至元二十四年枢密院重申："今后若有在逃军人，合无将为首人对众明正典刑，为从者杖一百七下。"十二月钦奉圣旨：军人每逃走，"为首的每根底问了，取了招伏呵，对着多人订见了呵，敲了者；为从的每根底，依着在

① 《宋史》卷一《太祖本纪》，中华书局，1997，第9页。
② 《宋史》卷四《太宗本纪》，中华书局，1997，第59页。
③ 《宋史》卷三〇《高宗本纪》，中华书局，1997，第557页。
④ （元）沈仲纬：《刑统赋疏》，枕碧楼丛书本。转引自黄时鉴《元代法律资料辑存》，浙江古籍出版社，1988，第165页。

先圣旨体例里一百七下家打了放者麽道。钦此。"①

至元二十四年十一月扬州路泗州五河县千户张应卯，倚仗崔姓达鲁花赤权势，贿赂赵姓禁子，趁本县吴县尹熟睡之机，将其杀死。朝廷裁定张千户等"敲了"。"省府差官与中书省差来官将张应卯等再三审问，已招是实，别无冤抑。于至元二十四年十二月二十四日将各人押赴市曹，明正典刑讫。"②

至元三十年二月二十二日，江西等处枢密院因该管地面"贼人积年作耗，非唯管民官、镇守官不严收捕，实缘牧民之官有失觉察少加抚治。乡民递相窝藏，善恶难分，以致不能禁绝。"奏准：凡管民官不肯制约的，富豪民户里窝藏转作贼说谎的，"合敲"。③

至元三十一年七月，中书省奏准：不杀了后娘有犯，那的道杀娘的休赦者说有。这的是杀了后娘的罪，赦过，合赦了麽道说得来有。那的也便是他的娘，敲了呵。怎生？奏呵，敲了者，圣旨了也。钦此。④

河南行省陕州路远安县太平山无量寺僧人袁普照，"伪造论世秘密经文，虚谬凶险，刊版印散，煽惑人心"；"那经里更有犯上的难说的大言语"。经会同宣政院官审理，元贞元年（1295年）十二月十七日奏过，奉圣旨敲了。⑤

江浙行省温州路平阳州"陈空崖坐阐说法，竖立旗号，伪写罗平国正治元年，妖言惑众，称说天兵下降，书写善慧大言等

① 《元典章》卷三四《兵部一·军役·逃亡》"处断逃亡等例三款"条。
② 《元典章》卷四二《刑部四·诸杀一·故杀》"倚势抹杀县尹"条。
③ 《元典章》卷四一《刑部三·诸恶·谋叛》"禁断贼人作耗"条。
④ （元）沈仲纬：《刑统赋疏》，枕碧楼丛书本。转引自黄时鉴《元代法律资料辑存》，浙江古籍出版社，1988，第179页。
⑤ 《元典章》卷五二《刑部十四·诈伪》"伪造佛经"条。

事。问了招状，大德元年（1297 年）十月二十一日奏过，将陈空崖为头来的四个人敲了。"①

大德五年，江西湖东道发生一件养子主谋杀死本家兄弟案：胡参政本姓张，为胡家养子，官至参政。因财产纠纷，与本家兄弟张八同谋，买通王庭、罗铁三两人，用刀杖将胡家亲子胡总管杀死。钦奉圣旨，胡参政、张八、王庭、罗铁三四人"合死"，执行"敲"刑。三月十八日，四犯"审复已招是实，钦依圣旨事意，将各人明正典刑了当，牒请照验施行"。②

大德七年正月，有人在御史台殿中司门前放了一件匿名文书。御史台奏称，世祖时中山府曾发生薛宝仁投无头文字案。当时有圣旨："撇无头文字的人根底，任谁拿住呵，若是他写的言语重呵，将本人敲了，将他的媳妇孩儿断与拿住的人更须赏与银二十定；若是他写的轻呵，将本人流远，拿住的人根底，将犯人媳妇孩儿断与，更与赏银一十定。如今依在先圣旨体例里，若是写的重呵，将本人敲了，将他的媳妇孩儿拿住的人根底断与，更他的赏银与二十定的，与一百定；将写的轻呵，将本人流远，他的媳妇孩儿拿住的人根底断与，更他的赏银与十定的与五十定。省官人每根底说与交行榜文呵，怎生奏呵，那般者麼道圣旨了也。"③

大德八年六月中书省咨文："怯列里故意一遍偷马的交出军；在先曾做贼，又经第二遍怯列里偷马呵，敲者。商量来麼道奏呵，那般者圣旨了也。钦此。"④

---

① 《元典章》卷四一《刑部三·诸恶·大逆》"伪写国号妖说天兵"条。
② 《元典章》卷四一《刑部三·诸恶·不睦》"胡参政杀弟"条。
③ 《元典章》卷五三《刑部一五·诉讼·禁例》"禁写无头圆状"条。
④ 《元典章》卷四九《刑部十一·强窃盗》"旧贼再犯出军"条。

　　武宗至大四年（1311 年）七月二十五日圣旨："今后豁开车子的，初犯呵追了赔赃打一百七下，再犯呵追了赔赃，打一百七下流远，又三犯呵敲了者。又怯烈司偷盗骆驼、马匹、牛只，初犯呵追九个赔赃打一百七流远者；再犯呵敲了者。又外头偷盗骆驼、马匹、牛只的，初犯呵追九个追赃，打一百七下者，内若有旧贼每呵，数他每先做来的次数，依已定来的例，合配役的交配役，合出军的交出军者，不曾做贼的每开读圣旨之后，再犯呵追了赔赃打一百七流远者，三犯呵敲了者。偷盗钱物羊口驴畜的，依先已定来的例，要罪过者，杀了人的敲了者。"①

　　仁宗皇庆二年（1313 年）六月，中书省咨文重申前揭圣旨时，指出各地处理盗贼未区分首从："有偷豁开车子的，偷盗驼、马、牛只的，起意来的，做伴当来的一体断呵，恐差池的一般有。"刑部进一步明确：大德五年《强窃盗贼通例》中，已有共犯区分首从之规定。②"除钦遵外，本部议得，诸人窃盗，例合钦依分别首从。上项贼徒既为窃盗，比例科以首从之罪，庶使刑法得中，人无冤滥。"③从另一个方面减轻了大德《强窃盗贼通例》用刑酷重的程度。

　　延祐元年（1314 年）十二月二十一日圣旨，对至大四年《拯治盗贼新例》作了修订："初犯怯烈司里偷盗驼、马、牛贼每，为首的敲，为从的断一百七出军；于内在先作贼，第二遍于怯烈司里偷大头口的敲。"④

　　延祐四年闰正月，大都路贼人王留住，"入万亿库去偷了两

---

① 《元典章》卷四九《刑部十一·强窃盗》"拯治盗贼新例"条。
② 即"诸共盗者，并赃论；仍以造意之人为首，随从者各减一等；二罪以上俱发，从其重者论之。"
③ 《元典章》卷四九《刑部十一·强窃盗》"盗贼各分首从"条。
④ 《元典章》卷四九《刑部十一·强窃盗》"处断盗贼断例"条。

匹缎子；剜折宝源库砖二十余个，不曾得财。明白招伏了也；监察每审复无冤，合断一百七下徒三年。"但中书省认为，"豁了庶民的房车，剜开窟有定例，偷盗官库钱物的无定例。有汉人伴当每只说例，有皇帝圣旨了呵便是例也者。俺商量来，入官库去偷了物的人，难同其余贼盗，有若断了罪过交配役呵不中也者。如今将那贼人典刑了诚谕众人。各处行将文书去，今后以这那入官仓库去偷钱物的贼根底，敲了作通例。"皇帝准中书省奏，"都省咨请钦依施行"。① 这是一件典型的以案定例的造法事例。

元《典章新集·刑部·诸盗》"总例"载延祐六年（1319年）三月经中书省咨行的《盗贼通例》②（附表称《延祐新定例》）规定：

> 强盗持杖伤人，虽不得财皆死。③
>
> 强盗持杖不伤人，（得财）二十贯，为首的敲，为从的一百七、出军；
>
> 强盗不持杖伤人，造意为首、下手的敲；
>
> 强盗不持杖不伤人，（得财）至四十贯，为首的敲，余人断一百七、出军；
>
> 因盗而奸同强盗伤人，敲，余人依例断罪；
>
> 两遍作贼的敲；
>
> 初犯偷盗驼马牛，为首的一百七、出军，为从的九十七

---

① 《元典章》卷四九《刑部十一·强窃盗》"入官仓库偷钱物的敲了"条。

② 查《元典章》卷四九《刑部十一·强窃盗》"处断盗贼断例"条，其内容已于延祐元年十二月二十一日圣旨颁行。

③ （元）沈仲纬：《刑统赋疏》（枕碧楼丛书本）："延祐二年三月，盗贼断例，强盗持杖伤人的，虽不得财，皆斩死。"转引自黄时鉴《元代法律资料辑存》，浙江古籍出版社，1988，第193页。

徒三年，于内若有旧贼呵敲；

　　曾经出军配徒来的再做贼呵敲。

元《典章新集·刑部·诸盗》："偷盗诸例"之"拯盗未尽事理"条：

　　剟房、豁车贼人，伤事主，起意下手的敲，为从一百七出军；不曾伤事主，但得财，皆断一百七下出军；于内有旧贼敲。

将上列法条和案例与《元史·刑法志》所列律条比较：

法定陵迟处死而以敲刑代替的 1 件，即"杀后娘案"。依律，"诸子弑其继母者，与嫡母同。"而子孙弑其祖父母、父母者，陵迟处死。

法定处斩而以敲刑代替的 5 件，一是出征日本军人自残逃避案，二是出征占城（古国名，在今越南中南部）军人逃亡案，二案依律应处斩。《元史》卷九八《兵一》："至元二十年十月定出征军人亡命之罪，为首者斩。"三是僧人伪造经文，煽惑人心案，四是有人坐禅说法，妖言惑众案，二案依律亦应处斩。《诈伪律》："诸僧道伪造经文，犯上惑众，为首者斩"；大德五年判例：河南民殷丑厮等诈称神灵，扇惑人众，皆处斩。五是《元典章》卷四一《刑部三·诸恶·谋叛》"禁断贼人作耗"条：凡搜捕贼人不力的管民官和窝藏贼人的豪富，合敲。依《职制律》："诸方面大臣，受金纵贼成乱者斩。"

法定"处死"、"死"，而以敲刑执行的 16 件。

由此可见，敲作为断例中规定一种死刑方法，曾通行于元代中期。自至元八年绞刑退出法定死刑后，统治者鉴于斩刑的普遍适用"恐涉太重"，欲以敲刑作为缓冲。但正如后人所议，并未完全实现其初衷："斩绞而死与重杖而死，均死也，不足以言仁。且斩绞而死，其死也速；重杖而死，其死也迟，其所受之苦楚，转有甚于斩绞者，未足为良法也。"[1]

6. 陵迟是法定死刑

关于陵迟之刑，南宋陆游《渭南文集·条对状》："五季多故，以常法为不足，于是始于法外特置陵迟一条。肌肉已尽，而气息未绝，肝心联络，而视听犹存。"

沈家本《历代刑法考》："陵迟之义，本言山之由渐而高，杀人者欲其死之徐而不速也，故亦取渐次之义。"[2] 与斩而磔尸之刑有别。

《辽史》卷六一《刑法志上》："死刑有绞、斩、陵迟之属。"陵迟在辽已列为法定刑。

《元史》卷一〇二《刑法一》："死刑，则有斩而无绞，恶逆之极者，又有陵迟处死之法焉。""名例，五刑……死刑：斩，陵迟处死。"

查《元史·刑法志》，所载死罪律文凡 135 条，其中适用陵迟刑 9 条，约占 7%。即：

> 《大恶》：诸谋反已有反状，为首及同情者陵迟处死，为从者处死，知情不首者减为从一等流远，并没入其家。
>
> 诸子孙弑其祖父母、父母者，陵迟处死，因风狂者处死。
>
> 诸因奸殴死其夫及其舅姑者，陵迟处死。

---

① （清）沈家本：《历代刑法考·刑法分考四》，中华书局，1985，第 140 页。
② （清）沈家本：《历代刑法考·刑法分考二》，中华书局，1985，第 111 页。

诸父子同谋杀其兄，欲图其财而收其嫂者，父子并陵迟处死。

诸奴故杀其主者，陵迟处死。

诸以奸尽杀其母党一家者，陵迟处死。

诸采生人支解以祭鬼者，陵迟处死，仍没其家产。其同居家口，虽不知情，并徙远方。已行而不曾杀人者，比强盗不曾伤人、不得财，杖一百七，徒三年。谋而未行者，九十七，徒二年半。其应死之人，能自首，或捕获同罪者，给犯人家产，应捕者减半。

《奸非》：诸妇人为首，与众奸夫同谋，亲杀其夫者，陵迟处死，奸夫同谋者如常法。

《盗贼》：诸图财谋故杀人多者，陵迟处死，仍验各贼所杀人数，于家属均征烧埋银。

然稽诸《元史》，陵迟之称均仅见于法律条文，实际执行陵迟刑的案例皆称磔或磔裂，无一处称陵迟。如至元二十二年（1285 年）正月，"西川赵和尚自称宋福王子广王以诳民，民有信者；真定民刘驴儿有三乳，自以为异，谋不轨；事觉，皆磔裂以徇。"[①] 大德十年（1306 年）三月"河间民王天下奴弑父，磔裂于市。"同年十二月，"磁州民田云童弑母，磔裂于市。"[②] 至大三年（1310 年）二月，"以畏吾儿僧铁里等二十四人同谋，或知谋不首，并磔于市；鞫其狱者，并升秩二等。"[③] 可见，元

---

① 《元史》卷一三《世祖十》。另《新元史》卷一〇三《刑法志下》："至元四年，刑部议谋反者处死，家人断鹰房子种田，无磔裂之刑也。至是则奉诏敕所降云。"
② 均见《元史》卷二一《成宗四》，第 469、472 页。
③ 《元史》卷二三《武宗二》，第 523 页。

代无论在法律规定上，或在司法实践中均有陵迟处死之刑，故陵迟为元代法定死刑，了无歧异。

（三）蒙元流刑考

元代类似流刑的刑罚名目颇多，除流之外，还有出军、置、放、窜、逐、窜、奔、谪、迁移、迁徙等。但其中迁移、迁徙、出军的适用，虽然在一些案例中与流刑相混淆，但迁移、迁徙更多地类同唐宋"杀人移乡"之法；① 出军则与秦汉以来的谪戍及后世的充军类似，与单纯刑法意义上的流刑有一定的区别。本文取"狭义"流刑作为研究对象。

1. 元代流刑的渊源

流刑是一种古老的刑罚。《唐律疏议》曰："《（尚）书》云：'流宥五刑。'谓不忍刑杀，宥之于远也。又曰：'五流有宅，五宅三居。'大罪投之四裔，或流之于海外，次九州之外，次中国之外。盖始于唐虞。今之三流即其义也。"② 《吏学指南》：流刑"谓不忍刑杀，宥而窜于边裔，使其离别本乡，若水流远而去也"。③ 但先秦流刑并非五刑之属。邱濬《大学衍义补》："自汉废肉刑，劓及斩左止改为笞，笞数多者每至于死，少则不足以示惩，于是死罪以下不得不有以通其变，流所以通其变也。"于是，流自南北朝始入于律。北魏已有流刑律条，诸如："卖子有一岁刑；卖五服内亲属，在尊长者死，期亲及妾与子妇

---

① 元《典章新集·刑部·禁奸恶》"迁徙遇革不赦"条："今之迁徙，即古者移乡之法，给予流囚事理不同。"此处资料线索参考了《中国法制通史》第 6 卷。但该书第 389 页注释①②均误：元《典章新集·刑部》无"凶徒"一目，两注均出自"禁奸恶"目。

② 《唐律疏议》卷一《名例》，中华书局，1983，第 5 页。

③ （元）徐元瑞：《吏学指南》卷二《五刑》。

流";"《法例律》:'诸犯死罪,若祖父母、父母年七十已上,无成人子孙,旁无期亲者,具状上请。流者鞭笞,留养其亲,终则从流。不在原赦之例。'""案《律》,公私劫盗,罪止流刑"①等。《北齐律》刑名有五:曰死、流,刑、鞭、杖。"流刑,谓论犯可死,原情可降,鞭笞各一百,髡之,投于边裔,以为兵卒,未有道里之差。其不合远配者,男子长徒,女子配舂,并六年。"北周《大律》定五刑为杖、鞭、徒、流、死。"流刑五,流卫服,去皇畿二千五百里者,鞭一百,笞六十。流要服,去皇畿三千里者,鞭一百,笞七十。流荒服,去皇畿三千五百里者,鞭一百,笞八十。流镇服,去皇畿四千里者,鞭一百,笞九十。流蕃服,去皇畿四千五百里者,鞭一百,笞一百。"始定道里之制,使流刑制度化。隋《开皇律》确立的笞、杖、徒、流、死五刑制为后世律典所沿袭。其流刑三等,"有一千里、千五百里、二千里。应配者,一千里居作二年,一千五百里居作二年半,二千里居作三年。应住居作者,三流俱役三年。近流加杖一百,一等加三十。"②《唐律疏议》为流二千里、二千五百里、三千里,三流俱役一年;加役流则流三千里、役三年。③《宋刑统》有所变化:"流刑:加役流决脊杖二十,配役三年。流三千里决脊杖二十,配役一年。流二千五百里决脊杖十八,配役一年。流二千里决脊杖十七,配役一年。"④

　　但此后由北方游牧民族建立的辽、金、元诸朝,或因于传统民族习惯,或宥于战事频仍的社会条件,在立法及司法实践中对

---

① 《魏书》卷一一一《刑罚志》,中华书局,1984,第2881、2885、2888页。
② 《隋书》卷二五《刑法志》,中华书局,1982,第710页。
③ 《唐律疏议》卷一《名例》,中华书局,1983。
④ 《宋刑统》卷一《名例》,中华书局,1984。

流刑作了较大的变通。

辽，"其制刑之凡有四：曰死，曰流，曰徒，曰杖。死刑有绞、斩、凌迟之属，又有籍没之法。流刑量罪轻重，置之边城部族之地，远则投诸境外，又远则罚使绝域。"① 其实施对象多为贵族官僚，如史载，辽"流刑始于太宗，会同时，皇族锡里郎君谋毒通事嘉哩等，命重杖之，及其妻流于巨巴哩密河。"② 世宗天禄二年（948 年）春正月，"天德、萧翰、刘哥、盆都等谋反。诛天德，杖萧翰，迁刘哥于边，罚盆都使辖戛斯国。"③ 这是流刑中"罚使绝域"的实例。罪犯不仅免死，而且出使归来，即除其罪，实乃一种特别的刑罚。兴宗重熙七年（1038 年），"南面待御壮骨里诈取女直贡物，罪死；上以有吏能。黥而流之。"④ 道宗大康二年（1076 年）十一月甲戌，"上欲观《起居注》，修注郎不撤及忽突堇等不进，各杖二百，罢之，流林牙萧岩寿于乌隗部。"⑤ 大安二年（1086 年）秋七月，"惠妃母燕国夫人削古厌魅梁王事觉，伏诛，子兰陵郡王萧酬斡除名，置边郡。"⑥ 此皆为流"边城部族之地"的例证。

金代流刑仍为法定刑之一，但实际上并未适用。《金史·刑志》载，"明昌五年（1194 年），尚书省奏：'在制，《名例》内徒年之律，无决杖之文便不用杖。缘先谓流刑非今所宜，且代流役四年以上俱决杖，而徒三年以下难复不用。妇人比之男子虽差

① 《辽史》卷六一《刑法志上》，第 936 页。
② （清）嵇璜等：《续文献通考》卷一三七，商务印书馆，影印本，2000。
③ 《辽史》卷五《世宗纪》，中华书局，1974，第 64 页。
④ 《辽史》卷一八《兴宗一》，中华书局，1974，第 221 页。
⑤ 《辽史》卷二三《道宗三》，中华书局，1974，第 278 页。
⑥ 《辽史》卷二四《道宗四》，中华书局，1974，第 292 页。

轻，亦当例减。'遂以徒二年以下者杖六十，二年以上杖七十，妇人犯者并决五十，著于《敕条》。"① 此段史料传达的信息，一是金代以"流刑非今所宜"，不便施行为由，并未实施流刑；二是章宗明昌年间规范刑制以后，法定流刑三等，是用徒四年以上并附加决杖代替之。综合《元典章》卷三九《五刑训义》等记载②，其具体规定是：二千里比徒四年加杖九十，二千五百里比徒四年半加杖九十，三千里比徒五年加杖一百。③

稽诸《金史》，检得三例涉及流刑的记述：一是大定时，宋王宗望之子完颜京、完颜文皆以谋反诛。世宗尽以其家财产与其兄完颜齐之子咬住，诏齐妻曰："汝等皆当缘坐，有至大辟及流窜者。朕念宋王，故置而不问，且以其家产赐汝子。宜悉朕意。"④

二是章宗时，"适朝议以流人实边，安仁言：'昔汉有募民实边之议，盖度地营邑，制为田宅，使至者有所居，作者有所用，于是轻去故乡而易于迁徙。如使被刑之徒寒饿困苦，无聊之心，靡所顾藉，与古之募民实塞不同，非所宜行。'上然之。"⑤

三是宣宗贞祐二年（1214 年）十二月，"登州刺史耿格伏诛，流其妻孥。"⑥

前两例仅提及律有流刑之罚，但均未实施。最后一例有流刑判决，然未知是否执行时折抵为徒刑加杖。

① 《金史》卷四五《刑志》，第 1023 页。
② 据考，《五刑训义》发布于中统、至元时蒙元政权援用金律期间，应属金律"旧例"。
③ 参见白钢主编《中国政治制度通史》第 8 卷《元代》，人民出版社，1993，第 315 页。
④ 《金史》卷七四《宗望传》，第 1709 页。
⑤ 《金史》卷九六《许安仁传》，第 2132 页。
⑥ 《金史》卷一四《宣宗上》，第 306 页。

2. 蒙元初期"循用金律"，对金流刑进行折代变通

在蒙古早期习惯法中就有了流放之刑。《史集》载有成吉思汗的一道训令：

> 我们的兀鲁黑中若有人违反已确立的扎撒，初次违反者，可口头教训；第二次违反者，可按必里克处罚；第三次违反者，即将他流放到巴勒真——古勒术儿的遥远地方去。此后，当他到那里去了一趟回来时，他就觉悟过来了。如果他还是不改，那就判他戴上镣铐送到监狱里。如果他从狱中出来时学会了行为准则，那就较好，否则就让全体远近宗亲聚集起来开会，以做出决定来处理他。①

《蒙古秘史》亦载有：

> 乞颜贵族初立铁木真为汗时，其誓词称："于征战之日也，若乎违汝号令，可离散俺家业妃妻，弃俺黑头于地而去！于太平之日也，若乎坏汝成命，可流散俺人夫妻子，弃俺于无主地而去！"②

但尚未检得早期流刑实施的案例。

在入主中原过程中，蒙元仿照辽宋金刑制，建立了流刑制度。蒙元初期曾沿用金律数十年，③ 此间流罪处罚是对金代流刑

---

① 拉施特：《史集》第一卷第二分册（余大钧、周建奇译），商务印书馆，1983，第359~360页。

② 道润梯步译注：《蒙古秘史》卷三，内蒙古人民出版社，1978，第88页。

③ 笔者以为，虽然史无起始时间记载，但至迟应在1234年灭金时即开始援用金律。

制度进行折合变通。

　　首先，仿唐宋金制，仍"以笞、杖、徒、流、死备五刑之数"，列流刑为法定刑之一。其次，与金代基于类似的原因，元初亦未施行流刑，而以它刑取代之。中统二年（1261年）八月，忽必烈颁布《中统权宜条理诏》，其中称："据五刑之中，流罪一条，似未可用，除犯死刑者依条处置外，徒年杖数今拟递减一等，决杖虽多，不过一百七下。著为定律，揭示多方。"①传世的元代民间类书《事林广记》（泰定本）收录的《至元杂令》，其中"笞杖则例"条下列"笞罪三等"，"杖罪"三等，"徒罪"五等，"绞罪至死"，共四种刑罚，没有列出流刑。②白钢主编的《中国政治制度通史》元代卷将此作为"忽必烈统治初期取消流刑的一个证据。"③此说不确，元初并非取消流刑，只是因流刑不便执行而以其他刑罚代替。考《至元杂令》所记，实为《五刑训义》所揭元初"循用金律"期间，对金代刑制进行的折合变通：笞罪三等、杖罪三等，分别是由金笞罪五等、杖罪五等折合变通而形成（见表13-1）；徒罪五等，则是将金徒罪七等折合变通为决杖而形成（见表13-2）；流罪三等的折合变通关系（见表13-3）。

---

① （元）王恽：《中堂事纪下》，《秋涧先生大全文集》卷八二，《四部丛刊》本。《新元史》卷《世祖一》所记略同："中统二年八月乙巳"颁《中统权定条法》，诏曰："事匪前定，无以启臣民视听不惑之心；政岂徒为，必当奉帝王坦白可行之制。我国家开建之始，禁网疏阔，虽见施行，不免阙略。或得于此，而失于彼，或轻于昔，而重于今。以兹奸猾之徒，得以上下其手。朕惟钦恤，期底宽平，乃立九章，用颁十道。据五刑之内，流罪似可删除。除犯死罪者，依条处置外，其余递减一等。决杖不得过一百七。著为令。"
② 《事林广记》（泰定本）壬集卷之一。
③ 见该书第8卷第321页。

表 13 - 1　金、元笞杖罪刑等折算

	笞罪处罚					杖罪处罚				
金	10	20	30	40	50	60	70	80	90	100
元初	7		17		27		37		47	57

表 13 - 2　金、元徒罪刑等折算

金徒罪处罚	徒一年、一年半加杖60	徒二年、二年半加杖70	徒三年、加杖80	徒四年、加杖90	徒五年、加杖100
元初徒罪处罚	杖67	杖77	杖87	杖97	杖107

表 13 - 3　金、元流罪刑等折算

金法定流刑	二千里	二千五百里	三千里
金流罪处罚	比徒四年加杖90	比徒四年半加杖90	比徒五年加杖100
元初流罪处罚	徒四年	徒四年半	徒五年

稽诸《元典章》等史籍,蒙元初期变通流刑的实例颇多:

例一:至元二年四月,"济南路归问到韩进状招:因与亲家相争,将棒于在旁冯呵兰右肩上误打一下,因伤身死。法司拟:即系因斗殴而误杀伤论,致死者减一等合徒五年。部拟一百七下;省断七十七下,征烧埋银。"①

例二:至元四年止月初二,中都路李三丑于酒后,与朋友骑马相逐,不意将行人田快活撞倒身死。"法司拟:三丑所犯,即系于城内街上无故走马,以故杀人情犯。旧例,于城内街巷无故走马者,笞五十;以故杀伤人者,减斗杀伤一等。其李三丑合徒

---

① 《元典章》卷四二《刑部四·误杀》"因斗误伤旁人致死"案。

五年。部拟量决七十七下。省断准拟征钱二百贯，与被死之家。"①

例三：至元四年七月初八，濮州馆陶县王狗儿在船上与翟二相戏作耍，不意失手将其推下河里淹死。"法司拟：王狗儿所犯，即系戏杀事理。旧例，戏杀伤人者，减斗杀伤人二等。谓以力共戏而致死伤者，虽扣以刃若乘高履危及入水中以故烧伤者，准减一等。其王狗儿合徒五年，决徒年杖一百，仍征烧埋银五十两给主，以充烧埋之资。部拟王狗儿决杖一百七下，征银五十两。"②

上述三例发生在至元初循用金律时期。依金律，斗殴杀人者绞，减死一等的法定刑应为流三千里。而据金比徒五年、杖一百的旧例，分别判处徒五年加决杖一百七或徒五年。值得注意的是，前揭案例显示，此间凡非谋反、贼盗等涉及国家统治的重大案件，刑部及中书省（有时为尚书省）的最终裁定，均有大幅度减轻处罚的情况，体现了元初"用刑平恕"的法制思想。

不过，在此期间还是有实际执行流刑的个别案例：一是至元初，某年冬祀太庙，"有司失黄幔，索得于神庖灶下，已甚污弊。帝闻，大怒曰：'大不敬，当斩！'璧曰：'法止杖断流远。'其人得不死。"③

二是刘全殴打女婿致死案。至元三年（1266年）正月二十一日，济南路民刘全支派女婿孙重二扫地筛谷。孙有怨气并辱骂刘全之父。刘用棍棒拳脚将其殴伤致死。"法司拟即系斗杀婿事理，旧例，'缌麻三月、为妻之父母者一同'；又旧例，'若尊长

---

① 《元典章》卷四二《刑部四·过失杀》"走马撞死人"案。
② 《元典章》卷四二《刑部四·戏杀》"船边作戏淹死"案。
③ 《元史》卷一五九《赵璧传》，第3749页。

殴卑幼折伤者，缌麻减凡人一等，死者绞。'其刘全合行处死，仍征烧埋银数。部准拟呈省断，将刘全流去迆北鹰房子田地，仍于家属征烧埋银给主。"①

三是至元五年（1268 年）三月，"田禹妖言，敕减死流之远方。"②

四是至元七年二月八日，德州民司都喜纠合苏瘦儿等共七人，印造伪钞 950 贯。官府将苏瘦儿等断讫，拟定司都喜合行处死。"都省议得：司都喜所招印造伪钞，未曾使用红印、墨条印，事发到官，罪犯即系伪造未成。并部卷内该本处官司验得，委的不似真钞，难以行使。为此照得已前断例，使伪钞的断一百七下。若依例杖断，恐碍钞法，拟将司都喜比其余为首印造伪钞已成中使的人，减死一等，流入直北鹰房子种田处住坐。于至元七年闰十一月十六日闻奏过。奉圣旨：依着您的言语者。钦此。"③

五是至元八年正月，"管如仁、费正寅以国机事为书，谋遣崔继春、贾靠山、路坤入宋。事觉穷治，正寅、如仁、继春皆正典刑，靠山、坤并流远方。"④

3. 至元八年以后流刑考

至元八年十一月，忽必烈正式将国号"大蒙古国"改为"大元"朝，为彰显新朝更始，万象更新，遂诏令："泰和律令不用，休依著那者。钦此。"⑤ 此后，司法审判不再援引金律旧例。新的刑罚制度通过历代皇帝的诏敕、中央政府制定的《至

---

① 《元典章》卷四二《刑部四·杀亲属》。
② 《元史》卷六《世祖本纪三》，第 118 页。
③ 《元典章》卷二〇《户部六·钞法·伪钞》"伪钞不堪行使流远"条。
④ 《元史》卷七《世祖本纪四》，第 133 页。
⑤ 《元典章》卷一八《户部四·官民婚》"牧民官娶部民"条。

元新格》、《大元通制》、《至正条格》等法规的颁行而逐步形成。
流刑亦然，并开始实施。

（1）关于流罪的法律条文钩沉。

如前所述，《元史·刑法志》收录了据世祖以降历代诏制、
条格、断例编纂的部分法律条文1100余条，笔者从中检得直接
涉及流罪的法条47条。兹罗列如次：

《卫禁》：诸擅带刀阑入殿庭者，杖八十七，流远。

《职制》：诸毁匿边关文字者，流。

诸有司各处递至流囚，辄主意故纵者，杖六十七，解
职，降先品一等叙，刑部记过。

诸捕盗官，辄受人递至匿名文字，枉勘平人为盗，致囚
死狱中者，杖九十七，罢职不叙；正问官六十七，降先职二
等叙；首领官笞四十七，注边远一任；承吏杖六十七，罢役
不叙；主意写匿名文书者，杖一百七，流远；递送匿名文书
者，减二等；受命主事递送者，减三等。

诸流囚，强盗持杖不曾伤人，但得财，若得财至二十
贯，为从；不持仗，不曾伤人，得财四十贯，为从；及窃
盗，割车剽房，伤事主，为从；不曾伤事主，但曾得财；不
曾得财，内有旧贼；初犯怯烈司盗驼马牛，为从；略卖良人
为奴婢一人；诈雕都省、行省印；套画省官押字，动支钱
粮，干碍选法；或妄造妖言犯上：并杖一百七，流奴儿
干。初犯盗驼马牛，为首；及盗财三百贯以上；盗财十贯
以下，经断再犯；发冢开棺伤尸，内应流者；挑剜禅凑宝
钞，以真作伪，再犯；知情买使伪钞，三犯，并杖一百
七，发肇州屯种。

诸犯罪流远逃归，再获，仍流。若中路遭乱而逃，不再犯，及已老病并会赦者，释之。

诸流囚居役，非遇元正、寒食、重午等节，并勿给假。

诸应徒流，未行，会赦者释之；已行未至，会赦者亦释之。

诸有罪，奉旨流远，虽会赦，非奏请不得放还。

诸徒罪，昼则带镣居役，夜则入囚牢房。其流罪发各处屯种者，止令监临关防屯种。

诸流远囚徒，惟女直、高丽二族流湖广，余并流奴儿干及取海青之地。

诸狱具，枷长五尺以上，六尺以下，阔一尺四寸以上，一尺六寸以下，死罪重二十五斤，徒流二十斤，杖罪一十五斤，皆以干木为之，长阔轻重各刻志其上。

《户婚》：诸女子已许嫁而未成婚，其夫家犯叛逆，应没入者，若其夫为盗及犯流远者，皆听改嫁。已成婚有子，其夫虽为盗受罪，勿改嫁。

《食货》：诸私盐再犯，加等断徒如初犯，三犯杖断同再犯，流远，妇人免徒，其博易诸物，不论巨细，科全罪。

诸犯私盐，被获拒捕者，断罪流远，因而伤人者处死。

《大恶》：诸大臣谋危社稷者诛。诸无故议论谋逆，为倡者处死，和者流。

诸谋反已有反状，为首及同情者凌迟处死，为从者处死，知情不首者减为从一等流远，并没入其家。其相须连坐者，各以其罪罪之。

诸因争移怒，戳伤其兄者，于市曹杖一百七，流远。

诸妻魇魅其夫，子魇魅其父，会大赦者，子流远，妻从其夫嫁卖。

《奸非》：诸与弟妻奸者，各杖一百七，奸夫流远，奸妇从夫所欲。

《盗贼》：① 诸杖罪以下，府州追勘明白，即听断决。徒罪，总管府决配，仍申合干上司照验。流罪以上，须牒廉访司官，审覆无冤，方得结案，依例待报。其徒伴有未获，追会有不完者，如复审既定，赃验明白，理无可疑，亦听依上归结。②

诸强盗持仗但伤人者，虽不得财，皆死。不曾伤人，不得财，徒二年半；但得财，徒三年；至二十贯，为首者死，余人流远。

诸盗库藏钱物者，比常盗加一等，赃满至五百贯以上者流。

诸剧贼既款附得官，复以捕贼为由，虐取民财者，计赃论罪，流远。

诸奴盗主财，应流远，而主求免者听。

诸守库藏军人，辄为首诱引外人偷盗官物，但经二次三次入库为盗，又提铃把门人，受赃纵贼者，皆处死。为从者杖一百七，刺字流远。

诸掏摸人身上钱物者，初犯、再犯、三犯，刺断徒流，并同窃盗法，仍以赦后为坐。诸略卖良人为奴婢者，略卖一

---

① 以下法条多采自大德五年十二月二十六日《强窃盗贼通例》，载《元典章》卷四九《刑部十一》。

② 关于各级官府断案权限，另有《元典章》卷三九《刑部一·刑制·刑法》"罪名府县断隶"："至元二十八年六月，中书省奏准《至元新格》内一款：诸杖罪五十七以下司县断决，八十七以下散府州军断决，一百七下以下宣慰司、总管府断决，配流、死罪，依例勘审完备，申关刑部待报，申札鲁忽赤者亦同。"

人，杖一百七，流远；

诸白昼剽夺驿马，为首者处死，为从减一等流远。

诸出军贼徒在逃，初犯杖六十七，再犯加二等，罪止一百七，仍发元流所出军。《诈伪》诸伪造省府印信文字，但犯制敕者处死。若伪造省府劄付者，杖一百七，再犯流远。

诸掾属辄造省官押字，盗用省印，卖放官职者，虽会赦，流远。

买使伪钞者，初犯杖一百七，再犯加徒一年，三犯科断流远。

诸挑剜禆辏宝钞者，不分首从，杖一百七，徒一年，再犯流远。①

《斗殴》：诸豪横辄诬平人为盗，捕其夫妇男女，于私家拷讯监禁，非理陵虐者，杖一百七，流远。其被害有致残废者，人征中统钞二十锭，充养赡之赀。

诸尊长辄以微罪刺伤弟侄双目者，与常人同罪，杖一百七，追征赡养钞二十锭给苦主，免流，识过于门；无罪者，仍流。

诸弟虽听其兄之仇，同谋剜其兄之眼，即以弟为首，各杖一百七，流远，而弟加远。

诸卑幼挟仇，辄刺伤尊长双目成废疾者，杖一百七，流远。

诸以刃刺破人两目成笃疾者，杖一百七，流远，仍征中统钞二十锭，充养赡之赀，主使者亦如之。

诸挟仇伤人之目者，若一目元损，又伤其一目，与伤两

---

① 《新元史》卷二一《成宗本纪四》：大德七年（1303 年）正月，"定诸改补钞罪例，为首者杖一百有七，从者减二等；再犯，从者杖与首同，为首者流。"与此略有差异。

目同论，虽会赦，仍流。

《杀伤》：诸部民殴死官长，主谋及下手者皆处死，同殴伤非致命者，杖一百七，流远，均征烧埋银。

诸奴受本主命，执仇杀人者，减死流远。

《禁令》：诸阴阳家者流，辄为人燃灯祭星，蛊惑人心者，禁之。

诸乱制词曲为讥议者，流。

《杂犯》：诸频犯过恶，累断不改者，流远。

诸凶人残害良善，强将男子去势，绝灭人后，幸获生免者，杖一百七，流远。

《捕亡》：诸已断流囚，在禁未发，反狱殴伤禁子，已逃复获者，处死；未出禁杖一百七，发已拟流所。

另见诸《元史》其他各篇及其他史籍的规定有：

《元史》卷八《世祖五》：至元十二年二月，"禁民间赌博，犯者流之北地。"

《元典章》卷五七《刑部十九·诸禁·禁赌博》"抹牌赌博断例"亦载：刑部"照得至元二十三年二月内钦奉圣旨，禁约诸人不得赌博钱物，如有违反之人，许诸人捉拿到官，将犯人流去迤北远田地里种田者。钦此。"后中书省拟定，赌博者各决杖七十七。

《元史》卷一〇一《兵四》弓手："元制，郡邑设弓手，以防盗也。内而京师，有南北两城兵马司，外而诸路府所辖州县，设县尉司、巡检司、捕盗所，置巡军弓手，而其数则有多寡之不同。职巡逻，专捕获。官有纲运及流徙者至，则执兵仗导道，以转相授受。外此则不敢役，示专其职焉。"

《元史》卷九三《食货一》：延祐经理法：其法先期揭榜示民，限四十日，以其家所有田，自实于官。或以熟为荒，以田为荡，或隐占逃亡之产，或盗官田为民田，指民田为官田，及僧道以田作弊者，并许诸人首告。十亩以下，其田主及管干佃户皆杖七十七。二十亩以下，加一等。一百亩以下，一百七；以上，流窜北边，所隐田没官。郡县正官不为查勘，致有脱漏者，量事论罪，重者除名。此其大略也

至元二十年（1283 年）正月，和礼霍孙言："自今应诉事者，必须实书其事，赴省、台陈告。其敢以匿名书告事，重者处死，轻者流远方；能发其事者，给犯人妻子，仍以钞赏之。"皆从之。[1]

大德七年正月，有人在御史台殿中司门前放了一件匿名文书。御史台奏称，世祖时中山府曾发生薛宝仁投无头文字案。当时有圣旨："撒无头文字的人根底，任谁拿住呵，若是他写的言语重呵，将本人敲了，将他的媳妇孩儿断与拿住的人更须赏与银二十定；若是他写的轻呵，将本人流远，拿住的人根底，将犯人媳妇孩儿断与，更与赏银一十定。如今依在先圣旨体例里，若是写的重呵，将本人敲了，将他的媳妇孩儿拿住的人根底断与，更他的赏银与二十定的，与一百定；将写的轻呵，将本人流远，他的媳妇孩儿拿住的人根底断与，更他的赏银与十定的与五十定。省官人每根底说与交行榜文呵，怎生奏呵，那般者麼道圣旨了也。"[2]

大德九年五月，诸处罪囚淹系五年以上，除恶逆外，疑不能决者释之。流窜远方之人，量移内地。[3]

---

① 《元史》卷一二《世祖本纪九》，第 250 页。
② 《元典章》卷五三《刑部一五·诉讼·禁例》"禁写无头圆状"条。
③ 《元史》卷二一《成宗本纪四》，第 464 页。

武宗至大四年十二月，曲赦大都大辟囚一人，并流以下罪。[①]

延祐元年（1314年）正月，诏改元延祐。释天下流以下罪囚。[②]

延祐七年三月，征诸王、驸马流窜者，给侍从，遣就分邑。[③]

大德五年十二月《强窃盗贼通例》："诸盗经断后仍更为盗，前后三犯杖者徒，三犯徒者流，又而再犯者死。强盗两犯亦死。"[④]

《刑统赋疏》："司天台执事者，恐泄天文，不可流之远方。"[⑤]

可见，与唐宋刑制不同，元法律条文设定的流刑是笼统的，通常用"流远"、"杖一百七，流远"、"流"表示，并未标明道里远近，除两处之外，也未指定流放地点。亦如《元典章》所载，大德十一年正月，有行御史台反映流远贼人"常有逃逸回而再犯"的情况；认为其原因是"缘奏准明文不曾定到里数，并合流去处何他（地），所是何官司交割，别无所守通例"，[⑥] 这就为当权者适用流刑的随意性留有余地。

（2）关于适用流刑的具体案例举要。

在《元史》、《新元史》和《元典章》等文献中，我们检得一束具体适用流刑的案例，兹将至元八年以后发生的部分案件，

---

① 《元史》卷二四《仁宗本纪一》，第548页。
② 《元史》卷二五《仁宗本纪二》，第563页。
③ 《元史》卷二七《英宗本纪一》，第599页。
④ 《元典章》卷四九《刑部十一·诸盗·强窃盗》"强窃盗贼通例"条。
⑤ （元）沈仲纬：《刑统赋疏》第90页上，《枕碧楼丛书》本。转引自黄时鉴《元代法律资料辑存》，浙江古籍出版社，1988，第212页。
⑥ 《元典章》卷四九《刑部十一·诸盗·强窃盗》"流远出军地面"条。

按年代为序罗列如次：

至元十二年（1275 年）二月，洺磁路总管姜毅捕获农民郝进等四人，造妖言惑众，敕诛进，余减死流远方。①

至元十二年十二月西川沧溪知县赵龙遣间使入宋，敕流远方，籍其家。②

至元二十二年正月，流征占城擅还将帅二十三人于远方。③

至元二十八年七月，给还行台监察御史周祚妻子。祚尝劾行尚书省官，桑哥诬以他罪，流祚于憨答孙，妻子家赀入官，及是还之。④

元贞元年（1295 年）五月，流别阇于江西，从月的迷失讨贼自效。⑤

大德七年（1303 年）正月，流硃清、张瑄子孙于远方，仍给行费。⑥

大德七年十月，太原路贺来福偷盗本使耿忠银物，议得计赃例应流远。既本主告免，断九十七下，分付本主。都省准拟。⑦

大德八年三月十六日奏过事内一件案例："去年冬间有一起贼人，将百姓每的媳妇孩儿，掠将去那个城子里卖去做奴婢的吴马儿等一起贼人拿获捉住，取讫了招伏，上位奏过，明正典刑的正典刑了，合杖断一百七下流远的流远了，合配役的交配役了来。因着这的每俺商量来，若不严切禁治呵，贼人每日见的多去也。今后诸掠诱良人为奴婢者，掠卖一个人断一百七下流远；二

① 《元史》卷八《世祖本纪五》，第 161 页。
② 《元史》卷八《世祖本纪五》，第 171 页。
③ 《元史》卷一三《世祖本纪十》，第 272 页。
④ 《元史》卷一六《世祖本纪十三》，第 349 页。
⑤ 《新元史》卷一三《成宗本纪上》。
⑥ 《新元史》卷一四《成宗本纪下》。
⑦ 元《典章新集》：《刑部》"拐带"。

人以上处死；为自己妻妾子孙者断一百七下徒三年。"①

大德八年六月十七日，陕西行省安西路李保"偷盗讫本使蛮子回回中统钞六十定、金一十一两。赃满五百贯，罪该流远。本部议得，李保盗本使蛮子回回金子、钞定，令人捉获，欲将李保货卖。弓手告发到官，估计所盗赃物已该流罪。缘奴盗主财，并本使不曾申官，以此参详，拟合比例免流，依上断决九十七下，分付本使收管。相应都省准拟施行。"②

大德八年十月，杖流吴祈、石天补等于安西。③

武宗至大二年（1309 年）二月，部检旧例，流刑有三，皆以里数定立程限，限内遇赦则原。无故违限则不原。今辽阳离大都一千五百余里，其流因别无素定程限。贼人吴喜儿等至行省遇赦，未及流所，钦依免放流囚中途遇革放退。④

至大二年十月，杖流洪重喜于潮州。⑤

至大二年十一月，诸王孛兰奚以私怨杀人，当死，大宗正也可扎鲁忽赤议，孛兰奚贵为国族，乞杖之，流北鄙从军，从之。⑥

至大三年九月，流宁王阔阔出于高丽。⑦

至大四年正月，命中书右丞相塔思不花、知枢密院事铁木儿不花等参鞫尚书右丞相脱虎脱、左丞相三宝奴、平章政事乐实，右丞保八、左丞忙哥帖木儿、参知政事王罴罪状。脱虎脱、三宝

① 《元典章》卷五七《刑部十九·诸禁》"掠卖良人新例"条。
② 元《典章新集》：《刑部》"拐带"。
③ 《新元史》卷一四《成宗本纪下》。
④ （元）沈仲纬：《刑统赋疏》，枕碧楼丛书本。转引自黄时鉴《元代法律资料辑存》，浙江古籍出版社，1988，第 190 页。
⑤ 《新元史》卷一五《武宗本纪》。
⑥ 《元史》卷二三《武宗本纪二》，第 519 页。
⑦ 《新元史》卷一五《武宗本纪》。

奴、乐实、保八、王罴俱伏诛。杖流忙哥帖木儿于海南，流平章政事速思不花于高丽。①

仁宗皇庆二年（1313 年）三月，杖流高丽陪臣事思温、金深于临洮。②

延祐四年（1317 年）闰正月，流魏王阿木哥于耽罗，寻移大青岛。③

延祐五年七月，诸王不里牙敦之叛，诸王也舍、失列吉及卫士朵带、伯都坐持两端，不助官军进讨，敕流也舍江西，失列吉湖广，朵带衡州，伯都潭州。④

英宗延祐七年六月，流徽政院使米薛迷十于金刚山。十二月，流前高丽王谌于吐番撒思结之地。⑤

延祐七年八月，脱思马部宣慰使亦怜真坐违制不发兵，杖流奴儿干之地。⑥

至治元年（1321 年）二月，杀监察御史观音保、锁咬儿哈的迷失，杖流监察御史成圭、李廉亨于奴儿干。三月，宦者孛罗铁木儿坐罪，流奴儿干地。⑦

至治二年正月，流徽政院使罗源于耽罗。五月泰符、临邑二县民谋逆，其首王驴儿伏诛，余杖流之。诸王阿马、承童坐擅徙脱列捏王卫士，并杖流海南。⑧

至治三年八月，将作院使哈撒儿不花坐罔上营利，杖流东

---

① 《新元史》卷一六《仁宗本纪上》。
② 《新元史》卷一六《仁宗本纪上》。
③ 《新元史》卷一七《仁宗本纪下》。
④ 《元史》卷二六《仁宗本纪三》，第 585 页。
⑤ 《新元史》卷一八《英宗本纪》。
⑥ 《元史》卷二七《英宗本纪一》，第 605 页。
⑦ 《元史》卷二七《英宗本纪一》，第 610 页。
⑧ 《元史》卷二八《英宗本纪二》，第 622 页。

裔，籍其家。①

至治三年十二月，流月鲁帖木儿及云南，按梯不花于海南，曲吕不花于奴儿干，孛罗及兀鲁思不花于高丽大青岛。②

泰定二年（1325年）十一月，"息州民赵丑厕、郭菩萨妖言弥勒佛当有天下，有司以闻，命宗正府、刑部、枢密院、御史台及河南行省官杂鞫之。郭菩萨伏诛，杖流其党。"③

文宗天历元年（1328年），御史台臣言："也先捏将兵擅杀官吏，俘掠子女货财。"诏刑部鞫之，籍其家，杖一百七，流南宁府。后复为御史所劾，以不忠、不敬，伏诛。④

天历元年九月，杀兀伯都剌、铁木哥，流朵朵、王士熙、伯颜察儿、脱欢等于远州，并籍其家。⑤

天历元年十二月，中书省臣言："陕西行省、行台官，焚弃诏书，坐罪当流，虽经赦宥，永不录用为宜。"制可。⑥

天历三年八月，监察御史劾："前丞相别不花昔以赃罢，天历初因人成功，遂居相位。既矫制以买驴家赀赐平章速速，又与速速等潜呼日者推测圣算。今奉诏已释其罪，宜窜诸海岛，以杜奸萌。"帝曰："流窜海岛，朕所不忍，其并妻子置之集庆。"十月，籍四川囊加台家产，其党杨静等皆夺爵，杖一百七，籍其家，流辽东⑦。

文宗至顺元年（1330年）二月，流王禅子帖木儿不花于吉

---

①《元史》卷二八《英宗本纪二》，第632页。

②《新元史》卷一九《泰定帝本纪》。

③《新元史》卷一〇三《刑法志下》。

④《新元史》卷一〇三《刑法志下》。

⑤《新元史》卷二一《文宗本纪上》。

⑥《元史》卷三二《文宗本纪一》，第722页。

⑦《元史》卷三三《文宗本纪二》，第742页。

阳军。①

至顺元年闰七月，行枢密院言："征戍云南军士二人逃归，捕获，法当死。"诏曰："如临战阵而逃，死宜也。非接战而逃，辄当以死，何视人命之易耶？其杖而流之。"②

至顺元年四月，明宗后八不沙被谗遇害，遂徙（顺）帝于高丽，使居大青岛中，不与人接。③

至顺二年二月，湖广行省参知政事彻里帖木儿及速速、班丹俱坐妄言怨望，流彻里帖木儿于广东，班丹于广西，速速于海南，并籍其家。④

至顺二年三月，御史台臣劾奏："燕南廉访使卜咱儿，前为闽海廉访使，受赃计钞二万二千余锭、金五百余两、银三千余两、男女生口二十二人及它宝货无算，难遇赦原，乞追夺制命，籍没流窜。"诏如所言，仍暴其罪示天下。七月，只儿哈答儿坐罪当流远，以唐其势舅氏故释之。八月诏刑部鞫内侍撒里不花巫蛊事，凡当死者杖一百七，流广东、西。⑤

至顺二年七月，监察御史张益等劾四川行省平章政事钦察台反复不可信任，流钦察台于广东，同妻孥禁锢。⑥

至顺三年七月，燕铁木儿言："诸王彻彻秃、沙哥，昔坐罪流南荒，乞赐矜闵，俾还本部。"从之。⑦

① 《新元史》卷二二《文宗本纪下》。
② 《元史》卷三四《文宗本纪三》，第763页。
③ 《元史》卷三四《文宗本纪三》，第756页。
④ 《新元史》卷二二《文宗本纪下》。另《元史》卷三四《文宗本纪三》记载可补充：至顺元年八月御史台臣劾奏："前中书平章速速，叨居台鼎，专肆贪淫，两经杖断一百七，方议流窜，幸蒙恩宥，量徙湖广。不复畏法自守，而乃携妻娶妾，滥污百端。况湖广乃屯兵重镇，岂宜居此？乞屏之远裔，以示至公。"诏永窜雷州，湖广行省遣人械送其所。
⑤ 《元史》卷三五《文宗本纪四》，第789页。
⑥ 《新元史》卷二二《文宗本纪下》。
⑦ 《元史》卷三六《文宗本纪五》，第806页。

顺帝后至元元年（1335 年）十月，流诸王晃火帖木儿及答里、唐其势子孙于北边。癸亥，流御史大夫完者帖木儿于岭南。①

后至元元年闰十二月，流彻里帖木儿于南安。②

至正十五年（1355 年）三月，台臣犹以谪轻，列疏其兄弟之罪，于是诏流脱脱于云南大理宣慰司镇西路，流也先帖木儿于四川碉门。脱脱长子哈剌章，肃州安置；次子三宝奴，兰州安置。家产簿录入官。③

（3）关于流放地探微。

关于元代流刑地，史籍有如下记载：

《元史》："流则南人迁于辽阳迤北之地，北人迁于南方湖广之乡"；"流刑：辽阳，湖广，迤北"；"诸流远囚徒，惟女直、高丽二族流湖广，余并流奴儿干及取海青之地。"④

延祐六年七月，"命分简奴儿流囚罪稍轻者，屯田肇州。"⑤

泰定五年（1328 年）九月，御史言："广海古流放之地，请以职官赃污者处之，以示惩戒。"从之。⑥

《元典章》：延祐六年八月《盐法通例》："私盐事发，到官取讫招状，合以赦后为坐。其三犯者与再犯一体断罪，蒙古、色目人发付两广、海南，汉人南人发付辽阳屯田。"⑦

元《典章新集》：延祐七年三月，中书省议得："各处合流

① 《新元史》卷二三《惠宗本纪一》。《元史》卷三八《顺帝本纪一》记为："后至元元年十月癸亥，流御史大夫完者帖木儿于广海安置。完者帖木儿乃贼臣也先铁木儿骨肉之亲，监察御史以为言，故斥之。"故广海当在广东沿海。
② 《元史》卷三八《顺帝本纪一》，第831页。
③ 《元史》卷一三八《脱脱传》，第3348页。
④ 《元史》卷一〇二《刑法一》，第2604页。
⑤ 《元史》卷二六《仁宗本纪三》，第590页。
⑥ 《元史》卷三〇《泰定帝本纪二》，第681页。
⑦ 《元典章》卷二二《户部八·课程·盐课》。

辽阳行省罪囚，无分轻重，一概发付奴儿干地面。缘彼中别无种养生业，岁用衣粮，站赤重加劳费。即目肇州现有屯田，今后若有流囚，照依所犯，分拣重者，发付奴儿干地，轻者于肇州从宜安置，屯种自赡，似为便益。"①

但本文前揭案例显示：有的并未确指流放地，而以流、流远、流远方、流远州、流窜、杖流、流北鄙、流北边、流南荒、流东裔以代之；指明的流放地遍及北边、南边、西南、西北地区。

元朝行政区划历经数度变更，最终将全国划分为中书省直辖的"腹里"地区（今河北、山东、山西）和10个比较固定的行中书省：曰岭北，曰辽阳，曰河南，曰陕西，曰四川，曰甘肃，曰云南，曰江浙，曰江西，曰湖广。"盖岭北、辽阳与甘肃、四川、云南、湖广之边，唐所谓羁縻之州，往往在是，今皆赋役之，比于内地；而高丽守东藩，执臣礼惟谨，亦古所未见。"②流放地就分布在这些地方。

现对前引案例提及的流放地予以考析：

北边：所谓辽阳迤北之地、辽东，乃是概指"辽阳等处行中书省"属地，辖今东北三省及黑龙江以北、乌苏里江以东地区。奴儿干，今俄罗斯黑龙江口一带，肇州，今黑龙江省肇源县，是元代北方主要流放地。高丽王氏王朝（918～1392年）在当时臣属于元朝廷，也是流放之地，如前揭案例提及的高丽、高丽大青岛、金刚山、耽罗。

南边：湖广，泛指"湖广等处行中书省"，辖今湖南、贵州、广西大部、湖北南部。属于湖广行省的流放地有：岭南，五岭以南，今广东、广西、越南北部，元设有岭南广西道肃政廉访

---

① 元《典章新集》：《刑部·刑制·刑法》"发付流囚轻重地面"。
② 《元史》卷五八《地理一》，第1346页。

司。海南，海北海南道宣慰司，辖地含今海南省。雷州路，治海康，辖今雷州半岛；雷州为海北海南道宣慰司治所。吉阳军，宋称崖州，又改吉阳军，在海南岛。元隶海北海南道宣慰司。广海，元设有广海盐课提举司，可能在广西北部湾。广西，指广西两江道宣慰司。南宁府，泰定元年改邕州路置，治今南宁市。衡州路，治今衡阳市。潭州，至元十四年，为潭州路总管府；十八年，徙湖南道宣慰司治潭州；天历二年，以潜邸所幸，改天临路，今长沙市。《元史》卷三四《文宗三》载：至顺元年八月御史台臣劾奏："前中书平章速速，叨居台鼎，专肆贪淫，两经杖断一百七，方议流窜，幸蒙恩宥，量徙湖广。不复畏法自守，而乃携妻娶妾，滥污百端。况湖广乃屯兵重镇，岂宜居此？乞屏之远裔，以示至公。"诏永窜雷州，湖广行省遣人械送其所。可见"流湖广"者多流南方边远之地。

属于"江西等处行中书省"的流放地有：广东，指广东道宣慰司。潮州路，治今潮安。南安路，治今江西大余。

集庆，江浙行省之集庆路，治今南京。

西北：肃州路，治今甘肃酒泉。以上属甘肃等处行中书省。临洮府，治今甘肃岷县。兰州，治今甘肃兰州。安西路，皇庆元年，改奉元路，治今西安。以上属陕西等处行中书省。吐蕃，指宣政院直辖"吐蕃等处宣慰司都元帅府"，治河州，即今甘肃临夏。

西南：四川碉门，《元史·地理三》有"雅州碉门安抚使"之称，应在四川行省雅州，治今四川雅安。云南大理宣慰司镇西路，即云南行省"大理金齿等处宣慰司都元帅府"所辖镇西路，治今云南盈江。由此，我们认为，元代流刑基本上遵循了"流则南人迁于辽阳迤北之地，北人迁于南方湖广之乡"的规定，但亦不尽然。至于按民族分别流放地，"诸流远囚徒，惟女直、高丽二族流湖广，余并流奴儿干及取海青之地。"则未必实行。

一是有的蒙古亲王被流放高丽、高丽大青岛、奴儿干、"北方"；二是有的蒙古贵族官员、宦者被流放奴儿干、高丽、金刚山、耽罗、西北肃州、兰州、四川磵门等地；三是未见高丽人流南方的实例，反而有前高丽王被流放吐蕃，高丽高官流西北临洮的案例。

值得注意的是，现今有的法律史论著①引《刑统赋疏通例编年》称"流刑三等：流二千里，比移乡接连；二十五百里，迁徙屯粮，三千里，流远出军"。稽诸《元典章》、《元史》等官修史籍，除元初沿用金律期间，在《五刑训义》中出现流刑道里之制外，有元一代，未见任何一例明确道里远近的流刑案例。而前已述及，连元初事实上也是用其他刑罚代替流刑。似可蠡测，《刑统赋疏通例编年》所记，实乃宋金旧制。

（4）关于流刑适用对象。

由于前揭案例均从官方文献检得，故主要记录的是贵族官僚犯法受处置的事件。由此可见，元代流刑适用的对象，首先是皇族亲贵，且大多并非因刑事犯罪，而是出于统治集团内反而有部的权力倾轧。有元一代皇位继承混乱，新君继位后，当务之急是打击镇压异己政治势力，尤其是那些虎视眈眈觊觎皇帝宝座的皇族亲贵。而最佳办法当属流放，以某种理由将其赶出京城，远离国家最高权力中心，削弱其政治上的影响；或迫使其远离苦心经营的老巢，使其丧失复辟的实力基础。较之血腥杀戮，还避免了手足相残的恶名。在上述 37 件案例中，涉及皇室案件 12 例，约占三分之一，流诸王 16 人。②

---

① 如韩玉林主编《中国法制通史》第 6 卷《元》，法律出版社，1998，第 387 页。
② 如韩玉林主编《中国法制通史》第 6 卷《元》，法律出版社，1998，第 387 页。

其次，基于流窜远边，"以杜奸萌"的目的，其他贵族官僚非因私罪缘由被处流刑者众，达22例53人。

而平民百姓则多因犯刑事罪，特别是犯盗贼、私盐等重罪而处以流刑。官方对此类实例记录很少，故传世文献中不多见。

4. 元代流刑制度的特色

综上，元代流刑制度与唐宋流刑之制比较，具有如下特色：

一是，流刑虽然始终是法定刑种之一，但元前期因战乱频仍，局势不稳定而无法实际执行，遂以其他刑罚代替。随着灭宋战事的顺利推进，大元一统天下逐步形成，流刑实施的条件已经具备。远流东西南北，甚至流高丽、流吐藩的事例日渐增多。

二是与唐宋流刑有明确的道里和服役期限不同，元代流刑律条的规定失之笼统，虽有流放方向和地点，但并无道里之制，迄今亦未检得服役期限的记载。只是遇赦可以放还。

三是元代流刑适用，因民族、身份居住地及犯罪的轻重不同，而在流放地区或服役种类（有的充军役，有的服劳役，有的从事屯垦等）方面有所差别。

（四）蒙元赎刑考

1. 赎刑的变迁

赎刑，即以钱财赎免刑罚，源于一种原始的过误补偿习俗。《说文解字》："赎，贸也。""贸，易财也。"朱熹《朱子大全·舜典象刑说》："赎刑，使之入金而免其罪。"《尚书·舜典》："金作赎刑。"《书序》："穆王训夏赎刑，作吕刑。"则夏已确有赎刑。西周赎刑的具体规定载于《尚书·吕刑》："墨辟疑赦，其罚百锾，阅实其罪。劓辟疑赦，其罚惟倍，阅实其罪。剕辟疑赦，其罚倍差，阅实其罪。宫辟疑赦，其罚六百锾，阅实其罪。大辟疑赦，其罚千锾，阅实其罪。"罚赎仅适用于疑罪，死刑亦可赎。《国语·齐语》："制重罪赎以犀甲一戟，轻罪赎以鞼盾一戟，小罪谪以金分①，宥间罪。"②《云梦秦简》记载的秦赎刑有赎罪、赎耐、赎黥、赎刑、赎宫、赎迁、赎死罪、赎鬼薪鋈足。《汉书·惠帝纪》："民有罪，得买爵三十级以免死罪。"《汉书》列传中，李广、苏建、张骞、公孙敖、赵食其等均因犯军法当斩，而"赎为庶人"；而《司马迁传》：其被宫刑，在《报任安书》中称："家贫，财赂不足以自赎"。则宫刑时亦可赎。《后汉书·光武帝纪》："建武二十九年夏四月乙丑，诏令天下系囚自殊死以下及徒各减本罪一等，其余赎罪轮作各有差。"《后汉书·明帝纪》：中元二年十二月，"诏天下亡命殊死以下，听得赎论，死罪缣二十匹，右趾至髡钳城旦舂十匹，完城旦舂至司寇作三匹。其未发觉，诏书到先自告者，半入赎。"《晋书·刑法志》：曹魏赎刑凡十一等：死刑一、髡刑四、完刑三、作刑三。晋赎刑五等。经南北朝发展，赎刑至隋唐宋实现了制度化，律典明确规定了五刑每一等赎铜的数额，及其适用的具体条件和对象。

辽金对赎刑作了诸多限制，且带有鲜明的民族特色。《辽史·刑法志》："品官公事误犯，民年七十以上、十五以下犯罪者，听以赎论。赎铜之数，杖一百者，输钱千。"又重熙元年（1032 年），"诏职事官公罪听赎，私罪各从本法。"

金代赎刑之法颇为盛行。在女真氏族部落时期，就有"杀

---

① 注曰：小罪不入于五刑者，以金赎，有分两之差。
② 注曰：间罪，刑罚之疑者也。

人偿马牛三十"的誓约。① 金朝建立初期，仍然"刑、赎并行"；且保留女真传统习惯，对于犯罪者，"其亲属欲以马牛、杂物赎者从之。或重罪亦听自赎，然恐无辨于齐民，则劓、刵以为别。"②

在金法制中，赎刑通常适用于官吏职务上的犯罪。除明令"的决"者外，一般都允许收赎。如兴定初年，参知政事张行信在一道奏疏中提到："大定间，监察坐罪大抵收赎，或至夺俸，重则外降而已，间有的决者皆有为而然。"③ 职司纠弹重任的监察官犯罪大多可赎，其他职官自不待言。大定八年（1168 年），"制品官犯赌博法，赃不满五十贯者其法杖，听赎。再犯者杖之。且曰："杖者所以罚小人也。既为职官，当先廉耻，既无廉耻，故以小人之罚罚之。"贞祐四年（1216 年）诏："凡监察失纠劾者，从本法论。……在京犯至两次者，台官减监察一等治罪，论赎，余止坐，专差任满日议定。"④

《泰和律义》的颁行，使赎刑实现了制度化。在唐宋律赎刑之制的基础上，将各等刑罚的赎铜数额增加了一倍，即笞杖刑十等，赎铜二斤到二十斤；徒刑七等，赎铜四十斤至一百八十斤：流刑三等，赎铜一百六十斤到二百斤；死刑，斩、绞二等皆赎铜二百四十斤。在收赎时，实行银、钱、钞并用，钱二贯折合银一两。

金朝后期，钱、钞贬值，物价飞腾，唯银两因信用和价值高受到社会青睐。宣宗贞祐三年五月，"命赎铜计赃皆以银价为

---

① 《金史》卷一《世纪》，第 2 页。
② 《金史》卷四五《刑志》，第 1014 页。
③ 《金史》一〇七《张行信传》，第 2368 页。
④ 《金史》卷四五《刑志》，第 1025 页。

准。"兴定四年（1221 年）三月，参知政事李复亨奏议："法当赎铜者"，应折征银两，"既足以惩恶，又有补于官。"宣宗据此诏令：官吏"犯公错过误者止征通宝见钱，赃污故犯者输银"①。辽金赎刑之法对元朝有着很大的影响

2. 元代关于赎刑的法律规定

其一，《吏学指南》：

赎铜，即输赎也，自唐宋以来，定数不等。今国家定制，每一下罚钞一两。其赎例有四：

听赎，谓犯罪之人情有可矜者。

罚赎谓犯公罪而赎免者。

收赎谓老幼疾病之人应收赎者。

荫赎藉亲荫而收赎罪者，所谓藉荫亲属也。

其二，《元史》卷一〇二《刑法一》：

《名例》，赎刑附：诸牧民官，公罪之轻者，许罚赎。

诸职官犯夜者，赎。

诸年老七十以上，年幼十五以下，不任杖责者，赎。

诸罪人癃笃残疾，有妨科决者，赎。

其三，《元史》卷一〇三《刑法二》：

《职制》：诸累过不悛，年七十以上，应罚赎者，仍减等科决。

《奸非》：诸强奸人幼女者处死，虽和同强，女不坐。凡称幼女，止十岁以下。

---

① 均见《金史》卷四八《食货三》，第 1088 页。

诸年老奸人幼女，杖一百七，不听赎。

《盗贼》：诸幼小为盗，事发长大，以幼小论。未老疾为盗，事发老疾，以老疾论。其所当罪，听赎，仍免刺配，诸犯罪亦如之。

诸年未出幼，再犯窃盗者，仍免刺赎罪，发充警迹人。

诸窃盗年幼者为首，年长者为从，为首仍听赎免刺配，为从依常律。

其四，《元史》卷一〇五《刑法四》：

《诈伪》：诸挑剜裨辏宝钞者，不分首从，杖一百七，徒一年，再犯流远。年七十以上者，呈禀定夺，毋辄听赎。

《斗殴》：诸职官闲居与庶民相殴者，职官减一等，听罚赎。

诸小民恃年老殴詈所属官长者，杖六十七，不听赎。

《杀伤》：诸十五以下小儿，因争毁伤人致死者，听赎，征烧埋银给苦主。

《恤刑》：诸有罪年七十以上、十五以下，及笃废残疾罚赎者，每笞杖一，罚中统钞一贯。

其五，《元史》卷一〇一《兵四》：

其夜禁之法，一更三点，钟声绝，禁人行；五更三点，钟声动，听人行。有公事急速及丧病产育之类，则不在此限。违者笞二十七下，有官者笞七下，准赎元宝钞一贯。①

中统元年（1260年），诏：随处官司，设传递铺驿，每铺置铺丁五人。……各路总管府委有俸正官一员，每季亲行提点。州县亦委有俸末职正官，上下半月照刷。如有怠慢，初犯事轻者笞四十，赎铜，再犯罚俸一月，三犯者决。总管

---

① 另《元典章》卷五七《刑部十九·诸禁·禁夜》载，此法是中统五年（1264年）八月的一道《圣旨条画》中规定的。

府提点官比总管减一等，仍科三十，初犯赎铜，再犯罚俸半月，三犯者决。铺兵铺司，痛行断罪。

其六，《元典章》：

> 元贞元年（1295 年）六月，福建行省准中书省咨御史台呈陕西汉中道廉访司，申犯罪官吏并诸人有罪年老或笃疾废疾病妨碍科决，不任杖责之人，赎罪钱多寡不一，终无通例。呈乞照详，送刑部议得：诸犯罪人若年七十以上十五以下，及笃疾残疾不任杖责，理宜哀矜，每杖笞一下，拟罚赎罪中统钞一贯。相应都省准呈咨请依上施行。民官公罪许罚赎。至大三年十月，钦奉诏书内一款，诸牧民官犯公罪之轻者，许罚赎。①

3. 元代赎刑实例钩沉

在元代传世文献中，适用赎刑的实例极少，笔者仅检得数例。

至元二年（1265 年）春正月，"诸王塔察儿使臣阔阔出至北京花道驿，手杀驿吏郝用、郭和尚，有旨征钞十锭给其主赎死。"②

至元七年五月十一日，陕西行省延长县道士刘志朴，打死徒弟刘志升放良驱口蒲民。"法司拟得，刘志朴打死蒲民罪犯，并依凡人之法，合行处死仍征烧埋银给付苦主。却缘刘志朴年及八

---

① 《元典章》卷三九《刑部一·刑制·赎刑》"老疾赎罪钞数"条。
② 《元史》卷六《世祖本纪三》，第105页。

十，合行具状上请，听敕处分。部拟，征赎罪钞三十二贯，征烧埋银五十两。中书省拟征赎罪钞一定（锭），更征烧埋银两。于十月二十日闻奏过，钦奉圣旨准。钦此。"①

至元十二年二月，枢密院言："渡江初，亳州万户史格、毗阳万户石抹绍祖，以轻进致败，乞罪之。"有旨，或决罚降官，或以战功自赎，其从行省裁处。②

至元十九年八月，"谪捏兀迭纳戍占城以赎罪。"③

至元二十六年二月。"大都路总管府判官萧仪尝为桑哥掾，坐受赃事觉，帝贷其死，欲徙为淘金。桑哥以仪尝钩考万亿库，有追钱之能，足赎其死，宜解职杖遣之，帝曲从之。"④

至元三十一年七月，"以军户所弃田产岁入及管军官吏赎罪等钞，复输枢密院。"⑤

至大元年（1308 年）六月，江西行省建昌路十五岁少年程福孙，在李宝俚教唆下偷摸到熊十二至元钞五百文。案发后，"缘本人罪犯时年方一十五岁，又兼赃不满贯，合行免刺罪赎。即系通例咨请定夺，准此据送刑部呈，议得：李宝俚所犯诱合程福孙掏摸熊十二处至元钞五百文，递与李宝俚收接，被捉获到官，·搜赃还主。李宝俚虽不下手，终是造意为首之徒，罪未便疏放，例合刺字。至程福孙时年方十五岁，未行出幼，拟合免刺字科断。今后如有强窃盗贼已得财者，年七十以上十五以下，及笃疾残废者不任重刑，合行免刺收赎。事干通例，如蒙准呈，遍行

---

① 《元典章》卷四二《刑部四·诸杀一·老幼笃疾杀人》"年老打死人赎罪"条。
② 《元史》卷八《世祖本纪五》，第 163 页。
③ 《元史》卷一二《世祖本纪九》，第 245 页。
④ 《元史》卷一五《世祖本纪十二》，第 320 页。
⑤ 《元史》卷一八《成祖本纪一》，第 386 页。

相应都省准拟咨请依上施行。"①

4. 元代赎刑制度的特点

综上可见，蒙元赎刑之制，无论在其适用对象、赎罪方法诸方面皆与前朝后世不同。

（1）赎刑适用范围较窄，仅适用于两类人犯罪。

①职官犯轻罪。包括三种情形：一是职官犯公罪。② 如各处官司所设传递铺驿的官吏，"如有怠慢，初犯事轻"应处笞刑者，可赎铜。二是职官犯私罪情节轻微。如犯"夜禁之法"，应处笞刑者准赎；职官闲居与庶民相殴者，职官减一等，听罚赎。

②老幼废疾犯罪，不宜加诸刑罚者。③ 凡年七十以上、十五以下、笃疾、残废不宜科决者可赎。即使幼小为盗，长大事发，及未老疾为盗，老疾事发，亦均可赎。甚至有年及八十打死人者，罚赎中统钞一锭（50贯）并征烧埋银的实例。但同时对年老者犯罪适用赎刑，设定了一些限制性的规定：一是累犯不悛，应罚赎者，仍减等科决；二是奸淫十岁以下幼女者，杖一百七，不听赎；三是伪造宝钞者，呈禀定夺，毋辄听赎；四是依恃年老殴詈所属官长者，杖六十七，不听赎。

（2）赎刑方法颇具随意性，似无一定之规。

前述资料显示，《吏学指南》所谓"自唐宋以来，定数不等。今国家定制，每一下罚钞一两"，是指成宗元贞元年（1295年）定例：年七十以上、十五以下，及笃疾残疾者赎罪，"每杖

---

① 《元典章》卷四九《刑部十一·诸盗一·免刺》"老幼笃废疾者免刺"条。

② 《唐律疏议》卷二《名例》"官当"条对公罪和私罪的划分作了明确界定："公罪，谓缘公事致罪，而无私曲者。""私罪，谓私自犯及对制诈不以实、受请枉法之类。"中华书局，1983，第44页。

③ 此乃历代成例。《唐律疏议》卷四《名例》"老小及疾有犯"条："诸年七十以上，十五以下及废疾，犯流罪以下，收赎。"宋、辽、金及明、清皆同此。中华书局，1983，第80页。

答一下，拟罚赎罪中统钞一贯。"① 但职官犯夜禁之法者答七下，准赎元宝钞一贯。此元宝钞即中统钞。如此，则就赎答杖罪而言，职官赎罪之法大大轻于老幼废疾者赎罪。

但就赎死罪而言，似乎又是另外一种情况。前揭至元二年蒙古亲王塔察儿的使臣阔阔手杀驿吏二人案，有旨征钞十锭给其主赎死，赎罪钱合中统钞500贯。而至元七年陕西延长县道士刘志朴打死放良驱口蒲民。钦准征赎罪钞一锭，烧埋银50两，计合中统钞150贯。即使将前者杀死二人的因素考虑在内，其赎罪钞数也高于后者许多。

---

① 元代钞法概要：世祖即位，于中统元年（1260年）七月发行"中统元宝交钞"，以丝为钞本，以两为单位；十月又发行"中统元宝钞"，以银为钞本，以贯为单位。后者即通常所谓之"中统钞"。两种钞在全国无限制流通，交钞一两等于宝钞一两。故形成贯、两通用的习惯。元代以银50两为一锭，故钞50贯亦称一锭。至元二十四年（1287年）改革钞法，发行"至元通行宝钞"，以贯为单位，与"中统钞"并行。至元钞一贯合中统钞五贯。武宗至大二年（1309年）废中统钞，发行"至大银钞"，以银为钞本，以两为单位；至大钞一两合至元钞五贯。

十四　窦娥冤狱与蒙元司法

　　元代大戏剧家关汉卿①的著名悲剧《窦娥冤》②的女主角窦娥，是我国古代文学作品塑造的许许多多在"四条绳索"束缚下，受尽欺凌和屈辱，最终也无法逃避无边的黑暗，被专制社会所吞噬的弱女形象之一。窦娥最终是死于冤狱的。她的苦难和牺牲，不只是反映了封建节孝观念对妇女的束缚，更主要的是对当时的政治腐败、官吏昏贪和司法专横的控诉和揭露。这就使窦娥悲剧具有巨大的社会意义。同时，关汉卿对窦娥冤狱的描述，真实而深刻地反映了作者所生活的金末及蒙元初期司法的黑暗面貌，体现了关汉卿戏剧创作的现实主义精神。

（一）窦娥冤狱与刑讯逼供的滥用

　　纵观窦娥冤狱的全过程，很显然，无辜的窦娥从被诬告到被当作罪犯处死，完全是刑讯逼供的结果。流氓无赖张驴儿父

---

①　关汉卿，号已斋、一斋，大都（今北京市）人，生于金末，入元而不屑仕进，卒于至元末、大德前。至元后期在杭州从事戏剧活动。

②　本文引用剧本出自北京银冠电子出版有限公司出版的《中华传世藏书》电子版《全元曲》（ISBN7 – 900078 – 77 – 0/I · 04）。

子，乘人之危，向寡弱无援的窦娥婆媳逼婚，遭到窦娥的严词拒绝。张驴儿遂心生毒计，企图药杀窦娥的婆母以迫使她就范，不料反而毒死了自己的老子，窦娥仍然不屈服。这个小无赖就来了个恶人先告状。审理此案的楚州太守正是一个奉行"人是贱虫，不打不招"信条的贪赃昏官。落到如此昏贪的执法官手里，窦娥有口难辩，在"明镜高悬"的公堂上惨遭毒刑拷打："不由我不魄散魂飞，恰消停，才苏醒，又昏迷。捱千般打拷，万种凌逼，一杖下，一道血，一层皮"，直打得"肉都飞，血淋漓，腹中冤枉有谁知！"（第二折）终于屈打成招，含冤而死。窦娥临刑前的唱词是她无助和悲愤的控诉："没来由犯王法，不堤防遭刑宪，叫声屈动地惊天！顷刻间游魂先赴森罗殿，怎不将天地也生埋怨？""有日月朝暮悬，有鬼神掌著生死权，天地也，只合把清浊分辨，可怎生糊突了盗跖、颜渊？为善的受贫穷更命短，造恶的享富贵又寿延。天地也，做得个怕硬欺软，却元来也这般顺水推船。地也，你不分好歹何为地？天也，你错勘贤愚枉做天！哎，只落得两泪涟涟。不分好歹何为地？天也，你错勘贤愚枉做天哎，只落得两泪涟涟。"（第三折）

尽管窦娥冤狱只是关汉卿笔下虚构的一个故事，然而，在专制统治下的元朝，司法官吏贪赃枉法，刑讯逼供以至滥杀无辜的现象，的确十分普遍。尤其是关汉卿生活的元初，由于刚刚征服中原的蒙古贵族官吏的野蛮和落后，以及脱胎于游牧社会生产关系和意识形态的影响，一切压迫都以极端残暴的形式出现。虽然法律上也规定了包括限制刑讯在内的一系列制度，^①但在司法实践中却毫无法制秩序可言。

元代官吏滥用刑讯考掠这种以公开的暴力蹂躏人犯的自由意志，摧残其躯体，借以取供定罪的司法手段，不知使多少个"窦娥"毙命杖下或屈打成招，遭枉判冤杀。如此事例，在传世文献中俯拾即是。

例如，《元典章》卷五四《违枉》一目，列有一组官吏违法刑讯逼供，酿成冤案或致人死伤的案例：至元七年（1270年）闰十月，安阳县尉干再思办理一桩盗案时，对嫌疑人"逐人拷问"。其中王丑汉被"屈勘身死"。^②

至元八年六月，真定路南宫县官员在处理部民贾珍等土地纠纷时，因贾珍关文迟下，擅以"隐匿关文，昏赖庄田，枷收断遣"，并在杖断贾珍时"自行主意，五杖子换一个人"，致使贾珍"因杖疮五日身死"。^③

至元二十四年二月，广州路民潘兴被人告发支使刘二劫掠、贩卖"采柴小厮"。"潘兴等不招，自合研究磨问，伺候刘二到官指证明白，将潘兴依理鞫问。却不合不候刘二到官，使令牢子张瑞等将潘兴当厅缚倒，用狱具沿身拷打，以致因伤身死。"^④

---

① 如《元典章》卷四〇《刑部二·刑狱·狱具》"禁止惨刻酷刑"条：至元二十年（1283年）十一月御史台在痛陈刑讯惨刻之后，牒请"今后似此鞫问之惨，自内而外，通行禁断。如有违犯官吏，重行治罪。似望体皇上恤刑之本意，去酷吏肆虐之余风，天下幸甚"，获中书省批准。诉讼审判制度，如《元典章》卷三《圣政二·理冤滞》：中统元年五月"钦奉（世祖忽必烈）诏书内一款：凡有犯罪至死者，如府州审问狱成，便行处断，则死者不可复生，断者不可复续。案牍繁冗，须臾断决，万一差误，人命至重，悔将何及。朕实哀矜。今后凡有死刑，仰所在有司推问得实，具事情始末及断定招款，申宣抚司再行审复无疑，呈省奏闻，待报处决。钦此。"
② 《元典章》卷五四《刑部十六·杂犯一·违枉》"被盗枉勘平民"条。
③ 《元典章》卷五四《刑部十六·杂犯一·违枉》"枉勘部民身死"条。
④ 《元典章》卷五四《刑部十六·杂犯一·违枉》"拷无招人致死"条。

至元二十九年二月，"行台据监察御史呈审录龙兴路一起邓阿雇称冤，并不曾与侄邓巽有奸谋杀夫邓德四，亦不知夫邓德四被杀根因，节此称冤。上下官司不准，将阿雇打拷屈招，委是冤枉。"直到真凶落网，案情真相大白，被"枉勘枷禁"四年的邓阿雇才得以平反。此案引起中书省重视："窃恐其余路分亦有似此冤枉之因，拟合行下各道廉访司审察施行。"①

大德六年（1302 年）九月，衢州路开化县尉王泽等，"因汪有成被盗丝货，告指可疑人叶层五、叶十、汪云三取问得，既无堪信明白赃验，不即跟捕正贼，辄将各人法外凌虐拷勘。数内叶十因讯疮致命身死，叶层五被伤赴廉访司处称冤。"②

另，至元二十年十一月，"御史台准本台中丞崔少中牒该：照得鞫狱之具，自有定制。比年以来，外路官府酷法虐人，有不招承者，跪于瓷芒碎瓦之上，不胜痛楚，人不能堪，罪之有无，何求不得。其余法外惨刻，又不止此。"③

至元二十九年，地方监察官建言："今朝廷用刑，自有定制。有司不据科条，辄因暴怒，滥用刑辟，将有罪之人，褫去衣服，笞背考讯，往往致伤人命，深负朝廷好生之德。若不禁治，事关至重。"④

大德七年五月刑部呈："今之官吏，不体圣朝恤刑之意，不思仁恕，专尚苛刻。每于鞫狱问事之际，不察有无赃验，不审可信情节。或惧不获正贼之责，或贪照察之名，或私偏徇，或挟宿怨，不问重轻，辄加拷掠，严行法外凌虐。囚人不胜苦楚，锻炼

①《元典章》卷五四《刑部十六·杂犯一·违枉》"拷打屈招杀夫"条。
②《元典章》卷五四《刑部十六·杂犯一·违枉》"拷勘叶十身死"条。
③《元典章》卷四〇《刑部二·刑狱·狱具》"禁止惨刻酷刑"条。
④《新元史》卷一〇三《刑法志下》。

之词，何求而不得，致令枉死无辜，幸不致命者亦为残疾。"①

有的贵族甚至嗜血成癖，视杀人如同儿戏。据《元史》载，有一贵族叫不只儿的，"视事一日，杀二十八人。其一人盗马者，杖而释之矣，偶有献环刀者，遂追还所杖者，手试刀斩之。"② 其草菅人命，令人发指。

故关汉卿通过剧中女主人公的冤魂向人世间发出悲愤的血泪控诉："衙门从古向南开，就中无个不冤哉！"正是元代司法黑幕的真实写照。

（二）窦娥冤狱昭雪与蒙元监察体制

窦娥冤狱终于昭雪了，是她当了"肃政廉访使"的父亲巡查淮南地面"刷卷"时发现平反的。这虽然是剧作家对含冤受屈的人们的一种安慰，但也反映了蒙元司法监察制度的某些方面。

1. 元"肃政廉访司"探原

蒙元统治者入主中原之后，于至元五年（1268 年）建立了中央监察机关御史台，"掌纠察百官善恶，政治得失"；随后陆续设立各地提刑按察司分掌地方监察。朝廷对作为"耳目之司"的监察系统寄予厚望，元明宗说：

> 天下国家，譬犹一人之身，中书则右手也，枢密则左手也。左右手有病，治之以良医，省院阙失，不以御史台治

---

① 《元典章》卷四〇《刑部二·刑狱·狱具》"不得法外枉勘"条。
② 《元史》卷四《世祖一》，第 58 页。

之，可乎?"①

可是，各地监察官的作为却令朝廷失望，至元二十五年二月，世宗"以御史台监察御史、提刑按察司多不举职，降诏申饬之"。②至元二十八年（1291年）二月，"改提刑按察司为肃政廉访司，每道仍设官八员，除二使留司以总制一道，余六人分临所部，如民事、钱谷、官吏奸弊，一切委之，俟岁终，省、台遣官考其功效。"③ 其诏书曰：

> 省官人每做贼说谎，交百姓每生受来。御史台官人每也不曾体察得，他每也做贼来。省家、台家官人每这般行的上头，大小勾当里行的，都要肚皮，坏了勾当来。如今中书省、尚书省根底合并了，则依在前体例里交做中书省也。……外头有的提刑按察司官人每，在先半年里一遍刷卷体察勾当出去有来，各道里不住多时，一路的过去上头，百姓生受，官人令史每做贼说谎的不得知来。为那般上头，将提刑按察司名字改了呵，立了肃政廉访司也。这廉访司官人每提调着各路，监临坐地者，在先一般做贼说谎弊倖勾当革了者，不拣什么勾当成就，休教百姓生受者。④

可见，世祖将提刑按察司改制为肃政廉访司，是借以整肃宪台纲纪，"肃其心而后政可肃，廉其身而后人可访"。⑤

① 《元史》卷三一《明宗本纪》，第697页。（明）叶子奇：《草木子》卷三下载世祖有类似说法，则明宗当为引用世祖的话。
② 《元史》卷一五《世祖十二》，第309页。
③ 《元史》卷一六《世祖十三》，第345页。
④ （元）赵承禧：《宪台通纪》之《更提刑按察司为肃政廉访司制》，浙江古籍出版社，2002，第30～31页。
⑤ （元）方回《江南浙西道肃政廉访司题名记》，《桐江续集》卷三五。

肃政廉访司职责：《元典章》："大德五年（1301 年）八月钦奉诏书内一款：行中书省官、宣慰司、肃政廉访司列置诸路之上，本以弭盗贼、修政事、纠不法、抚良民也。"又"大德十年（1306 年）五月十八日钦奉诏书内一款：监察御史、廉访司官所以纠劾官邪，徇求民瘼，肃清刑政，共成治功。"①

《吴文正公文集》："各道各路府若州若县，廉访司纠之，内省外省监察御史纠之。"②

元末刘基谓："国家置肃政廉访司以平官政，举众务，疗民瘼，执纠墨以绳天下之曲，揉不顺道理者。故录囚视牍，虽再出外，出以隆寒暑之时其勤劳孰甚焉。"③

《元典章》："至元二十八年五月二十三日钦奉圣旨节该……如今但是勾当里行的官人每，交百姓每生受，要肚皮坏了勾当的人每，肃政廉访司官人每体察者。拿住呵，受敕的官人每根底取了招伏呵，杖子里决断的罪过有呵，他每就便要了罪过者。重罪过有呵，台里与将文书来，咱每根底奏者。受宣的官人每做罪过呵，取了他每招伏，奏将来者。"④ 受敕的官人指九品到六品官，受宣的官人指五品到一品官。意即肃政廉访司有权判决六品以下官杖刑，处徒以上刑则须上报；若查获五品以上官犯罪，只能录下招状奏裁。《元史》亦载："诸廉访司分巡各路军民，官吏有过，得罪状明白者，六品以下牒总司论罪，五品以上申台闻奏。"⑤ 仁宗时，权臣铁木迭儿曾传旨："廉访司权人重，故按事失实，自今不许专决六品以下官。"宰执大臣刘正言："但当择

① 《元典章》卷二《圣政一·肃台纲》。
② （元）吴澄：《吴文正公文集》卷一四《送监察御史刘世安赴行台序》。
③ （元）刘基：《诚意伯文集》卷六《浙东肃政廉访司处州分司题名记》。
④ 《元典章》卷六《台纲二·体察》"改立廉访司"条。
⑤ 《元史》卷一〇二《刑法一》，第 2618 页。

人，法不可易也"，事遂寝。①

2. 剧中窦天章的身份与元地方监察官制考辨

本剧剧文对窦天章的身份作了如下交待。他自报家门："老夫自到京师，一举及第，官拜参知政事。只因老夫廉能清正，节操坚刚，谢圣恩可怜，加老夫两淮提刑肃正廉访使之职，随处审囚刷卷，体察滥官污吏，容老夫先斩后奏。老夫一喜一悲：喜呵，老夫身居台省，职掌刑名，势剑金牌，威权万里。""老夫是朝廷钦差，带牌走马肃政廉访使。""我今日官居台省，职掌刑名，来此两淮审囚刷卷，体察滥官污吏。"（第四折）

考有元一代宰执大臣中，右左丞相、平章政事、右丞多由蒙古勋贵、色目人出任，左丞和参知政事则较多地参用汉人。故剧中窦天章称"官拜参知政事"，是可能的。且"天下庶务虽统于中书，而旧制，省臣亦分领之"。大致上丞相总持纲维，平章以下分领庶务。如延祐二年（1315 年），"铁木迭儿奏：'请以钱制、钞法、刑名，委平章李孟、左丞阿卜海牙、参政赵世延等领之。其粮储、选法、造作、驿传，委平章张律、右丞萧拜住、参政曹从革等领之。'得旨如所请。"② 如此，则窦天章以参政身份"职掌刑名"亦是可信的。

至于窦天章作为汉人而出任"肃政廉访使"，③ 可能会有一些歧义。因为元代各道肃政廉访司官员的选任，实行以蒙古人为首的，色目人、汉人相互参用的体制。世祖至元三十年正月诏："一个廉访司里八个官人有。八个里头教四个汉儿人者，那四个

---

① 《元史》卷一七六《刘正传》，第 4108 页。
② 《元史》卷二〇五《铁木迭儿传》，第 4578 页。
③ 元代地方监察机构并无此职衔，只有淮西江北道肃政廉访使、江北淮东道肃政廉访使。

蒙古、河西、畏吾儿、回回人每相参着委付者。"① 成宗大德元年（1297年）进一步定制："南北二十二道肃政廉访司……其为头廉访使，当选圣上知识、跟脚深重、素有名望正蒙古人，其次汉人、回回诸色目人，钦依已奏准世祖皇帝圣旨体例，相参选用。"② 如顺帝后至元五年（1339年）秋，"河南范孟矫杀省臣，事连廉访使段辅，伯颜风台臣言汉人不可为廉访使。"③《元史》卷一八四《王都中传》载，福建人王都中历仕四十余年，先后出任海北海南道和福建闽海道肃政廉访使。"当世南人以政事之名闻天下，而位登省宪者，惟都中而已。"《中国政治制度通史》据此得出结论："总的说来，南人是被排除在廉访司官之外的"。④ 以此观之，似乎各道肃政廉访使只能由蒙古人担任，汉人难得出任此职。若然，则窦天章的"肃政廉访使"身份，就值得怀疑了。

　　然而稽诸史籍，世祖、成宗的诏敕及权臣伯颜指令，并未得以认真实施。有元一代，担任肃政廉访使⑤一职的不仅有女真、契丹及河西各族人士，汉人出任此职者也不鲜见。仅见诸《元史》者即至少有近60人（参见表14-1），其中不乏南人。

① （元）赵承禧：《宪台通纪》之《廉访司官参用色目、汉人》，浙江古籍出版社，2002，第35页。
② （元）赵承禧：《宪台通纪》之《整治事理》，浙江古籍出版社，2002，第41页。
③ 《元史》卷一三八《脱脱传》，第3342页。
④ 白钢主编：《中国政治制度通史》第8卷《元代》，人民出版社，1996，第263页。
⑤ 虽然《元史·百官志》未载，但我们检索到，早在肃政廉访司出台之前，就有廉访使之称。如《元史》卷六《世祖三》：至元二年春正月，"山东廉访使言：'真定路总管张宏，前在济南，乘变盗用官物'"；二月以"山东廉访使王晋为参知政事"。《元史》卷一二五《布鲁海牙传》：太宗时，布鲁海牙"拜燕南诸路廉访使"。《元史》卷一五三《杨奂传》：太宗时，乾州奉天人杨奂由耶律楚材（1190~1244年）"奏荐之，授河南路征收课税所长官，兼廉访使"。此廉访使可能属朝廷临时差遣的兼职。至元六年才始建"提刑按察司"。

表 14 – 1　　《元史》所载汉人出任"肃政廉访使"一览表

序号	姓名	籍贯	职　　　务	时　　间	史料出处
1	王忱	赵州	岭南广西道、河东山西道肃政廉访使	世祖时	卷 151
2	郝采麟	潞州	山南江北道肃政廉访使	不详	卷 157
3	阎复	平阳	浙西道肃政廉访使	至元二十八年	卷 160
4	程思廉	洛阳	河东山西廉访使	成宗初	卷 163
5	赵宏伟	甘陵	福建道肃政廉访使	延祐三年	卷 166
6	张立道	陈留	陕西汉中道肃政廉访使	至元二十八年	卷 167
7	刘晸	汴梁	河西陇右道肃政廉访使	不详	卷 167
8	陈天祥	赵州	燕南河北道、山东西道、河北河南道廉访使	世祖、成宗时	卷 168
9	陈思济	柘城	岭北湖南道肃政廉访使	不详	卷 168
10	姚天福	绛州	陕西汉中道肃政廉访使	至元三十一年	卷 168
11	尚文	祁州	江南湖北道肃政廉访使、河北河南肃政廉访使	世祖、成宗时	卷 170
12	畅师文	南阳	燕南河北道肃政廉访使	皇庆二年	卷 170
13	程钜夫	徽州	山南江北道、浙东海右道肃政廉访使	成宗、武宗时	卷 172
14	邓文原	绵州	岭北湖南道肃政廉访使	至治四年	卷 172
15	姚燧	柳城	江东廉访使	大德五年	卷 174
16	郭贯	保定	淮西廉访使	皇庆二年	卷 174
17	张珪	涿州	浙西肃政廉访使	大德三年	卷 175
18	张养浩	济南	淮东廉访使	泰定元年	卷 175
19	敬俨	河东	浙东道廉访使	皇庆元年	卷 175
20	曹伯启	济宁	山北廉访使、浙西廉访使、淮东廉访使	英宗至文宗	卷 176
21	韩若愚	保定	淮西江北道廉访使	天历三年	卷 176
22	尉迟德诚	绛州	辽东道肃政廉访使	延祐二年	卷 176

序号	姓 名	籍 贯	职　　务	时　间	史料出处
23	张 升	定 州	淮西道、辽东道、山东道等廉访使	英宗至文宗	卷177
24	臧梦解	庆 元	广东肃政廉访使	大德九年	卷177
25	陆 垕	无 传	浙西廉访使	同上	卷177
26	刘敏中	章 丘	淮西肃政廉访使	武宗时	卷178
27	王 结	易 州	浙西廉访使	元统元年	卷178
28	扎克坚	曲 阜	山东肃政廉访使	至正十五年	卷180
29	张起岩	章 丘	燕南廉访使	顺帝初	卷182
30	欧阳玄	庐 陵	福建廉访使	至正五年	卷182
31	许有壬	颖 州	浙西廉访使	至正六年	卷182
32	苗好谦	无 传	江西廉访使	英宗时	卷182
33	王守诚	太 原	燕南廉访使	至正初	卷183
34	李好文	大 名	河东道廉访使、湖北道廉访使	至正年间	卷183
35	曾文博	无 传	西蜀四川道廉访使	至正初	卷183
36	苏天爵	真 定	淮东道、山东道、浙东道廉访使	顺帝初年	卷183
37	王都中	福 建	海北海南道、福建闽海道肃政廉访使	武宗以后	卷184
38	王克敬	大 宁	湖南道廉访使、淮东廉访使	文宗时	卷184
39	韩元善	汴 梁	燕南肃政廉访使	至正五年	卷184
40	吕思诚	平定州	河东廉访使、湖北廉访使	至正初	卷185
41	李 稷	滕 州	山东廉访使	至正二十四年	卷185
42	盖 苗	大 名	山东廉访使	至正四年	卷185
43	归 旸	汴 梁	河西廉访使	至正九年	卷186
44	陈祖仁	汴 梁	山北道肃政廉访使	至正二十四年	卷186
45	贡师泰	宁 国	福建廉访使	至正十五年	卷187
46	周伯琦	饶 州	江东肃政廉访使	至正十四年	卷187
47	吴 当	抚 州	江西肃政廉访使	至正十五年	卷187

序号	姓名	籍贯	职　　务	时　　间	史料出处
48	郑允中	无　传	廉访使	天历初	卷 189
49	刘庭直	无　传	廉访使	不详	卷 190
50	田　滋	开　封	浙西廉访使	大德二年	卷 190
51	卜天璋	洛　阳	广东廉访使、山南廉访使	皇庆年间	卷 191
52	褚不华	隰　州	河西道廉访使	泰定时	卷 194
53	赵　琏	甘　陵	山北辽东道廉访使	至治时	卷 194
54	樊执敬	郓　城	山南道廉访使、湖北道廉访使	至正七年	卷 195

因此，可以确定，剧中窦天章称拥有的参知政事、肃政廉访使之职衔，是符合元代官制的。这些头衔足以使窦天章具备为女儿窦娥申冤的资格和条件。至于他的"朝廷钦差，带牌走马肃政廉访使"的职衔，则未见于金、元官制，似借用宋代的"各路走马承受公事所"名义。该官署人员由朝廷指派，直接对皇帝负责，实为皇帝派驻各路的联络员，监察权力颇重。但与元代肃政廉访司并非同一性质的机构。

窦天章此次到淮南地区"随处审囚刷卷，体察滥官污吏"，正是监察官行使职责的主要方式。一是"出巡"、"巡按"，即到各地"察官吏能否，审理冤滞，体究一切非违"。[①] 蒙元首任监察御史王恽说："其出使四方，佩金符，分属椽，驰驿传，中外具赡。"[②] "廉访司官分巡州县，每岁例用巡尉司弓兵、旗帜、金鼓迎送，其音节则二声鼓、一声锣。起解杀人强盗，亦用巡尉司金鼓，则用一声鼓、二声锣。"[③] 可见监察官巡按何等威风。王

---

① 《元典章》卷六《台纲二·体察》"察司合察事理"条。
② （元）王恽：《秋涧先生大全文集》卷八三《〈乌台笔补〉序》。
③ （明）叶子奇：《草木子》卷四上《谈薮篇》，中华书局，点校本，1959。

恽在出任地方提刑按察司官长期间，"按部诸郡，赃吏多所罢黜"；"（至元）二十六年，授少中大夫、福建闽海道提刑按察使。黜官吏贪污不法者凡数十人；察系囚之冤滞者，决而遣之。"① 如弹劾博州路总管乌古伦居真"残忍嗜杀，贪冒无进"，且老病不胜其职；② 保定路总管侯守忠"愚鲁无识，凶暴有名，恣意乱行"。③

二是刷卷。即磨刷案牍，审核各种文书档案。审核内容包括"已断词讼有无偏屈"，"人命事理仔细详审初复，检验尸状，端的致命根因，死者元犯轻重罪名，责付何人烧埋，有（无）冤枉"等。蒙元之制，"自中书省已下，诸司文卷俱就御史台照刷"；④"各处行省文卷，每年（行）台里差监察照刷去来。"⑤ 行省以下地方政府文卷，则由廉访司派员照刷。

刷卷通常可能发现各级官署行政稽迟、违错（违慢、失错）⑥ 等问题。轻则如"字画差讹，数目谬误"，重则如"违制违例，伤官害政"。⑦ 尤其是通过磨刷狱讼案牍，可以发现冤狱予以昭雪。窦天章巡按到楚州，当晚即吩咐随从："说与那州中大小属官，今日免参，明日早见"；又"说与那六房吏典：但有合刷照文卷，都将来，待老夫灯下看几宗波。"（第四折）正是在刷卷中，倾听了女儿冤魂的控诉，了解到这桩冤狱案情，才得以平反昭雪。

---

① 《元史》卷一六七《王恽传》，第3934页。
② （元）王恽：《秋涧先生大全文集》卷八九《弹博州路乌总管老病状》。
③ （元）王恽：《秋涧先生大全文集》卷九二《弹保定路侯守忠状》。
④ 《元典章》卷六《台纲二·照刷》"省部赴台刷卷"条。
⑤ 《元典章》卷六《台纲二·照刷》"行省令史稽迟监察就断"条。
⑥ （元）徐元瑞：《吏学指南》："留滞曰稽，不速曰迟"；"事有乖戾曰违，心有怠堕曰慢"；"差谬曰失，乖误曰错"。
⑦ 《元典章》卷六《台纲二·照刷》"违错轻的罚俸重要罪过"条。

　　三是审察狱囚。即自古以来的录（虑）囚，就是对地方审断的罪囚进行复核。

　　《元史》："诸内外囚禁，从各路正官及监察御史廉访司以时审录，轻者断遣，重者结案，其有冤滞，就纠察之。"①

　　《元典章》卷三《圣政二·理冤滞》录有一束关于录囚的诏令：

　　成宗大德八年（1304 年）轸恤诏书内一款："诸处罪囚，仰肃政廉访司分明审录，轻者决之，滞者纠之；有禁系累年疑而不能决者，另具始末及具疑状，申御史台呈省详谳。在江南者，经由行御史台，仍自今后所至审录，永为定例。"

　　"大德九年六月设立奉使宣抚诏书内一款：见禁囚详加审录，重者依例结案，轻者随即决遣，无致冤滞。"

　　"大德十年五月十八日钦奉诏书内一款：诸处罪囚，虑有冤滞，累经差官审理，比闻久系不决者尚多。仰各路正官参照审录，廉访司详加复审。"

　　武宗"至大二年（1309 年）九月立尚书省钦奉诏书内一款：年岁饥馑，良民迫于饥寒，冒刑者多，深可悯恻。令廉访司审录详谳，重囚及早依例结案。其余罪犯，如得其情，即与断遣，毋致冤滞。"

　　武宗"至大四年三月十八钦奉登宝位诏书内一款：今后内外重囚，从监察御史、廉访司审复无冤结案待报，省部再三详谳，方许奏准。"

　　窦天章审录窦娥一案，先是听取窦娥冤魂申述，而后逐一拘传涉案人犯过堂，当面质询继任州官、本案经手吏典、主凶张驴

────────────

　　① 《元史》卷一〇三《刑法二》，第 2613 页。

儿、赛卢医、蔡婆婆等。终于澄清案情，令此桩冤案制造者得到应有惩罚，窦娥冤狱得以昭雪。

（三）《窦娥冤》所涉蒙元法律问题挑剔

反映关汉卿生平的零星资料显示，他基本上没有入仕为官的经历。① 按理不应苛求一位长期在歌场剧院生活的戏剧大师在其文艺创作中"涉法表述"的准确性。故笔者为本部分冠以上述标题。

1. 窦娥案的告诉属越诉

窦娥案发生在山阳县，而张驴儿却拖着窦娥去州衙见官告状，乃属越诉。

早在中统四年（1263 年）正月忽必烈圣旨即规定："不得越诉，若有本处官司理断偏向及应回避者，许令赴部或断事官处陈告。"②

至元二十四年江西行省议得："各路争告户婚、田产、家财、债负、强窃盗贼一切刑名公事，若各路偏徇，理断不公，详令直赴上司陈告。如又越诉告状之人即便转发合属断罪归结。外仰照验依上施行。"③

大德十一年九月初一日，中书省特奉圣旨："不拣甚麽勾当告的人，有呵依着立定的体例，当诉的每根底自下而上告

---

① 元明野史有关汉卿曾任金末或元初"太医院尹"之说，亦有的作"太医院户"，迄今尚无定论。查《金史》卷五六《百官二》、《元史》卷八八《百官四》，金、元太医院均无"太医院尹"之设。
② 《元典章》卷五三《刑部十五·诉讼·越诉》"告罪不得越诉"条。
③ 《元典章》卷五三《刑部十五·诉讼·越诉》"越诉转发原告人"条。

者。……越诉的人每依体例要罪过者。"①

《元史》卷一〇五《刑法四·诉讼》："诸告人罪者，自下而上，不得越诉。""越诉者笞五十七。本属官司有过，及有冤抑，屡告不理，或理断偏屈，并应合回避者，许赴上司陈之。"

"诸府州司县应受理而不受理，虽受理而听断偏屈，或迁延不决者，随轻重而罪罚之。"

"诸诉官吏受赂不法，径赴宪司者，不以越诉论。"

"诸陈诉有理，路府州县不行，诉之省部台院，省部台院不行，经乘舆诉之。未诉省部台院，辄经乘舆诉者，罪之。"

由此可知，蒙元沿袭历代惯例，规定告诉须自下而上，逐级陈告。越诉，原则上是违法的。

2. 窦娥案的管辖越权

关于蒙元各级行政机关管辖诉讼案件的权限，法律有如下规定：

至元二十八年六月中书省奏准《至元新格》内一款："诸杖罪五十七以下司县断决，八十七以下散府、州、军断决，一百七下以下宣慰司、（路）总管府断决，配流死罪依例勘审完备申关刑部待报，申扎鲁火赤者（按，即断事官）亦同。"②

"诸杖罪以下，府州追勘明白，即听断决。徒罪，总管府决配，仍申合干上司照验。流罪以上，须牒廉访司官，审覆无冤，方得结案，依例待报。其徒伴有未获，追会有不完者，如复审既定，赃验明白，理无可疑，亦听依上归结。"③

---

① 《元典章》卷五三《刑部十五·诉讼·越诉》"越诉的人要罪过"条。
② 《元典章》卷三九《刑部一·刑制·刑法》"罪名府县断隶"条。
③ 《元史》卷一〇四《刑法三》，第2662页。

　　本案涉及两项管辖权限：一是"楚州太守桃杌"① 直接判决窦娥斩决："既然招了，着他画了伏状，将枷来枷上，下在死囚牢里去。到来日判个'斩'字，押付市曹典刑。"（第二折）这显然大大超越了州官只能断决杖罪的权限。死罪从判决的生效到执行，须经多重审核，最终还得取自"圣裁"。

　　二是窦天章平反冤狱时对案犯的判决："你这一行人，听我下断：张驴儿毒杀亲爷，谋占寡妇，合拟凌迟，押付市曹中，钉上木驴，剐一百二十刀处死。升任州守桃杌并该房吏典，刑名违错，各杖一百，永不叙用。赛卢医不合赖钱，勒死平民；又不合修合毒药，致伤人命，发烟瘴地面，永远充军。蔡婆婆我家收养。窦娥罪改正明白。（词云）莫道我念亡女与他又罪消愆，也只可怜见楚州郡大旱三年。昔于公曾表白东海孝妇，果然是感召得灵雨如泉。岂可便推诿道天灾代有，竟不想人之意感应通天。今日个将文卷重行改正，方显的王家法不使民冤。"（第四折）前揭史料显示：元代肃政廉访司有权断决六品以下官杖刑，处徒以上刑则须上报；若查获五品以上官犯罪，只能录下招状申报御史台奏裁。

　　考蒙元官制，州分为上中下三等，即使是下州的主官达鲁花赤、知州皆秩从五品。超出肃政廉访司有权决杖的官员品级。但若考虑到剧本赋予窦天章身居台省、职掌刑名、执势剑、佩金牌、朝廷钦差的特殊身份，做出上述判决亦是合情合法的。况且，作者对此项判决是否立即生效作了模糊处理，为可能上报审核留有余地。

　　稽诸典籍，窦天章的判决也基本符合元律的规定。

---

① 楚州，隋置，唐以后屡经置废至南宋改为淮南军，元为淮安路，治山阳县。元代并无楚州，却有山阳县。文艺作品对地名作虚实处理，乃为通例。

　　一是"张驴儿毒杀亲爷，谋占寡妇，合拟凌迟"。适用"诸子孙弑其祖父母、父母者，凌迟处死"律条。大德十年（1306年）三月，"河间民王天下奴弑父，磔裂于市。"同年十二月，"磁州民田云童弑母，磔裂于市。"①

　　二是"升任州守桃杌并该房吏典，刑名违错，各杖一百，永不叙用"。其适用的罪名是"刑名违错"。相关的律条有："诸有司受财故纵正贼，诬执非罪，非法拷讯，连逮妻子，衔冤赴狱，事未晓白，身已就死，正官杖一百七，除名。佐官八十七，降二等杂职叙，仍均征烧埋银。"②"楚州太守桃杌"一贯贪赃枉法，草菅人命，一手制造窦娥冤狱，仅受如此轻罚。且还符合国家律条，足见元代对官吏的宽纵。

　　《元典章》卷五四《刑部十六·杂犯一·违错》录有一束适用"刑名违错"罪名的案例，处罚更轻：大德五年（1301年）八月二十七日，广西临桂县民刘子胜买到香货，"经过远江务被吴大使（官名）用手执木拐将刘子胜决打身死。初复检验官临桂县尹张辅翼、录事司达鲁花赤秃哥，俱各验作服毒身死，取讫各各招伏。"后虽"钦遇赦恩释免"。吴大使被追征烧埋银两给付苦主；总管府经历薛瑜、张辅翼、秃哥"依例解见任，期年后降先职一等放杂职内任用"。③

　　大德五年八月，惠州路归善县民廉酉保被平山站刘提领决打身死。因刘提领系宣慰司刘经历亲戚，该路总管陈佑听信他人言语，"令司吏赵贤辅将归善县达鲁花赤初检得廉酉保生前被打身

---

①　均见《元史》卷二一《成宗本纪四》，第469页。

②　《元史》卷一〇三《刑法二》，第2633页。

③　《元典章》卷五四《刑部十六·杂犯一·违错》"刑名枉错断例"条。

死退回，作因病身死违错罪犯。"惠州路总管府同知董瑞、经历薛瑜均因卷入此案，以故意违错遭惩处；司吏赵贤辅虽遇恩赦，仍罢役不叙。"刑部议得：赵贤辅所招罪犯，即系刑名违错重罪。"①

大德六年，龙兴路新建县无俸司吏王汝椿，"因随县丞王珍检验张辛六尸伤，不行躬亲监临，以致仵作行人隐下伤痕，刑名违错。本路申奉省扎已将本人断决五十七下，罢役。"②

至大四年（1311年）四月，广州路番禺县发生"一起梁伶奴等因争田土，互相争打，蔡敬祖、罗二、谢景德身死等事。初检元问官县尹马廷杰等检验违式，变乱事情，纵令吏贴私下取问，出脱真情。移推博罗县归问，得实照出违错事理"。刑部经核实认为，"如此串套捏合，出脱梁伶奴杀人情由，原其所犯，即系刑名违错。"③

三是"赛卢医不合赖钱，勒死平民；又不合修合毒药，致伤人命，发烟瘴地面，永远充军"。此项处理是适当的。该犯前一犯罪为未遂；后一犯罪则为既遂。其适用的刑罚乃元代之"出军"刑。《元史》载："诸有毒之药，非医人辄相卖买，致伤人命者，买者卖者皆处死。不曾伤人者，各杖六十七，仍追至元钞一百两，与告人充赏。不通医术，制合伪药，于市井货卖者，禁之。"④《元典章》所记雷同：大德二年（1298年）二月中书省奏准事项中有："如今卖药的每根底严切整治，外头收采这般毒药将来呵，药铺里卖与者。医人每买有毒的药治病呵，着证见

---

① 《元典章》卷五四《刑部十六·杂犯一·违错》"刑名枉错断例"条。
② 《元典章》卷五四《刑部十六·杂犯一·违错》"官典刑名违错"条。
③ 《元典章》卷五四《刑部十六·杂犯一·违错》"官典刑名违错"条。
④ 《元史》卷一〇五《刑法四》，第2687页。

买者。卖的人每文历上标记着，卖与者不系医人每，闲杂人每根底休卖与者。这般省谕了明白，知道卖与毒药害了人性命呵，买的卖的两个都处死者；闲杂人每根底卖与呵，不曾害人性命，有人告发呵，买的卖的人每根底，各杖六十七下，并追至元钞一百两，正与元告人作充赏者。"① 元代用刑宽弛，常用出军、流远贷死刑；也可能窦天章考虑到赛卢医卖毒药给张驴儿，有被胁迫的情节，故断决出军。

3. 秋冬处决与"三伏天道"行刑

我国古代自汉朝以降即有秋后处决犯人的通例。然而窦娥临刑之时，正当"三伏天道"。这可不是剧作家的一时疏忽。作者做出这样的安排，当然出于艺术上的考量。因为只有夏季行刑，窦娥发出的"身死之后，天降三尺瑞雪"，祈望上天为自己辨冤的誓愿才有意义。

同时，这在法律上也可以找到依据。至元八年（1271 年），"尚书省三月二十一日钦奉圣旨宣谕听得：'您每如今断底公事也疾忙断有。今后断底公事，合打底早打者，合重刑底早施行者。钦此。'回奏，在先重囚待报，直至秋分已后施行有来。此上罪囚人每半年内多趱下淹住有。议得：今后有重罪底罪人，省部问当了呵，再交监察重审无冤，不待秋分逐旋施行呵。宜底一般奉圣旨。您底言语是一般，钦此。"② 至元十二年（1275 年）十一月中书省臣议断死罪，世祖诏曰："今后杀人者死，问罪状已白，不必待时，宜即行刑。"③ 窦娥被诬赖并屈打成招，定下"药死公公"的罪名。这可属于十恶之"恶逆罪"！据元律，"恶

---

① 《元典章》卷五七《刑部十九·诸禁·禁毒药》"禁治买卖毒药"条。
② 《元典章》卷三九《刑部一·刑制·刑名》"重刑不待秋分"条。
③ 《元史》卷九《世祖本纪六》，第 171 页。

逆，谓殴及谋杀祖父母、父母，杀伯叔父母、姑、兄、姊、外祖
父母、夫、夫之祖父母、父母者。"① 剧中窦天章刷卷时也道及
此罪名的严重性："我将这文卷看几宗咱。'一起犯人窦娥，将
毒药致死公公。……'我才看头一宗文卷，就与老夫同姓。这
药死公公的罪名，犯在十恶不赦。俺同姓之人，也有不畏法度
的。"（第四折）如此，则窦娥所犯可谓"重罪"，应决不待时。
三伏天行刑，也就理所当然了。

4. 元杂剧中笞杖刑适用成数问题

　　如所周知，元朝笞杖刑尾数皆为 7，即笞刑六等，笞 7～57；
杖刑五等，杖 67～107。但在前揭剧文中，楚州太守桃杌及主办
吏典，却被处"各杖一百，永不叙用"之刑。

　　这种细微差别，恰恰说明《窦娥冤》是元初的作品。至元
八年（1271 年）十一月忽必烈宣布正式建立"大元"国号之
前，"百司断理狱讼，循用金律"，② 并兼采唐宋旧制，杂糅蒙古
习惯法。在刑制方面亦援引"旧例"：《经世大典》之《宪典总
序》："考之建元以前，断狱皆用成数，今匿税者笞五十，犯私
盐茶者杖七十，私宰牛马者杖一百，旧法犹有存者。大德中，刑
部尚书王约数上言：'国朝用刑宽恕，笞杖十减其三，故笞一十
减为七。今之杖一百者，宜止九十七，不当又加十也。'议者惮
论变更，其事遂寝。"③

　　不仅如此，关汉卿剧作中凡涉及笞杖刑皆用整十数，如
《救风尘》："您一行人，听我下断：周舍杖六十，与民一体当
差。宋引章仍归安秀才为妻；赵盼儿等宁家住坐。"（第四折）

---

① 《元史》卷一〇二《刑法一》，第 2607 页。
② 《元史》卷一〇二《刑法一》，第 2603 页。
③ （元）苏天爵：《国朝文类》卷四二；元末陶宗仪《南村辍耕录》亦有类似记载。

《望江亭》："一行人俱望阙跪者，听我下断：杨衙内倚势挟权，害良民罪已多年。又兴心夺人妻妾，敢妄奏圣主之前。谭记儿天生智慧，赚金牌亲上渔船。奉敕书差咱体访，为人间理枉伸冤。将衙内问成杂犯，杖八十削职归田。白士中照旧供职，赐夫妻偕老团圆。"（第四折）

究其缘由，笔者蠡测，这大概是作者作为亡金遗民对故国眷恋之情的一点寄托吧。再则，在专制时代，"暴露性"的文艺作品在描述当朝制度时，采用避实就虚的笔法，亦是可以理解的。

十五 蒙元"义绝"考

七出、义绝、违律为婚，乃我国古代离婚的三大主要缘由。义绝，指夫妻之间恩断义绝。在"夫妇之道，有义则合，无义则去"的文化氛围中，夫妻之间若有义绝之举即须强制离异。

（一）"义绝"源流考

"义绝"之制，始载于礼，后入于律。汉刘向所撰《列女传》载：

> 黎庄夫人者，卫侯之女，黎庄公之夫人也。既往而不同欲，所务者异，未尝得见，甚不得意。其傅母闵夫人贤，公反不纳，怜其失意，又恐其已见遣，而不以时去，谓夫人曰："夫妇之道，有义则合，无义则去。今不得意，胡不去乎？"乃作诗曰："式微式微，胡不归？"夫人曰："妇人之道，壹而已矣。彼虽不吾以，吾何可以离于妇道乎！"乃作诗曰："微君之故，胡为乎中路？"终执贞壹，不违妇道，

以俟君命。①

《汉书》则明确提及"义绝"之语，但尚未触及义绝行为本身：

> 时定陵侯淳于长坐大逆诛，长小妻迺始等六人皆以长事未发觉时弃去，或更嫁。及长事发，丞相方进、大司空武议，以为："令，犯法者各以法时律令论之，明有所讫也，长犯大逆时，迺始等见为长妻，已有当坐之罪，与身犯法无异。后乃弃去，于法无以解。请论。"光议以为："大逆无道，父母妻子同产无少长皆弃市，欲惩后犯法者也。夫妇之道，有义则合，无义则离。长未自知当坐大逆之法，而弃去迺始等，或更嫁，义已绝，而欲以为长妻论杀之，名不正，不当坐。"有诏"光议是"。②

汉班固撰《白虎通义·嫁娶》始涉及义绝之概念："悖逆人伦，杀妻父母，废绝纲常，乱之大者，义绝，乃得去也。"

《晋书》卷二〇《礼中》：太康元年，东平王楙上言，相王昌父毖，本居长沙，有妻息，汉末使入中国，值吴叛，仕魏为黄门郎，与前妻息死生隔绝，更娶昌母。今江表一统，昌闻前母久丧，言疾求平议。……都令史虞溥议曰："臣以为礼不二嫡，所以重正，非徒如前议者防妒忌而已。故曰'一与之齐，终身不改'，未有遭变而二嫡。苟不二，则昌父更娶之辰，是前妻义绝之日也。使昌父尚存，二妻俱在，必不使二嫡专堂，两妇执祭，

---

① （汉）刘向：《列女传》卷四《贞顺传》。
② 《汉书》卷八一《孔光传》，中华书局，1983，第3355页。

同为之齐也。"

而最完备的规范莫过于《唐律疏议》：

> 诸妻无七出及义绝之状，而出之者，徒一年半；虽犯七出，有三不去，而出之者，杖一百。追还合。若犯恶疾及奸者，不用此律。〔疏〕议曰：伉俪之道，义期同穴，一与之齐，终身不改。故妻无七出及义绝之状，不合出之。……义绝，谓殴妻之祖父母、父母及杀妻外祖父母、伯叔父母、兄弟、姑、姊妹，若夫妻祖父母、父母、外祖父母、伯叔父母、兄弟、姑、姊妹自相杀，及妻殴詈夫之祖父母、父母，杀伤夫外祖父母、伯叔父母、兄弟、姑、姊妹，及与夫之缌麻以上亲、若妻母奸，及欲害夫者，虽会赦，皆为义绝。妻虽未入门，亦从此令。

> 诸犯义绝者离之，违者徒一年。若夫妻不相安谐而和离者，不坐。〔疏〕议曰：夫妻义合，义绝则离。违而不离，合得一年徒罪。离者，既无"各"字，得罪止在一人，皆坐不肯离者；若两不愿离，即以造意为首，随从者为从。皆为官司判为义绝者，方得此坐，若未经官司处断，不合此科。若夫妻不相安谐，谓彼此情不相得，两愿离者，不坐。①

《宋刑统》卷一四《户婚律三》与此大致相同。但《庆元条法事类》增加了一条：

---

① 《唐律疏议》卷一四《户婚三》，中华书局，1983，第267～268页。

　　诸令妻及子孙妇若女，使为娼，并媒合与人奸者，虽未
成，并离之。（虽非媒合，知而受财者同。）女使故（放）
从便。①

此令虽未明确为义绝，但前揭史籍另引户令却可作反证：

　　诸妇人犯奸，非义绝，并与夫之缌麻以上亲奸未成，离
与不离，听从夫；被夫同居亲强奸，虽未成，而妻愿离者
亦听。

　　上述二令表明，妻有通奸行为，并非义绝，乃属"七出"
淫佚之列，即使有"三不去"之理，是否休弃全凭丈夫意愿。
而夫使妻及女性卑幼亲属为娼及与人通奸，其性质已发生变化，
被列为强制离异之列，故属义绝无疑。

（二）蒙元"义绝"之制钩沉

　　蒙元义绝之概念，徐元瑞《吏学指南·户婚》："伉俪之道，
义期同穴，一与之齐，终身不改，苟违正道，是名义绝。"显然
出自唐宋律典，了无新意。

　　然而，尽管笔者未从《元史》中检索出"义绝"一词，但
却载有涉及义绝的律条；在《元典章》、《通制条格》等文献中
更检得为数不少明确定性为义绝的事例、案例，及其所依据的诏
制和条格，表明元代有关义绝的法律制度，在沿袭唐宋金律基础

上，颇多创新，司法上适用义绝之制并非个别现象。①

1. 将妻卖休转嫁

大德元年（1297 年）七月，袁州路为段万十四取阿潘为妻一十八年，却于元贞二年十二月内将妻阿潘假作弟妇，嫁卖与谭小十为妻，得讫财钱四定入己。申奉到江西行省札付，该段万十四将妻诈作亡弟之妇，受财改嫁谭小十为妻，即系义绝，罪虽经革，理合听离，令本妇归宗，别行改嫁。②

大德五年八月，湖广行省据湖南道宣慰司呈，据桂阳路中追问到谭八十一告被陈四诱说，将妻阿孟转嫁与谭四十三为妻。追问得谭四十三所招，不应娶谭八十一妻阿孟罪犯，若断离异，又有所生男女二名，乞明降事得此移准中书省咨送礼部照拟回呈照得。今承见奉本部议得，谭八十一为过活，生受写立休书，得谭四十三财钱，将妻阿孟转嫁与本人为妻。据谭八十一与本妇已是义绝，又系卖休买休，俱各违法。参详拟合谭四十三与阿孟离异归宗；其谭八十一原受财钱依数追没。相应各人罪犯已经钦遇释免，别无定夺。具呈照详都省准呈咨请依上施行。③

另有二件夫受财以妻转嫁的案例，虽无义绝明文，但与前揭案例情节相类，应为义绝无疑。

大德二年八月，袁州路审结郭季二将妻彭明四姑作妹嫁与军人王二为妻，得财钱若干一案。经江西行省拟断，"移准都省咨该送礼部照拟得：郭季二将妻彭明四姑改嫁王二为妇，即系违法，已经行省拟断归宗，别无定夺。"其所受聘财，依法应予革

---

① 本部分资料线索参考了陈鹏著《中国婚姻史稿》卷一一《离婚》。
② 《元典章》卷一八《户部四·婚姻·嫁娶》"嫁妻听离改嫁"条。
③ 《元典章》卷一八《户部四·婚姻·离异》"离异买休妻例"条。

拨。① 至大三年（1310 年）十一月，"湖南宣慰司奉湖广行省札付来呈，刘子明将妻郭二娘作妹凭媒受讫王万四财钱，嫁与本人为妻。后知事发，王万四又用钞四十两买和，即系违法事理。若比谭八十一嫁妻事例（按：即前引"离异买休妻例"），合令郭二娘归宗，所生儿男给随生父，原受财钱等物俱各没官"，经都省核准施行。②

关于此类义绝行为的处罚，据《通制条格》卷四《户令》："至元八年四月，尚书省御史台呈；陕西道按察司申，体知得京兆府一等夫妇不相安谐者，卖休买休，若不禁断，败坏风俗。户部呈送法司照得旧例……犯义绝者，离之。违者断罪。"③ 另《元典章》：至元八年五月，金律旧例"犯义绝者，离之。违者杖一百"，经尚书省核准继续适用。④ 愚以为，此二条资料所记实为一事，只是后者所载稍具体一些。即：以营利为目的，将妻卖休转嫁者，卖休买休双方均处以刑罚（前揭二例均遇赦获免），其婚姻均强制离异，卖妻者所获财钱予以没收，本妇归宗，另行婚嫁。元律："诸夫妇不相睦，卖休买休者禁之，违者罪之，和离者不坐"；"诸受财以妻转嫁者，杖六十七，追还聘财；娶者不知情，不坐，妇人归宗。"⑤

2. 逼令妻妾为娼

大德元年十二月，御史台咨监察御史追照得，上都留守司归问到民户王用招伏，不合逼令妻阿孙、妾彭鸾哥为娼接客觅钱。每日早晨用出离本家至晚，若觅钱不敷盘缠更行拷打。以致彭鸾

---

① 《元典章》卷一八《户部四·婚姻·嫁娶》"夫嫁妻财钱革拨"条。
② 《元典章》卷一八《户部四·婚姻·嫁娶》"受财将妻转嫁"条。
③ 《元典章》卷一八《户部四·婚姻·嫁娶》"嫁妻听离改嫁"条。
④ 《元典章》卷一八《户部四·婚姻·休弃》"离异买休妻"条。
⑤ 《元史》卷一〇三《刑法二·户婚》，第 2644、2643 页。

哥告发到官罪犯。将王用枷收间，六月二十三日钦奉圣旨："上
都在城诸衙门应有轻重罪囚，都赦了者。钦此。"将王用疏放了
当。呈奉中书省札付送刑部议得：王用将妻阿孙、妾彭鸾哥打拷
勒令为娼接客觅钱，已犯义绝，罪经释免，拟合将阿孙并彭鸾哥
与夫王用离异，俱断归宗。相应都省除已札付刑部，就便行移上
都留守司更为审问，已招是实，准拟离异仰照验施行。①

　　大德七年十一月，江西行省准中书省咨郑铁柯陈言事内一件
纵妻为娼，各路城邑争相仿效，此风甚为不美……刑部议得：人
伦之始，夫妇为重，纵妻为娼，大伤风化。若止依前断罪，许令
同居，却缘亲夫受钱，令妻与人同奸，已是义绝。以此参详，如
有违犯，许诸人首捉到官，取问明白，本夫、奸妇、奸夫同，凡
奸夫决八十七下，离异。若夫受钱，逼勒妻妾为娼，既非自愿，
临事量情科断，相应都省准拟施行。②

　　元律："诸夫受财，纵妻为倡者，夫及奸妇、奸夫各杖八十
七，离之。若夫受财，勒妻妾为倡者，妻量情论罪。"③

3. 女婿虚指岳丈奸亲女

　　至元三十年（1293 年）五月中书省刑部来申，潘成状告，
为无男儿，招到淮道安作养老女婿，承受财产，承继户名。其淮
道安不欲住坐，累次在逃，发心执谋丈人潘成与亲女潘尿蛙行
奸。淮道安同亲眷李璧等强将潘尿蛙拖夺还家，告发到官。与淮
道安面对，事不获免才方虚招罪犯，拟合将淮道安杖断七十七
下，与妻潘尿蛙离异归宗，似为相应申乞照验。都省相度，淮道
安所招执谋丈人潘成奸要亲女潘尿蛙罪犯，量决九十七下外，据

---

① 《元典章》卷四五《刑部七·诸奸·纵奸》"逼令妻妾为娼"条。
② 《元典章》卷四五《刑部七·诸奸·纵奸》"通奸许诸人首捉"条。
③ 《元史》卷一〇四《刑法三·奸非》，第 2655 页。

淮道安既与丈人潘成面对奸事，已为义绝，似难同居，依准本路所拟，离异归宗。① 元律："诸婿诬妻父与女奸者，杖九十七，妻离之。"②

4. 媳妇诬告翁欺奸

至元十三年（1276 年）正月，济宁府郓城县军户赵全状告媳妇刘冬儿诬告翁奸。刑部议得："刘冬儿所犯谋伊翁欺奸，取讫招伏，断杖八十七下；若将本妇分付伊家依旧同活，终是刘冬儿与翁当官面对奸事，已为义绝，难叙舅姑之礼，似难同居。拟将本妇断离归宗，追回原下聘财，给付夫家别求妻室。"此项判决，是参照不久前发生的一桩类似案件的处理结果做出的。即济宁路民李顺状告男妇刘粉儿刁骗奸污案。该案处罚为："刘粉儿刁骗伊翁，终是曾经与翁当官面对奸事，已为义绝，难叙舅姑之礼，似难同居。拟将本妇断离归宗，追回原下聘财，给付夫家别求妻室。"经呈中书省照详，承奉都堂钧旨已经结案。上述刘冬儿诬告案与此案情节完全相同，故处罚本应参照执行，但刑部认为，如此处理不足以遏止此类伤风败俗之风的蔓延，遂提出新的建议："本部照得，刘冬儿所犯与刘粉儿无异，顽人甘欲弃夫家，以事执谋，对证得虚，尚自离异，仿此为例，实污风俗。以此议得，莫若分付夫家，从其所欲。夫家不存留，许追原财，别求妻室。若准所拟，仍自今后余犯为例，合行具呈中书省照详。承奉都堂钧旨，议得：刘冬儿执谋翁奸，情犯非轻，虽已断讫，使生侥幸仿学。若是追回原财，定离其妇，正合本意。如断付夫家，既与翁面对奸事，似难同居，今后从夫家所欲嫁卖。以后似

---

① 《元典章》卷四五《刑部七·诸奸·指奸》"虚指丈人奸女"条。
② 《元史》卷一〇四《刑法三·奸非》，第 2655 页。

此违犯之妇，申部呈省详断，无令擅决。奉此。"①

元律："男妇虚执翁奸已成，有司已加翁拷掠，男妇招虚者，处死；虚执翁奸未成，已加翁拷掠，男妇招虚者，杖一百七，发付夫家从其嫁卖。妇告或翁告同"；"若男妇告翁强奸已成，却问得翁欲欺奸未成，男妇妄告重事，笞三十七，归宗。"②

5. 妻告夫奸男妇

大德九年（1305 年）六月二十九日，准中书省咨，李阿邓告夫李先强奸继男妇李阿不成罪犯，已经断讫，看详，纲常之道，夫妇许相容隐，经官告夫李先奸罪，欲令依旧同处，不无（免）别致生事。若断义（绝）离异，不见妻告夫罪之定例，请定夺回示。送刑部议得：夫妻元非血属，本以义相从，义合则固，义绝则异，此人伦之常理也。李先罪犯强奸伊妻阿邓前夫男妇，于妇知见，用言劝道，为人不思自过，反将阿邓打伤，告发到官，对问是实。既将李先断讫，已是义绝，将难同处。看详，李先所犯，败伤风化，渎乱人伦，仰合与妻离异。相应都省准拟，移咨依上施行。③

元律："诸强奸妻前夫男妇未成，及强奸妻前夫女已成，并杖一百七，妻离之。"④

6. 翁调戏、和奸、强奸男妇

至元十年（1273 年）三月十七日，中书刑部据平阳路申绛州正平县董文江招状，将男妇福怜用言调戏，及揣抹手足，黄夜摇撼房门罪犯。府司原其本情，虽未成奸，已乱人伦尊卑之礼，

---

① 《元典章》卷四五《刑部七·诸奸·指奸》"男妇执谋翁奸"条。
② 《元史》卷一〇四《刑法三·奸非》，第 2653 页。
③ 《元典章》卷四一《刑部三·诸恶·内乱》"妻告夫奸男妇断离"条。
④ 《元史》卷一〇四《刑法三·奸非》，第 2654 页。

于理合令高福怜与伊夫离异。乞明降事，省部依准所申令高福怜与伊夫董绵和离异归宗。据文江所犯仰本路依理决断施行。①

顺天路申祁州深泽县解到魏忠招状，至元五年与男妇张瘦姑数度通奸，依律双方俱合处死。"部拟：本妇既是在先曾向伊夫学说，及今日自首到官，量情拟杖七十七下，从妇归宗，呈省札讫。"②

泰安州申归问得军户孟德状招，不合为男瘦儿见在军前当役，于至元三年十月初二日夜，带酒走去男妇胥都嫌房内，将胥都嫌按住，舒舌头于本妇口内欲要通奸，被胥都嫌将德舌头咬伤，告发到官罪犯。法司拟：即系通奸未成事理，依旧例合行处死，胥都嫌与夫家离异。部拟：终是不曾成奸，量情决杖一百七下，仍离异。省札准拟行下断讫。③

以上三个案例，符合元律之规定："诸翁欺奸男妇，已成者处死，未成者杖一百七，男妇归宗。和奸者皆处死。"④尽管官府判决均无义绝明文，但三案情节，及均判令涉案妇女离异归宗看，翁调戏、和奸、强奸男妇均属义绝无疑。

7. 夫殴伤妻母

延祐二年（1315 年）十月十三日，江西行省袁州路萍乡州民彭国清及妻阿许，"别无儿男，将女淑六娘招到许天祥为婿，本期养老。其许天祥（名辛五）先犯抵触，亲戚劝免，不曾告官。今次又将妻母殴打咬伤罪过，释免所犯，即系义绝，似难同活，拟合断离讫照详施行。……刑部议得，许辛五所犯殴妻之

---

① 《元典章》卷四一《刑部三·诸恶·内乱》"翁戏男妇断离"条。
② 《元典章》卷四一《刑部三·诸恶·内乱》"翁奸男妇已成"条。
③ 《元典章》卷四一《刑部三·诸恶·内乱》"强奸男妇未成"条。
④ 《元史》卷一〇四《刑法三·奸非》，第 2653 页。

母，罪轻释免，即系义绝，若依萍乡州所拟离异，相应具呈照详，咨请依上施行。"①

夫殴妻之祖父母、父母是古代的一种典型的义绝行为。

8. 丈夫故意损害妻子身体

至大二年（1309 年）六月初七日，杭州路民钱万二"将妻狄四娘沿身雕刺青绣，不从，用拳将本妇行打，勒于背上两腿雕刺龙鬼。接受莫一史舍钞两，雇觅妻狄四娘在街露体呈绣迎社，又将妻母狄阿孙抵触，大伤风化，已绝夫妇之道，似难同居，若将本妇离异归宗，缘系为例事理，咨请照详，准此送刑部议得：庶民生理，勤实为本，钱万二不以人伦为重，贪图钱物，将妻狄四娘抑逼遍身雕刺青绣，赤体沿街迎社，不惟将本妇终身废弃，实伤风化，合杖断八十七下，合准行省所拟离异。缘犯在至大三年十月十八日钦奉诏赦，以前事理，罪经革拨，将本妇离异归宗。遍行合属禁治，相应具呈照详，都省咨请，依上施行。"②

9. 将犯奸妻转卖为驱

至元九年（1272 年），辉州军户周璘出卖曾犯奸的妻子邓嫌儿为驱之事被告发。河北河南道提刑按察司议得："邓嫌儿本是良人，有罪经官断遣，其夫周璘却将邓嫌儿一面立契卖与周二总管为驱，已犯义绝。周二总管此时明知本妇系是良人，私相买卖，将邓嫌儿配与本家驱口苏老为妻。……合行听离，改正为良，别适他人。如不愿招嫁，合令伊男周秃当奉养，以送终年。"③

综而论之，中国古代法定义绝行为至少有 18 种：一是夫殴

---

① 《元典章》卷四一《刑部三七·诸恶·不义》"殴伤妻母"条。

② 《元典章》卷四一《刑部三·诸恶·不义》"将妻沿身雕青"条。

③ 《元典章》卷一八《户部四·婚姻·转卖》"犯奸妻转卖为驱"条。

妻之祖父母、父母；二是夫杀妻之外祖父母、伯叔父母、兄弟、姑、姊妹；三是夫妻祖父母、父母、外祖父母、伯叔父母、兄弟、姑、姊妹之间自相杀；四是妻殴詈夫之祖父母、父母；五是妻杀伤夫之外祖父母、伯叔父母、兄弟、姑、姊妹；六是妻与夫之缌麻以上亲奸已成；七是夫与妻母奸；八是妻欲害夫；九是夫使妻、儿媳、孙媳及女儿为娼及与人通奸；① 十是将妻卖休转嫁；十一是婿虚指岳丈奸亲女；十二是男妇执谋翁奸；十三是翁调戏、和奸、强奸男妇；十四是妻告夫奸男妇；十五是丈夫故意损害妻子身体；② 十六是夫在远方，妻父母将妻改嫁，或赶逐出外，重别招婿，及容止妻与外人通奸；十七是夫有妻诈称无妻，欺妄更娶妻，以妻为妾；十八是夫受财将妻妾典雇，作姊妹嫁人等。③

---

① 以上始见于唐宋律令。
② 以上始见于元代律令。
③ 以上见于《大明律》卷二二《刑律五·诉讼》"干名犯义"条注。

后 记

2003 年仲夏，"非典"肆虐神州，祸及校园。正值校内外隔绝，交游受限之际，恰逢中国社会科学院法学研究所杨一凡教授在成功推出《中国法制史考证》甲、乙、丙三编 15 卷之后，决定编辑出版《中国法制史考证续编》。承蒙杨一凡教授主持的中国社会科学院精品战略项目《中国法制史考证》课题组的约请，笔者不揣浅陋，承担了其中《金元法制丛考》的撰稿工作。本书选择中国法制史上有较大影响，学术界研究相对薄弱，相互之间具有传承关系的金朝和蒙元法制的某些方面做辨析和考证，历时经年，结集成书，即将付梓，不免惶惶。

金和蒙元皆为历史上少数民族主导的王朝。故就本书内容而言，可归属于民族传统法文化研究范畴。笔者涉足此领域较早，自 20 世纪 80 年代以来，基于西部少数民族自治地方社会、文化和法制建设的需要，利用学校地处西南多民族地区的便利条件，受费孝通先生关于中华民族"多元一体"发展格局理论的启发，个人研究兴趣侧重于民族法文化和区域法文化研究，在博士、硕士生教学中开设了民族法文化专题课程。

2003 年提出构建渝湘鄂黔相邻地区"巴楚民族文化圈"的设想，2004 年获国家社会科学基金西部项目立项。本课题旨在

　　从法律文化视角，将"巴楚民族文化"，作为中国区域文化的一种独特类型进行系统研究，建构区域民族文化圈；对本区域内土家族、苗族、瑶族等少数民族经济生产方式的转型及社会文化变迁的进程中，有关传统文化、法律意识、生活习俗、文化认同等一系列问题进行研究；充分发掘、整理和利用本地区民族传统法文化资源，探索现今具有不同行政隶属关系，而有着相近文化传统的多民族混居地区法制建设协调发展的模式和途径，降低民族区域自治地方法律制定和实施的成本，以适应西部大开发战略和渝湘鄂黔相邻地区经济、社会发展的需要。

　　同时，由笔者主持的重庆市人文社会科学重点研究基地"西南民族法文化研究中心"，聚集了一批热心于民族法文化研究的学人，开展了关于羌族、彝族、土家族、藏族、蒙古族和历史上的女真族、契丹族法律文化课题的研究，形成了稳定的、特色突出的研究方向。

　　考证的生命力及价值在于实事求是，笔者视此为本书所背负的一项道义责任，包括历代官修正史在内的前人论著，以及作者本人过去的研究成果，在成为本书参考资料的同时，也可能是考辨的"靶子"。

　　对历史上的古籍文献、典章制度进行考核辨正，是学术研究中最艰难的一项工作。尽管笔者殚思极虑，相关资料亦尽可能竭泽而渔，去伪存真，去芜存精，力图复原事象的本来面目，但本书舛误之处在所难免，祈望学界同仁和读者不吝赐教。

曾代伟

2009 年 3 月于渝

作 者 简 介

　　曾代伟　男，1947 年 3 月生，重庆人。西南政法大学教授、法律史学博士生导师、重庆市人文社会科学重点研究基地 – 西南民族法文化研究中心主任、重庆市（原司法部）重点学科法律史学科负责人，中国法律史学会常务理事、民族法律文化分会秘书长、中国法学会民族法学研究会常务理事、中国西南民族研究学会常务理事、重庆市法学会学术委员会委员；历任重庆市政府兼职督学，西南政法大学法学一系副主任、教务处处长等职。

　　主要从事中国法律史、民族法文化研究和教学，在《法学研究》、《民族研究》等期刊发表论文 40 余篇；出版专著《金律研究》、《巴楚民族文化圈研究：以法律文化的视角》、《中国经济法制史纲》及合著 10 多种，主编《中国法制史》教材数种；获部、省、市级科研成果奖 10 余项。

　　长期以来，在历史文化视野下，对拓跋魏、女真金和蒙元等少数民族占主导地位的国家政权法制，做过一些梳理和辨析，提出了许多新的见解。近年来，侧重于区域民族法文化和地方法制史研究，在关于渝湘鄂黔相邻多民族居地区传统法律文化的演变等一系列问题上，取得了重要的学术进展。

中国法制史考证续编·第九册（全十三册）

金元法制丛考

主　　编／杨一凡
著　　者／曾代伟

出 版 人／谢寿光
总 编 辑／邹东涛
出 版 者／社会科学文献出版社
地　　址／北京市西城区北三环中路甲 29 号院 3 号楼华龙大厦
邮政编码／100029
网　　址／http：//www. ssap. com. cn
网站支持／（010）59367077
责任部门／人文科学图书事业部（010）59367215
电子信箱／bianjibu@ ssap. cn
项目经理／宋月华
责任编辑／魏小薇
责任校对／吴小云

总 经 销／社会科学文献出版社发行部
　　　　　（010）59367080　59367097
经　　销／各地书店
读者服务／市场部（010）59367028
印　　刷／三河市文通印刷包装有限公司

开　　本／787mm×1092mm　1/16
印　　张／26. 5（全十三册共 365 印张）
字　　数／317 千字（全十三册共 4351 千字）
版　　次／2009 年 8 月第 1 版
印　　次／2009 年 8 月第 1 次印刷

书　　号／ISBN 978-7-5097-0821-7
定　　价／4600.00 元（全十三册）

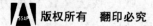